考古学集刊

Papers on Chinese Archaeology

第22集

主　　编　朱岩石
副 主 编　洪　石
特约编辑　新　华

社会科学文献出版社
SSAP SOCIAL SCIENCES ACADEMIC PRESS (CHINA)

内容简介

本书共收录17篇文章，内容涉及考古调查与发掘、专题研究、科技考古和国外考古等方面。考古调查与发掘简报共计7篇，主要为东周至汉代遗址、汉唐时期墓葬、辽代墓葬，以及金代和清代壁画墓的调查与发掘资料。论文包括对海岱地区青铜文化的格局与演进、三星堆文化与十二桥文化过渡期遗存、周廷遗妃与献妇功、楚季宝钟与宜昌万福垴遗址、北京葫芦沟墓地编年与社会演进、里耶秦简“检”与“署”、汉代“半启门”图以及嘉陵江流域石窟寺分期等方面的专题研究。科技考古方面的论文主要以雒邑地区出土西周铜器金属资源研究为中心，对西周中央王朝的金属控制策略进行探讨。本书还报道了国外考古研究的新进展，即依据中美洲圣何塞摩哥提和圣劳伦佐遗址的黑曜石工业与社会复杂化模式，探讨黑曜石生产与奥尔梅克“母文化”和“姊妹文化”的假说。

本书可供历史学、考古学方面的专家学者和大专院校相关专业的师生参考、阅读。

图书在版编目（CIP）数据

考古学集刊. 第 22 集 / 朱岩石主编. — 北京：社会科学文献出版社，2019.10

ISBN 978 - 7 - 5201 - 5759 - 9

Ⅰ. ①考… Ⅱ. ①朱… Ⅲ. ①考古学—中国—丛刊 Ⅳ. ①K87-55

中国版本图书馆CIP数据核字（2019）第 228344 号

考古学集刊　第 22 集

主　　编 / 朱岩石
副 主 编 / 洪　石
特约编辑 / 新　华

出 版 人 / 谢寿光
责任编辑 / 赵子光　奚亚男

出　　版 / 社会科学文献出版社（010）59366563
　　　　地址：北京市北三环中路甲 29 号院华龙大厦　邮编：100029
　　　　网址：www. ssap. com. cn
发　　行 / 市场营销中心（010）59367081　59367083
印　　装 / 北京画中画印刷有限公司

规　　格 / 开　本：787mm × 1092mm　1/16
　　　　印　张：21.5　插　页：2　字　数：473千字
版　　次 / 2019 年 10 月第 1 版　2019 年 10 月第 1 次印刷
书　　号 / ISBN 978 - 7 - 5201 - 5759 - 9
定　　价 / 258.00元

本书如有印装质量问题，请与读者服务中心（010-59367028）联系

考古学集刊

第22集

目　录

KAOGUXUE JIKAN

(Papers on Chinese Archaeology)

No. 22

Contents

湖北襄阳市墓子地东周至汉代遗址发掘简报

中国人民大学考古文博系

关键词：湖北　襄阳市　墓子地遗址　东周至汉代

内容提要：为了配合湖北省大型水利工程“鄂北水资源配置工程”的建设，2016年6～9月，中国人民大学考古文博系对墓子地遗址进行了发掘清理。墓子地遗址位于襄阳老河口市薛集镇曾家岗张洼村东北200米的东排子河西岸，是一处开阔平坦的二级台地。遗址地层堆积较为简单，多为两层或三层文化堆积。在1000 平方米的发掘区内，发掘清理灰坑39个、灰沟2条和水井1个。出土陶器、石器、铜器等各类遗物200余件，以陶器为大宗，主要有泥质灰陶、泥质红陶、夹砂灰陶、夹砂红陶等。器形主要有罐、豆、鬲、陶拍、缸、釜等。陶器纹饰主要有粗绳纹、细绳纹、粗凹弦纹、细凹弦纹、附加堆纹等。还出有石锛、石镞、铜镞等。该遗址的文化层不厚，器物种类亦不多，但是文化面貌及发展脉络清楚，汉代的水井制作也比较精细，出土了较多汉代典型明器，主要为东周和汉代遗存。该遗址的发掘，为南阳盆地南缘地区增添了新的考古资料，也为进一步找寻周边区域更早期的考古遗存提供了对比材料。

为配合“鄂北水资源配置工程”（图1），2016年6月，中国人民大学考古文博系受湖北省文物局委托，承担了37+500标段内的墓子地遗址的考古发掘，发掘历时3个多月，不仅顺利地配合了水利工程的开展，而且获得了一批新的考古资料。现将墓子地遗址的发掘情况简报如下。

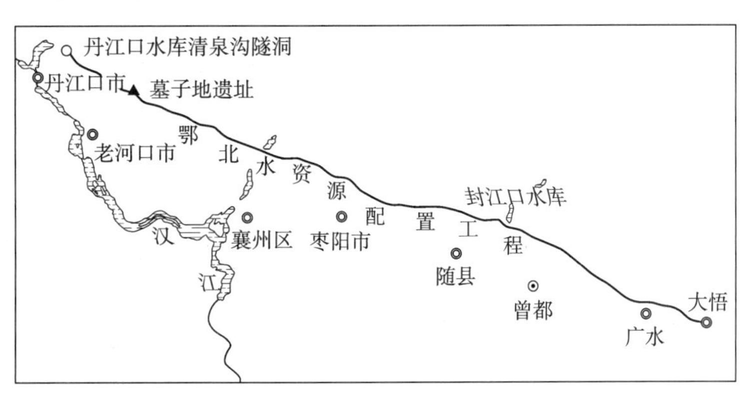

图1　“鄂北水资源配置工程”示意图

墓子地遗址，位于襄阳老河口市薛集镇曾家岗张洼村东北200米处，东排子河西岸，是一处开阔平坦的二级台地（图2）。遗址地处汉水中游东部、南阳盆地的南缘，中心地理位置坐标为北纬32° 27′ 32.8″、东

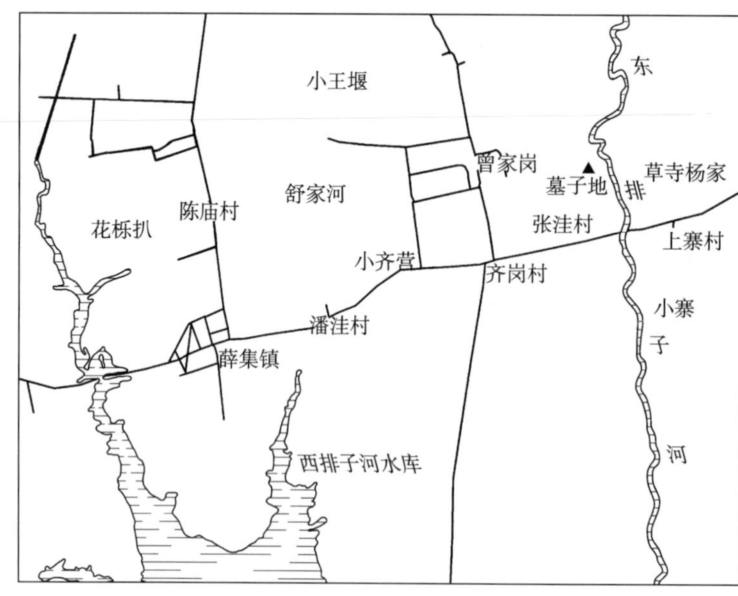

图2　遗址地理位置示意图

经111° 58′ 52.5″，海拔118米。遗址地貌由西向东至东排子河西岸为西高东低的大片农田，原为水田，现改为旱田，种植有玉米、花生等农作物。

此次发掘布5米×5米探方40个，由遗址中部分为东区和西区，勘探面积为20000平方米，发掘面积为1000 平方米。

一、地层堆积

遗址的地层堆积较为简单，多为两层或三层文化堆积。现以2016LZMT0105西壁和2016LZMT0706东壁剖面为例加以说明。

2016LZMT0105西壁可分为3层堆积。

第1层：耕土，为黄褐色沙质土，土质疏松，包含麦秸秆、植物根系及少量绳纹瓦片等。厚0.2～0.35米。

第2层：灰褐色黏土，土质坚硬，土壤板结较重，散开后呈硬瓣状。距地表深0.2～0.35、厚0.15～0.45米，分布于整个探方。出土遗物有少量绳纹板瓦、筒瓦残片等。

第3层：黑灰色黏土，夹木炭颗粒，土质硬。距地表深0.5～0.8、厚0～0.15米，分布于探方的西南部。出土遗物有泥质灰陶豆、绳纹夹砂陶釜、陶鬲等器物残片。此层下的遗迹有H3。

第3层下为红褐色黏土生土（图3）。

2016LZMT0706东壁可分为2层堆积。

第1层：耕土，黄褐色沙质土，土质疏松，包含麦秸秆、植物根系。厚0.15～0.3米。出土少量绳纹夹砂陶鬲、陶釜、泥质灰陶豆及绳纹板瓦、筒瓦等残片。

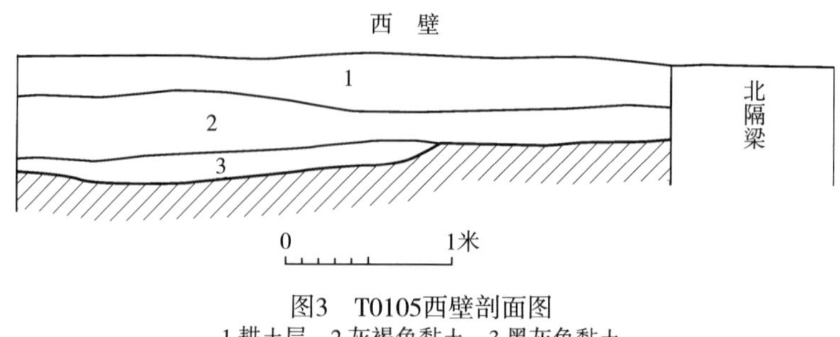

图3　T0105西壁剖面图
1.耕土层　2.灰褐色黏土　3.黑灰色黏土

第2层：灰褐色黏土，土质坚硬，土壤板结较重，散开后呈硬瓣状。距地表深0.15～0.3、厚0～0.35米，分布于探方的东部。出土绳纹板瓦、筒瓦残片及夹砂绳纹陶釜、陶鬲、泥质陶豆、绳纹陶罐等器物残片。此层下的遗迹有H10。

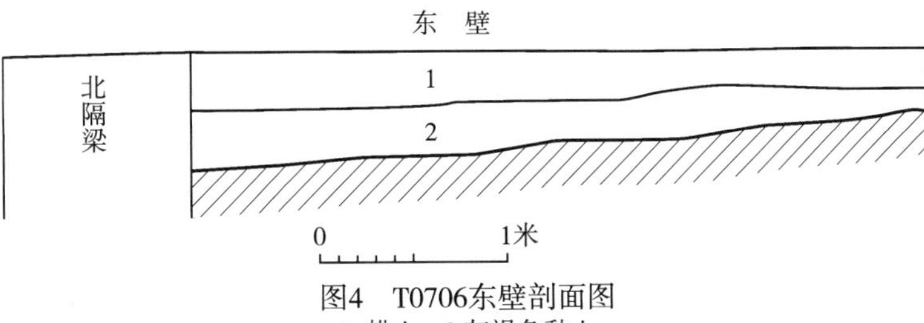

图4　T0706东壁剖面图
1. 耕土　2.灰褐色黏土

本探方内没有第3层堆积分布，第2层下为红褐色黏土生土层（图4）。

从地层层位及其包含物分析，地层的时代和文化性质比较明显，第1层为现代耕土层，第2层为汉代文化层，第3层为东周文化层。

二、遗　　迹

此次发掘共清理遗迹单位42个，其中包括灰坑39个（2016LZMH1～H39，以下简称H1等）、灰沟2条（2016LZMG1、G2，以下简称G1、G2）、水井1个（2016LZM J1，以下简称J1）。39个灰坑中，有7个（H1、H6、H11、H21、H22、H35、H38）近似长方形、2个（H17、H20）近似矩形、22个（H2、H4、H5、H7、H8、H10、H12、H13、H14、H18、H19、H23、H24、H25、H28、H29、H30、H31、H33、H34、H37、H39）呈椭圆形、3个（H26、H27、H36）近似半圆形、5个（H3、H9、H15、H16、H32）呈圆形，其中17个灰坑（H12、H14、H22、H23、H24、H25、H26、H27、H28、H29、H31、H32、H33、H36、H37、H38、H39）年代为汉代，现举例说明如下（图5）。

（一）灰坑

H1　位于T0305东南部，开口于第2 层下，向下打破生土，坑口距地表深0.45米。坑口呈不规则圆形，斜壁向下逐渐收成圆形，坑下半部为直壁、平底。坑口径约1.6、底径约0.95、深1.05米。坑内堆积由黑灰色黏土与黄色黏土混合成的花土，夹杂草木灰与木炭颗粒，土质硬。坑内出土绳纹夹砂陶鬲足、绳纹夹砂陶釜、泥质陶豆等器物残片（图6）。

H4　位于T0406的西南部与T0306东北部，开口于第2层下，坑口距地表深0.4米，向下打破生土。坑口大致呈半个椭圆形，斜壁，平底。坑口长径约3.3、短径约3.1、深约0.6米（图7）。坑内堆积为黑灰色土和夹黄灰色细沙质黏土，土质硬，包含木炭颗粒、烧土颗粒、兽骨。出土大量泥质灰陶豆、红陶豆、绳纹夹砂陶鬲等器物残片，完整器有石锛、陶拍各1件。

H10　位于T0706探方的东部，开口于第2层下，坑口距地表深0.45米，向下打破生土。坑口呈椭圆形，斜壁，圜底。坑口长径约1.8、短径约1.3、深约0.2米。坑内堆积为灰色黏土和夹黄灰色细沙质黏土，土质硬。出土遗物有少量泥质灰陶豆、红陶豆、绳纹夹砂陶釜等器物残片（图8）。

H29　位于T0303探方的北部，开口于第2 层下，坑口距地表深0.55米，向下打破生土。坑口呈椭圆形，斜壁，平底。坑口长径约1.5、短径约1.25、深约0.35米。坑内堆积为

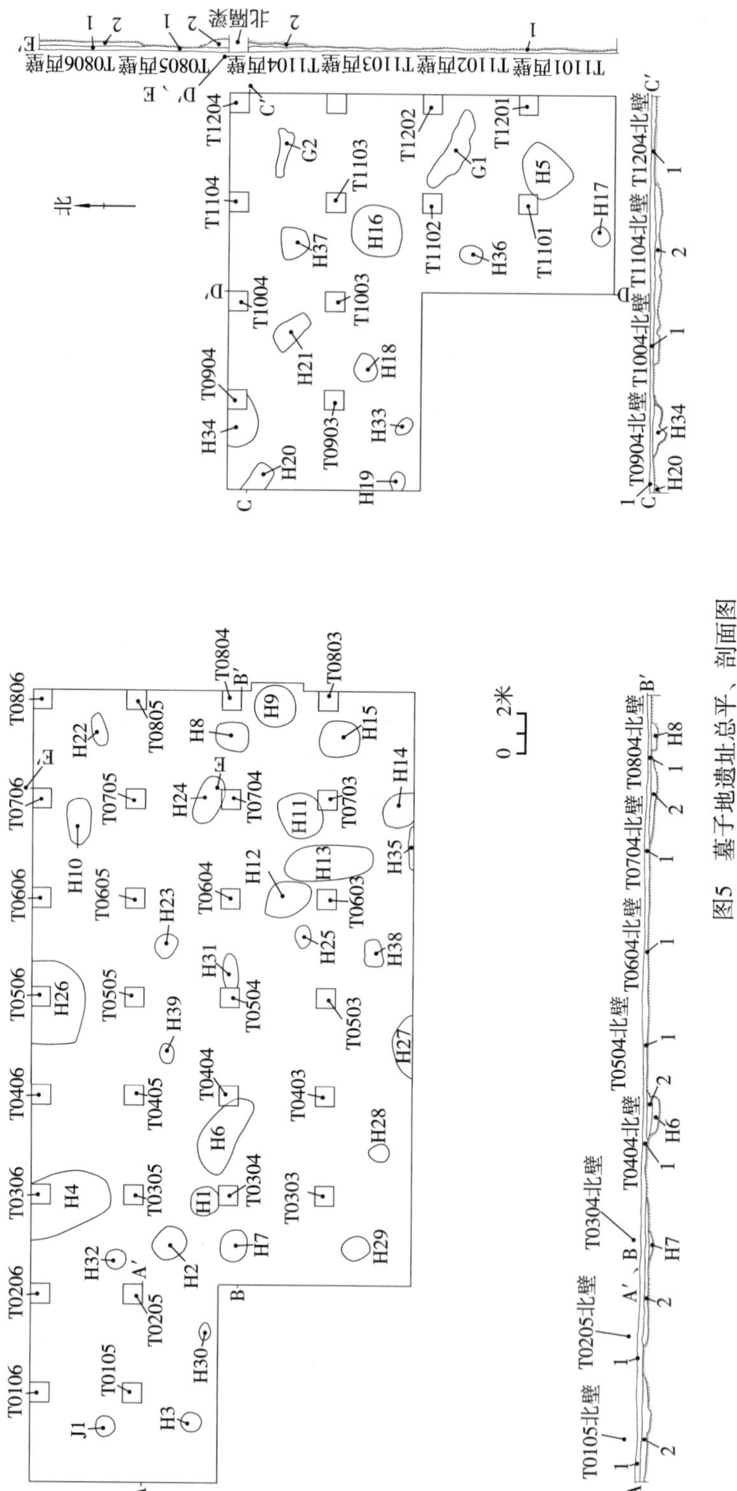

图5 墓子地遗址总平、剖面图

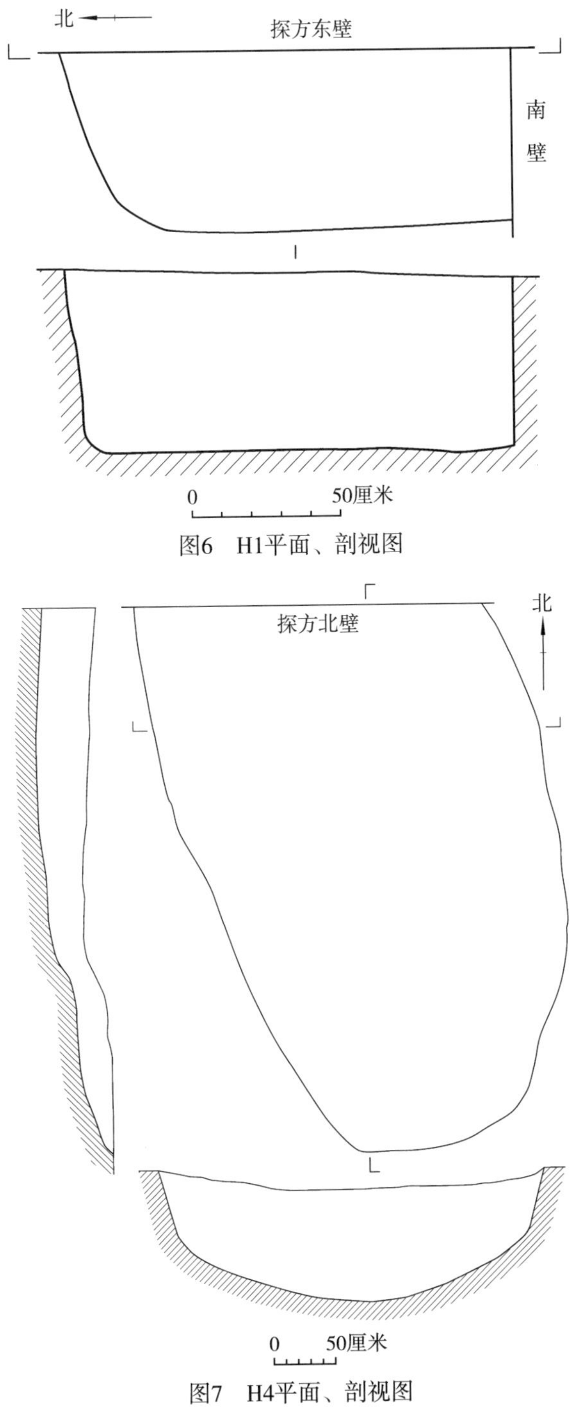

图6　H1平面、剖视图

图7　H4平面、剖视图

浅灰色黏土和夹黄灰色细沙质黏土，土质硬。坑内出土少量绳纹板瓦残片（图9）。

（二）灰沟

G1　位于T1202北部，呈西北—东南走向，开口于第2层下，向下打破生土。沟为长条状，西宽东窄，中间深两端浅。东边最窄65、西边最宽130、中间最深55厘米。沟内仅有一层堆积，为黑色土，土质较硬、致密。坑内出有炭粒、陶片、陶鬲足、骨骼等，还出土1件完整铜镞和1件可复原的陶盘。从出土的破碎陶器、兽骨、炭粒等推测，其可能用于堆放生活垃圾（图10）。

（三）水井

J1　位于T0106探方的东南部，开口于第2层下，井口距地表深约0.5米，打破第3层及生土。

1.形状与结构

坑口上部由于坑壁坍塌呈椭圆形，下部呈圆形，直壁，圆形井圈是用正面饰绳纹、侧边饰几何纹的长条形红砖与青灰砖竖砌而成，每层井圈用15块砖围砌成圆形，井圈外再用红色黏土填实。在距井口1.9米深处，向下用弧形砖围砌成圆形井圈，每层井圈用9块弧形砖围砌而成（图11）。

2.尺寸大小

坑口直径约1、井口直径约0.8、井深8.5米。井用砖分为长方形平砖、楔形砖、弧形砖三种。砖的颜色有青灰、橙红两种。初步推断长方形平砖、楔形砖是采用的墓砖。长方形平砖、楔形砖正面一侧有绳纹，一侧边有几何纹。长方形砖长34、宽16.5～17、厚4.5～5厘米，楔形砖长34、宽16.5～17、刃厚4、背厚5.5厘米。弧形砖内弧为素面，外弧饰绳纹，砖

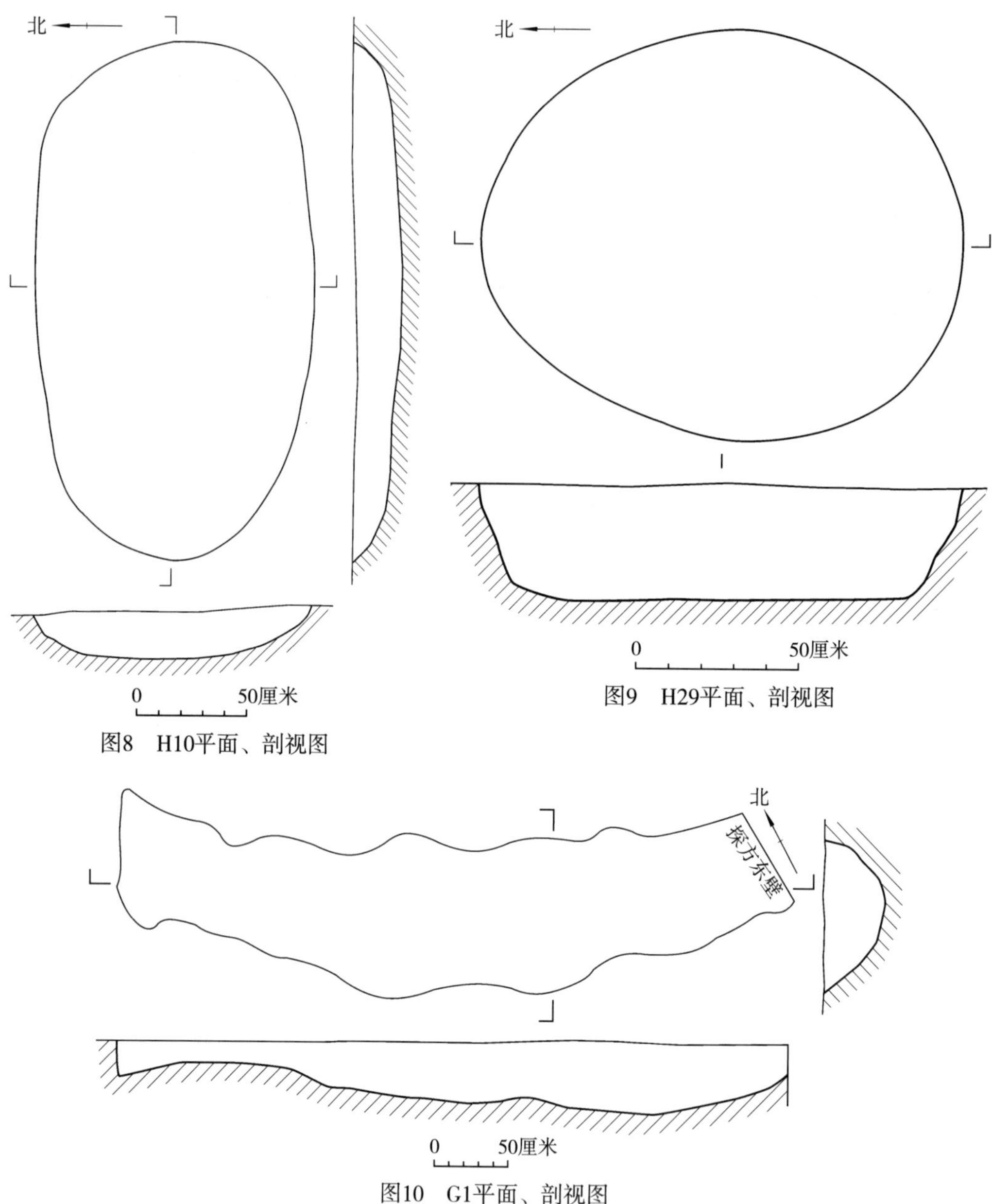

图8　H10平面、剖视图

图9　H29平面、剖视图

图10　G1平面、剖视图

的两端有公母榫。长约27、宽17、厚4.5厘米。

J1井圈用砖块在距井口1.9米处明显分段，1.9米以上用长方形平砖与楔形砖砌筑，距井口1.9米以下用砌井专用的弧形砖砌筑。初步推断水井使用后期，自井口向下至1.9米处出现损毁，维修时使用墓砖砌筑。

3.井内堆积

井内堆积可分3层。

第1层：浅灰黏土，土质硬，包含大量菱形纹残砖、绳纹板瓦、筒瓦残片、少量泥质灰陶罐残片等。厚约0.8米。

第2层：浅灰色细沙质淤积土，土质松软，包含少量倒塌井砖、泥质灰陶缸、陶罐等残片。厚约5.3米。

第3层：至井底为黑灰色淤泥，包含倒塌的长方形井砖。厚约2.4米。

4.出土遗物

井内第3层出土陶罐13件、陶壶残片和1件铜质顶针等。

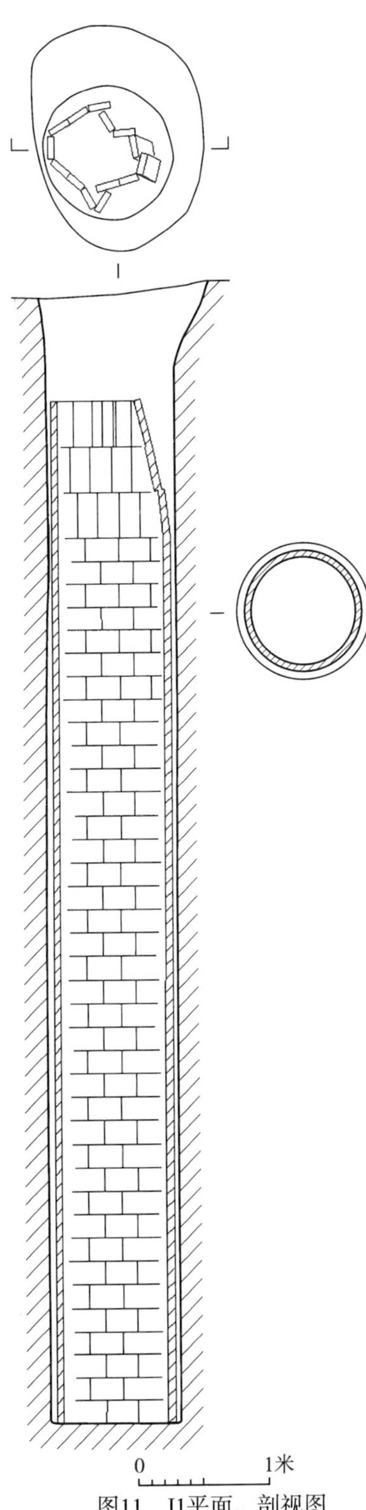

图11　J1平面、剖视图

三、遗　　物

此次发掘出土遗物较为丰富，按质地可分为石器、陶器、铜器等。

（一）石器

器形有锛、镞等。

锛　3件。均为青灰石磨制，单面刃。H16：15，残长6.2、宽3.5、厚1厘米（图12，1）。H5：6，残长6.5、宽4.2、厚0.5厘米（图12， 2）。H4：3，完整。长8.8、宽5、厚1厘米（图12， 3）。

镞　1件（H16：16）。青灰石磨制。铤部长2.4、残长11.6厘米（图12，4）。

（二）陶器

按质地分为泥质灰陶、泥质红陶、夹砂灰陶、夹砂红陶等，器类有罐、豆、鬲、陶拍、缸、釜等。纹饰有粗绳纹、细绳纹、粗凹弦纹、细凹弦纹、附加堆纹等。

罐　根据口部、颈部、肩部和腹部的特征，可以分为两型。

A型：口径和腹径大致相等，短颈。共18件。根据颈部变化，又可分为两式。

Ⅰ式：10件。H16：7，泥质灰褐陶。侈口，圆唇，束颈，溜肩，圆鼓腹。口沿下饰两道凸弦纹，弦纹间有一周波浪纹，腹下部饰绳纹。口径35、残高14.3厘米（图13，8）。T1202②：10，泥质灰陶。口外侈，平折沿，方唇，束颈，鼓腹。口沿和颈部饰弦纹。口径36、残高6.4厘米（图13， 3）。H21：8，泥质黄褐陶。

方唇，口外侈，折沿，束颈。口沿下饰绳纹及两道弦纹。口径27、残高6.4厘米（图13，1）。H21：3，泥质灰陶。圆唇，口外侈，宽平折沿，束颈。口沿下饰一道凸弦纹，以下饰浅绳纹。口径17.8厘米（图13，9）。

Ⅱ式：8件。T0805②：2，泥质灰陶。圆唇，敞口，折沿。颈部饰三道弦纹。口径33.4、残高6.7厘米（图14，1）。H16：10，泥质黄褐陶。侈口，平折沿，微束颈。口沿下饰两道凸弦纹。口径30.4、残高5厘米（图14，9）。

B型：口径小于腹径，长颈，长溜肩。共8件。根据颈部变化，又可分为两式。

Ⅰ式：4件。H16：5，夹砂灰褐陶。束颈，溜肩。颈下饰绳纹。残高8.6厘米（图13，7）。

Ⅱ式：4件。T0805②：1，夹砂黑衣灰陶。侈口，方唇，束颈，折肩。口径16、残高14厘米（图14，11）。T0804①：1，泥质灰陶。敛口，平沿，束颈。素面。口径11.8、残高7.5厘米（图14，4）。

J1集中出土陶罐13件，均为泥质陶，其中12件灰陶器和1件黄褐陶器，根据上文分析，主要有以下型式。

AⅡ式：1件（J1③：4）。泥质黄褐陶。筒形罐。敞口，

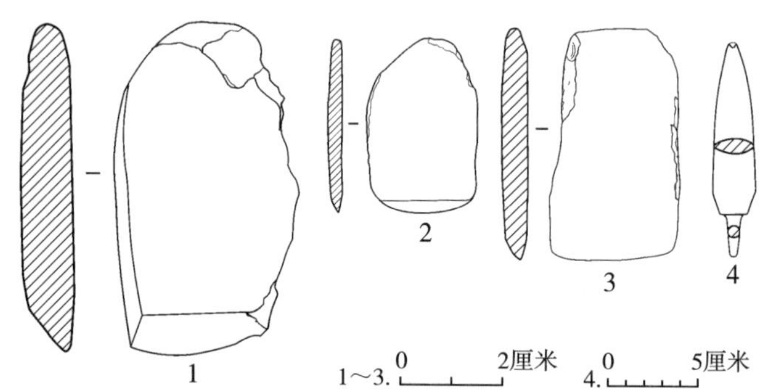

图12 出土石器
1～3.锛（H16：15、H5：6、H4：3） 4.镞（H16：16）

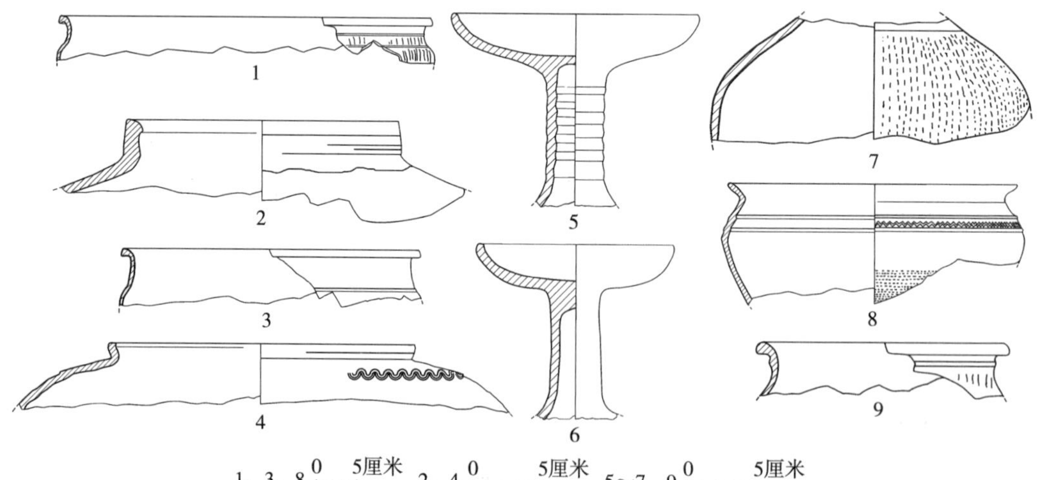

图13 出土陶器
1、3、8、9. AⅠ式罐（H21：8、T1202②：10、H16：7、H21：3） 2、4.缸（J1：1、J1②：2） 5、6.Ⅰ式豆（H16：14、H3：2） 7.BⅠ式罐（H16：5）

图14 出土遗物

1、2、9.AⅡ式陶罐（T0805②：2、J1③：4、H16：10） 3.铜顶针（J1③：3） 4、11.BⅡ式陶罐（T0804①：1、T0805②：1） 5.铜镞（G1:10） 6、10.Ⅱ式陶豆（T0803②：1、T0205②：1） 7.陶拍（H4：2） 8、12、13.C型陶罐（J1③：10、J1③：13、J1③：14） 14～16.BⅡ式陶罐（J1③：5、J1③：7、J1③：11）

折沿，束颈，平底。素面。口径14.5、底径12、高12.7厘米（图14，2）。

BⅡ式：6件。泥质灰陶。双耳罐。束颈。J1③：5，敛口，鼓腹，平底。口径12.5、腹径17、底径9.5、高27.5厘米（图14，14）。J1③：7，侈口，圆鼓腹，平底。器表饰网格纹。口径10.8、腹径22、底径11、残高31厘米（图14，15）。J1③：11，一耳残。侈口，方唇，圆弧腹，底部微凹。器表饰绳纹。口径12、腹径18、底径9、高24厘米（图14，16）。

C型：6件。泥质灰陶。双耳罐。侈口，束颈，圆弧腹。器表饰绳纹。J1③：13，方唇，底部微凹。口径15、腹径20、底径8、高24厘米（图14，12）。J1③：10，平底。残口径12、腹径25、底径10.8、高29厘米（图14，8）。J1③：14，方唇，底部内凹，微变形。口径13、腹径18、底径7.5、高23厘米（图14，13）。

缸　2件。直口，短颈，丰肩。J1：1，泥质黄褐陶。口内饰凸弦纹一周，肩部饰花纹一周。口径34、残高8厘米（图13，2）。J1②：2，泥质灰陶。口内饰凸弦纹一周，肩部饰波浪纹一周。口径31、残高10.5厘米（图13，4）。

豆　根据形制差异，可分为二式。

Ⅰ式：10件。泥质黄褐陶。浅盘腹，粗柄，喇叭形圈足。H3：2，口径13.3、残高12厘米（图13，6）。H16：14，口径18、残高13厘米（图13，5）。

Ⅱ式：8件。盘腹较深，柄细高，喇叭形圈足。T0803②：1，泥质灰陶。口径12.2、圈足径8.4、高14.5厘米（图14，6）。T0205②：1，泥质黄褐陶。口径11.5、残高3.5厘米（图14，10）。

陶拍　1件（H4：2）。泥质灰陶。拍面呈圆形。拍面直径6、柄部长6、直径2厘米（图14，7）。

鬲足　根据形制差异，可以分为二型。

A型：锥足，共12件。又可以分为二式。

Ⅰ式：7件。夹砂灰褐陶。T1202②：12。腹部较平直，裆部较浅，锥状足，足腔较深。腹部有绳纹，足部素面。残高7.2厘米（图15，6）。H16：3。截锥状柱足，圆窝足。外壁饰粗绳纹。残高7.1厘米（图15，2）。

Ⅱ式：5件。夹砂灰褐陶。口残，足窝较深。器表饰绳纹。T0803②：2，底径2.4、残高11.8厘米（图15，1）。T0503②：1，底径3.2、残高13.5厘米（图15，5）。

B型：柱足，共9件。又可以分为二式。

Ⅰ式：5件。H5：4，夹砂灰褐陶。裆线较低，柱足，足腔较浅。器表饰绳纹。足径2.4、残高7.6厘米。H16：2，夹砂黄褐陶。截锥状柱足，足腔深。外壁饰粗绳纹。残高8.3厘米（图15，4）。

Ⅱ式：4件。T0506②：2，夹砂黄褐陶。口部残。器表饰绳纹。足窝底径4.5、残高9.5厘米（图15，3）。

（三）铜器

顶针　1件（J1③：3）。表面有三道圆点组成的线条装饰。直径1.8、厚0.1厘米（图14，3）。

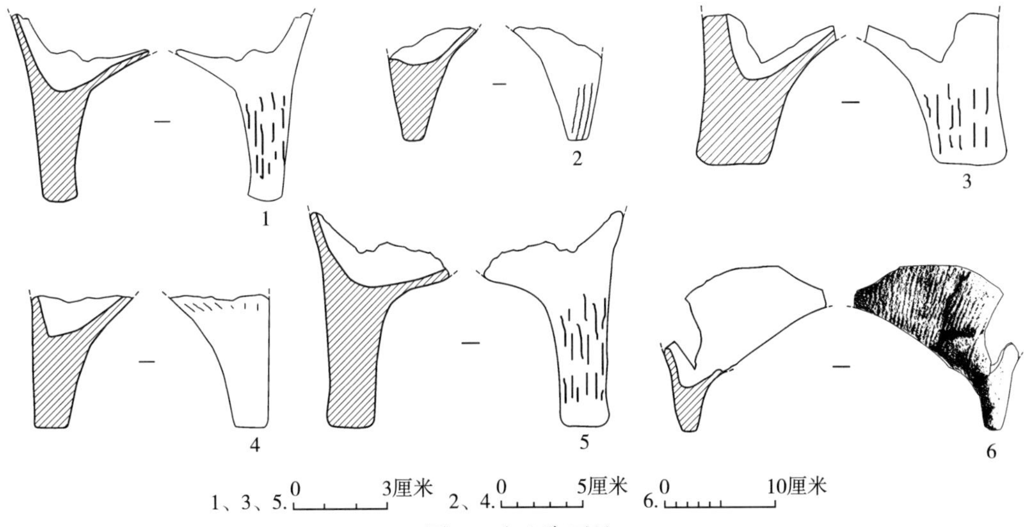

1、3、5. 0 3厘米 2、4. 0 5厘米 6. 0 10厘米

图15 出土陶鬲足

1、5.AⅡ式（T0803②：2、T0503②：1） 2、6.AⅠ式（H16：3 、T1202②：12）
3.BⅡ式（T0506②：2） 4.BⅠ式（H16：2）

镞 1件（G1：10）。截面呈菱形，带铤。长6、最宽处1.3厘米（图14，5）。

四、结 语

为配合“鄂北水资源配置工程”的基本建设，我们抢救性发掘墓子地遗址1000 平方米，发现灰坑、灰沟、水井等遗迹40余处，出土各类遗物200余件，时代集中在东周时期至汉代。

Ⅰ式陶豆（H16：14）与襄阳黄集小马家遗址出土陶豆（H5：1）[1]形制相同，AⅠ式鬲足（T1202②：12）与襄阳伙牌南杨家遗址出土鬲足（H1：1）[2]相似，AⅡ式鬲足（T0503②：1）与襄阳黄家村遗址出土鬲足（H27：2）[3]非常相似，AⅠ式陶罐（H16：7）与襄阳黄家村遗址出土陶罐（H13：12）[4]相似，以上器物都具有春秋晚期至战国早期的特征。

汉代遗物多出自水井（J1），如泥质灰陶网格纹双耳罐、泥质灰陶弦纹双耳罐、泥质灰陶绳纹双耳罐、泥质黄褐陶素面筒形罐等，另有陶缸2件、陶仓1件。其中J1③：30泥质灰陶双耳罐与襄阳黄家村墓地AⅣ式罐（M349：5）[5]近似，罐（J1③：5、J1③：6、J1③：7）与襄阳城东街汉晋墓地所出AaⅠ式罐[6]相近，罐（J1③：10）与襄阳城东街汉晋墓地所出AaⅡ式罐（M3：2、M7：12、M7：11）[7]相近，泥质黄褐陶井（J1③：4）与襄阳城东街汉晋墓地所出AⅢ式井相近，此类双耳罐和井均为汉代墓葬中典型的模型明器。

汉代器物还有Ⅱ式豆（T0803②：1）与枣阳周台遗址出土BⅢ式豆（H21：12）[8]形制相同，BⅡ式陶罐（H16：5）与襄阳黄家村遗址出土BaⅠ式陶罐（M121：1）[9]相似。

墓子地遗址的文化层不厚，器物种类亦不多，但文化面貌及发展脉络清楚，汉代的水井制作也比较精细，出土了较多汉代典型明器。墓子地遗址的发掘，为南阳盆地南缘地区增添了新的考古资料，也为进一步找寻周边区域更早期的考古遗存提供了对比材料。

附记：2016年夏，受湖北省文物局委托，我们参加了“鄂北水资源配置工程”的考古大会战，项目负责人为王晓琨，参加墓子地遗址的技术指导老师有张文治、王灯良、鹿学成、苗慧、鹿凡，学生有中国人民大学考古文博系2015级硕士研究生石思佳、农桑、李逢源、苏天敏、苏振、康晓慧、陈少兰、严辉发等。文中插图由苗慧、王灯良、张文治绘制。墓子地遗址考古项目顺利完成，首先得益于全体师生的辛勤努力，更得益于各方面对我们的支持与帮助。感谢湖北省文物局、湖北省文物考古研究所、襄阳市文广新局、襄阳市文物考古研究所、襄阳市博物馆、老河口市博物馆、薛集镇政府、薛集镇文化馆、曾家岗张洼村委会及湖北省文博界的领导、老师和同仁们对我们的支持和帮助！感谢南京大学、四川大学、河南大学、武汉大学、郑州大学、厦门大学、北京联合大学等兄弟院校的老师和学生们对我们的指导和帮助。

执笔者　王晓琨　张文静　石思佳

注　释

[1] 襄樊市文物考古研究所:《枣阳周台遗址发掘报告》，见《襄樊考古文集》第一辑，科学出版社，2007年。

[2] 襄樊市文物考古研究所:《襄阳伙牌南杨家遗址灰坑清理简报》，见《襄樊考古文集》第一辑，科学出版社，2007年。

[3] 襄樊市文物考古研究所:《襄阳黄家村（上册）》第202页，科学出版社，2013年。

[4] 襄樊市文物考古研究所:《襄阳黄家村（上册）》第152页，科学出版社，2013年。

[5] 襄樊市文物考古研究所:《襄阳城东街汉晋墓地发掘报告》，见《襄樊考古文集》第一辑，科学出版社，2007年。

[6] 襄樊市文物考古研究所:《襄阳城东街汉晋墓地发掘报告》，见《襄樊考古文集》第一辑，科学出版社，2007年。

[7] 襄樊市文物考古研究所:《襄阳城东街汉晋墓地发掘报告》，见《襄樊考古文集》第一辑，科学出版社，2007年。

[8] 襄樊市文物考古研究所:《枣阳周台遗址发掘报告》，见《襄樊考古文集》第一辑，科学出版社，2007年。

[9] 襄樊市文物考古研究所:《襄阳黄家村（上册）》第355页，科学出版社，2013年。

The Excavation of Remains of the Eastern Zhou Period to the Han Dynasty at Muzidi Site in Xiangyang City, Hubei

Department of Archaeology & Museum Studies, Remin University of China

KEYWORDS: Northern Hubei Province Xiangyang City Muzidi Site Eastern Zhou Period to Han Dynasty

ABSTRACT: In June through September 2016, Department of Archaeology & Museum Studies of Remin University of China conducted excavation to the Muzidi Site located on the west bank of Dong Paizi River 200 m to the northeast of Zhangwa Village in Xueji Town, Laohekou City, Hubei Province. The terrain of this site was a wide and flat secondary terrace. The stratigraphy of the site was simple, mostly consisting of two or three cultural layers. Within the excavated area covering 1000 sq m, 39 ash pits, two ash ditches and one water well were recovered, from which over 200 artifacts made of pottery, stone, bronze, etc. were unearthed, and pottery wares took the bulk; they were made of fine clay gray pottery, fine clay red pottery, sandy gray pottery and sandy red pottery, the main types of which were jar, *dou*-stemmed bowl, *li*-cauldron, paddle (tool for making pottery vessel), vat, *fu*-cauldron, etc. The decorations of these pottery wares were mainly coarse cord pattern, fine cord pattern, thick sunken bowstring pattern, thin bowstring pattern, attached emboss pattern, etc. In addition, stone adzes and stone and bronze arrowheads were also unearthed at this site. The cultural layers of this site were not very thick and the category of the artifacts found here was simple, but its cultural appearance and development process are clear. The water well of the Han Dynasty was finely built; most of the features and artifacts found at this site were that of the Eastern Zhou Period and Han Dynasty, including many models of the Han Dynasty made as funeral objects. The excavation of this site provided new archaeological data about the south margin of Nanyang Basin, and also provided comparative materials for further searching earlier archaeological remains in the nearby areas.

（特约编辑　新　华）

河北容城县沙河遗址汉墓发掘简报

山西大学历史文化学院　保定市文物管理所
容城县文物管理所

关键词：河北　容城县　沙河遗址　砖室墓　汉代

内容提要：沙河遗址位于河北省保定市容城县南张镇沙河村南侧，山西大学历史文化学院等单位于2006年对遗址进行了联合考古发掘，共发掘汉代墓葬12座。这些墓葬均为砖室墓，平面形制可以分为“凸”字形和刀把形。墓葬出土遗物近百件，包括铜器、陶器、铁器、骨器、石器、蚌器等，其中铜器主要包括衔镳、軎、轙、盖柄铜箍、盖弓帽、衡末饰、轭首饰等车马器，戟、弩机、镞等兵器以及梳刷等生活用器。陶器以泥质灰陶为主，夹砂灰陶、夹砂红陶次之，常见器形有盘口罐、大口罐、盆、仓等。通过与周边地区考古发现的比较，初步推断这些墓葬的时代应为东汉早期，个别墓葬可能略早或略晚。幽燕地区此前发现的东汉早期墓葬数量相对较少，这批墓葬的发掘补充了重要资料，为研究这一时期的葬制等问题提供了重要线索。

沙河遗址位于河北省保定市容城县南张镇沙河村南侧，遗址范围为东经115° 48′ 16.2″ ～115° 48′ 31.2″ ，北纬39° 03′ 59.5″ ～39° 04′ 01.2″ ，海拔高程13.1～14.7米（图1）。该遗址在“南水北调”沿线文物普查工作中被发现，2006年5月9日至8月10日，山西大学历史文化学院考古系、保定市文物管理所与容城县文物管理所等单位联合对遗址进行了考古发掘，发掘面积总计3133.5平方米，发现了从战国至明清时期的丰富遗存，其中包括汉代墓葬12座，为研究冀中地区汉代墓葬补充了重要资料。

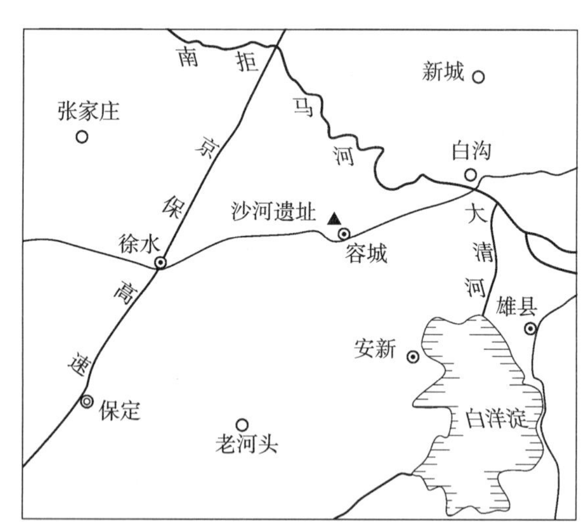

图1　遗址位置示意图

一、地层堆积

绝大部分汉代墓葬发现在沙河遗址Ⅱ区，该发掘区的地层堆积以ⅡT0201北壁剖面（图2）为例进行说明。

第1层：灰褐色土，土质疏松，含有细沙，厚8～13厘米，包含近现代陶瓷碎片等。

第2a层：黄褐色黏土，土质疏松，含有细沙，厚10～20厘米，出土青花瓷片、砖瓦碎片等。

第2b层：红褐色黏土，土质较致密，夹杂块状、条状黄沙，厚5～10厘米，未见文化遗物。

第3层：黑褐色黏土，土质致密，夹杂较多炭粒，厚15～27厘米，出土大量泥质灰陶片、夹砂灰陶片等。

第4层：褐色黏土，土质较致密，夹杂较多炭粒和红烧土颗粒等，厚28～35厘米，出土大量泥质灰陶片、夹砂灰陶片等。

第5层：黄色沙土，土质疏松，厚10～20厘米，出土少量夹砂红陶片等。

第5层以下为生土层。

根据地层的包含物以及遗迹的叠压打破关系，沙河遗址的文化堆积大致可以划分为三个阶段，第2a、2b层属于明清时期，第3、4层属于两汉时期，第5层属于战国时期。已发掘的汉代墓葬，除个别墓葬开口层位被现代取土坑破坏外，均开口于第2b层下并打破第3层。

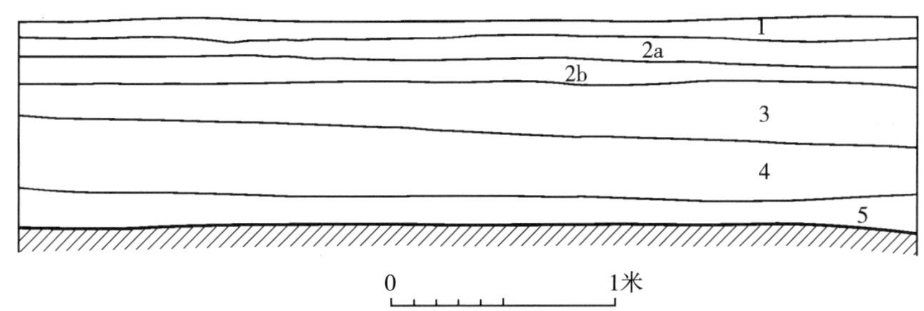

图2　ⅡT0201北壁剖面图

1.灰褐色土　2a.黄褐色黏土　2b.红褐色黏土　3.黑褐色黏土　4.褐色黏土　5.黄色沙土

二、墓葬概况

沙河遗址的古代文化层在历代平整田地活动中遭到了严重破坏，此次发掘的汉代墓葬均被严重盗扰，大部分墓葬仅残存墓底铺砖，顶部和四壁的砖几乎全部被后代盗挖取用。已发掘的12座汉墓分布较为集中，除位于Ⅲ区的M21之外，其余11座墓葬可以分为北、南二群，相距约25米。北群有4座墓葬，分为三排分布，间距3～5米。最北一排为M11，中间一排为M12和M7，最南一排为M10。南群有7座墓葬，也可以分为三排，间距5～10米。最北一排为M4、M5、M22和M23，中间一排为M3，最南一排为M9和M14，每排墓葬的墓向都基本一致，东西间距一般不超过5米，显示出较为明显的规划性。墓葬方向均为南北向，其中M3、M11

为北向，其余为南向。墓葬均为砖室墓，根据墓道形制，可分为“凸”字形砖室墓和刀把形砖室墓等（图3；附表）。

（一）“凸”字形砖室墓

共发现11座。墓圹平面形状多呈“凸”字形，个别墓葬的墓道宽度与墓室宽度近同，墓圹平面形状近似长方形。墓葬一般由墓道、墓室两部分组成。墓道位于墓壁中央，多为斜坡状，个别为一段斜坡状，一段平底。墓门一般用方砖砌封。墓室形状均为长方形，人骨保存状况普遍较差。

M3　位于Ⅱ区T0401和T0501内，墓向352度，被严重扰乱。墓口距地表深0.25米。墓道位于墓室北壁中央，坡长2.2、宽1.6～1.8米。墓室底部距地表深2.55、墓室长5.1、宽2.15米。墓顶部及四壁多已被破坏，墓内未发现人骨。墓室中部出土陶盘口罐、大口罐，以及五铢钱和骨针等。

M4　位于Ⅱ区T0701和T0801内，墓向188度，被严重扰乱。墓口距地面深0.25米。墓道位于墓室南壁中央，坡长2.4、宽1.25～1.3米。墓室底部距地面深1.55、墓室长3.7、宽1.35～1.65米。墓顶部及四壁多已被破坏，墓内未发现人骨。墓室中部出土陶盘口罐、灰陶罐口沿等。

M5　位于Ⅱ区T0602和T0702内，墓向173度，被严重扰乱。墓口距地表深1.28米。墓道位于墓室南壁中央，坡长1.6、宽1.1～1.2米。墓室底部距地面深1.53、墓室长3.48、宽1.4米。墓顶及四壁多已被破坏。墓室中部发现零星人骨，葬式应为仰身直肢，头向北。另外，墓室中还出土骨质发饰等。

M7　位于Ⅱ区T1602、T1702和T1802内，是此次发掘墓葬中规模最大的一座，墓向188度，被严重扰乱。墓口距地表深0.15米。墓道位于墓室南壁中央，坡长4.7、宽2.85～2.9米。墓室底部距地表深1.75、墓室长5.3、宽3～3.1米。墓顶部及四壁多已被破坏。墓室东、西两壁各有二壁龛，分别距墓门0.9、3.3米。壁龛长0.65～0.7、宽0.4～0.45、高0.4米，龛底距墓底1.2米。龛内残存墓砖，应是修建券顶时挖的。墓室中部发现零星人骨，葬式、头向不明。另外，墓室中部还出土灰陶罐等（图4；图版一，3）。

M9　位于Ⅱ区T0101内，墓向162度，被严重扰乱。墓口距地表深0.43米。墓道位于墓室南壁中央。墓室底部距地面深2.1、墓室长5.34、宽1.78米。墓顶部及四壁多已被破坏。墓室南侧发现1具人骨，仅存下半身，葬式为仰身直肢。墓室中部出土泥质

图3　Ⅱ区汉代墓葬分布图

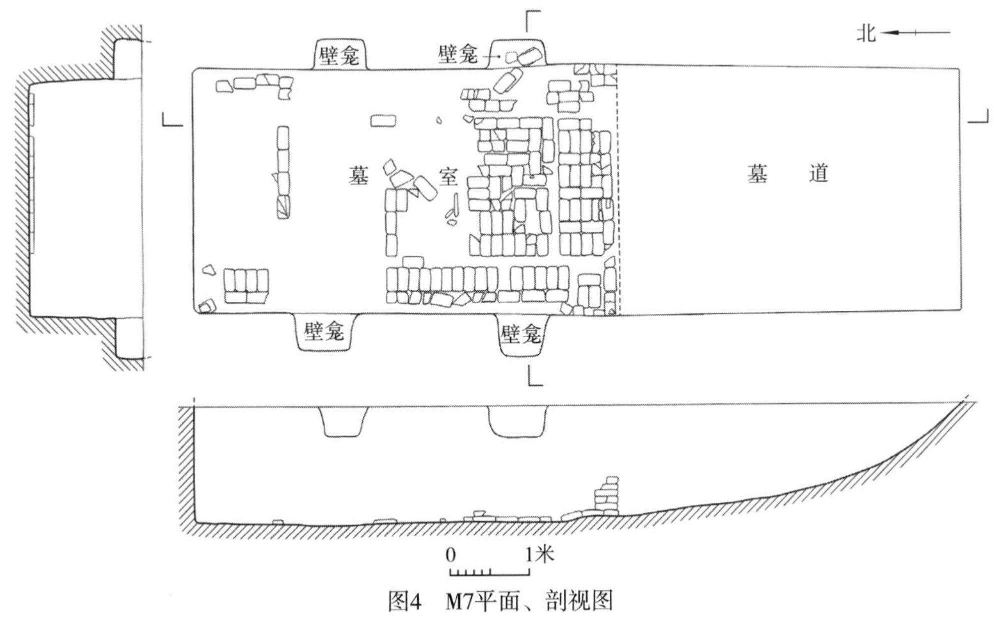

图4 M7平面、剖视图

灰陶罐、夹砂灰陶罐、夹砂红陶盆和骨质扳指等（图版一，1）。

M10 位于Ⅱ区T1301和T1401内，墓向190度，被严重扰乱。墓口距地表深0.2米。墓道位于墓室南壁中央，坡长2.6、宽1.3～1.4米。墓室底部距地面深1.4、墓室长4.3、宽1.6米。墓顶部及四壁多已被破坏。墓室中部发现零星人骨，葬式、头向不明。墓室中部出土泥质灰陶仓、泥质灰陶罐、夹砂红陶盆以及灰陶罐口沿等（图版一，2）。

M12 位于Ⅱ区T1701内，墓向190度，被严重扰乱。墓口距地表深0.24米。墓道位于墓室南壁中央，坡长1.77、宽0.98～1.49米。墓室底部距地面深1.4、墓室长4、宽2.4米。墓顶部及四壁多已被破坏。墓室中部出土1具人骨，保存较差，葬式为仰身直肢，头向北。随葬品较为丰富，铜器有铃、盖弓帽、兽面车饰、五铢钱等，陶器有盘口罐、大口罐等（图版二，2）。

M14 位于Ⅱ区T0101内，墓向172度，被严重扰乱。墓口距地表深0.5米。墓道位于墓室南壁中央，坡长2.4、宽1.3～1.44米。墓室底部距地面深2.1、墓室长5.4、宽1.6米。墓顶部及四壁均已被破坏。墓内未发现人骨。墓室中部出土五铢钱等。

M21 位于Ⅲ区T0203和T0303内，墓向352度，被严重扰乱。墓口距地表深1.5米。墓道位于墓室南壁中央，坡长4.6、宽2.9米。墓室底部距地表深3.1、墓室长4.97、宽2.96米。墓门东、西两侧各挖一壁龛。壁龛长0.32、宽0.26、高0.22、龛底距墓底深1.3米。龛内残存墓砖，应为修建墓门时所挖。墓室中部发现零星人骨，葬式、头向不明。墓室中部出土灰陶罐、铜镞及五铢钱等。

M22 位于Ⅱ区T0703内，墓向193度，被严重扰乱。墓口距地表深0.55米。墓道位于墓室南壁中央，坡长2、宽0.9～1.1米。墓室底部距地表深1.7、墓室长3.8、宽1.4米。墓顶部及四壁均已被破坏。墓内未发现人骨。墓室中部出土夹砂红陶盆等。

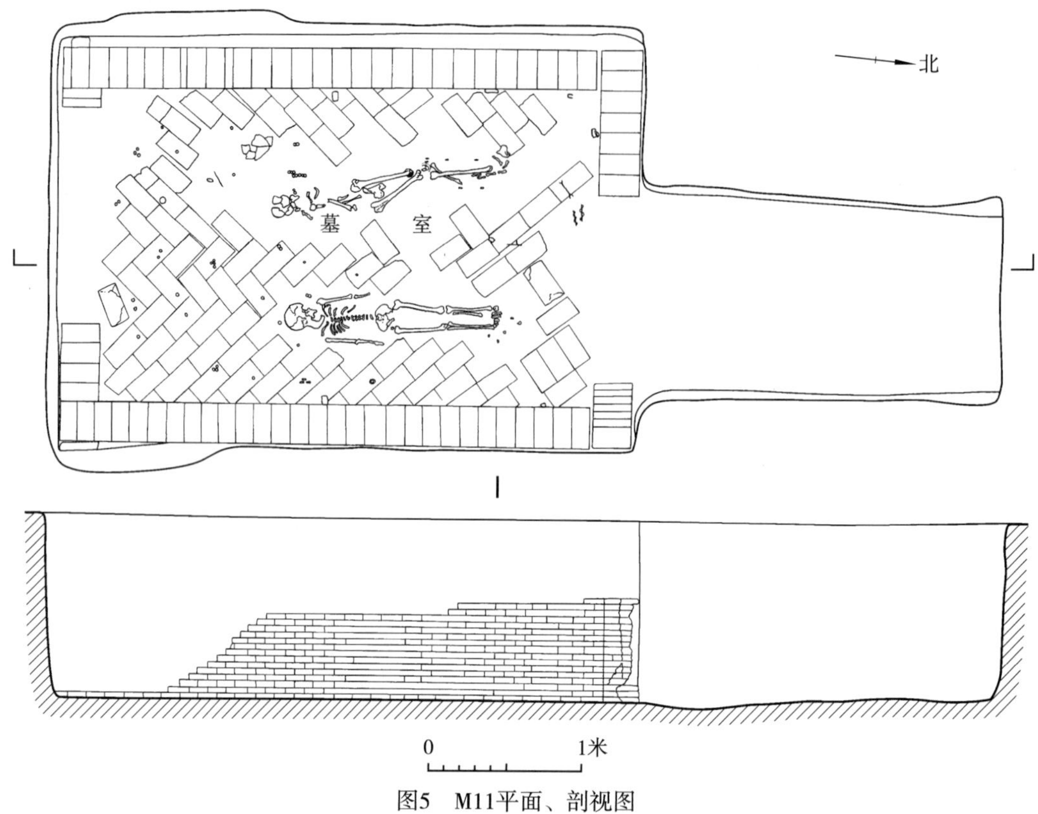

图5　M11平面、剖视图

M23　位于Ⅱ区T0703内，墓向190度。墓口距地表深0.15、墓口长4.2、宽1.46米。墓道位于墓室南壁中央，未清理。墓室底部距地面深1.3、墓室长4.2、宽1.38米。墓内未发现人骨。墓室中部出土泥质灰陶仓、泥质灰陶罐和铁管等。

（二）刀把形砖室墓

仅发现1座（M11），位于Ⅱ区T1801和T1901内，墓向352度，被严重扰乱。墓口距地表深0.26米。墓道位于墓室北壁东侧，坡长2.4、宽1.3～1.44米。墓室底部距地面深1.22、墓室长3.36、宽2.46米。墓顶部及四壁多已被破坏。墓室中部出土2具人骨，保存一般，葬式均为仰身直肢，头向南，面向东。随葬品较为丰富，铜器有戟、弩机、车马饰、轙、衔镳、軎、环、铃、衡末及轭首饰、兽面车饰、盖弓帽和五铢钱等，陶器有盘口罐、大口罐等，此外还有铁器、蚌器、石器等（图5；图版二，1）。

三、出土遗物

此次发掘的汉代墓葬共出土各类遗物近百件，包括铜器、陶器、铁器、骨器、石器、蚌器等。

（一）铜器

共有27件（组），主要有衔镳、軎、轙、盖柄铜箍、盖弓帽、衡末饰、轭首饰等车马

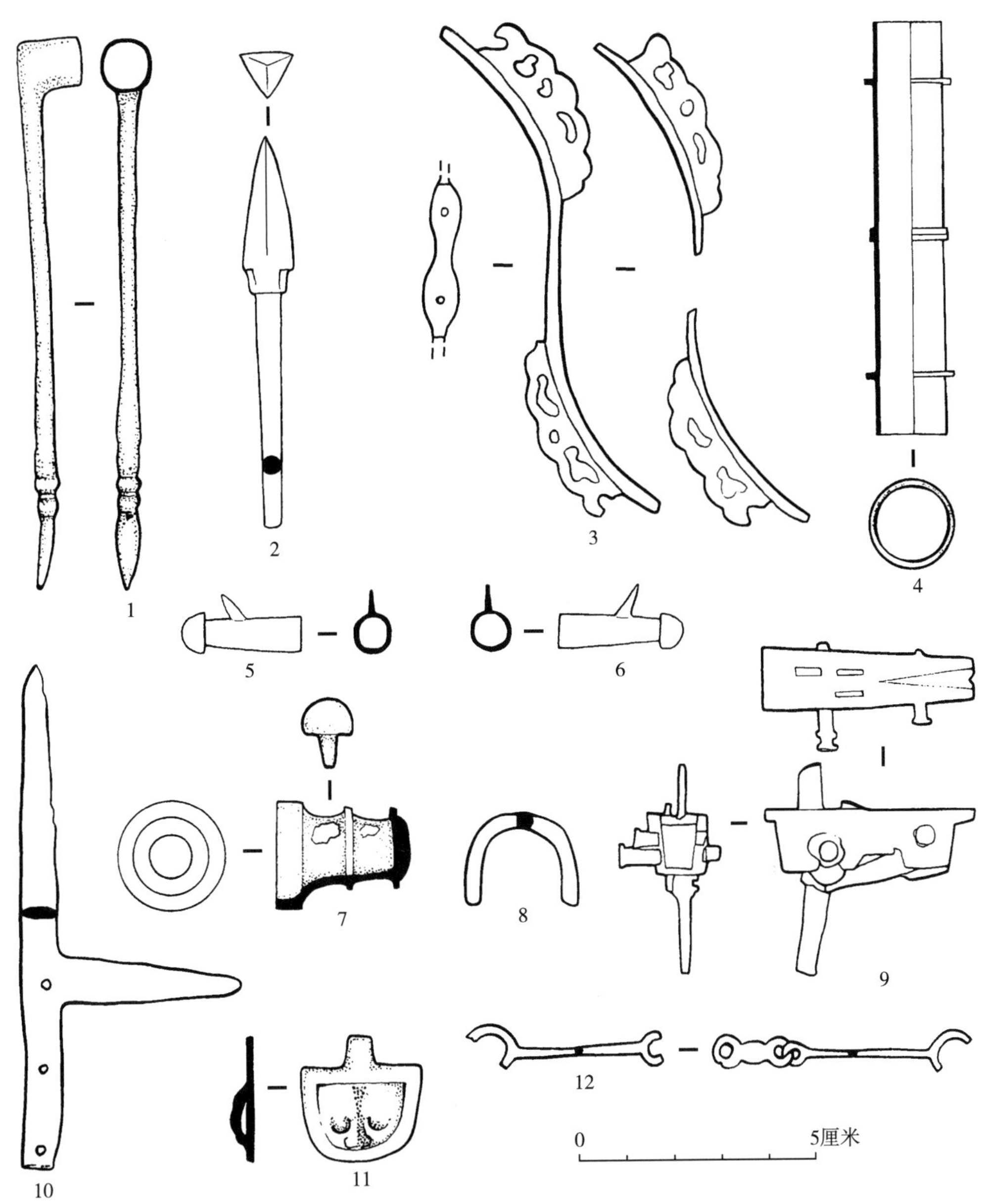

图6　出土铜器

1.梳刷（M11：26）　2.镞（M21：2）　3、12.衔镳（M11：2、M11：4）　4.盖柄铜箍（M11：19）　5、6.盖弓帽（M11：9-1、2）　7.軎（M11：5）　8.轙（M11：3）　9.弩机（M11：1）　10.戟（M11：7）　11.兽面车饰（M11：8）

器，戟、弩机、镞等兵器，以及梳刷等生活用器。车马器和大部分兵器尺寸微缩，无法实用，应属模型明器。

戟　1件（M11：7）。阑上有三穿。长10.2、援长3.7厘米（图6，10；图版三，2）。

弩机　1件（M11：1）。略残。弩床长4.4、宽1.2、牙长2、望山长1厘米（图6，9；图版三，1）。

镞　1件（M21：2）。横截面均为三棱形。长8、锋长2.8、铤长5.3厘米（图6，2）。

衔镳　1组（M11：2、4）。镳2件（M11：2），略呈“S”形，中部有二穿。两端饰卷云纹。长10.7厘米（图6，3；图版三，4）。衔1件（M11：4），已残断。长衔、短衔以铜环相扣。长衔长4.2、短衔长2厘米（图6，12）。

兽面车饰　2件。通体扁平，正面饰兽面纹。M11：8，长2.6、宽2.6厘米（图6，11）。M12：2，下部伸出一舌状弯曲部分。长4.7、宽3厘米。

輚　1件（M11：3）。器形为半环状，截面呈圆形。长2厘米（图6，8）。

軎　1件（M11：5）。軎上饰三道弦纹。軎长2.8、辖长1.4厘米（图6，7）。

盖柄铜箍　1件（M11：19）。通体呈圆柱形。在两端和中央各饰一周弦纹。直径1.6、长8.3厘米（图6，4）。

环　1件（M11：20）。外径3.1、内径2.3厘米。

铃　1件（M12：4）。剖面呈梯形，中空，顶部有一穿。口径1.5、高0.9厘米。

盖弓帽　8件。整体近似圆柱形，中空，一侧有钩状突起。M11：9-1、2，口径0.6、高2.6厘米（图6，5、6）。

衡末及軏首饰　7件。截面分别呈圆形和棱形。M11：10，长1.5厘米。M12：3，长1.4厘米。

梳刷　1件（M11：26）。器身细长，一端尖锐，一端为圆柱形小窝。长11.3厘米（图6，1；图版三，3）。

此外，还出土五铢钱109枚，其中M11出土77枚。

（二）陶器

共50余件，陶质以泥质灰陶为主，夹砂灰陶、夹砂红陶次之。器形有盘口罐、大口罐、盆、仓等，尤以前二种器形数量最多。

盘口罐　14件。均为泥质灰陶。束颈，溜肩，肩部及上腹部饰多周弦纹，下腹部及底部饰篮纹。根据底部形态差异，可分为两型。

A型：8件。圜底。根据腹及底部形态差异，可分为两个亚型。

Aa型：4件。斜弧腹，底较尖，器身最宽处位于肩部。M7：4，口径15、肩径19、高29厘米（图7，7）。M11：25，口径15、肩径21、高27厘米。M21：3，口径16、肩径21.6、高29厘米。M21：4，口径16、肩径22、高28厘米（图版三，6）。

Ab型：4件。鼓腹，底较圆，器身最宽处位于腹部。M7：1，口径15、腹径21、高27厘米（图版三，5）。M10：2，口径13.5、腹径21.5、高26厘米（图7，5）。M11：29，底残。口径16、腹径23、残高25.3厘米。M12：8，口径14、腹径20、高30厘米。

B型：6件。小平底。根据腹部形态差异，可分为两个亚型。

Ba型：4件。斜弧腹，器身最宽处位于肩部。M3：4，口径15、肩径20、底径4、高27厘米。M4：5，口径15、肩径23、底径7、高31厘米。M7：2，口径15、肩径23、底径8、高29.5厘米（图7，8）。M12：7，口残。肩径19、底径6、残高27厘米。

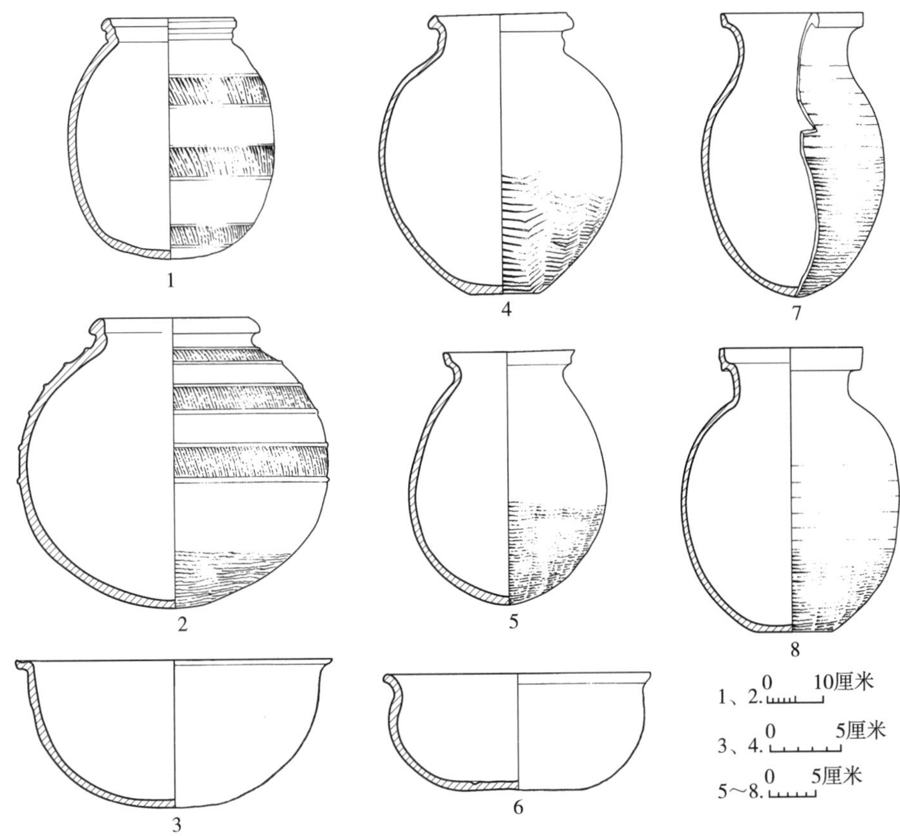

图7 出土陶器

1.A型大口罐（M3：3） 2.B型大口罐（M1：36） 3.B型盆（M10：5） 4.Bb型盘口罐（M9：1） 5.Ab型盘口罐（M10：2） 6.A型盆（M9：2） 7.Aa型盘口罐（M7：4） 8.Ba型盘口罐（M7：2）

Bb型：2件。鼓腹，器身最宽处位于腹部。M9：1，口径10.5、腹径17、底径5.3、高19厘米（图7，4）。M9：4，口径13、腹径21、底径6、高24厘米（图版四，5）。

大口罐 9件。均为夹砂灰陶。方唇，短颈，溜肩，圜底。根据腹部形态差异，可分为两型。

A型：5件。鼓腹。M3：3，口沿下饰弦纹一周，肩部、上腹部和下腹部各饰一组间断绳纹。口径28、腹径42、高48厘米（图7，1）。M7：3，口沿与肩部间饰弦纹一周。口径27、腹径40、高46厘米（图版二，4）。M9：3。口径30、腹径41、高46厘米（图版四，6）。M12：5，底残。口径30、残高38.5厘米。M23：3。口径11、腹径18、高17.5厘米。

B型：4件。球腹。M3：1，下腹部和底部饰篮纹。口径17.5、腹径30、高30厘米（图版四，1）。M11：36，口沿下至上腹部饰三组间断绳纹，下腹部饰篮纹。口径22.5、腹径44、高41.5厘米（图7，2；图版四，2）。M12：6，底残。口径23、腹径33、残高28厘米。M12：9，底残。肩部饰弦纹和波浪纹。口径19.5、残高21厘米。

盆 3件。均为夹砂红陶。根据腹及底部差异，可分为两型。

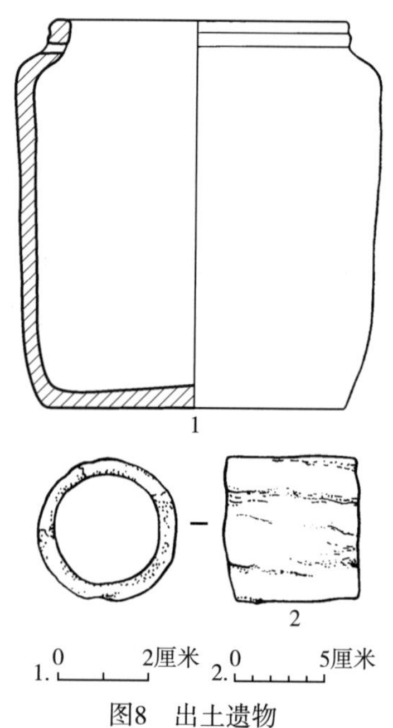

图8 出土遗物
1.B型陶仓（M23：1） 2.骨扳指（M9：5）

A型：2件。敞口，沿外撇，鼓腹，平底。口沿下饰弦纹一周。M9：2，口径28、底径13、高12厘米（图7，6；图版四，4）。M22：1，口径20、底径9、高8.6厘米。

B型：1件（M10：5）。敞口，平折沿，鼓腹，圜底。口径22.5、高10厘米（图7，3；图版二，5）。

仓 2件。均为泥质灰陶，肩部有二穿。根据颈部差异，可分为两型。

A型：1件（M10：1）。敛口，束颈，折肩，直腹，平底。腹部饰多道不甚明显的弦纹。口径15、底径16、高16厘米（图版四，3）。

B型：1件（M23：1）。敛口，折肩，直腹，平底。口径13.5、底径14.5、高16厘米（图8，1；图版二，3）。

（三）铁器

共2件，器形有管、铃等，均锈蚀严重。

管 1件（M23：2）。器身细长，中空，用铁片锻卷而成。直径1.8、残长21.2厘米。

铃 1件（M11：23）。残长3.1厘米。

（四）骨器

共3件，器形有扳指、针、发饰等。

扳指 1件（M9：5）。圆柱形，中空。外径3、内径2.6、高3厘米（图8，2；图版三，7）。

针 1件（M3：6）。器身细长，一端斜削成尖。长6.6厘米。

发饰 1件（M5：1）。长方形薄片。长0.7、宽0.6厘米。

四、结　语

沙河遗址已发掘的汉代墓葬形制均为带斜坡墓道的长方形砖室墓，有单人葬和二人合葬两种，葬式以仰身直肢为主。随葬品多为陶器，有盘口罐、大口罐、盆、仓等，个别墓葬随葬铜明器，如戟、弩机、车马器等。M3、M4、M7、M9～M12、M21等出土的盘口罐以及M3、M7、M9、M11、M12、M23等出土的大口罐，与河北任丘东关竖穴砖圹墓[1]、涉县索堡M2[2]等出土的罐、壶、瓮等形制相似；M11等出土的青铜车马构件与河北沙河兴固汉墓[3]、涉县索堡汉墓[4]、阳原三汾沟M9[5]出土的同类器物形制相似；M9、M10和M22等出土的陶盆与河北隆尧双碑遗址[6]出土的陶盆形制相近。再结合所有墓葬均未出土陶俑的现象，模型明器又仅有2件陶仓，由此初步推断墓葬的时代应为东汉早期，个别墓葬可能略早或略晚。

值得注意的是，此次发掘的墓葬在分布上呈现出明显的规划性，应该属于一处经过整体规划并沿用了一段时间的墓地。墓地中有多组墓葬方向一致、形制相同、规模相近且随葬品组合也类似，如M4与M5、M9与M14、M22与M23等，存在“并穴合葬”的可能。遗憾的是，因为墓葬普遍遭到严重盗扰，或未出土人骨或出土人骨保存不佳，“合葬”的具体性质还有待研究。幽燕地区此前发现的东汉早期墓葬数量相对较少[7]，这批墓葬的发掘补充了重要资料，为研究这一时期的墓葬制度等问题提供了重要线索。

我们在遗址范围内进行了大面积的钻探，在遗址周边进行了大范围的踏查，发现的各类遗存主要集中于汉代及汉代以前，少数遗存属于汉代以降。在墓葬区以西发现战国晚期至汉代的遗址，在墓葬区以东发现汉代的窑址群，这些发现共同构成了沙河遗址的丰富内涵，为研究汉代一般性聚落的布局、结构等问题提供了新资料。

附记：本次发掘领队为郎保利，参加发掘的人员有郎保利、赵瑞民、赵杰、王炜、乔文杰、张丽、郇四清、渠传祥，山西大学历史文化学院考古系2004级研究生郭智勇、宋洋、刘斌、师焕英、杨丽萍等以及博物馆专业2003级本科生尚珩、武俊华、杜建星、贺省军、薛哲、陈小三、柏宇亮、田伟、何培、王晓娟、郝丽君、郭艳、王潇慧、秦艳兰、王科宇、景闻等。文中插图由张永正、刘辉绘制。

执笔者　王　炜　赵　杰　张　丽

注　释

[1] 天津市文化局考古发掘队：《河北任丘东关汉墓清理简报》，《考古学报》1965年第2期。

[2] 邯郸市文物管理处、涉县文物保管所：《河北涉县索堡汉墓》，《文物春秋》1996年第1期。

[3] 河北省文物研究所、邢台地区文物管理所：《河北沙河兴固汉墓》，《文物》1992年第9期。

[4] 邯郸市文物管理处、涉县文物保管所：《河北涉县索堡汉墓》，《文物春秋》1996年第1期。

[5] 河北省文物研究所、张家口地区文化局：《河北阳原三汾沟汉墓群发掘报告》，《文物》1990年第1期。

[6] 河北省文物研究所、隆尧县文物管理所：《隆尧县双碑遗址发掘报告》，见《河北省考古文集》，东方出版社，1998年。

[7] 中国社会科学院考古研究所：《中国考古学·秦汉卷》第407页，中国社会科学出版社，2010年。

附表

河北容城县沙河遗址汉墓统计表

（长度单位：米）

墓号	位置	开口层位	形制	墓向（度）	墓道尺寸（长×宽）	墓室尺寸（长×宽—深）	葬具（长×宽—高）	人骨	出土遗物	时代	备注
M3	Ⅱ区T0401和T0501内	2b层下	“凸”字形砖室墓	352	2.2×（1.6～1.8）	5.1×2.15—2.55	不明	不明	陶盘口罐1、大口罐2，骨针1，五铢钱5	汉	打破第3层
M4	Ⅱ区T0701和T0801内	2b层下	“凸”字形砖室墓	188	2.4×（1.25～1.3）	3.7×（1.35～1.65）—1.55	不明	不明	陶盘口罐1、罐口沿4	汉	打破第3层
M5	Ⅱ区T0602和T0702内	2b层下	“凸”字形砖室墓	173	1.6×（1.1～1.2）	3.48×1.4—1.53	不明	仰身直肢葬，头向北，保存较差	骨发饰1	汉	打破第3层
M7	Ⅱ区T1602、T1702和T1802内	现代取土坑下	“凸”字形砖室墓	188	4.7×（2.85～2.9）	5.3×（3～3.1）—1.75	不明	保存较差	陶盘口罐3、大口罐1	汉	打破第3层
M9	Ⅱ区T0101内	2b层下	“凸”字形砖室墓	162	未清理	5.34×1.78—2.1	不明	仰身直肢葬，保存较差	陶盘口罐2、大口罐1、盆1，骨扳指1	汉	被H7打破，打破第3层
M10	Ⅱ区T1301和T1401内	现代取土坑下	“凸”字形砖室墓	190	2.6×（1.3～1.4）	4.3×1.6—1.4	不明	保存较差	陶仓1、盘口罐1、大口罐口沿2、盆1	汉	打破第3层
M11	Ⅱ区T1801和T1901内	现代取土坑下	刀把形砖室墓	352	2.4×（1.3～1.44）	3.36×2.46—1.22	不明	人骨2具，仰身直肢葬，头向南，面向东，保存一般	铜弩机1、𨊻1、衔镳1、軎1、盖弓帽8、戟1、兽面车饰1、衡末或轭首饰3、盖柄铜箍1、环1、梳刷1，五铢钱77，铁铃1，陶盘口罐2、大口罐1、罐口沿2、罐底部1、筒瓦1，砺石2，蚌壳1	汉	打破第3层
M12	Ⅱ区T1701内	现代取土坑下	“凸”字形砖室墓	190	1.77×（0.98～1.49）	4×2.4—1.4	不明	人骨1具，仰身直肢葬，保存差	铜兽面车饰1、帽1、铃1，衡末及轭首饰4，五铢钱11，陶盘口罐2、大口罐3	汉	打破第3层
M14	Ⅱ区T0101内	H7下	“凸”字形砖室墓	172	2.4×（1.3～1.44）	5.4×1.6—2.1	不明	不明	五铢钱4枚	汉	打破第3层
M21	Ⅲ区T0203和T0303内	2b层下	“凸”字形砖室墓	352	4.6×2.9	4.97×2.96—3.1	不明	保存差	铜镞1，五铢钱，陶盘口罐2、大口罐口沿2	汉	打破第3层
M22	Ⅱ区T0703内	现代取土坑下	凸字形砖室墓	193	2×（0.9～1.1）	3.8×1.4—1.7	不明	不明	陶盆1	汉	打破第3层
M23	Ⅱ区T0703内	现代取土坑下	凸字形砖室墓	190	未清理	4.2×1.38—1.3	不明	不明	陶仓1、大口罐1，铁管1	汉	打破第3层

The Excavation of the Tombs of the Han Dynasty at Shahe Site in Rongcheng City, Hebei

College of History and Culture, Shanxi University
Baoding Municipal Commission for Preservation of Ancient Monuments
Commission for Preservation of Ancient Monuments, Rongcheng County

KEYWORDS: Rongcheng County, Hebei　Shahe Site　Brick-chamber Tombs　Han Dynasty

ABSTRACT: In 2006, College of History and Culture of Shanxi University and other institutions conducted joint excavation to the Shahe Site located to the south of Shahe Village, Nanzhang Town, Rongcheng County, Hebei. The excavation recovered 12 brick-chamber tombs of the Han Dynasty, which could be classified into the ones in 凸-shaped plan and the ones in L-shaped plan. From these tombs, about 100 artifacts made of bronze, pottery, iron, bone, stone, shell, etc. were unearthed; the bronzes were mainly chariot and horse fittings such as horse bits, axle caps, rein rings, ferrules for chariot umbrella poles, chariot umbrella rib caps, yoke bar finials, yoke stem finials, etc., weapons such as halberd heads, crossbow trigger mechanisms, arrowheads, etc., utensils for daily use, such as combs and brushes. The pottery wares were mainly made of fine clay pottery, followed by sandy gray pottery and sandy red pottery; the main types were jars with dish-shaped rim, wide-mouthed jars, basins, granaries, etc. Compared with the archaeological discoveries in the nearby areas, these tombs are preliminarily dated in the early Eastern Han Dynasty, with some special cases earlier or later. In the past, rather few burials of the Eastern Han Dynasty had been found in northern Hebei Province, so the excavation of these tombs not only helps to counterbalance the insufficiency of the archaeological data of this period but also provides important evidence for the studies on the cemetery system in this area of this period.

（特约编辑　新　华）

广东韶关市浈江区东晋南朝墓

韶关市博物馆

关键词：广东　韶关市　砖室墓　东晋　南朝

内容提要：韶关地处粤湘赣三省交界，自古以来就是进出广东的咽喉要地。东晋至南朝时期大量北方移民从湖南、江西迁徙进入广东，并在韶关定居。新中国成立后，韶关市区及下辖各个县区都发现了大量该时期的墓葬，据不完全统计多达600余座。其数量之多，在广东地区仅次于广州。2016年底，韶关市博物馆对浈江区的一个建筑工地进行了抢救性考古发掘，共清理3座东晋南朝时期的砖室墓，其墓葬形制不一，既有长方形单室券顶墓，也有长方形双室券顶墓，还有“凸”字形券顶墓，并且首次发现了“凸”字形券顶墓后室墓壁上设有若干竖向长方形砖龛的情况。同时出土了30多件随葬器物，其中以青釉瓷器为主，主要是四耳罐、六耳罐、碗、碟、钵等东晋南朝时期墓葬常见的器物组合。此外，还发现一枚韶关地区较为少见的五乳祥云纹铜镜。此次抢救性考古发掘，为研究粤北地区东晋南朝时期的丧葬习俗提供了珍贵的实物资料。

2016年12月上旬，在韶关市浈江区南天豪庭小区的建筑工地发现有古代墓葬，韶关市博物馆随即对墓葬进行了抢救性发掘。

墓葬位于韶关市浈江区韶南大道南郊4公里处的南天豪庭小区南侧，东经113° 35'3.6″、北纬24° 45'57.9″（图1）。此次发掘共清理3座墓葬，编号分别为2016SZNM1、2016SZNM2、2016SZNM3（以下简称M1、M2、M3），现将3座墓葬的发掘收获简报如下。

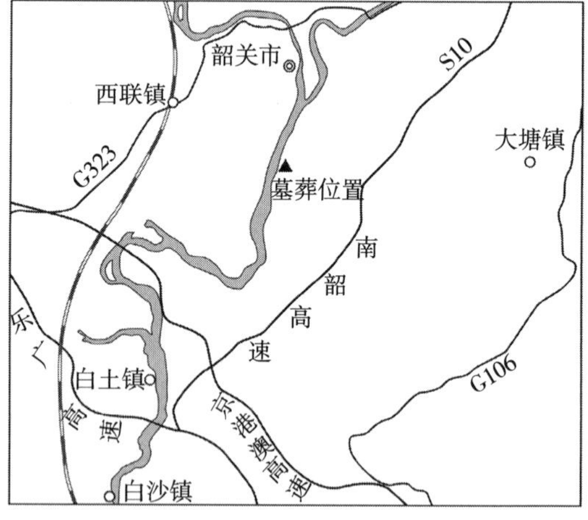

图1　墓葬位置示意图

一、M1

（一）墓葬结构

M1为长方形双室合葬墓，墓向356度，由平面呈长方形的左右两室组成，残长3.1、宽2.16、残高0.96米。券顶及后室已被挖掘机破坏。两室之间设三个“圭”形门相通，门宽由前至后分别为20、15、16厘米，门高43厘米，“圭”形门间设有小窗（图2；图版五，1）。

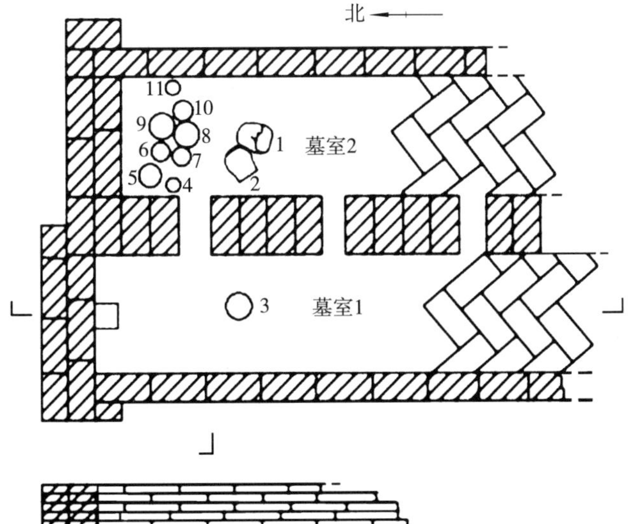

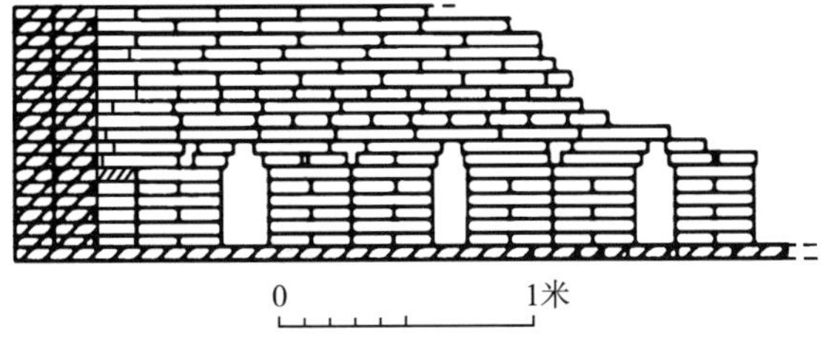

图2　M1平面、剖视图
1.青瓷六耳罐　2. 青瓷四耳罐　3、4、8、9、11. 青瓷碗
5～7、10. 青瓷碟

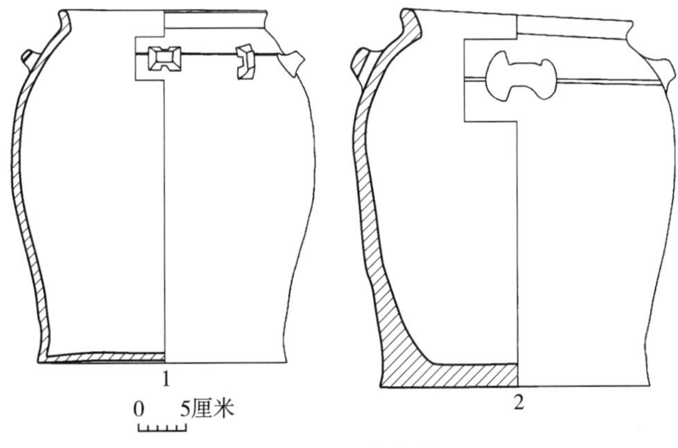

图3　出土青瓷器
1.六耳罐（M1b：1）　2.四耳罐（M1b：2）

封门以两道长方形砖纵向错缝平铺叠砌，砌法为“全顺”，左室封门中部净高0.32米处设一个砖托；右室内道封门砌于墓室侧壁内，外道封门与左室内道封门连通砌于墓室侧壁外，左室加砌外道封门。侧壁以长方形砖错缝平铺叠砌。底部铺砖呈“人”字形。

墓砖有长方形和刀形两种，以叶脉纹为主。长方形墓砖规格为32厘米×16厘米×5厘米，刀形砖常见规格为32厘米×16厘米×（3～5）厘米。

（二）出土遗物

墓内出土随葬品共11件，左室坍塌堆积中清理出1件，右室出土10件，其中8件置于墓室前部，均为青瓷器。

六耳罐　1件（M1b：1）。灰胎，施青釉，有细冰裂纹，底部不施釉。敞口，方唇，短颈，溜肩，微束腰，底略外撇，平底内凹。肩附六个方桥形耳，四横二纵，耳上沿饰弦纹一道。口径10.8、底径13.2、高18.1厘米（图3，1；图版六，5）。

四耳罐　1件（M1b：2）。灰胎，施青釉，多已剥落。敞口，圆唇，短颈，溜肩，微束腰，底略外撇，平底。肩附四个环形耳，并饰双弦纹。口径12.1、底径14.3、高19.4厘米（图3，2；图版六，6）。

碗　5件。根据口部特征，可以分为二型。

A型：4件。灰胎，施青釉。直口，深弧腹，饼足。M1a：1，饰细冰裂纹。口径8.5、底径4、高4.4厘米（图4，6；图版六，3）。M1b：3，腹部饰弦纹。口径14.6、底径6.1、

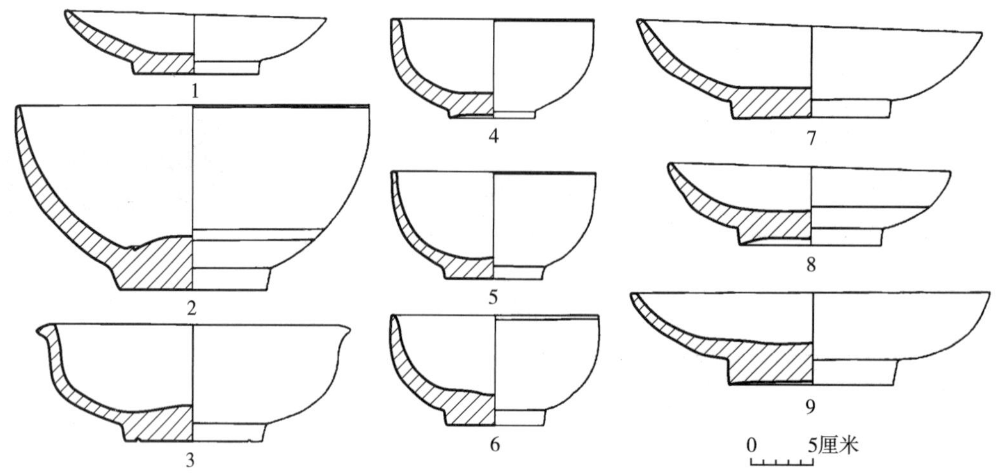

图4 出土青瓷器

1、7～9.碟（M1b：6、M1b：4、M1b：5、M1b：9） 2、4～6.A型碗（M1b：3、M1b：8、M1b：7、M1a：1） 3.B型碗（M1b：10）

高7.4厘米（图4，2）。M1b：7，口径8.4、底径4、高4.3厘米（图4，5）。M1b：8，口径8.3、底径3.5、高4厘米（图4，4；图版六，4）。

B型：1件（M1b：10）。灰胎，施青釉。敞口，平唇，弧腹，饼足。口径11.6、底径5.7、高4.9厘米（图4，3）。

碟 4件。灰胎，施青釉。敞口，浅腹，饼足或假圈足。M1b：4，口径14.3、底径6.4、高3.9厘米（图4，7）。M1b：5，腹部饰一道弦纹，通体有细冰裂纹。口径11.5、底径5.8、高3.3厘米（图4，8；图版六，1）。M1b：6，口径10.8、底径5.2、高2.5厘米（图4，1；图版六，2）。M1b：9，通体有细冰裂纹。口径14.8、底径6.8、高3.8厘米（图4，9）。

二、M2

（一）墓葬结构

M2为“凸”字形单室墓，墓向359度，由甬道、墓室（分前、后两室）组成，长7、宽2.4、高2.34米。除后壁小部分券顶被挖掘机破坏外，其余均保存完整（图5；图版五，3）。

甬道平面呈长方形，前端有宽0.6米的承券。墓室平面呈“凸”字形，用一道承券分为前、后室。前、后室平面均呈长方形，后室后端置承券。甬道及前室的墓顶嵌于后室券顶内，因承券的设置，前室与后室连接处形成四重券顶。

封门以长方形砖横向和纵向两道交替错缝平铺叠砌，砌法为“一顺一丁”，三重券顶，封门皆砌于墓室侧壁外，较墓室宽0.4米。

侧壁、后壁以长方形砖错缝平铺叠砌，后壁砌于侧壁外。后室侧壁及后壁高0.6米处每隔一横砖有一个长方形龛。龛长0.8、宽0.08、深0.16米。后壁中央有宽0.35、残高1.1米的砖

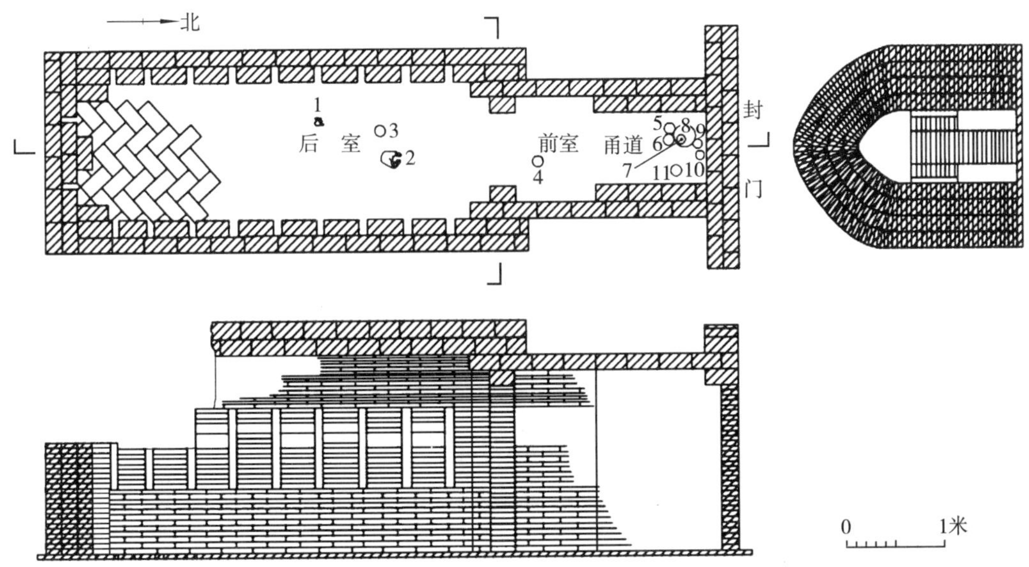

图5 M2平面、剖视图
1、7、9、10.青瓷碗 2.青瓷四耳罐 3～6、11.青瓷碟 8.青瓷盆

柱一个。底部铺“人”字形砖，较墓室宽。侧壁高1.26米处夹砌刀形砖券顶。

墓砖有长方形和刀形两种，以叶脉纹为主，长方形砖常见规格为35厘米×16厘米×5厘米，刀形砖常见规格为35厘米×16厘米×（3～5）厘米。

（二）出土遗物

随葬品集中于甬道前部，前室亦零星分布，均为青釉瓷器，共计11件。

碗 4件。灰胎，施青釉，有细冰裂纹。敛口或直口微敛，深弧腹，饼足或假圈足。M2∶1，口径8.3、底径3.8、高4.1厘米（图6，8；图版七，6）。M2∶7，口径8.3、底径3.7、高4厘米（图6，9；图版七，5）。M2∶9，口径8.3、底径3.3、高4厘米（图6，10；图版七，4）。M2∶10，口径15.4、底径6、高7.5厘米（图6，11）。

碟 5件。根据底部特征，可以分为二型。

A型：4件。灰胎，施青釉。敞口，浅腹，平底内凹。M2∶3，口径10.7、底径5.8、高2.6厘米（图6，3；图版七，1）。M2∶4，有细冰裂纹。口径11.7、底径6.6、高2.5厘米（图6，4；图版七，2）。M2∶6，下腹饰有一道弦纹。口径11.4、底径5、高2.7厘米（图6，5）。M2∶11，口径10.7、底径4.8、高2厘米（图6，2）。

B型：1件（M2∶5）。灰胎，施青釉。敞口，浅腹，饼足。口径11.2、底径4.7、高3.1厘米（图6，1；图版七，3）。

四耳罐 1件（M2∶2）。灰胎，施青釉。直口，圆唇，短颈，溜肩，平底。肩附四个桥形耳，并饰双弦纹。口径9、底径12.4、高17.2厘米（图6，7）。

盆 1件（M2∶8）。灰胎，施青釉，有细冰裂纹。敞口，斜方唇，深弧腹，平底。口沿内外侧均饰有弦纹。口径19.6、底径9.2、高5.8厘米（图6，6；图版七，7）。

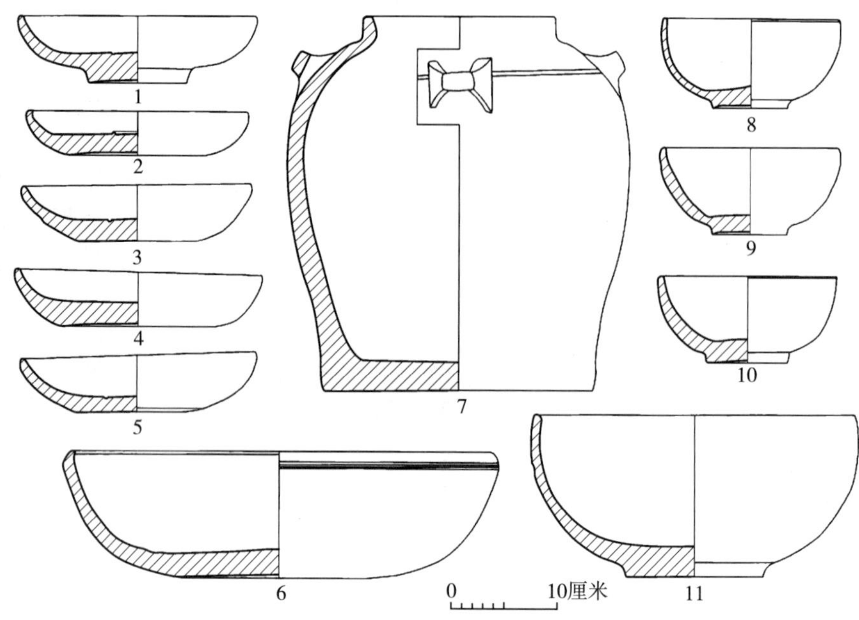

图6　出土青瓷器

1.B型碟（M2：5）　2～5.A型碟（M2：11、M2：3、M2：4 、M2：6）　6.盆（M2：8）　7.四耳罐（M2：2）　8～11.碗（M2：1、M2：7、M2：9、M2：10）

三、M3

（一）墓葬结构

M3为长方形单室墓，墓向334度，残长1.8、宽1.67、残高1.58米。大部分券顶及墓室已被挖掘机破坏，仅余小部分前室及封门（图7；图版五，2）。

封门以长方形砖横置错缝平铺叠砌，砌法为“全顺”，砌于墓室侧壁内。侧壁为长方形砖错缝平铺叠砌，侧壁高0.75米处夹砌刀形砖砌筑券顶，两侧壁与封门相接净高0.6米处各设一砖托。底部铺“人”字形砖，宽于墓室。

墓砖有长方形和刀形两种，以叶脉纹、菱格纹为主，并见“太安乐宜”文字砖，文字两端辅以车轮纹装饰（图8）。长方形砖常见规格为32厘米×16厘米×5厘米，刀形砖常见规格为32厘米×16厘米×（3～5）厘米。

（二）出土遗物

随葬品多分布于墓室前端，中部亦零星分布，共计14件。墓室前端出土随葬品10件，均为青釉瓷器，包括1件碟、2件钵、3件四耳罐、1件盆、3件小碗。在墓室前端左右两侧壁的砖托上各清理出1件青瓷小碗，在墓室中部填土中清理出青瓷小碗和铜镜各1件。

铜镜　1件（M3：1）。青铜。圆形，半球形穿孔钮，饰五乳祥云纹。直径9.6厘米（图9；图版八，6）。

青瓷四耳罐　3件。根据器形差异，可以分为二型。

A型：2件。桶状。灰胎，施青釉。直口，圆唇，短颈，溜肩，鼓腹斜收，平底内凹。

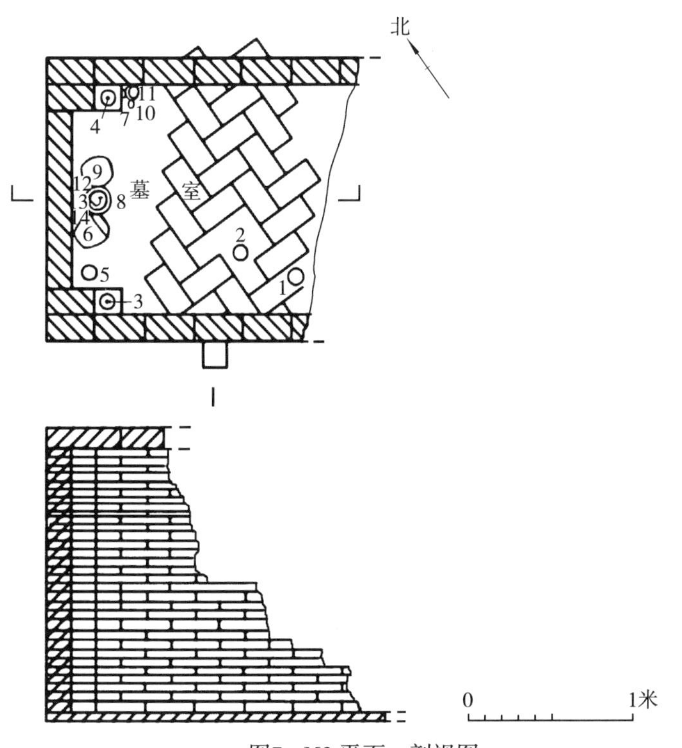

图7　M3 平面、剖视图

1.铜镜　2～4、10、13、14.青瓷小碗　6、9、11.青瓷四耳罐　5.青瓷碟　7、12.青瓷钵　8.青瓷盆

图8　“太安乐宜”铭文砖拓本

图9　出土铜镜（M3：1）拓本

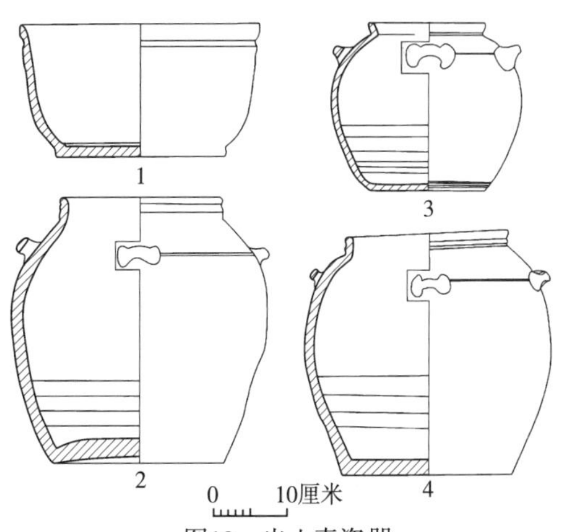

图10　出土青瓷器

1.盆（M3：8）　2、4. A型四耳罐（M3：6、M3：9）　3.B型四耳罐（M3：11）

颈部饰凹弦纹，肩附四个环形耳。耳间饰双弦纹。M3：6，口径10.6、底径11.4、高17.5厘米（图10，2；图版八，4）。M3：9，口径11、底径11.2、高16.1厘米（图10，4）。

B型：1件（M3：11）。球状。灰胎，施青釉。侈口，圆唇，短颈，溜肩，鼓腹，平

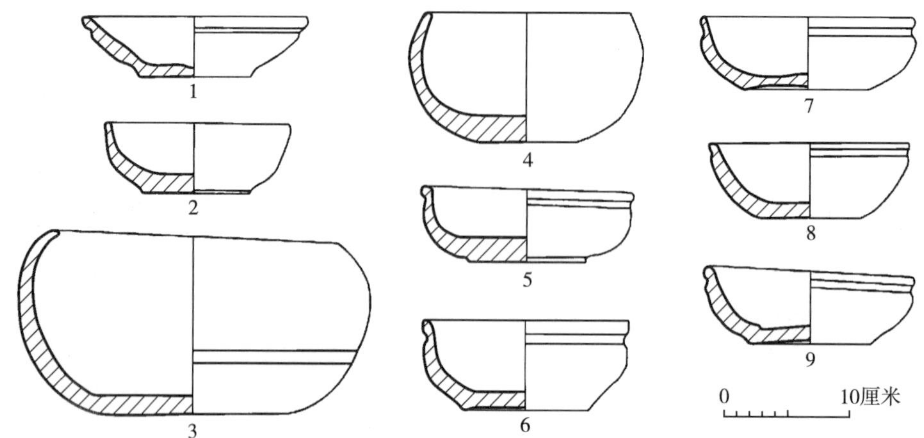

图11 出土青瓷器

1.青瓷碟（M3：5） 2、5.B型小碗（M3：13、M3：10） 3、4.青瓷钵（M3：7、M3：12） 6、7～9.A型小碗（M3：14、M3：2、M3：3、M3：4）

底。颈部饰凹弦纹，肩附四个环形耳，耳间饰双弦纹，下腹近底部饰多道弦纹。口径7.8、底径7.9、高11.1厘米（图10，3；图版八，5）。

青瓷盆 1件（M3：8）。灰胎，施青绿釉。敞口，尖圆唇，颈内凹，直腹微弧，饼足。口沿饰一圈褐釉。底部有支烧的支钉痕。口径16.2、底径11.4、高8.7厘米（图10，1；图版八，3）。

青瓷碟 1件（M3：5）。灰胎，釉全剥落。敞口，浅折腹，平底。外口沿饰一道凹弦纹。口径9、底径4.4、高2.3厘米（图11，1；图版九，6）。

青瓷小碗 6件。根据底部特征，可以分为二型。

A型：4件。灰胎，施青釉，有细冰裂纹。口微侈，弧腹，平底内凹。外口沿饰一道凹弦纹。M3：2，口径7.3、底径3、高2.8厘米（图11，7）。M3：3，口径7.8、底径3.7、高2.9厘米（图11，8；图版九，1）。M3：4，口径8.3、底径4.8、高3厘米（图11，9；图版九，2）。M3：14，口径8.1、底径4.8、高3.5厘米（图11，6；图版九，4）。

B型：2件。灰胎，施青釉，有细冰裂纹。口微侈，弧腹，饼足。外口沿饰一道凹弦纹。M3：10，口径8.3、底径4.、高2.9厘米（图11，5；图版九，3）。M3：13，口径7.3、底径4.2、高2.7厘米（图11，2；图版九，5）。

青瓷钵 2件。灰胎，施青绿釉。敛口，尖圆唇，深弧腹，平底。M3：7，腹部饰双弦纹。底部有支烧的支钉痕。口径11.4、底径7.5、高7.1厘米（图11，3；图版八，1）。M3：12，有细冰裂纹。口径8、底径3.8、高5厘米（图11，4；图版八，2）。

四、结 语

此次发掘的3座墓葬形制不一，既有长方形单、双室单券顶墓，也有“凸”字形双券顶墓，均为粤北地区六朝时期常见的墓葬形制。其中M1和M3在发掘前已遭到严重破坏，M2

保存相对完整。

通过将随葬器物与周边地区出土的同类器物进行比较，来判定这些墓葬的年代。M1出土的青瓷六耳罐与乳源泽桥山ⅠM41的A型Ⅳ式青瓷六耳罐[1]基本相似，出土的青瓷四耳罐与曲江南华寺南朝墓Ⅱ式四耳罐[2]器形相似，出土的A型青瓷碗与广东和平县南朝墓的Ⅱ式青瓷碗[3]相似，由此可判定M1的年代为南朝中晚期。M2出土的青瓷四耳罐与乳源泽桥山ⅠM30的A型Ⅲ式青瓷四耳罐[4]相似，出土的青瓷碗与韶关小茶山M4的青瓷碗[5]基本相似，由此可以初步判定M2为东晋时期。M3出土的A、B型青瓷四耳罐分别与广东鹤山市雅瑶东晋墓的Ⅰ、Ⅱ式青瓷四耳罐[6]相似，出土的A、B型青瓷小碗分别与韶关始兴赤南M36的Ⅱ式小碗、赤东M10的Ⅰ式小碗[7]相似，初步判定M3为东晋时期。但M3出土有“太安乐宜”铭文砖。据考，“太安”可作两种解释。一为西晋惠帝司马衷的第六个年号（公元302～303年），共计两年。二是通“泰安”，安宁祥和之意。铭文“太安乐宜”曾与“泰元二年宜日”纪年（“泰元”即“太元”，东晋孝武帝的年号，“泰元二年”为公元377年）同出于65韶、西、黄M1[8]内。结合对M3出土随葬器物的年代判断，笔者认为此处的“太安”应取第二种解释。铭文“太安乐宜”应为“安宁、快乐”之意，是一种吉祥用语。因此，M3的年代可断定为东晋时期。

韶关自古以来就是进出广东的咽喉要地，市区曾是东晋至南朝时期始兴郡的治所所在地，新中国成立后，在市区范围内发现众多该时期的古墓葬，主要沿浈江、武江两岸分布。此次发现的3座墓葬均有特别之处，如M1双室墓的间墙上连开三座小门的现象在韶关地区比较少见；M2后室墓壁上设有若干竖向长方形砖龛的情况在韶关地区则为首次发现，具体用途尚待进一步研究；M3出土的铭文砖和铜镜亦较为少见。总而言之，此次发现的3座墓葬为研究韶关地区东晋至南朝时期的丧葬习俗等提供了较有价值的实物资料。

附记：本次发掘领队为李衡华，参加发掘的人员有徐风爽、梁健、罗伟德、张艺，文中插图由李衡华、徐风爽、张艺绘制，照片由罗伟德、梁健拍摄，拓本由李衡华制作。

执笔者　李衡华　徐风爽

注　释

[1] 广东省文物考古研究所:《乳源泽桥山六朝隋唐墓》，文物出版社，2006年。

[2] 广东省博物馆:《广东曲江南华寺古墓发掘报告》，《考古》1983年第7期。

[3] 广东省文物考古研究所:《广东和平县晋至五代墓葬的清理》，《考古》2000年第6期。

[4] 广东省文物考古研究所:《乳源泽桥山六朝隋唐墓》，文物出版社，2006年。

[5] 广东省文物考古研究所:《广东韶关市小茶山墓葬群发掘简报》，《南方文物》2008年第2期。

[6] 广东省文物考古研究所:《广东鹤山市雅瑶东晋墓》，《考古》1998年第9期。

[7] 广东省博物馆:《广东始兴晋—唐墓发掘报告》，见《考古学集刊》第2集，中国社会科学出版社，1982年。

[8] 杨豪:《广东韶关市郊的晋墓》，见《考古学集刊》第1集，中国社会科学出版社，1981年。

The Excavation of the Tombs of the Eastern Jin Dynasty and Southern Dynasties Period in Zhenjiang District, Shaoguan, Guangdong

Shaoguan City Mueum

KEYWORDS: Shaoguan City, Guangdong Brick-chamber Tombs Eastern Jin Dynasty Southern Dynasties Period

ABSTRACT: Located at the traffic hub of Guangdong, Hunan and Jiangxi Provinces, Shaoguan is a key passage to enter Guangdong. During the Eastern Jin Dynasty to the Southern Dynasties Period, large amounts of people immigrated from the north into Guangdong via Hunan and Jiangxi, and settled down in Shaoguan. Since 1949, in the Shaoguan City proper and the districts and counties under its jurisdiction, over 600 burials of this period have been found, which was only second to Guangzhou area in Guangdong Province. At the end of 2016, Shaoguan City Museum conducted rescue excavation at a construction site in Zhenjiang District, which recovered three brick-chamber tombs of the Eastern Jin Dynasty to the Southern Dynasties Period, the forms of which were rectangular single-chamber with vaulted roof, rectangular double-chamber with vaulted roof and 凸-shaped chamber with vaulted roof; on the rear wall of the 凸-shaped chamber tomb with vaulted roof, some rectangular recesses built of vertical bricks were found, which was the first discovery of this kind of form. From these three tombs, over 30 artifacts were unearthed, most of which were celadon wares, including four-lugged and six-lugged jars, bowls, dishes, etc., and belonged to the popular grave good assemblages in the burials of the Eastern Jin Dynasty to the Southern Dynasties Period. In addition, a bronze mirror with five bosses and auspicious cloud patterns, which was rarely seen in Shaoguan area, was also unearthed. This rescue excavation not only enriched the collection of Shaoguan City Museum, but also provided valuable physical materials for the study on the funeral customs in northern Guangdong Province during the Eastern Jin Dynasty to the Southern Dynasties Period.

（特约编辑　新　华）

福建平潭县仙女山南朝至唐初砖室墓

厦门大学历史系考古专业

平潭社会事业局　平潭博物馆

关键词：福建　平潭县　砖室墓　青瓷器　南朝至唐初

内容提要：2018年10月，厦门大学历史系考古专业师生对福建平潭县仙女山墓进行了抢救性清理发掘。墓葬为单室券顶砖室墓，平面呈“凸”字形，由墓道、墓坑、砖室组成，出土遗物包括青瓷四系罐、青瓷唾壶、青瓷灯台、青瓷双系罐、青瓷烛台和铁剪刀等。墓砖均为青灰色，包括长方形砖与券砖两种。墓砖有模印莲花纹与钱纹的组合纹饰，模印莲花纹、梳篦纹与钱纹的组合纹饰，模印“大吉”铭文、钱纹和圆涡纹组合纹饰，模印莲花纹、钱纹和半钱纹的组合纹饰及模印叶脉纹等。根据墓葬形制、墓砖纹饰和铭文以及随葬品等方面推断，该墓年代应当为南朝晚期至唐初，墓主身份应为地主。该墓的形制与同时期典型的砖室墓相同，该墓的发现填补了平潭地区历史时期墓葬考古的空白，对研究我国古代陶瓷工艺技术及发展史、当时社会的丧葬习俗、佛教和风水术、平潭与大陆的经济文化交流以及西晋以来的中原文明南迁和闽越地区汉化等方面都具有重要意义。

2018年10月中旬，中国社会科学院考古人员在对平潭综合试验区进行古文化遗存调查时，于平原镇仙女山东麓发现一座砖室墓，其墓道已被机械破坏，甬道券顶大部露出。平潭综合实验区社会事业局及博物馆相关领导得知此事后高度重视，为保护墓内残存文物，立即会同厦门大学平潭考古实习队师生于2018年10月18日至25日对该墓进行了抢救性清理发掘。这是平潭地区首次经过科学考古发掘的历史时期砖室墓，具有较重要的学术价值。现将这座墓葬的发掘收获简报如下。

墓葬编号2018PHXM1，以下简称M1。M1位于平潭综合试验区平原镇红卫村仙女山东麓的台地上，海拔高度28米，位于东经119° 44′ 34″ 、北纬25° 36′ 52″ （图1）。

一、墓葬形制

M1为单室券顶砖室墓，平面呈“凸”字形，与同时期典型的砖室墓相同，由墓道、砖室组成（图2；图版一〇，1）。

墓坑总长4.9、宽1.56、深1.5米，方向为150度。坑内填土呈深褐色，为沙质黏土，较致密，夹有砾石。由于M1被破坏，原墓坑深度以及封土高度等不详。

墓道和砖室以封门墙为界。墓道为土筑，坑壁内倾，底部呈斜坡状，残长0.5～1.5米，

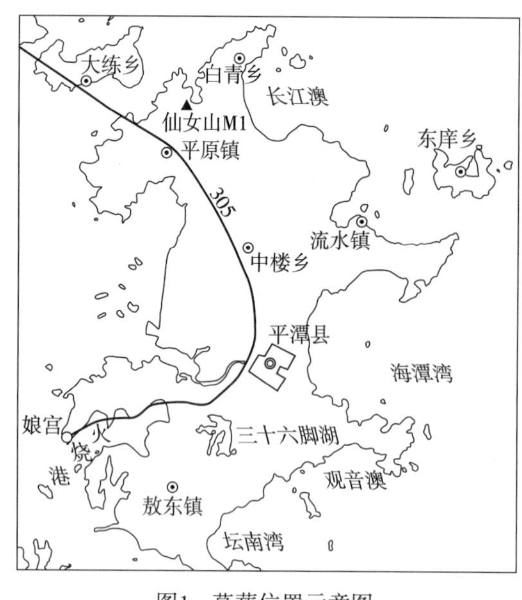

图1　墓葬位置示意图

已遭破坏。墓道内填土呈深褐色，为沙质黏土，较致密，夹有砾石。

砖室分为封门墙、甬道和墓室三部分。

封门墙有两重，高1.12米。外封门墙嵌砌于甬道口，由长方形砖直立横砌或侧立横砌而成。内封门墙与外封门墙紧贴，封住整个墓口，从第三层铺地砖向上依次砌一丁一顺砖两组和一丁四顺砖一组（图版一〇，2）。

甬道平面呈长方形，长0.95、宽1.08、高1.12米，从底部第1层到第13层为长38、宽18、厚6厘米的长方形砖错缝平铺直砌而成。从第14层开始起券，由长38、宽17、厚3～6厘米和长36、宽18、厚4～6厘米两种券砖砌筑而成，券顶高1.28米。甬道之上另残存五层平铺叠砌的券砖，残高1.68米（含甬道、券顶高度），应为起支撑作用或挡土之结构（图版一〇，3）。

墓室平面为长方形，长3.6、宽1.08、残深0.8～1.2米。按墓砖形状来分，墓室共由长方形砖和券砖两种砖砌筑，墓底、左右两壁及后壁由长38、宽18、厚6厘米的长方形青灰砖错缝平铺直砌而成。纹饰有叶脉纹、圜钱纹、半钱纹、莲花纹和圆涡纹等。券顶由长38、宽17、厚3～6厘米和长36、宽18、厚4～6厘米的两种券砖砌筑而成，素面无纹。墓室券顶已全被破坏。棺床长2.72、宽1.04米，有三层台沿，由长32、宽16、厚6厘米的素面砖两砖横铺和两砖直铺交错平铺而成，墓底长3.44、宽1.04米。在墓室内棺床和甬道之间发现一个长

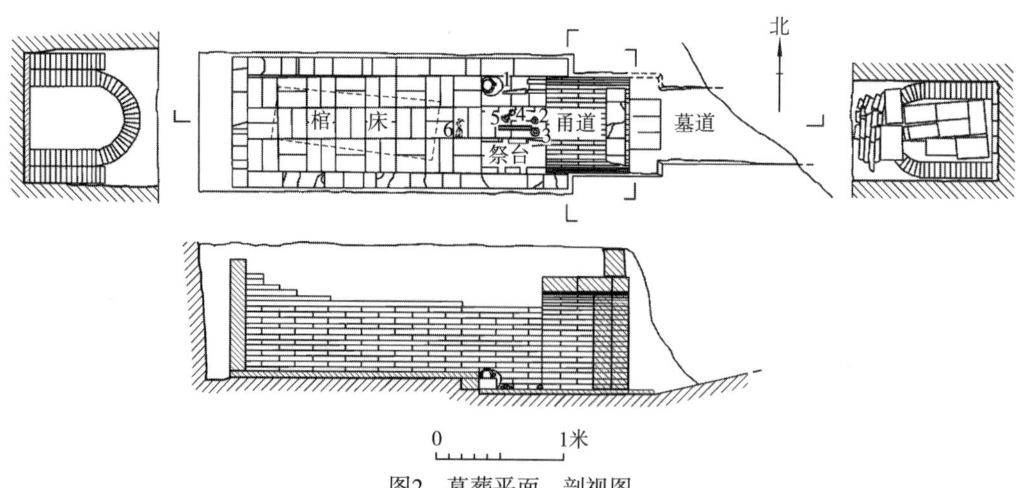

图2　墓葬平面、剖视图

1.青瓷罐　2.青瓷唾壶　3.青瓷灯台　4.青瓷罐　5.青瓷烛台　6.铁剪刀

72、宽104、高12厘米的小型祭台，用残砖侧立直砌，这样做或许是为了方便排出墓室内渗入的积水，上面有墓砖覆盖。砖室内填土呈深褐色，沙质黏土，较致密，夹有碎砖块和棺腐痕迹（图版一〇，4）。

出于原址保护的需要，未对墓底结构进行解剖，且因墓道破坏严重，故M1是否有排水系统不详。

发掘至距墓底约10厘米处发现黑色棺腐痕迹，位置处于墓室中部偏后，长约184厘米，靠近甬道处宽约64厘米，靠近后墓壁处宽约56厘米，形状近似等腰梯形。因为人骨已完全腐烂，故葬式不能辨别。

墓砖均为青灰色砖，规格有长方形砖与券砖两种。

长方形砖从纹饰特征上可划分为六类。第一类是在侧面模印莲花纹与钱纹的组合纹饰（图3，1）。第二类是在侧面模印莲花纹、梳篦纹与钱纹的组合纹饰（图3，2）。第三类是在侧面模印“大吉”铭文、钱纹和圆涡纹的组合纹饰（图3，3）。第四类是在侧面模印莲花纹、钱纹和半钱纹的组合纹饰（图3，4）。第五类是在侧面模印叶脉纹（图3，5）。第六类为素面砖，除面部印有制砖过程中形成的绳纹，侧面与端面均无纹饰（图3，6）。前五类花纹砖主要用作墓室墙壁砖，第六类素面砖主要作为铺地砖。券砖皆为素面砖，用于砌筑甬道和墓室的券顶。

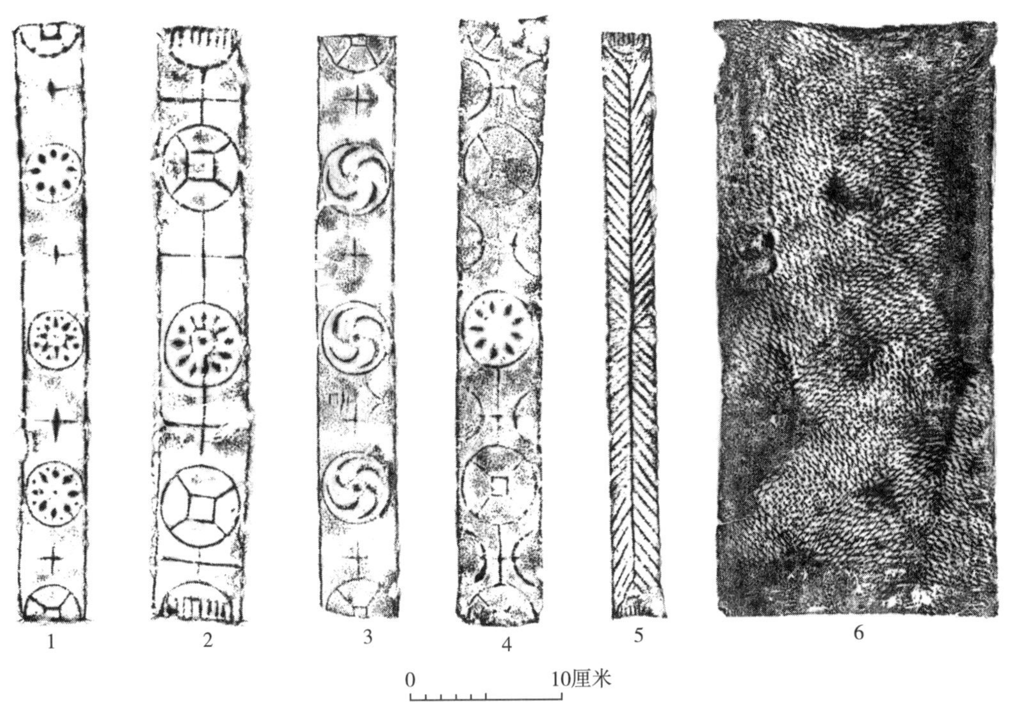

图3　墓砖纹饰拓本

1.莲花纹与钱纹组合　2.莲花纹、梳篦纹与钱纹组合　3.“大吉”铭文、钱纹与圆涡纹组合　4.莲花纹、钱纹与半钱纹组合　5.叶脉纹　6.绳纹

二、出土遗物

M1共出土6件随葬品，包括5件青瓷器和1件铁器。青瓷器有四系罐、唾壶、灯台、双系罐、烛台，其中四系罐置于墓室东南角小型祭台之上，唾壶、灯台、双系罐、烛台置于墓室靠近甬道处小型祭台的下面。铁剪刀置于墓底中部。除剪刀已锈蚀外，其他遗物保存完好。

青瓷罐　2件。M1∶1，侈口，尖圆唇，肩部置四系，系孔直穿，溜肩，鼓腹，下腹内收，平底。肩部饰两道弦纹。青釉，灰胎，底部未施釉，胎釉结合紧密，内部有同心圆凹弦纹。口径9.3、腹径18.4、底径9.6、高18.2厘米（图4，1；图版一一，5）。M1∶4，敛口微侈，尖唇，鼓肩，肩部置双系，系孔直穿，下腹斜收，平底。青灰釉，底部未施釉，胎质较粗，内部有同心圆凹弦纹。口径5.4、底径3.6、壁厚0.3～1、高6厘米（图4，3；图版一一，3）。

青瓷烛台　1件（M1∶5）。上台面呈圆形，饰刻划纹，有两孔，中部饰乳钉状突起，器身饰叶形装饰，盘台敞口，圆唇，假圈足，平底。青黄釉，底部未施釉。上台面直径4.6、盘台直径6.6、孔径1.1、底径3.8、高11.2厘米（图4，2；图版一一，4）。

青瓷灯台　1件（M1∶3）。莲花口，上鼓腹，下有盘台，敞口，圆唇，假圈足，平底。青黄釉，底部未施釉，内部有同心圆凹弦纹。口径5.8、腹径6.8、盘台直径7.6、底径4、高7厘米（图4，4；图版一一，1）。

青瓷唾壶　1件（M1∶2）。敞口，尖圆唇，矮颈，圆鼓腹，假圈足，平底。青黄釉，胎质较粗，底部未施釉。口径3.6、腹径5、底径3.6、高5.35厘米（图4，5；图版一一，2）。

铁剪刀　1件（M1∶6）。残长17厘米。已严重锈蚀。

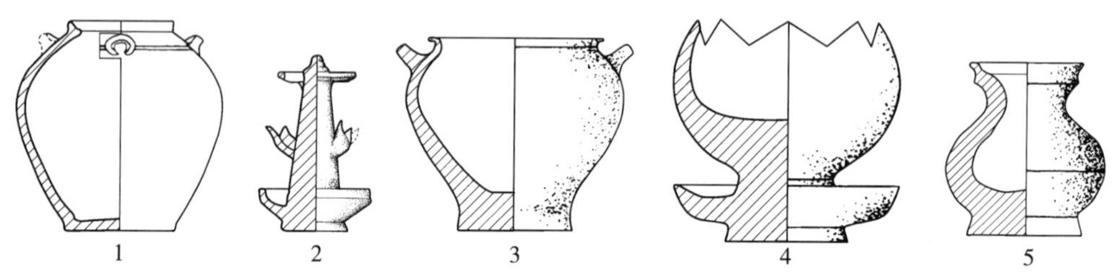

图4　出土青瓷器

1、3.罐（M1∶1、M1∶4）　2.烛台（M1∶5）　4.灯台（M1∶3）　5.唾壶（M1∶2）

三、结　　语

（一）墓葬年代

在整体形制方面，M1为“凸”字形竖穴土坑砖室墓，由墓道、封门墙、带券顶的甬道与砖室组成，墓室有砖砌棺床，墓葬的这些特征流行于东晋中晚期至南朝，部分地区可延续至唐初。福建省发现的两座晋墓的墓底一般不分级，而南朝墓的墓室内出现棺床，即墓底出现分级[1]，前低后高，具有排水的功能，这是区别福建地区两晋和南朝砖室墓的典型特征。且M1整体形制与相邻地区如福建内陆、江西、安徽、南京等地典型的南朝、唐初墓十分接近，如安徽繁昌顺风山林场南朝墓（M1、M4、M7）[2]、南京市灵山南朝墓（08NXM2）[3]、福清东张唐墓[4]等。根据林公务的研究，南朝宋齐时期墓葬多为刀形（甬道开在墓室前方一侧），梁陈及以后，刀形墓少见，多为“凸”字形墓（甬道开在墓室前方正中）[5]，因此M1年代很有可能在南朝梁陈以后。

在M1中发现许多精美的花纹砖，拥有花纹砖和画像砖也是南朝中晚期和唐初墓葬的一个典型特征，据傅冬根的研究，“梁墓砖纹侧面多为网格纹、钱纹，平面绳纹或素面”[6]，与M1特征相符。M1墓砖的莲花纹、钱纹和半钱纹与江西赣县南朝墓（M4）[7]中的墓砖纹饰（图5，1、2）十分相似，梳篦纹与福建建瓯市东峰村南朝墓[8]中的春坑口M2、春坑口M16中的墓砖纹饰相似，叶脉纹与福州市仓山区万春一三区唐墓[9]中的墓砖纹饰（图5，4）非常相似。M1的墓底用长方形砖二横二纵平铺，相同的砌筑方式在福建建瓯木墩梁墓[10]、福清东张唐墓[11]、福建永春金峰山唐墓[12]和福州市仓山区万春一三区唐墓[13]（图5，3）亦有发现。在该墓中还发现印有“大吉”铭文的墓砖。“大吉”铭文为阳刻楷书，福建地区砖室墓中发现铭文有从南朝墓中的隶书向唐墓中的楷书演变的趋势[14]。

林公务根据对福州南朝墓（“元嘉十七年”墓）和莆田唐墓（“上元三年”墓）的比较研究[15]认为，在福建地区，南朝砖室墓多随葬实用器物，个体较大，至隋唐时期，砖室墓多随葬冥器（明器），随葬器物中盘口壶由短颈鼓腹演变为长颈深腹，前者器身偏圆形，而后者近乎椭圆，四系罐的变化也大致如此。总之，南朝时期随葬器物更加厚重而唐朝随葬器物略显单薄。M1中共出土青瓷器5件，除1件青瓷四系罐（M1：1）之外，其余4件

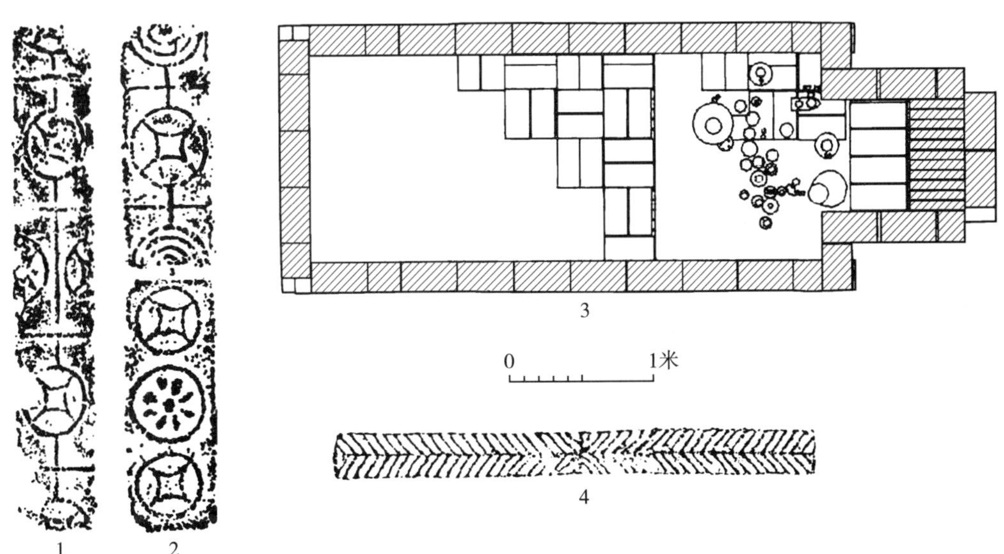

图5　南朝晚期至唐初墓葬典型墓砖纹饰拓本及墓葬平面图
1、2.江西赣县南朝墓M4墓砖纹饰　3.福州市仓山区万春一三区唐墓平面图　4.福州市仓山区万春一三区唐墓墓砖纹饰

均为明器，其中四系罐、双系罐、唾壶、灯台与莆田唐“上元三年”墓[16]出土的同类器物（图6，1～4）在器形上非常相似，还与福州市仓山区万春一三区唐墓[17]出土的四系罐（图6，5）和双系罐（图6，6）相类，体现了从南朝晚期至隋唐初期随葬品器形逐渐过渡的变化。

M1出土了1件唾壶（M1：2）。唾壶是魏晋、南朝时常见的随葬陶瓷器，最早见于安徽阜阳西汉汝阴侯墓[18]，在三国和晋初器形为大口、圆球腹、高圈足，形似尊，只有到了南朝晚期至唐前期，盘口直径小于下部腹径、圆饼形假圈足这些特征才流行。而到中晚唐时期，唾壶的上部就演变成了碗状，口的直径大于下部腹径，颈部较细，器身变为罐形，底演变为圈足。M1中出土的青瓷唾壶（M1：2）器形也更加符合南朝晚期到唐前期的特征，并与江西南昌市郊南朝墓京墓3[19]（图6，7）、南京市栖霞区晓庄村南朝墓[20]（图6，8）和福建莆田唐“上元三年”墓[21]（图6，3）中出土的青瓷唾壶形制十分相似。

该墓还出土1件已锈蚀的铁剪刀（M1：6），福建建瓯木墩梁墓[22]和福建建瓯市东峰村南朝晚期墓[23]（春坑口M13、春坑口M18）也有铁剪刀出土，几座不同地区年代相近的墓中都有随葬铁剪刀的现象，表现出当时流行的一种丧葬习俗与文化交流现象。

综上所述，根据M1的整体形制、墓砖铭文和纹饰，以及随葬器物形制特征和组合来看，该墓年代应当在南朝晚期至唐初。

（二）墓主身份

因墓葬券顶已被破坏，砖室内掺杂进酸性较强的红壤，清理时葬具与人骨已朽，未发现任何可以证明墓主身份的随葬品或铭文，但从墓葬形制及出土遗物仍能对墓主身份进行推断。冯普仁按照墓葬的规模和结构，将南朝“凸”字形砖室墓共分为四型，其中全长在

图6　南朝晚期至唐初墓葬随葬典型瓷器

1.莆田唐“上元三年”墓出土四系罐　2.莆田唐“上元三年”墓出土双系罐　3.莆田唐“上元三年”墓出土唾壶　4.莆田唐“上元三年”墓出土灯台　5.福州市仓山区万春一三区唐墓出土四系罐　6.福州市仓山区万春一三区唐墓出土双系罐　7.江西南昌市郊南朝墓京三号墓出土唾壶　8.南京市栖霞区晓庄村南朝墓出土唾壶

4～7米之间、甬道内不设石门的属于Ⅲ型墓，为官僚士族墓制[24]。考虑到墓葬文化地区间的差异性，六朝时期“士族门阀生前聚族而居，死后仍旧聚族而葬，按辈排列”[25]，而目前在仙女山东麓仅发现M1一座墓葬，并未发现“聚族而葬”的现象，可推知M1墓主应当不是士族。该墓出土的大量纹饰精美的青砖和数件精致的青瓷器并非产自平潭本地，而在当时交通不便的情况下，将数量如此众多、纹饰如此精美的墓砖从其他地区烧造后运至平潭岛必将耗费大量的人力、物力与财力，非一般平民可为，据此可推知墓主应当属于南朝晚期至唐初当地经济富足的地主阶级。

（三）发掘的意义

M1的发现填补了平潭地区六朝隋唐墓葬的空白，所出瓷器造型精致，为研究我国古代陶瓷工艺技术及发展历史提供了实物标本。此次发掘还清理出了很多纹饰精美的墓砖，受当时统治者喜好[26]和佛教艺术的影响，南朝时开始出现在墓砖和青瓷器上装饰莲花纹的风俗，这在M1中也有所体现。M1所用青砖原料并非来自平潭本岛，且迄今为止在平潭岛上并未发现可以烧制该墓中所出青瓷器的窑址，加之M1的整体形制、随葬器物组合及器物形制与我国六朝时期以南京为中心的墓葬文化面貌极为相似，说明平潭虽然与大陆有一海之隔，但在距今1400年左右的南朝晚期，就已经与大陆地区在经济、文化、政治等层面有着较为密切的交流与往来。M1的发现同时也为研究西晋以来因战乱导致的中原文明南迁、闽越地区汉化、闽北地区人口扩张和平潭地区乃至我国东南海岛的开发历史提供了珍贵资料[27]。M1处于低矮丘陵（仙女山）的半麓，背倚山峰，面向平原，反映了南朝隋唐时期福州地区风水术的流行[28]。M1的墓葬形制和所出器物对研究平潭乃至整个南方地区南朝晚期至唐初丧葬礼制与习俗、当时平潭地区社会、经济、文化等方面的发展水平以及平潭和大陆的文化交流等方面都有十分重要的意义。

附记：本次发掘领队为张闻捷，参加发掘的人员有董少清、毕研琦、王传富，照片由王思怡、马恩铭、谈海彤拍摄，插图由董少清、王思怡、刘太远、包文放、刘宇昕、张硕、马恩铭绘制。

执笔者　毕研琦　张闻捷

注　释

[1] 福建博物院:《闽侯县古城村南朝墓发掘简报》,《福建文博》2012年第4期。
[2] 繁昌县文物管理局:《安徽繁昌顺风山林场南朝墓发掘简报》,《文物》2013年第10期。
[3] 邵磊:《南京市灵山南朝墓发掘简报》,《考古》2012年第11期。
[4] 福建博物院:《福清东张唐墓》,《福建文博》2005年第3期。
[5] 林公务:《福州南朝墓、莆田唐墓清理简报》,《福建文博》1982年第1期。
[6] 傅冬根:《江西清江经楼南朝纪年墓》,《文物》1987年第4期。
[7] 薛翘:《江西赣县南齐墓》,《考古》1984年第4期。
[8] 厦门大学历史系考古专业:《福建建瓯市东峰村六朝墓》,《考古》2015年第9期。
[9] 福州市文物考古工作队:《福州市仓山区万春一三区唐墓发掘简报》,《福建文博》2014年第3期。
[10] 许清泉:《福建建瓯木墩梁墓》,《考古》1959年第1期。

[11] 福建博物院：《福清东张唐墓》，《福建文博》2005年第3期。
[12] 林存琪：《福建永春金峰山唐墓》，《福建文博》1983年第1期。
[13]福州市文物考古工作队：《福州市仓山区万春一三区唐墓发掘简报》，《福建文博》2014年第3期。
[14] 林公务：《福州南朝墓、莆田唐墓清理简报》，《福建文博》1982年第1期。
[15] 林公务：《福州南朝墓、莆田唐墓清理简报》，《福建文博》1982年第1期。
[16] 林公务：《福建莆田唐墓》，《考古》1984年第4期。
[17] 福州市文物考古工作队：《福州市仓山区万春一三区唐墓发掘简报》，《福建文博》2014年第3期。
[18] 安徽省文物工作队：《阜阳双古堆西汉汝阴侯墓发掘简报》，《文物》1978年第8期。
[19] 程应麟、秦光杰、余修等：《江西南昌市郊南朝墓发掘简报》，《考古》1962年第4期。
[20] 王海：《南京市栖霞区晓庄村南朝墓》，《文物鉴定与鉴赏》2018年第15期。
[21] 林公务：《福建莆田唐墓》，《考古》1984年第4期。
[22] 许清泉：《福建建瓯木墩梁墓》，《考古》1959年第1期。
[23] 厦门大学历史系考古专业：《福建建瓯市东峰村六朝墓》，《考古》2015年第9期。
[24] 冯普仁：《南朝墓葬的类型与分期》，《考古》1985年第3期。
[25] 罗宗真：《六朝考古》第109页，南京大学出版社，1994年。
[26] 李华：《梁武帝佛学思想研究》，安徽大学硕士学位论文，2013年。
[27] 厦门大学历史系考古专业：《福建建瓯市东峰村六朝墓》，《考古》2015年第9期。
[28] 梁如龙：《六朝隋唐五代时期福州墓葬研究》，福建师范大学硕士学位论文，2011年。

The Excavation of a Brick-chamber Tomb of the Southern Dynasties Period to the Early Tang Dynasty at Xiannü Shan in Pingtan County, Fujian

Archaeology Specialty, Xiamen University
Pingtan County Social Affairs Bureau
Pingtan Museum

KEYWORDS: Pingtan County, Fujian Brick-chamber Tombs Celadon Wares Southern Dynasties Period to Early Tang Dynasty

ABSTRACT: In October 2018, Archaeology Specialty of Department of History, Xiamen University and other institutions conducted rescue excavation to a brick-chamber tomb at Xiannü Shan (Fairy Hill) in Pingtan County, Fujian. This is a single-chamber tomb in 凸-shaped plan with a vaulted roof, consisting of the passage, pit and brick chamber, from which celadon four-lugged jar, spittoon, lamp stand, double-lugged jar and candlestick, and iron scissors were unearthed. The tomb bricks were all in bluish-gray color, and could be classified into rectangular and sector shaped ones. These tomb bricks had stamped patterns, including combined lotus flower and coin patterns, lotus flower pattern, combed pattern, combined combed and coin patterns, "*daji* (greatly auspicious)" characters, combined coin and swastika patterns, leaf vein pattern, etc. Based on the tomb structure, tomb brick patterns and inscription and the types of grave goods, this tomb was dated in the late Southern Dynasties Period to the early Tang Dynasty and the tomb occupant was a rich commoner. The form and structure of this tomb were typical of this time in this area, and its discovery filled out the blank of the burial archaeology of the historical period in Pingtan area; its discovery is also significantly meaningful for the researches on the ceramic technology of ancient China and its development history, the funeral customs of the society at that time, the popularity of Buddhism and geomancy, the economic and cultural communications between Pingtan and the mainland, the southward diffusion of the cultures of the Central Plains since the Western Jin Dynasty, the Sinicization of the Fujian and Guangdong areas, and other related issues.

（特约编辑　新　华）

河北平泉市八王沟村辽代萧绍宗夫妻合葬墓

郭宝存　李青松

关键词：河北　八王沟村　萧绍宗夫妻合葬墓　墓志　辽代

内容提要：辽代萧绍宗和耶律燕哥夫妻合葬墓位于河北省平泉市北五十家子镇八王沟村西山坡上，是用青砖砌成的多室墓，由墓道、墓门、前室、左右耳室、主室等几部分组成。此墓多次被盗，出土的随葬品不多，仅存瓷器、铜器、石质品等少量器物，且以瓷器为主。瓷器有青釉花式口碗、青釉印花碗、白釉刻花盏托、酱釉鸡腿瓶等，还出有铜锁、石匜等，多数器物已残损。该墓还出土汉字墓志两盒和梵文石经幢，对研究辽代历史具有非常重要的价值。墓志分别为《萧绍宗墓志铭》和《耶律燕哥墓志铭》，萧绍宗和耶律燕哥是夫妻，他们分别是辽代外戚和皇族的重要人物。该墓志铭包含着许多极为重要的信息，可校订《辽史》，补充《辽史》的不足。

2012年9月，位于河北省平泉市北五十家子镇（原名蒙和乌苏乡）八王沟村西山坡上的一座早年被盗的辽墓被雨水冲刷，盗洞处出现塌陷，导致墓室暴露，被村民发现。墓室内堆积着大量的泥土和石块，墓葬详细情况不明。通过了解得知，该墓早年遭到破坏，当地村民曾进入这座墓内，看到墓室内四壁用柏木镶嵌，紧靠主室后墙处还有一砖砌的小炕。后来，村民把柏木取出制作了如水桶之类的生活用具。为彻底了解该墓的实际情况，确保墓室内文物的安全，平泉市文物保护管理所对该墓进行了抢救性清理发掘。现将具体情况报告如下。

墓葬位于八王沟村西北约3公里处，四周群山环抱，山高林密，植被茂盛，有一条南北走向的沟谷蜿蜒而上，沟谷溪水潺湲，为老哈河支流源头之一。辽代萧绍宗和耶律燕哥夫妻合葬墓就坐落在西面地势略高的山坡之上，编号为M2，当地人称“小王子坟”。由此向南仅隔一条山沟的山坡，当地人称“大王子坟”，是萧绍宗之母辽秦晋国大长公主墓，编号为M1，该墓于1995年7月被公布为省级文物保护单位。依山势再向东南隔一道山梁的山洼，当地人称“大西南沟”，在这里已发现了两座辽代墓葬，分别编为M3（墓室内有壁画）和M4。此地以北仅一山（大尖山）之隔为内蒙古自治区宁城县头道营子镇喇嘛洞村

作者：郭宝存、李青松，平泉市，067500，河北平泉市旅游和文化广电局。

的埋王沟，这里也是萧绍宗家族的墓地，该地出土萧闛、萧闛妻耶律骨欲迷已、萧渤特本、萧阐等萧绍宗亲属的墓志（图1）。距萧绍宗墓地东约10公里为平泉市平房乡。其西约12公里为平泉市柳溪镇，镇境内有辽代石羊、石虎的古墓群。从八王沟村向东南行，经过黄土梁子镇、平泉市所在地（此道路为辽代中京至南京的驿路）可达辽南京（今北京市），北经黑城子（辽代旧城遗址）、甸子、八里罕可达辽中京（今内蒙古宁城县的大明城）。

图1　墓葬位置示意图

一、墓葬结构

该墓是用青砖砌成的多室墓，由墓道、墓门、前室、耳室、主室等几部分组成。在前室和主室的顶部各有一圆形盗洞。自墓门外至主室后墙，总计进深为13.3米。墓向为117度。墓道为斜坡式，墓道墙壁面先抹两层黄泥，最外面再抹一层白灰面，在白灰面上施彩画。壁画已经脱落，只能在个别地方辨出有壁画痕迹（图2）。

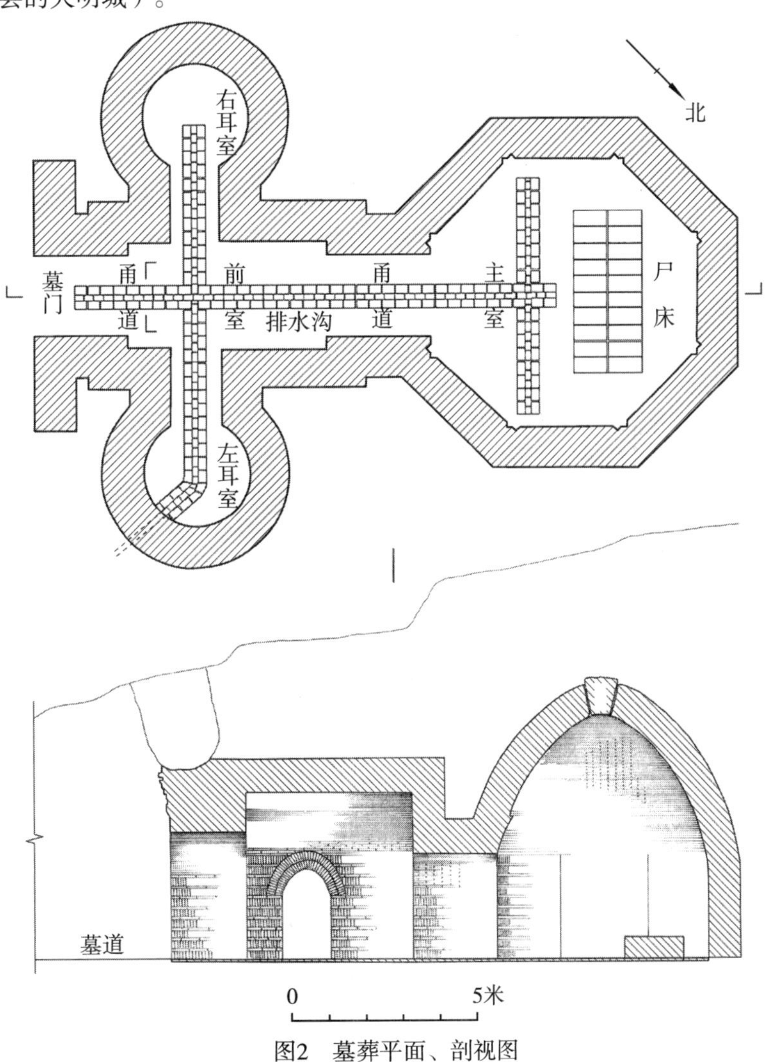

图2　墓葬平面、剖视图

墓门为砖石雕仿木结构，面阔3.82、高4.66米。门洞呈拱形，宽1.64、进深1.83、高3.02米。门洞两侧及顶部外抹白灰面，上施棕红色彩。门洞之上接筑门额，门额上置普拍枋，枋上承石雕斗拱五朵，五朵斗拱结构相同，均为一斗三升。墓门用整砖顺垒一道砖墙，只封堵墓门的下半部分，门外再用大石块封堵（图3；图版一二，1）。

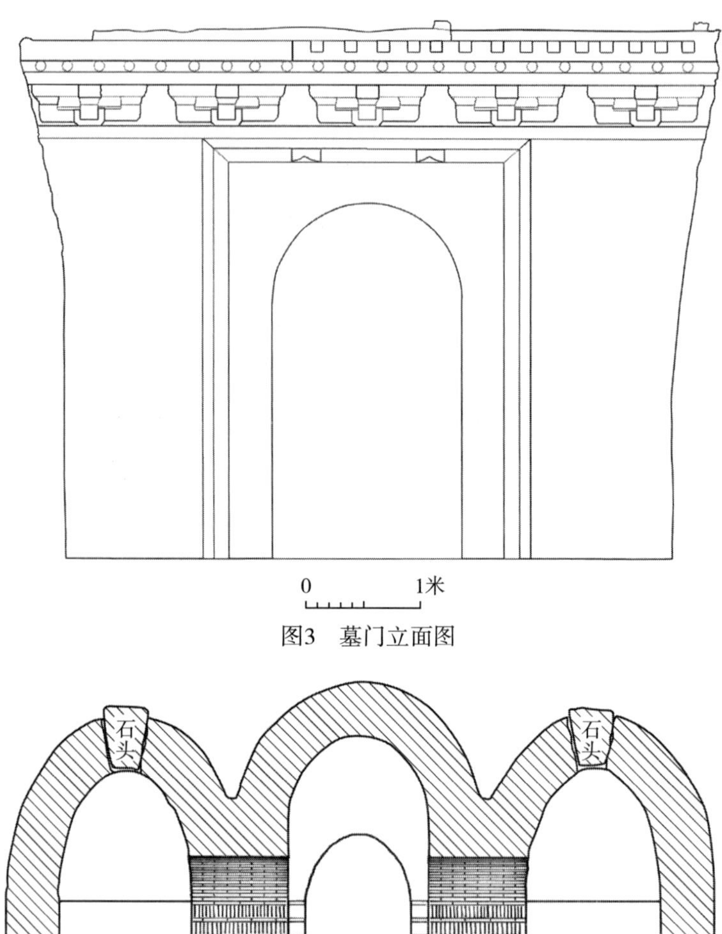

图3　墓门立面图

图4　耳室剖面图

前室平面呈长方形，券顶，室内四壁青砖裸露，仍存少量的石灰抹面（图版一三，1）。宽2.15、进深4.83、高3.97米。地面铺条砖和方砖（图版一三，2）。条砖规格0.32米×0.15米，方砖边长0.44米。

前室中部两侧与耳室相通。耳室左右对称，形制相同。耳室门洞为拱形，宽1.21、进深1.48、高2.13米。耳室平面呈圆形，直径2.2、立壁高1.54米。耳室为穹隆顶，顶心用圆锥形盖顶石封顶，高3.51米。耳室壁用石灰抹面，过道底部和室内地面都用条砖错缝平铺。从耳室顶始沿着石灰抹面画有八条等距离的棕红色线条至耳室墙壁的起券处（图4；图版一二，4）。

前室通往主墓室的甬道宽1.61、进深2.07、高2.49米。甬道券顶留有石灰面，上面绘有纵横交错的网格形状，网格内有彩绘，图案模糊、漫漶不清（图版一二，3）。

主室平面呈八角形，每边长2.2、进深5.24、中心最高5.8、立壁2.29米。主室为穹隆顶，顶心为起券时预留的圆锥形空洞，再用石料雕凿的圆锥形盖顶石封顶。主室地面用青砖错缝平铺。主室紧靠后壁有砖砌尸床，长约2.8、宽约1.4、残高约0.36米。尸床用长方形青砖平砌，内填土夯实，在夯土上平铺一层青砖。尸床已遭人为破坏，许多青砖被拆而散

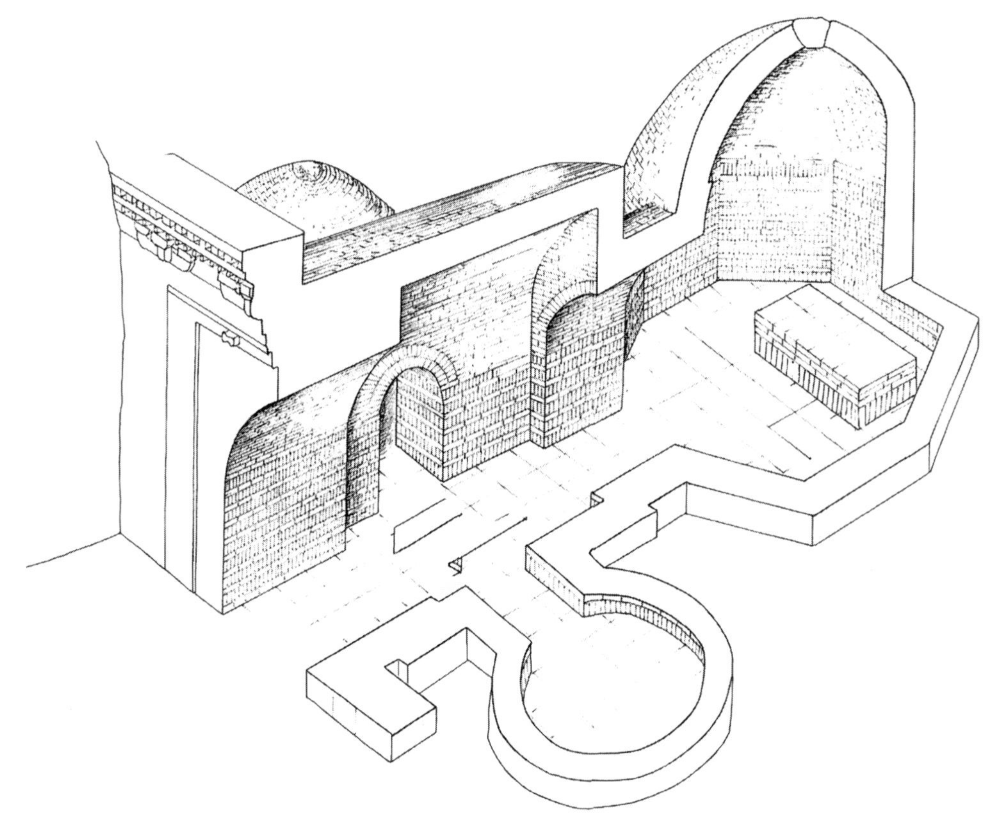

图5　墓葬解剖示意图

落四周，尸床轮廓大致可辨（图5；图版一二，2）。

二、出土遗物

此墓由于多次被盗，清理时，所出土的随葬品不多，且随葬品已被扰乱，仅存瓷器、铜器、石质品等少量器物。其中以瓷器为主，且大多数器物已残损。

（一）瓷器

影青釉花式口碗　2件。形制相同。残缺，修复完整。花瓣口微敛，深腹微鼓，圈足。器身由八个莲花瓣组成，花瓣顶部饰卷叶纹，饰覆式花瓣，内底有四个支垫遗痕。PBM2：1、2，口径16、圈足径10.6、高16.6厘米（图6，2、1；图版一三，3）。

青釉印花碗　2件。形制相同。残缺，修复完整。侈口，圆唇，斜直腹，小圈足。仅落地处无釉，内壁近口处有弦纹一周，为纹饰带之界线，内心压印锦地缠枝花卉，外壁刻划垂直线条。PBM2：3、4，口径20.7、圈足径6、高8厘米（图7，1、2；图版一三，5）。

白釉刻花盏托　1件（PBM2：5）。残缺，修复完整。侈口，圆唇，斜直壁，折腹，折沿，高圈足。底心微鼓，刻缠枝花卉；外壁有三组纹饰带，上刻曲线纹，中饰彩虹花卉，下饰曲线形叶草；圈足内壁仅底心有釉。口径15.3、圈足径21、高6.1厘米（图8，1；图版一三，4）。

影青釉花口小碟　1件（PBM2：6）。完整。侈口，花瓣式口沿，斜直腹，小平底。仅落地处无釉。口径10.8、底径3.8、高2.2厘米（图8，3；图版一四，1）。

黄釉罐　2件。形制相同。残缺，修复完整。小口，卷沿，直领，圆肩，圆腹，小圈足。器身通体施黄釉，足部无釉，内壁仅口部有釉。PBM2：7、8，口径10、圈足径8.4、高15厘米（图8，5、4；图版一四，2）。

酱釉鸡腿瓶　1件（PBM2：9）。完整。小口，圆唇，束领，溜肩，瘦长腹，

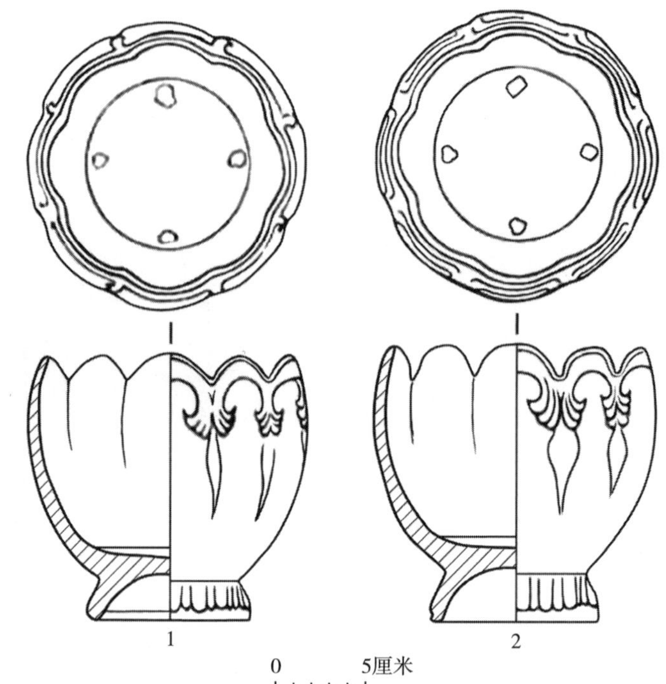

图6　出土影青釉花式口瓷碗
1.PBM2：2　2.PBM2：1

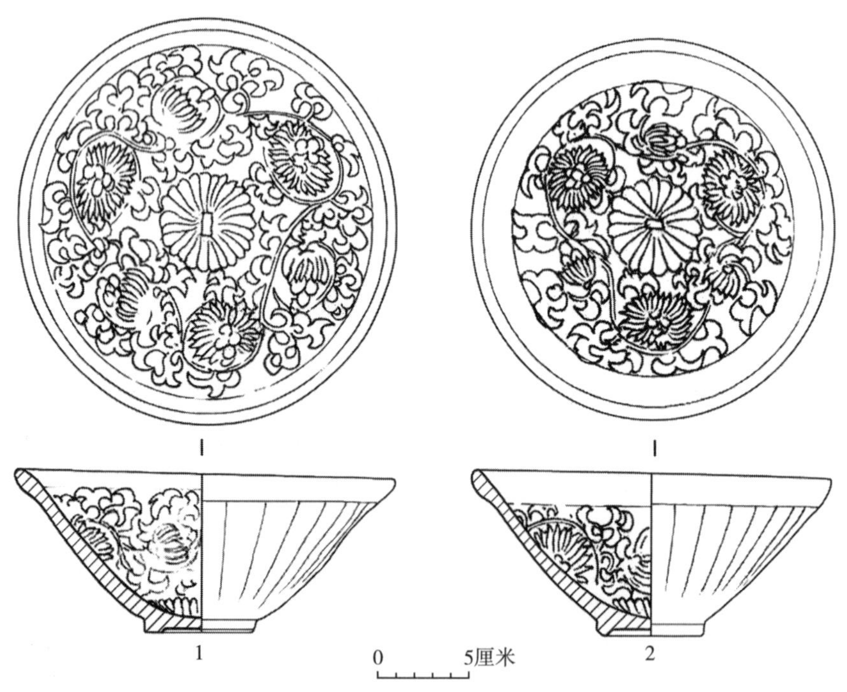

图7　出土青釉印花瓷碗
1.PBM2：3　2.PBM2：4

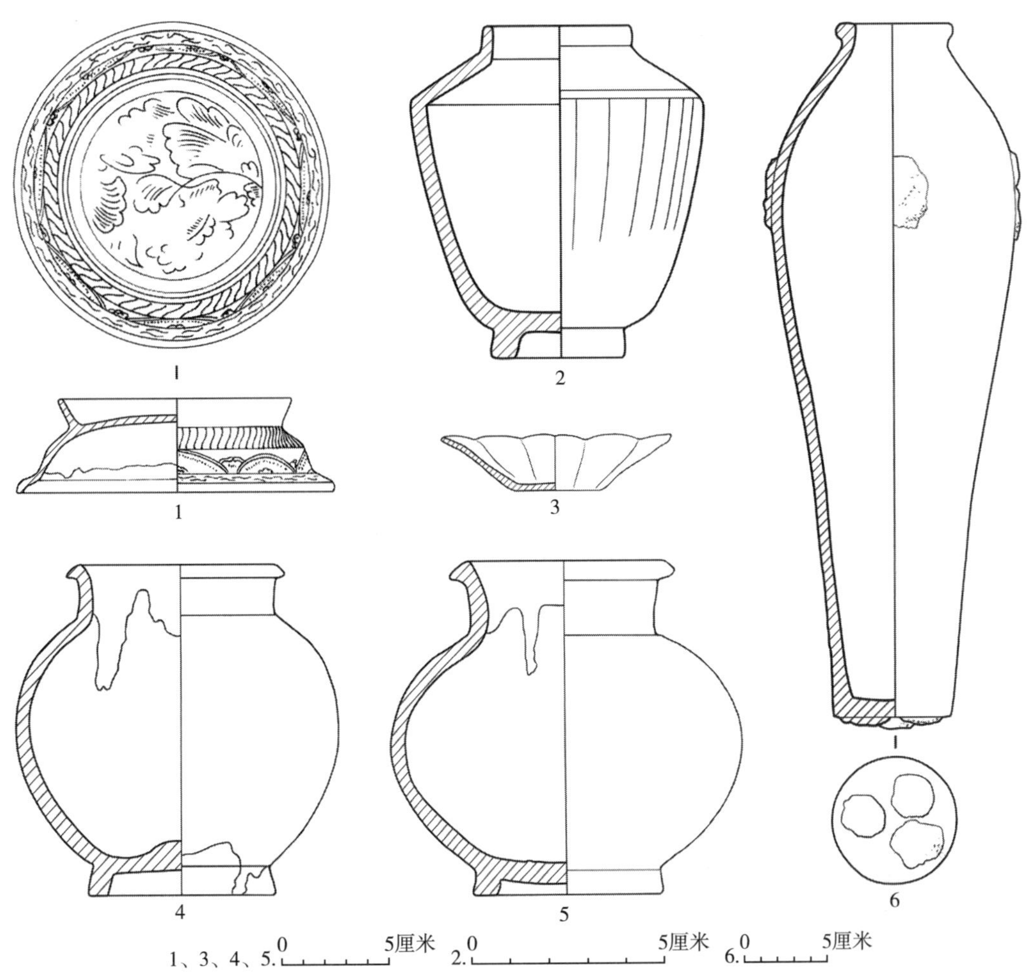

图8　出土瓷器

1.白釉刻花盏托（PBM2：5）　2.白釉瓜棱小罐（PBM2：10）　3.影青釉花口小碟（PBM2：6）　4、5.黄釉罐（PBM2：8、PBM2：7）　6.酱釉鸡腿瓶（PBM2：9）

小平底。最大径在肩下，周围有四个支垫痕，底部有支垫三个，因被流釉粘连而未取。口径10、底径12、高57厘米（图8，6；图版一四，4）。

白釉瓜棱小罐　1件（PBM2：10）。完整。直口，圆唇，矮领，广肩，腹壁斜直，小圈足。通体刮削出垂直棱线，足部无釉。口径4、圈足径3.5、高8.5厘米（图8，2；图版一四，3）。

（二）其他遗物

铜锁　1把（PBM2：11）。分锁体、锁杆、锁穿三部分。锁体为圆柱形，空心，一头连接锁杆，并有长方形匙孔，一头连接锁穿。直径3.4厘米。内有弹簧机关，锁杆呈“「”形，柱状，实心，一头连接锁体，一头插入锁穿之孔。直径0.8厘米。锁穿呈“「”形，扁方体，2厘米×0.8厘米，一头有孔连接锁杆，一头设簧片插入锁体。钥匙丢失（图9；图版

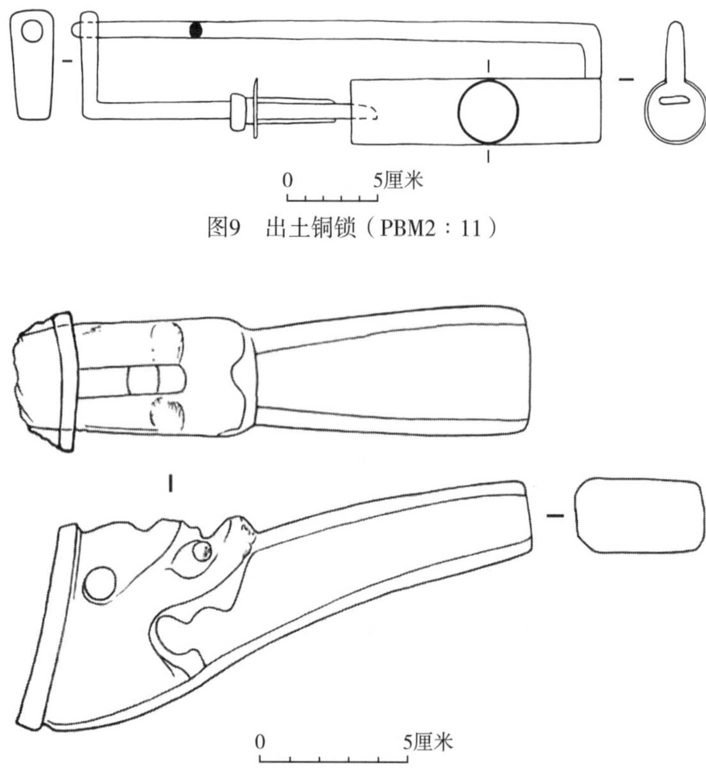

图9　出土铜锁（PBM2：11）

0 5厘米

图10　出土石匜（PBM2：12）

一四，6）。

石匜　1件（PBM2：12）。残缺。灰色细砂岩，雕磨而成，器身残缺，仅存一柄。龙首，怒目，张口露齿，口中含抹角方形器柄（图10；图版一四，5）。

三、出土墓志

该墓共出土汉字墓志铭两盒，均放置在甬道中，保存完整，分别为“故政事令魏王墓志铭”（图版一五，1）和“故秦国长公主墓志铭”（图版一五，2）。墓志刻工细致，书法工整，字迹清晰完好。

故政事令魏王墓志

1

2

0 30厘米

图11　志盖拓本

1.故政事令魏王萧绍宗墓（PBM2：13）　2.故秦国长公主耶律燕哥墓（PBM2：14）

铭志盖、志石均为青色砂岩质，正方形。志盖为盝顶形，每边长100、厚22厘米。中央台面竖向阴刻篆体汉字三行九字："故政事令魏王墓志铭"。周围双栏内刻缠枝花纹。四斜面阴刻十二生肖神像，每面三个，神态装束大致相同。生肖像身着长袍，宽袖下垂，拱手持一笏板，面向左侧身站立。四角线刻牡丹花各两朵，间以缠枝花纹。志石每边长102、厚11厘米，其上竖向镌刻楷书志文34行，共1087字。志盖、志石侧面均刻有牡丹花纹（图11，1；图12；图版一六，2）。

故秦国长公主墓志铭志盖、志石均为青色砂岩质，正方形。志盖为盝顶形，每边长98、厚22厘米。中央台面竖向阴刻篆体汉字三行九字："故秦国长公主墓志铭"。周围双栏内刻缠枝花纹。四斜面阴刻十二生肖神像，每面三个，神态装束大致相同。生肖像身着

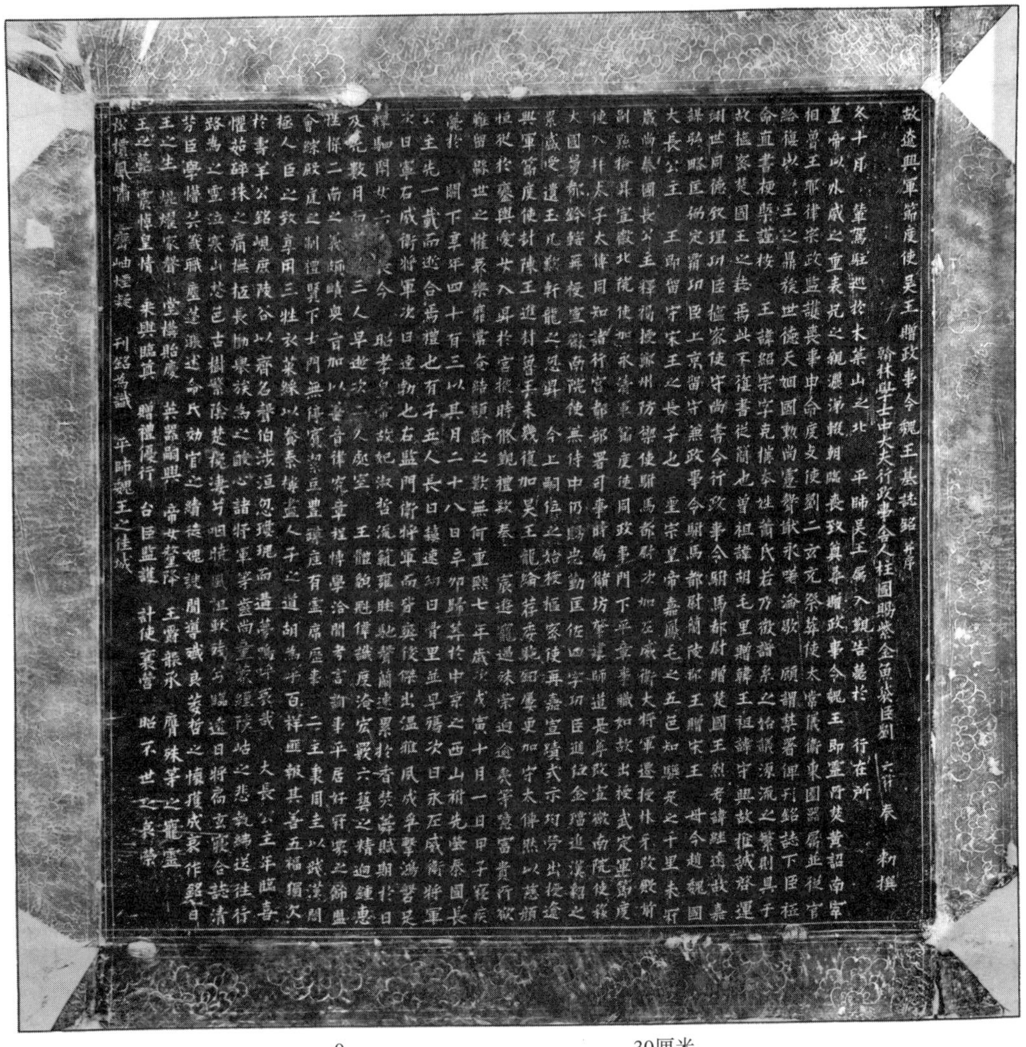

图12　故政事令魏王萧绍宗墓志（PBM2：13）铭文拓本

图13　故秦国长公主耶律燕哥墓志（PBM2：14）铭文拓本

长袍，宽袖下垂，手持一笏板，面向左侧身站立。四角线刻牡丹花各一朵，间以缠枝花纹。志石每边长98.5、厚11厘米，其上竖向镌刻楷书志文35行，共1075字。志盖、志石侧面均刻有牡丹花纹（图11，2；图13；图版一五，3、4；图版一六，1）。

萧绍宗和耶律燕哥是夫妻，他们二人分别是辽代外戚和契丹皇族的重要人物，也是萧氏家族中承上启下的人物。两盒墓志较为详尽地记述了萧绍宗和耶律燕哥夫妇二人的世系、生平、官爵、封号、埋葬地点和时间及丧葬过程等。墓志铭为研究辽代的历史提供了极为难得的可信史料，具有特别重要的历史价值，可校订《辽史》，补充《辽史》不足。

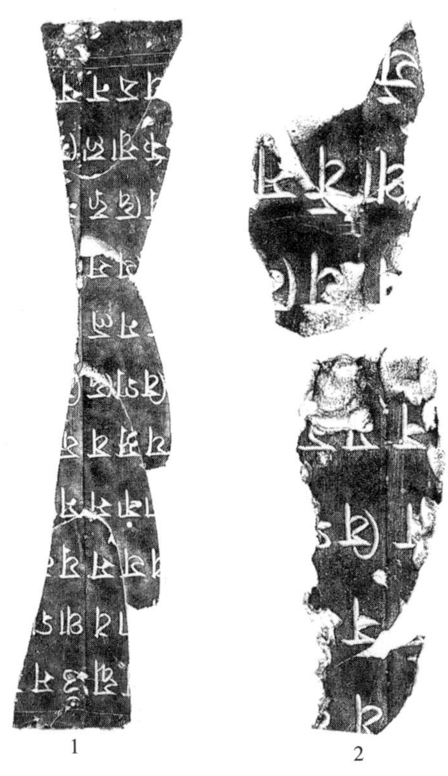

图14　出土石经幢残片拓本
1.PBM2：15　2.PBM2：16

四、经　　幢

墓葬中出土石经幢残片若干，岩性为砖灰色粉砂岩，在萧绍宗墓室中仅发现一小块，其上有几个完整的梵文。另外，在萧绍宗墓东侧的崖壁上发现一个灰坑，经过清理，又发现了属于同一个体的石经幢碎片数百片，其中一部分表皮尚有文字，为梵文，还有许多经幢内心的碎片没有文字，经过拼对粘接，发现该经幢为八面体，四宽四窄，宽窄相间，宽面15、窄面13.5、经幢柱体长76厘米。两端皆有榫头，榫头直径9.5、深约8厘米，已无法复原（图14）。

五、墓志中相关人物的考释

关于萧绍宗墓志铭（以下简称“宗志”）和耶律燕哥墓志铭（以下简称“哥志”）的考释，笔者曾撰写了《辽代〈萧绍宗墓志铭〉和〈耶律燕哥墓志铭〉考释》[1]一文，现对墓志略作考释，望得到专家们的指教。

关于耶律宗政，“宗志”称：“诏南宰相鲁王耶律宗政监护丧事，……王讳绍宗，字克构，本姓萧氏，……母，今赵魏国大长公主。王即留守宋王之长子也。……重熙七年，岁次戊寅，十月一日甲子，寝疾薨于阙下，享年四十有三。”而在同一地点出土的秦晋国大长公主墓志称：“景宗成皇帝接四圣以承祧，承天皇太后冠十臣而辅政。家邦辑睦。本枝蕃衍。故秦晋国大长公主即长女也。……乃诏宗子中书令宋王宗政等监护神柩。”[2]1967年发现的耶律宗政墓志称：“王讳宗政，字去回。……景宗天赞皇帝，烈祖也。承天皇太后，祖妣也。景宗皇帝生三子，立其长为天辅皇帝。次讳隆庆，出封秦晋国王，赐以铁卷，俾示子孙，后赠孝贞皇太叔，烈考也。齐国妃兰陵萧氏，故豳国夫人之女，皇妣也。王即孝贞皇太叔之元子也。……四年，……进封鲁王。……十一年冬，……进封宋王。……（清宁）以八年三月十二日薨于武定军之署，享年六十。”[3]“哥志”又称：“公主实景宗孝成皇帝之孙，文武孝宣皇帝之长女。母曰故贵妃萧氏。重熙六年冬十月，……越十二月一日，薨于行宫之别帐，享年四十有八。”依据墓志记载的人物关系和他们卒年岁数推知：大长公主应是耶律宗政的姑姑，秦国长公主与耶律宗政是同宗姐弟。萧绍宗与耶律宗政既是表兄弟，又是姐夫、小舅子的关系。关于宗政“鲁王”进封时间，应为“重熙四年”，重熙七年宗政已经是“鲁王”了。“宗志”与耶律宗政墓志关于“鲁王”进封时间记述是一致的。关于耶律宗政事迹，《契丹国志》中有传，在《辽史》中记载其事迹多处，而《耶律宗政墓志铭》记载更为详尽，可相互补充校正，此处不再赘述。

关于刘二玄，“宗志”称：“申命度支使刘二玄充祭葬使。”“刘六符，父慎行，……子六人：一德、二玄、三嘏、四端、五常、六符。德早逝。玄终上京留守。”[4]墓志中提到的刘二玄应是刘六符的二哥，从墓志看，哥俩都参与了萧绍宗的葬礼。度支使，“五京诸使职名总目：……中京度支使司。”[5]可知刘二玄当时任中京度支使。《辽史》中没有提刘二玄任“度支使”一职，可补《辽史》的不足。“圣宗十四女：白氏生四女：八哥，第九。封同昌县主，进封公主。下嫁刘三嘏。擘失，第十一。封仁寿县主，进封公主。下嫁刘四端。”[6]可知萧绍宗之妻秦国长公主燕哥、八哥、擘失三人是同父异母的姐妹，因此萧绍宗与刘二玄、刘六符既是同僚，还是亲戚关系。

关于韩绍芳，“哥志”称：“诏中京留守、左仆射韩绍芳督视丧葬。”“绍芳，重熙间参知政事，加侍中。时廷议征李元昊，力谏不听，出为广德军节度使。闻败，呕血卒。”[7]太平四年（1024年），“八月丙辰朔，以韩绍芳为枢密直学士[8]”，重熙七年（1038年），“十二月，……己巳，……宰臣韩绍芳加侍中[9]”，本纪、传均不见记韩绍芳任“中京留守、左仆射”之事，当据以此补其《辽史》缺略。

六、结　　语

平泉在辽代为中京大定府辖地，距辽中京较近。平泉市北五十家子镇八王沟是契丹萧太后（萧燕燕）一族墓地，已经为当地出土墓志铭所证实。萧绍宗夫妻墓志铭的发现及考释，校正、补充了《辽史》的不足。特别是对研究萧氏家族史，研究契丹贵族的丧葬习俗，都具有十分重要的历史价值。萧绍宗夫妻合葬墓与其母秦晋国大长公主墓[10]相比，墓葬形制相同而其规模略小，二墓都是依山而建，都有前后二室，左右耳室，均为穹隆顶，具有辽代中期墓葬形制的特点。从两墓葬的排序上看，秦晋国大长公主墓位于墓地突出位置，萧绍宗夫妻合葬墓位于它的右侧偏下，秦晋国大长公主墓为尊，而萧绍宗夫妻合葬墓次之。由此墓地的排列布局，及对契丹贵族堪舆制度的深入研究，为我们找到其曾祖胡毛里、祖父萧守兴墓葬的位置提供线索。萧绍宗夫妻合葬墓与陈国公主驸马合葬墓[11]形制相同，规模相近，就连尸床的大小也基本相近。萧绍宗和萧绍矩都是萧思温的孙子，萧绍宗是萧继远之子，萧绍矩是睿智皇后弟隗因之子；秦国长公主和陈国公主都是辽景宗的孙女，秦国长公主是辽圣宗与贵妃所生之女，陈国公主是辽圣宗之弟耶律隆庆与秦国妃（秦晋国大长公主之女）之女[12]。辽制，皇子嫡生者，与帝女同，由此可见，两墓的丧葬等级也应基本相同，由此推断两墓的随葬品等级和数量也应基本相当。陈国公主墓出土遗物达3227件之多，推知萧绍宗夫妻合葬墓中随葬品原应相当可观。该墓葬清理出土的器物均为生活用具，以瓷器居多。从瓷器的器形、胎质、釉色看，有体现契丹民族特色的酱釉鸡腿瓶，也有体现中原文化特点的花式口碗、印花碗等，反映辽代中后期契丹人在保留契丹旧俗的同时，也吸收了中原文化因素，表现辽代各民族进一步融合的历史发展趋势。

附记：本文插图由冯俊瑜、徐永江绘制，照片由李建、李青松、常文拍摄，拓本由刘凤翥、李春敏、张少珊、李青松、郭宝存等制作。本文对墓志铭的辨识承蒙刘凤翥先生指导，在此深表谢意。

注　释

[1] 郭宝存：《辽代〈萧绍宗墓志铭〉和〈耶律燕哥墓志铭〉考释》，《文史》2015年第3辑。

[2] 《全辽文》卷六第126页，中华书局，1986年。

[3] 《全辽文》卷七第156、157页，中华书局，1986年。

[4] 《辽史·刘六符传》，中华书局，1974年。

[5] 《辽史·百官志四·南面京官》，中华书局，1974年。

[6] 《辽史·公主表》，中华书局，1974年。

[7] 《辽史·韩绍芳传》，中华书局，1974年。

[8] 《辽史·圣宗本纪七》，中华书局，1974年。

[9] 《辽史·兴宗本纪一》，中华书局，1974年。

[10] 郑绍宗：《契丹秦晋国大长公主墓志铭》，《考古》1964年第6期。

[11] 内蒙古自治区文物考古研究所等：《辽陈国公主墓》，文物出版社，1993年。

[12] 内蒙古自治区文物考古研究所等：《辽陈国公主墓》，文物出版社，1993年。

The Joint Burial of the Couple of Xiao Shaozong of the Liao Dynasty at Bawangou Village in Pingquan City, Hebei

Guo Baocun and Li Qingsong

KEYWORDS: Pingquan City, Hebei Province Bawanggou Village Joint Burial of the Couple of Xiao Shaozong Epitaphs Liao Dynasty

ABSTRACT: The joint burial of the couple of Xiao Shaozong and Yelü Yange of the Liao Dynasty located on the hill slope to the west of Bawanggou Village in Bei Wushijiazi Town, Pingquan City, Hebei Province is a multi-chamber tomb built of gray bricks, consisting of the passage, entrance, antechamber, left and right wing chambers, and main chamber. Because it had been looted for many times before excavation, very few grave goods were preserved, including some porcelain wares, bronzes and stone implements, and porcelain wares took the bulk. The main types of the porcelain wares are bluish-glazed multi-lobed bowl, bluish-glazed bowl with impressed design, white-glazed saucer with incised design, brown-glazed *jituiping*-drumstick-shaped vase, etc.; the other grave goods include bronze lock, stone *yi*-pourer, etc., most of which were damaged. From this burial, two epitaphs with Chinese character texts and a stone sutra pillar with Sanskrit text were unearthed, which are significantly valuable for the study on the history of the Liao Dynasty. The epitaphs were *Epitaph of Xiao Shaozong* and *Epitaph of Yelü Yange*; Xiao Shaozong and Yelü Yange were a couple and also important characters in the imperial maternal and uxorial families and the imperial family of the Liao Dynasty, respectively. These epitaphs contain a lot of very important information, which can be used to revise and supplement the insufficiency of *Liaoshi* (History of Liao).

（特约编辑　新　华）

甘肃会宁县祁家湾金墓发掘简报

兰州大学历史文化学院考古学及博物馆学研究所

会宁县博物馆

关键词：甘肃　会宁县　砖室墓　壁画　画像砖　金代

内容提要：2015年7月，在甘肃省会宁县祁家湾发现一座金代砖室墓，台阶式墓道，甬道两壁分三层嵌入画像砖。墓室平面呈长方形，墓顶为六角攒尖顶，地面铺方形及长方形铺地砖。墓室四壁通壁绘制以孝子故事为题材的壁画，壁画下层分层嵌入画像砖，壁画及画像砖共有五层。东壁上砌出仿木结构的歇山顶山面。这种彩绘模印砖加通壁绘画的形式在会宁一带十分少见，与莲花山金墓为同一类型的墓葬，应是陇中地区独有的金代墓葬形制。

2015年7月20日，甘肃省会宁县祁家湾村民在开挖位于村西北的一条道路时，挖出一座古代墓葬，经上级主管部门批准，会宁县博物馆与兰州大学历史文化学院考古学及博物馆学研究所联合，对该墓进行了抢救性发掘。发掘共进行了4天，至7月24日结束。

一、墓葬概况

墓葬位于会宁县西南的祁家湾村西北山地的西南坡地上，地处东经105° 11′ 00.55″、北纬35 °31′ 09.19″，海拔2046.8米，距会宁县城40公里。这处山地的东南为祁家湾村，西北为207省道。西南坡较缓，已被开垦为梯田，在梯田边缘有一条土路，是祁家湾村与207省道间的联通道路。墓葬位于这条土路之下，墓顶距现地表深（道路层）0.5米，墓道底部在低一级梯田的耕土层下，距地表深（耕土层）0.2米。墓葬原地表堆积已被梯田破坏，其后形成的堆积层为路基层，墓道上部堆积为耕土层，均为现代堆积层（图1）。

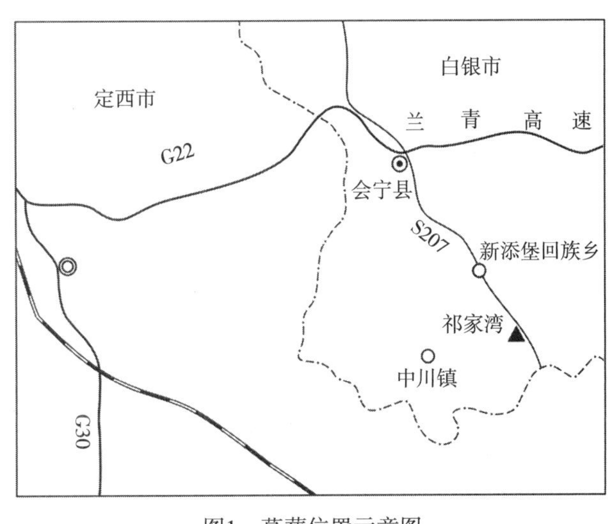

图1　墓葬位置示意图

村民开挖路基时，墓顶被破坏，导致顶部东北角塌陷，砌砖落于墓室内。墓室内未见淤土堆积，仅顶部有水渍痕，说明曾进过少量水，但保存大体完整。墓门有封门砖，地面处仅存二块，在墓门左上角有一圆形盗洞。在墓道中部近南壁处有一圆形盗洞，直达生土层，这里散乱堆积着多块条砖，应是被盗时拆下来的封门砖。从现存遗迹可知，该墓早年已被盗，系从墓道及墓门上方挖盗洞，再从墓门进入墓室。

二、墓葬形制与随葬品

墓葬是由台阶式墓道、墓门、甬道及墓室组成。墓道上半部平整田地时被挖去，现存底部，残长3.16、宽0.6～0.8米。墓道近墓门处较宽，西端较窄，残留四级不规则台阶。墓门为方拱形顶，宽0.53、高1.49米，甬道长1.03、宽0.53、高1.49米，方拱形顶。甬道两壁有三层画像砖。墓室平面呈长方形，长1.82、宽1. 26、高2.18米。墓室四壁有壁画和画像砖，自上而下共分为五层。第一层通壁绘画，主要为花卉，四壁均有，东壁上砌出仿木结构的歇山顶山面。第二层南北壁绘画，内容有人物、树等。西壁绘花卉，东壁为较为复杂的三组斗拱。第三层四壁均为方形画像砖。第四、五层四壁均为长条形画像砖。东壁下部有小龛，进深0.5、宽0.46米。小龛后壁未砌砖，南北壁砌砖，拱形顶，龛两侧分别嵌有隔扇门及画像砖。西壁下部中央为甬道口，两侧为画像砖。墓室四壁壁画的第一、二层间有仿木结构的屋檐和瓦垄，第三、四层画像砖之间有一周模印的莲花瓣。墓顶为六角攒尖顶，系在墓室中部四角斜置条砖将顶部长方形转为六边形，之后用条砖层层叠涩内收至顶。地面铺方形和长方形铺地砖（图2；图3；图4）。

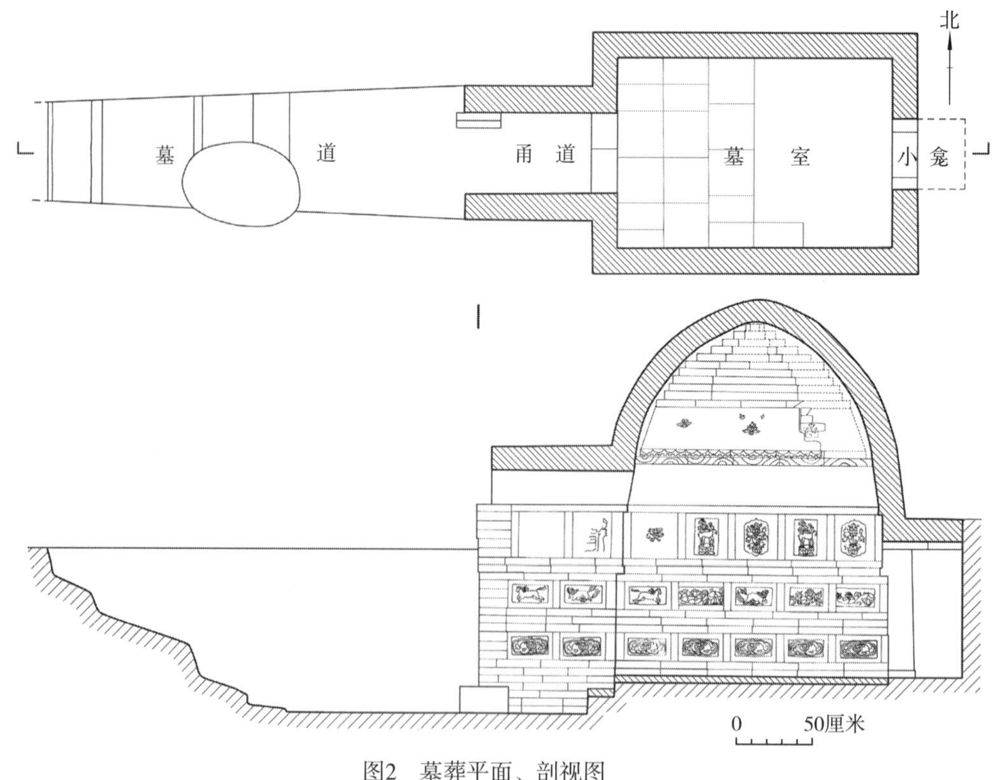

图2　墓葬平面、剖视图

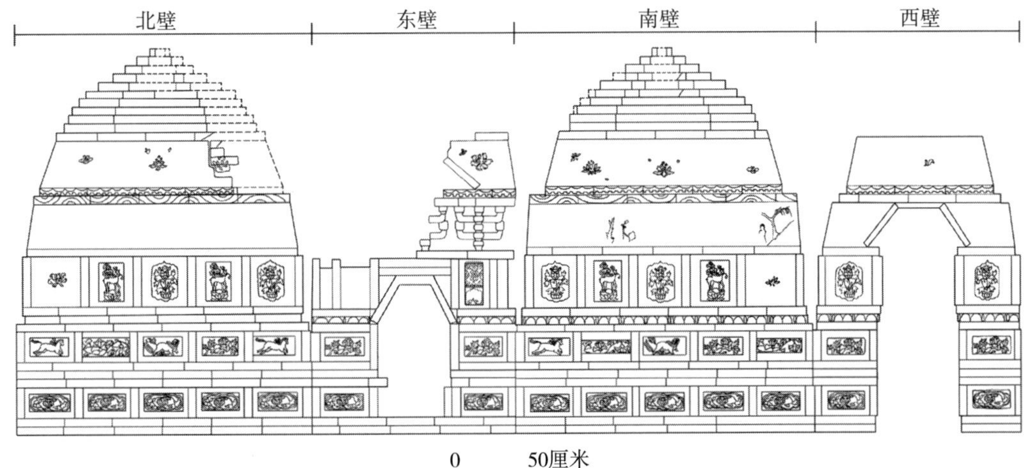

图3 墓壁展开图

因被盗严重，墓葬未出土随葬品，仅出土数块木渣和几枚铁钉，应为木棺残迹、棺钉，葬具尺寸不明。人骨仅残存头盖骨及腿骨，已被移位，埋葬状态扰乱严重，葬式不详，人骨未鉴定。

0 50厘米

图4 墓门

三、壁画与模印砖

甬道嵌入三层画像砖。墓室内四壁上部通壁绘壁画，下部嵌入三层画像砖。

甬道北壁上层嵌入二块方形画像砖，西侧近墓门的一块画像砖画面损毁严重，画迹已消失，无法辨识（图5）。东侧近墓室的一块画像砖画迹尚有残存，可辨识出一着红色褙子及折裙的女子，背向墓室，其身旁绘一磨盘，应是女子推磨图（图6；图版一七，1）。第二层画像砖分别为马和狮子。马呈奔跑状，肩部有双翼（图版一七，2）。狮子也呈奔跑状，头向上翻，颈部鬃毛斜飞，尾分成三股。身下有绣球及飘带（图版一七，3）。第三层嵌入花卉砖，为缠枝牡丹（图版一八，1）。

甬道南壁与北壁相对应，上层嵌入二块方形画像砖（图7）。近墓室的画像砖，可辨认为拴马图。画面中绘一匹马，立姿，背上有鞍（图8；图版一七，4）。另一幅画面脱落严重，仅可识别出一着红衣的人物及其对面所立人物身体的局部，其他不可辨认。第二层画像砖上部为奔马和狮子图像，与北壁相同；下部嵌入的花卉砖，也与北壁相同。

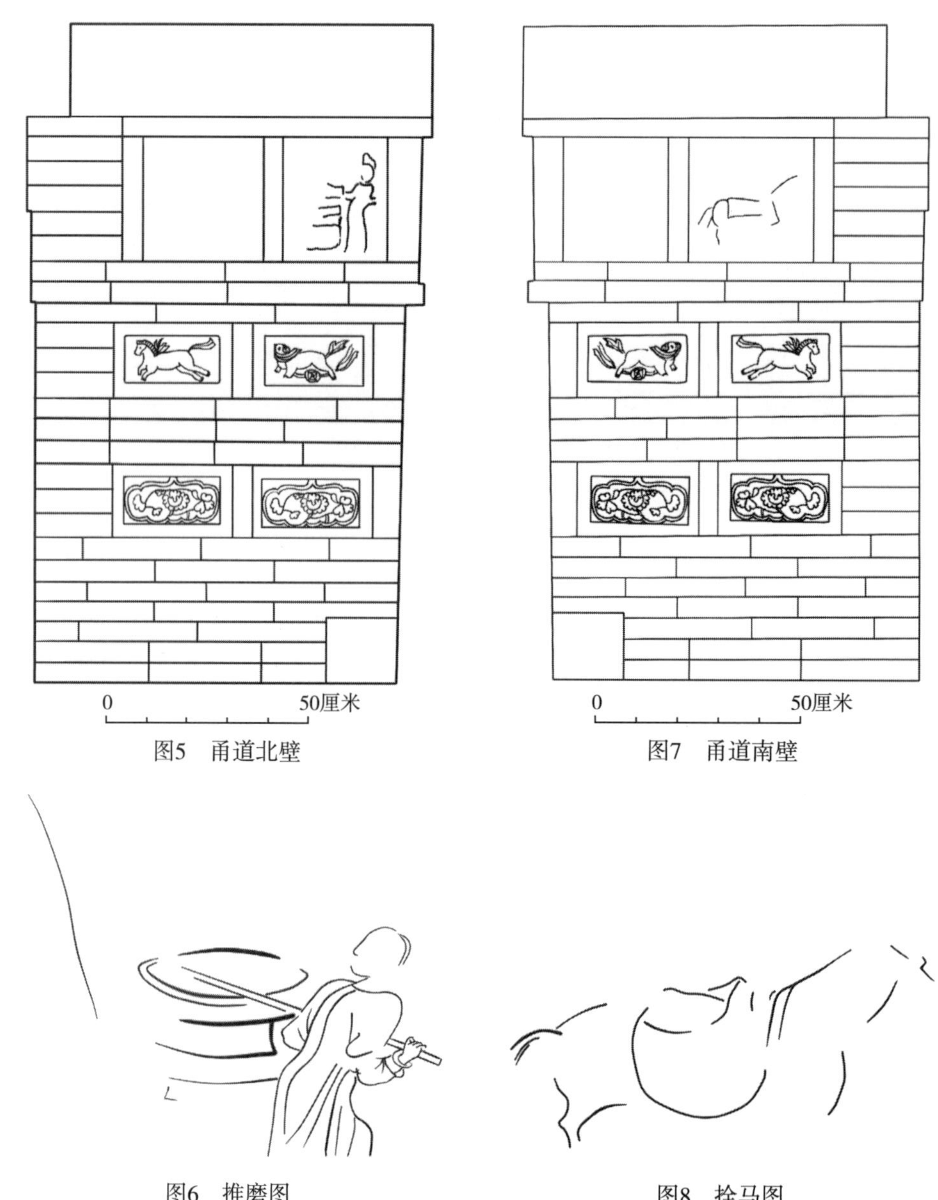

图5　甬道北壁

图7　甬道南壁

图6　推磨图

图8　拴马图

墓室内南、北壁上部第一、二层通体绘壁画。壁画系在砖面上抹一层薄泥皮之后，再涂一层白灰，在白灰面上绘画。墓室顶部也抹有一层泥皮，但未绘画。

南壁第一层通壁绘红彩，为几朵折枝牡丹纹。第二层通壁也绘画，画面残损较为严重，可识出部分内容（图9）。在壁画面的西侧，绘有一棵枝条下垂的大树，树下立一妇人，头梳高髻，着红衣，怀中抱一小儿，妇人对面为一站立的男子，其身后又绘一棵树。在二人之间的地面上，绘有多个长条形红色块状物，呈堆放状，这应是孝子郭巨埋儿的故事图像（图10；图版一八，2）。中部绘一棵树，树右侧有一把椅子，上面盘腿坐着一位老人，

图9　墓室南壁

图10　郭巨埋儿图

图11　丁兰刻木图

其对面似有一人呈跪姿，这应是孝子丁兰刻木的故事图像（图11；图版一八，3）。东侧可见一株树干弯曲的枯树，树与树之间未见图像内容（图版一八，4）。从绘画内容来看，所绘均为孝子图，共画了四棵树，用树形成间隔，填绘两个孝子故事，另一处树间为空白，未绘图像。

壁画层以下的第三、四、五层均嵌有画像砖。第三层嵌入的是方形画像砖，图案为鹿与盆花，间隔嵌于墓壁。鹿立于莲花座上，口衔莲枝杆，莲叶覆于其背（图版一九，4）。盆花为瓜棱形盆里植一株牡丹（图版一九，5）。第三层嵌入长条形画像砖，画像内容为马、狮及花卉。马、狮图像与甬道的完全相同。花卉图像可以分为两种形式，一种为折枝牡丹（图版一九，1），另一种为缠枝牡丹（图版一九，2）。第四层为长条形画像砖，均为花卉图像，与甬道最下层的模印图像相同。

北壁与南壁相对应，上部为壁画，共分二层。第一层通壁以红彩绘几朵折枝牡丹，第二层画面漫漶严重，在中部绘有二男子，一着红衣，一着褐衣，红衣者手中持一长物，身后绘有黑色长折线，可能表现山体（图12；图13；图版一九，3），为元觉劝父故事图像。北壁壁画的内容与南壁应相同，均表现孝子故事，与南壁不同的是，这一层未见树以及其他孝子图像，只绘了一例孝子故事图。

下部第三、四、五层嵌入画像砖。与南壁的嵌砌形式、图像内容相同，第一层为鹿与盆花，第二层为马、狮，间以折枝和缠枝牡丹。最下层为画像砖，均为花卉。

东壁北侧顶部被挖毁。上部为仿木结构的歇山顶山面，两侧为折枝牡丹。再往下砌有一层仿木结构的瓦垄，其下残留二朵一斗三升斗拱，斗拱间以朱色绘云气。下部中央为拱形

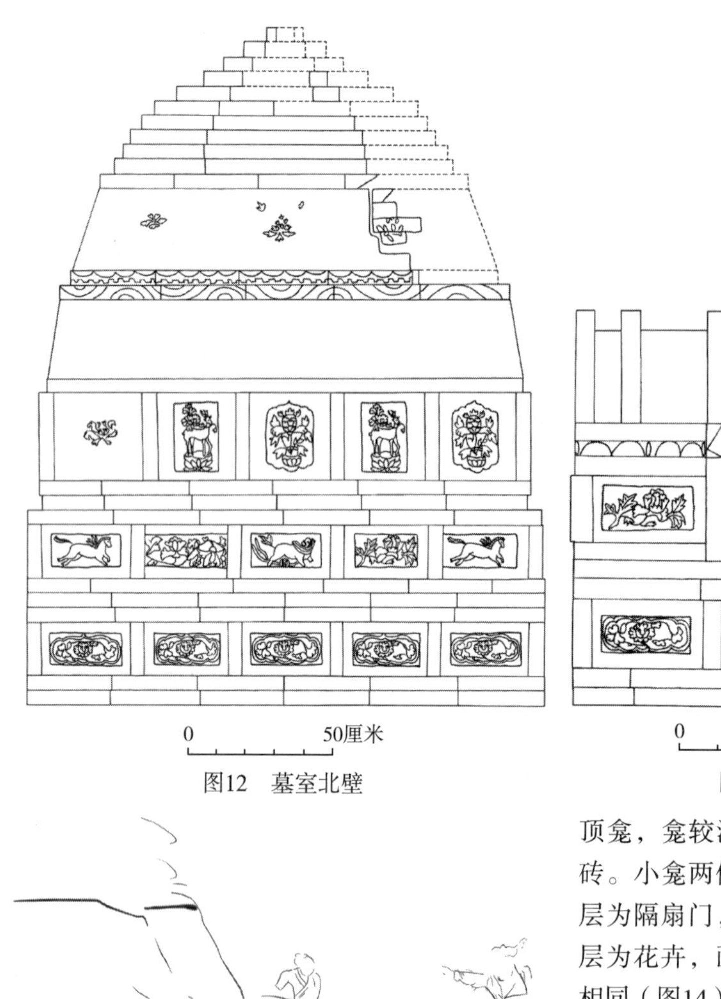

图12　墓室北壁

图14　墓室东壁

图13　元觉劝父图

顶龛，龛较浅，仅挖出龛形，后壁未砌砖。小龛两侧分三层嵌入画像砖，第一层为隔扇门，第二层为折技牡丹，第三层为花卉，画像与其他壁面的图像完全相同（图14）。

西壁中央为墓门。上部通壁绘折枝牡丹。墓门上部两侧分别以红彩绘折枝牡丹，下部两侧分三层对称嵌入画像砖。第一层为盆花，与其他壁上的盆花图像完全相同。第二层为折枝牡丹，第三层为花卉（图15）。

墓室壁画的绘制主要使用红彩直接绘出折枝牡丹，未用线条勾勒，应为没骨绘法。斗拱间的云气也用红色绘制，墓室中部四壁的莲瓣层均平涂黑色。

画像砖是先模印出图像，再于砖面敷彩。画像砖均使用了彩绘边框，最外缘用黑彩绘边框，然后用红彩再绘一圈，在一些物象的个别位置使用土黄色，也可见用黑彩为地。盆花图像均以黑色为地，而鹿衔莲花的图像则均使用赭色为地，花瓣、枝叶均敷红彩。在清理过程中，发现红彩极易脱落，黑彩的附着力较强。

画像砖的各类图像，相同题材的图像完全一致，均为同模模印而成。

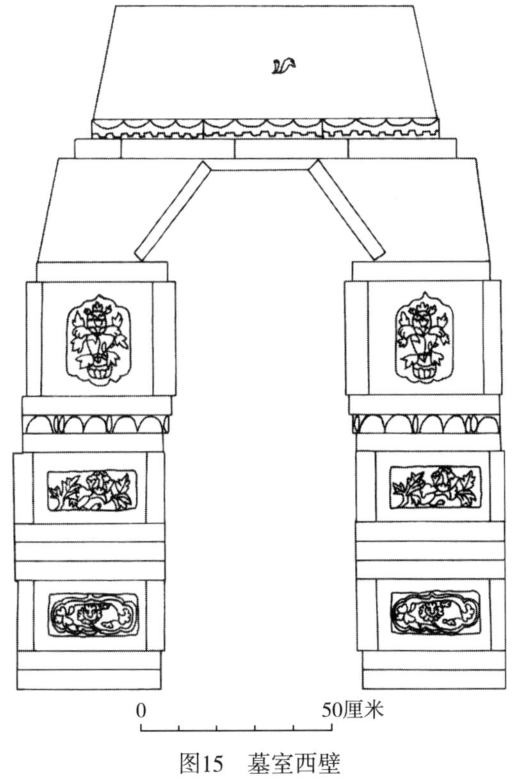

图15　墓室西壁

四、墓葬年代及相关问题

祁家湾墓葬没有出土可以断代的实物，现根据壁画和画像砖题材的特点，再结合早年发掘的纪年墓资料分析其年代。

从墓室的图像内容及绘画形式来看，该墓与会宁县及周边地区出土的金代墓葬有较多相同之处，如墓室内砌出仿木结构的歇山顶山面，甬道两壁的上部是金代墓葬常见的推磨和拴马图像，四壁嵌入吉祥花卉模印画像砖、六角攒尖顶、墓壁下部砌一周模印莲花砖等。因此，祁家湾墓葬应为金代墓葬。

1996年，在会宁县城北莲花山下发现一座墓葬。该墓为单室壁画砖墓，四角攒尖顶，四壁上部通壁绘制二十四孝故事壁画，下部分层嵌入模印画像砖，内容为吉祥动物与花卉。通壁绘画，系在砖面上敷薄泥后刷一层白灰，然后再绘制。在两个孝子故事图像之间以树石相隔，墓壁下半部分嵌入四层画像砖，发掘者将墓葬定为宋代[1]。该墓出土1件铜灯，上有铭文，简报也同时公布了铭文拓本，但并未引起重视。后王科社、陈辅泰释读了铭文，共有三十七字，铭文为“杨茂公丁巳相已乙亥月丁卯日生，寿命七十岁，乙丑年壬寅月戊申日故，丙寅年己亥月庚申日”，并依据铭文内容所记的干支推算，认为墓葬于金皇统五年（1145年）始筑，次年即皇统六年（1146年）完工，是一座金代早期墓葬[2]。因为铜灯铭文有明确的纪年，该墓也成为会宁地区甚至是陇中地区唯一一座有纪年的金墓，具有标尺作用。

会宁县祁家湾墓葬的壁画和画像砖与莲花山金早期墓有着较多相似之处。二者都有通壁绘制的壁画，题材均为孝子故事。在图像形式上，孝子故事之间都用树形成间隔；同时二座墓葬均在壁画层以下分层嵌入画像砖，画像砖图像题材也大体相同，均为模印的吉祥动物和花卉。这些特点都表明这二座墓年代相近。

六角攒尖顶墓顶形式与墓室平面呈长方形，在甘肃境内的金代墓葬类型中较为少见。甘肃境内宋金墓葬多见四角攒尖顶及方形墓室。祁家湾墓葬的壁画题材与会宁莲花山下的金墓相比，变得较为简单，孝子故事只选用了常见的郭巨埋儿、丁兰刻木及元觉劝父故事三例，其他均不见。在绘画形式上，用树间隔画面也变得较简单，莲花山早期金墓用树石形成间隔，而祁家湾墓葬仅有树，已不见山石。墓葬形制整体趋于简单，平面变为长方形，规模变小。因此，祁家湾墓葬的年代应晚于莲花山金墓的年代。孝子故事图像中多用树的形式，在陇中地区元代模印砖墓葬孝子图像中常见。这种形式应是陇中金代孝子图像形式的延续。故祁家湾墓葬应不是元代墓葬，其年代应在金代中期。

会宁县一带近年发现的金墓数量较多，宋墓少见。金墓以砖面上绘画或雕刻图像的形式多见，通壁绘壁画较少见，而以彩绘模印砖加通壁绘画形式的墓例更少见。祁家湾金墓与莲花山金墓，应视为同一类型的墓葬，与常见的会宁金代壁画墓有别。这一类型的墓葬，最主要的特点就是通壁壁画与画像砖结合使用。从这二座墓葬的年代可知，此种类型自金代早期就已经在陇中地区出现。在兰州以东和陇山周边及其以东地区，均不见此类型的墓例，这应是陇中地区所独有的金代墓葬的形式。这种形式的孝子故事图像，即以树石分隔画面的方法，为陇中元代墓葬模印孝子故事图像的源头。

附记：参加本次发掘的有兰州大学历史文化学院考古学及博物馆学研究所郭永利、牛时兵、王家梦、陈志刚、陈文彬和会宁县博物馆马可房。本文线图由王家梦、陈文彬绘制，照片由牛时兵、陈志刚拍摄。

执笔者　郭永利　马可房

注　释

[1] 甘肃省文物考古研究所：《甘肃会宁宋墓发掘简报》，《考古与文物》2004年第5期。

[2] 王科社、陈辅泰：《杨茂公铜灯与墓葬年代修正——兼谈宋金交替之际祖厉河流域文化面貌的转变》，《丝绸之路》2011年第20期。

The Excavation of a Brick-chamber Tomb of the Jin Dynasty at Qijiawan in Huining County, Gansu

Institute of Archaeology and Museology, School of History and Culture, Lanzhou University
Huining County Museum

KEYWORDS: Huining County, Gansu Brick-chamber Tombs Murals Pictorial Bricks Jin Dynasty

ABSTRACT: In July 2015, a brick-chamber tomb of the Jin Dynasty was found at Qijiawan in Huining County, Gansu. It had stepped passage, and the walls of the corridor linking the passage and tomb chamber was decorated with three rows of pictorial bricks. The tomb chamber was in rectangular plan with a hexagonal pyramidal ceiling, and the floor was paved with square or rectangular bricks. The walls of the tomb chamber was painted with scenes of the tales of paragons of filial piety, below which were pictorial bricks inlayed in rows, in total each wall was decorated by five rows of murals and pictorial bricks. On the eastern wall, simulated wooden structure gable and hipped roof was built. This kind of tomb chamber decoration of combination of color-painted molded pictorial bricks and continuous murals, which is the same type with the tomb of the Jin Dynasty at Lianhuashan, is very rare in Huining area, and would be a tomb type of the Jin Dynasty peculiar to the central Gansu Province.

（特约编辑　新　华）

山东淄博市大邢村清代壁画墓

山东省文物考古研究院　淄博市淄川区文化和旅游局

关键词：山东　淄博市　壁画墓　孝子图　清代

内容提要：大邢墓地位于山东省淄博市淄川区商家镇大邢村东北约100米，面积约万余平方米。2001年发掘清代墓葬5座，是一处家族墓地。其中M2为三合土壁画壁。墓葬方向190度，由墓道、墓门、甬道和墓室组成，全长7.8米。最南部为墓道，南端有台阶。墓门为仿门楼建筑，用青砖和瓦砌成，用一块白色大石板封堵。甬道前部平直，后部外斜。墓室平面呈长方形，整体由三合土夯打而成，墓壁厚0.6米，直壁，券顶。填土中出土“顺治通宝”、“康熙通宝”各1枚。墓室内壁画布局规整，保存较好，距墓底1.5米高处的黑色宽带和细线将壁画分为上下两部分。上部南北壁分别墨绘牡丹、梅花、喜鹊，券顶则主要绘卷云纹。下部墓门绘武士图，北壁绘家居图，东、西壁各绘三组孝子图。整个墓室壁画色彩鲜艳明快，绘画技巧娴熟，色彩以黑、红、褐为主，内容多样，有花草、人物、书法等，延续了浓厚的汉文化特色，具有较高的学术价值。该墓葬的发掘为研究明清时期的丧葬习俗、绘画艺术等提供了实物资料。

大邢墓地位于山东省淄博市淄川区商家镇大邢村东北约100米，东距淄川区约8公里，西距商家镇约1公里。墓地东西、南北各约100米，面积约万余平方米。2001年11月，为配合滨（州）—（淄）博高速公路工程建设，山东省文物考古研究所（2017年改为山东省文物考古研究院）与淄川区文化局联合对该墓地进行了抢救性发掘，共发掘清代墓葬5座，其中M2为三合土壁画壁，保存较好，现介绍如下。

一、墓地概况

大邢墓地地处鲁北、鲁中山区丘陵地带，位于丘陵东向缓坡上，耕土下2米左右即为黄褐色基岩，墓葬均打破基岩。清理的5座墓葬大体有一定的排列规律，其中的M2处于中心位置，余分布在M2的东、西和南面。这5座墓葬均为南北向，其中M3、M5为土坑竖穴墓，长方形，大小、方向均一致，葬具为一木棺。M1、M4为砖室墓，由墓道、墓门、甬道和墓室组成。墓道位于西部，墓室由青砖和石块砌成，平面呈方形，直壁，券顶。墓壁下部距墓底0.68米为青砖砌筑，以上券顶由石块砌筑，北壁抹有白灰，中间有凹进的壁龛。墓室内有已腐朽的木质葬具，由残存人骨看，均为合葬墓。

M2为三合土壁画墓，是在地表向下挖出墓道和深坑后，将坑底部用夯打等方式处理后，再用三合土浇灌、夯筑墓室，最后修筑墓门。明清时期多用三合土来建造墓葬。明末宋应星《天工开物·石灰》中载："用以襄墓及贮水池，则灰一分，入河沙，黄土二分，用糯米粳、羊桃藤汁和匀，轻筑坚固，永不隳坏，名曰三和土"[1]。墓室即是用这种方法夯筑的，墓壁厚重，质非常坚硬。墓葬方向190度。整个墓葬由墓道、墓门、甬道和墓室组成，全长7.8米（图1）。墓葬最南部为墓道，平面呈梯形，长3.1、宽0.9～1.6米，直壁，南端有台阶，宽0.1～0.2、高0.3～0.48米，底部呈斜坡状，坡度3.5度，深1.28～1.8米。墓门为仿门楼建筑，整体高1.92～2.04、宽1.5、厚0.36米。墓门由青砖和瓦砌成，由青砖砌成

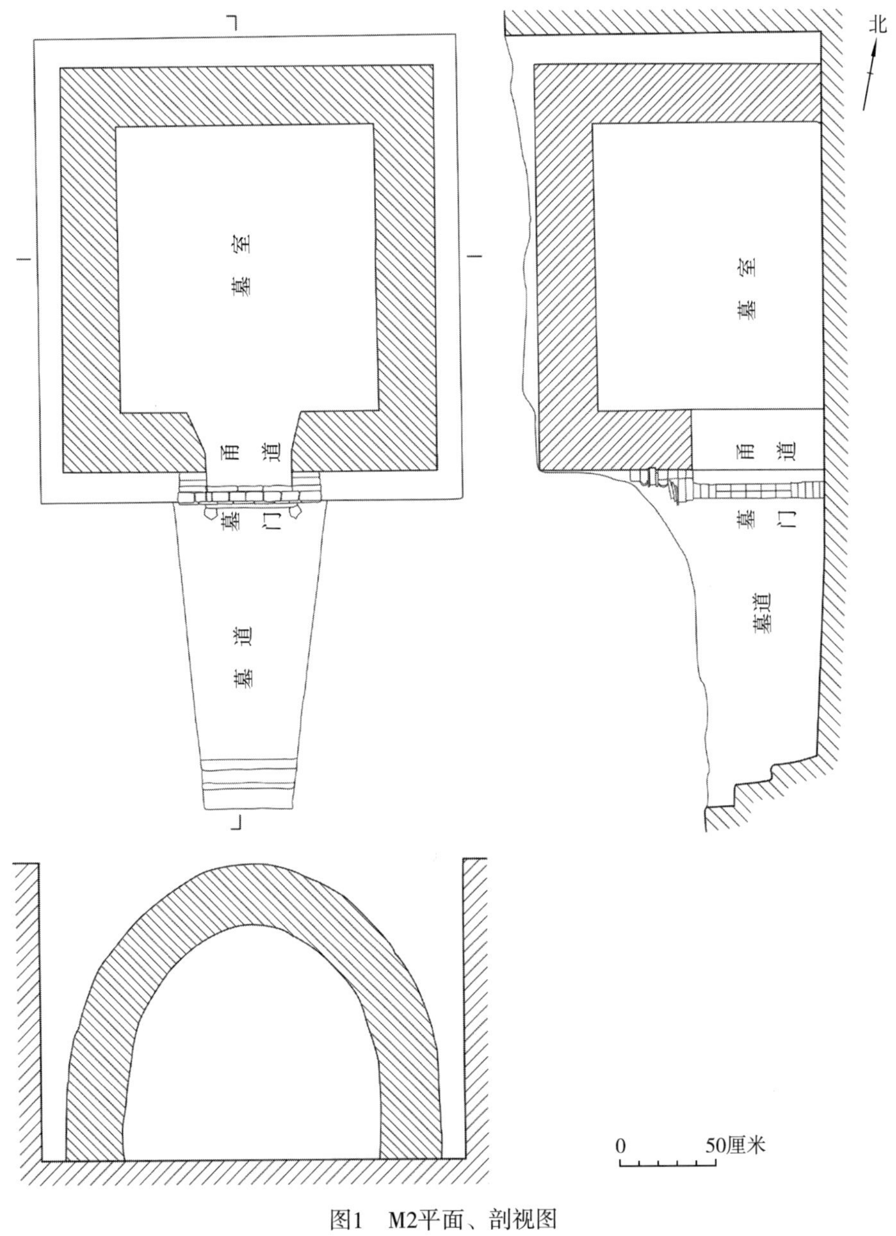

图1　M2平面、剖视图

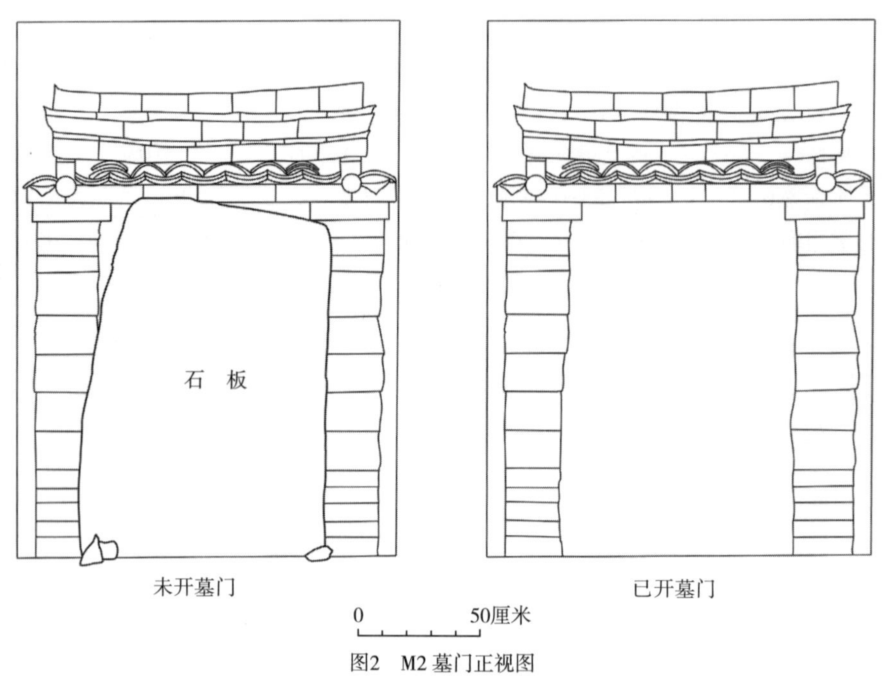

图2　M2 墓门正视图

门框，其上为瓦檐、瓦当和屋脊。墓门用一块白色大石板封堵。石板高1.47、宽1.05米，墓门高1.04、宽1米（图2；图版二〇，1）。青砖长0.32、宽0.158、厚0.06米。部分筒瓦内壁有布纹。甬道前部平直，后部外斜。前部近墓门处以青砖砌筑，长0.34、宽0.9、高1.4米；后部向墓室内外斜，长0.6、宽0.9～1.18、高1.4米。墓室平面呈长方形，整体由三合土夯打而成，长4.7、宽4.4、高3米，直壁，券顶，墓壁厚0.6米。墓室内长2.9、宽2.7、高2.4米。内壁均抹有一层白灰，北、西、东三面、顶部及墓门两侧均绘有壁画。墓葬填土中有散乱的人骨、陶筒瓦、铁棺钉、瓷片，底部有板灰，人骨初步鉴别为两个个体，年龄及性别不详。填土中还出土“顺治通宝”、“康熙通宝”各1枚。

二、M2墓室彩绘壁画

M2墓室建造完成后，在彩绘前先将整个墓室内壁和顶部全部抹一层厚约0.3厘米的白灰，使整个墓壁呈白色，然后根据墓内不同位置，在白色打底层上绘彩色图案，其色彩以黑、红、褐为主。整个墓室壁画色彩鲜艳明快，绘画技巧娴熟，内容丰富。壁画布局规整，在距墓底1.5米高处，以黑色宽带和细线将壁画分为上下两部分，上部南、北壁分别墨绘牡丹、梅花、喜鹊，券顶则主要绘卷云纹。下部墓门绘武士图，北壁绘家居图，东、西壁各绘三组孝子图，现分述如下。

（一）墓门

墓门内壁由黑色宽带和细线绘成墓门形状，两侧各绘有一武士。东侧武士面部漫漶不清，头戴红顶黑色圆帽，身着高圆领袍服，外褐内红，短紧袖，红色束甲绊，褐色袍肚，系腰带，束腿，着靴；身体挺直，右手掐腰，左手握腰间佩刀，面向墓门甬道站立，头顶有半圈黑、红色彩绘云彩（图版二一，1）。西侧武士比较清楚，头戴黑色圆檐帽，顶着双翎及红缨，浓眉，大眼，阔鼻，垂耳，红唇，蓄八字胡，身着高圆领袍服，外褐内红，胸腹部为红色袍肚，系红色腰带，短窄袖，露小臂，束腿，着靴；右手握腰间佩刀，左手提红色兔形动物，威风凛凛，面向墓门甬道站立，头顶有半圈黑、红色彩绘云彩（图版二一，2）。

墓门上部墨绘假山、兰花和牡丹（图版二〇，3）。

（二）墓顶

壁画比较简单，仅在券顶中部墨绘卷云纹（图版二〇，2）。

（三）墓壁

壁画比较复杂，北、东、西壁均绘有图案。

北壁　墓门正对的北壁下部绘家居图，为男女墓主生前的生活画像。男女墓主前放置长方形桌，桌面呈红色，桌上放有白瓷茶盏等生活用品，侧面白地，上绘垂帐纹，下部垂幔为褐色，上绘芦苇水草湿地，中间有一只展翅欲飞的仙鹤（图版二二，1）。男女墓主并排坐于桌后，男墓主位于东侧，女墓主位于西侧，面部漫漶，男墓主身着褐色圆领长衫，双臂合拢于腹部；女墓主身着白色长裙，斜领，长袖，红色披肩，微侧向男墓主。二人身侧及身后三面围有屏风，其上内容漫漶不清，内侧北、东、西三面似有题字，前外部东侧绘竹，西侧绘兰，屏风左右两侧各侍立一女子，面向屏风（图版二二，2）。西侧侍女盘简约发髻，面色圆润，细眉小口，眉清目秀，身着白色宽袖长裙，肩披红色披肩，手端圆形托盘，内黑外白，口沿呈红色，托盘内放碗、盘，盘内盛馒头，碗内盛食物。身后有墨绘假山、树木，远处有云彩（图版二三，1）。东侧侍女盘高髻，插金步摇，亦面色圆润，细眉小口，身着红色宽袖长裙，手端圆形托盘，内红外白，托盘内放茶壶及茶盏。身后墨绘数株竹子，远处有云彩（图版二三，2）。

北壁上部东西向墨绘一株梅花树，树枝上梅花盛开，三只喜鹊停于枝头，对喙鸣叫，一只凌空飞翔，似欲落于梅树枝头（图版二〇，4）。

墓室东、西壁各有三组壁画，题材均为孝子图。各图无题旁，也没有明显的分界，但从画面人物性别、面貌动作及背景分析，可以推断出各幅的名称。

东壁北部　连接北壁处画一石砌台，中有三层台阶，台上有一四角方木亭，黑柱，单檐歇山顶，平脊一端有鸱吻，顶部铺瓦，上有花草，红额枋，左右各有假山、植物和树木；亭内有一男一女，左侧端坐一妇女，挽髻，身穿灰色宽袖长衣，左手拄杖，神态庄重，右手指面前跪着的少年，似在训话；少年头戴白色幞头，身穿红色宽袖长衣，双手抬起，似在哭泣（图版二四，1）。由此推断，应是“韩伯俞泣笞伤老”的故事。

韩伯俞是汉代人，汉代刘向《说苑·建本》中记载，伯俞有过，其母笞之，泣。其母曰:“他日笞子，未尝见泣，今泣，何也？”对曰：“他日俞得罪，笞尝痛，今母之力衰，不能使痛，是以泣也”[2]。

东壁中部　画面上一年轻男子束发包巾，身着白色圆领宽袖长袍，双膝跪地，躬身拱手作揖，其面前一人，头戴束发紫金冠，面色圆润，细眉，垂目，红唇，蓄八字胡，内穿白衣，外着红色圆领宽袖长袍，腰束带，左手握腰带，右手似持物欲递于下跪者。跪地男子一侧有水塘，旁边有三棵古树，其中一棵顶部有阔叶并结红色果实（图版二四，2）。据此推断，这是“刘殷行孝”的故事。

十六国前赵时期的刘殷，是历史上著名的孝子。据《晋书·孝友列传》记载：刘殷字长盛，新兴人也。高祖陵，汉光禄大夫。殷七岁丧父，哀毁过礼，服丧三年，未曾见齿。曾祖母王氏，盛冬思堇而不言，食不饱者一旬矣。殷怪而问之，王言其故。殷时年九岁，乃于泽中恸哭，曰：“殷罪衅深重，幼丁艰罚，王母在堂，无旬月之养。殷为人子，而所思无获，皇天后土，愿垂哀愍。”声不绝者半日，于是忽若有人云：“止，止声。”殷收泪视地，便有堇生焉，因得斛余而归，食而不减，至时堇生乃尽。又尝夜梦人谓之曰：“西篱下有粟。”寤而掘之，得粟十五锺，铭曰“七年粟百石，以赐孝子刘殷。”自是食之，七载方尽[3]。

东壁南部　连接南壁处画面有三人，左侧一少年，头戴鹿首，身披鹿皮，着红衣，拱手跪于地上，身体左侧放一双耳罐，面前有二猎人。前侧猎人挽高髻包红巾，浓眉大眼，阔鼻，红唇，内穿白衣，外着红袍，白色袍肚，腰束黑带，白裤，穿靴，腰后佩刀，左手持弓，右手指戴鹿首少年，似在问话。后侧猎人束发包巾，黑脸长须，内穿红衣，外着白袍，红色袍肚，紧袖，腰束带，红裤，白靴，右手握腰后佩刀把手，左手拄红色长矛。二人身后是土丘、褐色树身的树林以及一座多柱形木亭，红柱，顶收为方形，红色圆宝顶，亭盖上铺茅草（图版二五，1、2）。其内容应是周朝郯子鹿乳奉亲的故事。“郯子行孝”，也称“郯子鹿乳”、“鹿乳奉亲”。《二十四孝》中记载：“周郯子，性至孝。父母年老，俱患双目，思食鹿乳。郯子乃衣鹿皮，去深山群鹿之中，取鹿乳供亲。猎者见而欲射之。郯子俱以情告，乃免”[4]。

西壁北部　连接北壁画面上一半殿堂式建筑，建于台基上，红色圆柱础，黑色圆木柱，歇山顶，正脊上有云纹，一端有鸱吻，横额上书写“凤仙宝殿”。屋内红色墙壁前置一桌，桌前裙幔围绕，上部绘垂帐纹，下部裙幔为绛色。桌后椅上侧坐一妇人，身着紫色长裙，一年轻男子跪于桌前右侧，束发白冠，眉清目秀，身着白色圆领宽袖长衫。屋外绘有假山和竹林（图版二六，1）。其内容应是“丁兰行孝”，讲述的是东汉河内人丁兰刻木事亲的故事。《二十四孝》中记载：“汉丁兰，幼丧父母，未得奉养。而思念劬劳之恩，刻木为像，事之如生。其妻久而不敬，以针戏刺其指，出血。木像见兰，又眼中垂泪。兰问得其情，将妻出弃之”[5]。

西壁中部　画面上山前有一人，穿红圆领白衣，腰束红带，脚下有农具五齿钉耙，身后似有一动物，可能是象，头顶有两只展翅飞翔的鸟，其对面有一青衣人，手持外白内红华盖，伞下有一人，束发，身着红色圆领宽袖长衫，双手拱于胸前，面向山前之人。这个故事应是“孝感动天”。舜，传说中五帝之一，姓姚，名重华，号有虞氏，史称虞舜。《二十四孝》中记载：“虞舜。瞽瞍之子。性至孝。父顽母嚚，弟象傲。舜耕于历山，有象为之耕，有鸟为之耘。其孝感如此。帝尧闻之，事以九男，妻以二女。遂以天下让焉”[6]。

西壁南部　连接南壁处画面上，树林中一颗树旁有一座立墓碑的圆形坟丘，坟头上部绘一雷公，脸似猴形，红脸，大眼，尖嘴，形体丑陋，面目狰狞，披白甲，穿红袍，着白裤，胳膊外露，其身后有一红圈，圈上雷公头顶、左右各悬一鼓，左手执楔，右手持锥，呈欲击状。坟前跪一人，黑须，身着灰白色宽袖长衫，面部表情悲戚，状似恸哭（图版二六，2）。这人应是孝子人物中"闻雷泣墓"的王裒，讲述的是三国（魏）时王裒闻雷泣墓的故事。《二十四孝》中记载："魏王裒，事母至孝。母存日，性畏雷，既卒。殡葬于山林。每遇风雨，闻阿香响震之声，即奔至墓所，跪拜泣告曰：裒在此，母亲勿惧"[7]。

雷公司掌天庭雷电，雷公名始见《楚辞》，因雷为天庭阳气，故称「公」。所传始为兽型，或似鬼，或似猪，而以猴形居多。明清时期，雷神的形象趋于统一，最明显的特征是猴脸、尖嘴，因此民间才有"雷公脸"、"雷公嘴"之说。

三、结　　语

大邢墓地清理的5座墓葬，有土坑竖穴墓2座、砖室墓2座、三合土壁画墓1座、墓葬形制虽然不同，但方向一致，其中三合土壁画墓M2处于中心位置，其他4座墓分布于M2三面，说明其分布大体有一定的规律。M3与M5并列，且有打破关系，这显然是在下葬时的有意安排，表明墓主之间的特殊关系。5座墓葬中，M1、M2出土有随葬品，从M1出土的残碎瓷罐及M2出土的"顺治通宝"、"康熙通宝"分析，2座墓葬的时代为清代初期，其余墓葬虽没有随葬品，但由其分布状况看，5座墓葬的时代大体应是一致的。由此判断，这应是一处清代初期的家族墓地。

墓葬等级和墓主身份可分三类。第一类为M2，虽然该墓没有题记和墓志可证墓主身份，但墓室规模较大，建造过程复杂，内壁有精美的壁画，从壁画内容可以看出，M2墓主在当地具有相当高的地位。第二类为M1、M4两座砖室墓，墓室规模较大，结构复杂，墓室由青砖和石块砌筑，说明墓主具有一定的财力，但地位可能不如M2墓主。第三类为M3、M5，两墓均为土坑竖穴墓，葬具仅有木棺，且随葬品较少，说明墓主财力有限，地位相对较低。

M2整个墓葬为三合土夯筑而成，整体强度较好。墓室内的壁画，有几处疑有再次描绘的痕迹。该墓壁画保存较好，墓室绘满壁画，绘画颜料鲜艳，色彩明快，绘画技巧娴熟，线条流畅清晰，形象逼真，内容多样，有花草、人物、书法等，虽时代较晚，为清代初期，但延续了浓厚的汉文化特色，具有较高的学术价值，为研究明清时期的丧葬习俗、绘画艺术及以及当时的社会生活等提供了丰富的实物资料。

执笔者　党　浩　许　姗

注　　释

[1] [明]宋应星著，潘吉星译注：《天工开物译注》燔石第十二，第155、156页，上海世纪出版股份有限公司、上海古籍出版社，2013年。

[2] [汉]刘向撰，向宗鲁校证：《说苑校证》卷第三第62页，中华书局，1987年。

[3] 《晋书·孝友列传》，中华书局，1974年。

[4] [元]郭居敬著，陈少梅绘图，赵遵礼注译点评：《二十四孝图文解读》第5、6页，陕西人民出版社，2007年。

[5] [元]郭居敬著，陈少梅绘图，赵遵礼注译点评：《二十四孝图文解读》第21、22页，陕西人民出版社，2007年。

[6] [元]郭居敬著，陈少梅绘图，赵遵礼注译点评：《二十四孝图文解读》第1、2页，陕西人民出版社，2007年。

[7] [元]郭居敬著，陈少梅绘图，赵遵礼注译点评：《二十四孝图文解读》第31、32页，陕西人民出版社，2007年。

A Mural Tomb of the Qing Dynasty at Daxing Village in Zibo City, Shandong

Shandong Provincial Institute of Cultural Relics and Archaeology
Cultural Tourism Bureau of Zichuan District, Zibo City

KEYWORDS: Zibo City, Shandong Daxing Village Mural Tombs Images of Paragons of Filial Piety Qing Dynasty

ABSTRACT: The Daxing Cemetery covering an area of about 1 ha is a family cemetery of the Qing Dynasty located about 100 m to the northeast of the Daxing Village in Shangjia Town, Zichuan District, Zibo City, Shandong. In 2001, five tombs of this cemetery were excavated. Of them, M2 was a mural tomb built of *sanhetu* (tabby concrete mixed with earth, lime and sand) consisting the passage, entrance, corridor and chamber, the full length of which was 7.8 m and its orientation was 190° . The south end of the passage had steps. The entrance was a simulated wooden structure gate built of gray bricks and tiles, and sealed by a large white stone slab. The walls of the southern part of the corridor were straight and that of the northern part were slanting outwards. The tomb chamber was in rectangular plan, and completely built of rammed *sanhetu*, the walls of which were straight and 0.6 m thick. The ceiling of the chamber was vaulted. From the fill, two bronze coins bearing inscriptions "*Shunzhi Tongbao*" and "*Kangxi Tongbao*" respectively were unearthed. The murals in the tomb chamber were regularly arranged and well preserved; a black horizontal belt about 1.5 m above the floor separated the murals into the upper and lower registers, the upper registers of the northern and southern walls were painted with peony and plum flowers and magpie with black ink, and the vaulted ceiling was decorated with curling cloud pattern. The lower register of the southern wall was painted with warrior figures beside the entrance, that of the northern wall was painted with daily life scene, and each of the lower registers of the eastern and western walls were painted with three figures of paragons of filial piety. The murals of the entire tomb chamber were painted with fresh and bright colors, which were mainly black, red and brown, and diversified motifs including flowers and plants, human figures, calligraphy, etc. preserving thick flavor of Han Culture and having high academic values. The excavation of this tomb provided physical materials for the studies on the funeral customs, painting arts and so on of the Ming and Qing Dynasties.

（特约编辑 新 华）

海岱地区青铜文化的格局与演进

毕经纬

关键词：夏商周时期　海岱地区　青铜文化　青铜器

内容提要：海岱青铜文化的格局与演进过程可以分为三大阶段：史前至商代早期、商代中期至西周中期以及西周晚期至战国时期。第一阶段处于青铜文化的初始阶段，其格局及演进情况尚不明晰。第二阶段是王朝青铜文化的逐渐东进，其中北线是主线，商周王朝对海岱地区的渗透与征服主要是通过沿济水至海的北线完成的。第三阶段是海岱青铜文化的勃兴及分化，期间伴随着齐国青铜文化的不断壮大并最终完成对海岱青铜文化的统一。海岱青铜文化的格局与演进过程主要受到两方面的影响：一是中原王朝对东土的政治、军事策略；二是海岱地区自身的历史传统、自然地理以及与中原王朝之间的力量对比等。需要注意的是，王朝青铜文化的东进过程，也是王朝文化与夷人文化不断融合的过程。

青铜文化格局，是指在一定时空范围内，一定数量的青铜器所形成的一种文化面貌和态势。它是一个随着时间推移而不断变化的动态概念。以往关于海岱地区青铜文化格局的研究多关注于其中的某一时段，如方辉《海岱地区早期铜器的发现与研究》[1]、曹艳芳《山东出土商代青铜器研究》[2]、陈雪香《山东地区商文化聚落形态演变初探》[3]、王青《海岱地区周代墓葬与文化分区研究》[4]等，并取得了可喜的成绩，是本文研究的基础。但分时段研究，不利于把握海岱青铜文化格局完整的演进情况，也不利于长时段考察其与中原及周边青铜文化的动态关系。因此，本文在以往学者研究的基础上，对海岱地区青铜文化的格局与演进情况进行全时段的考察。

海岱地区青铜文化的格局与演进过程，大致可以分为三大阶段：史前至商代早期、商代中期至西周中期以及西周晚期至战国时期，现依照时间顺序分析如下。

一、海岱地区青铜文化的初始（史前至商代早期）

（一）龙山文化时期

海岱地区发现的最早的铜制品属于龙山文化时期，目前共发现以下5例：胶县三里河发现2件铜锥[5]、诸城呈子发现铜片1枚[6]、栖霞杨家圈发现铜条1根及数处碎铜渣[7]、长岛店子发现铜片1枚[8]。此外，日照尧王城还发现了这一时期的铜炼渣[9]。以上5件铜器（图1），仅有2件做过金相分析，为铸造而成的黄铜器，含锌量高达23.2%，且杂质较多。方辉先生认为这

作者：毕经纬，西安市，710000，陕西师范大学。

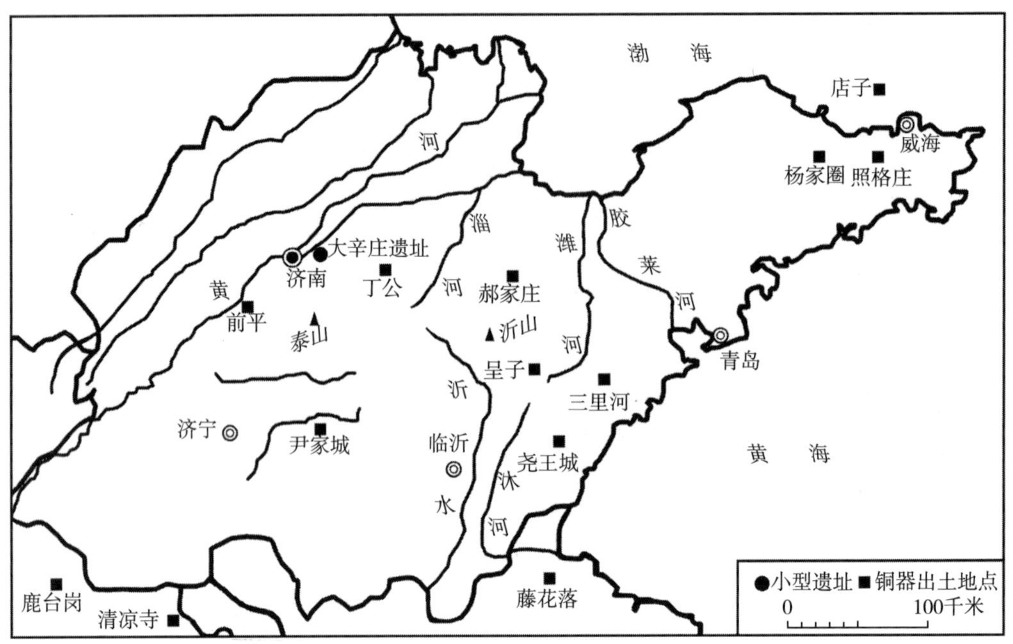

图1　海岱地区史前至商代早期铜器出土地点示意图（引自陈雪香：《山东地区商文化聚落形态演变初探》，《华夏考古》2007年第1期，在原图基础上有较大改动）

些铜器的年代约在距今4400～4000年间，并指出这一时期是海岱地区铜器的萌芽时期[10]。此时海岱地区铜器发现较少，且未发现明确的青铜制品，尚未进入青铜时代。

（二）岳石文化时期

岳石文化铜器发现相对较多，据统计，目前已超过22件，情况如下。泗水尹家城出土镞1、刀5、锥2、环1、铜片5，共计14件[11]（图2）；牟平照格庄出土锥1件[12]；青州郝家庄出土残刀把、容器残片各1件[13]；邹平丁公出土镞、刀数件[14]；河南杞县鹿台岗出土刀1件[15]；河南夏邑清凉山出土镞1件[16]；江苏连云港藤花落出土削刀1件[17]。其中海岱地区超过19件。经科学检测，这些铜器大部分为铸造而成的青铜制品。目前经过发掘的岳石文化遗址大多发现了青铜器，说明这一时期海岱地区的青铜器已相对多见，已进入青铜时代，并呈现出一定特点，如超过半数青铜器经过锻打，有别于二里头青铜器锻打较少的特点[18]。但考虑到岳石文化青铜器的数量还不是很多，且基本都是小件物品（只有一件容器残片），反映出这一时期仍处于青铜时代的初期阶段。

这20多件青铜制品多为工具，少量为武器和饰品，均是小件器具，其出土地点多在小型聚落遗址。因此，这些铜器应不是作为祭祀或陪葬之用的礼器，与商周时期的青铜器多为礼器的情况大不相同。

此外，还有4件疑似岳石文化的铜器：济南市博物馆收藏的短锥足深腹鼎[19]、江苏师范大学历史文化与旅游学院收藏的高领鼓肩袋足鬲[20]、1958年龙口市农民发现的弦纹甗[21]、1989年安丘老峒峪农民发现的线纹直内戈[22]（图3）。徐基先生经过细致分析，认为这4件铜器均属于岳石文化铜器[23]。此论基本可信，然因缺少明确的地层信息，这些铜器是否属于岳

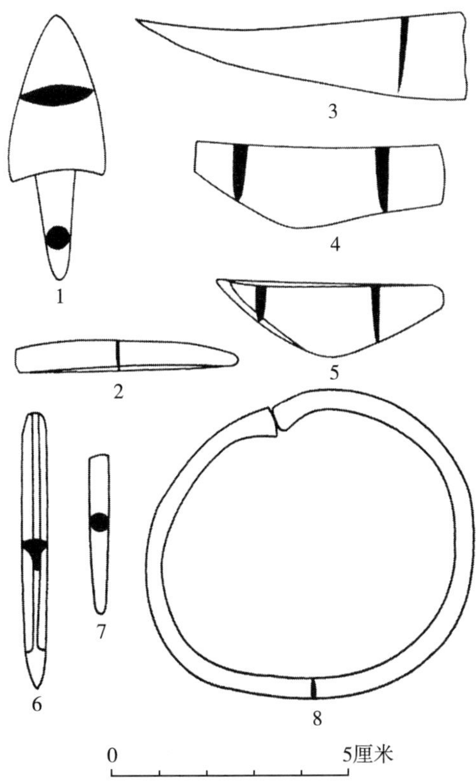

图2　尹家城遗址出土岳石文化铜器
1.镞　2～5.刀　6、8.锥　7.环（引自方辉：《海岱地区早期铜器的发现与研究》，见《海岱地区青铜时代考古》，山东大学出版社，2007年）

石文化尚有讨论的余地。

（三）商代早期

早商一、二期，商人的拓展方向主要是西方和南方，此时商文化还未进入海岱地区，这一点学界已基本形成共识[24]。一般认为济南大辛庄遗址是海岱地区目前发现的最早的商文化遗址，其出现时间约在早商三期。此期海岱地区的商文化遗址还非常少，也未发现典型的商文化铜器，故而这一时段的海岱地区还基本属于岳石文化四期的范畴。

二、中原地区青铜文化的东进（商代中期至西周中期）

（一）商代中期

这一时段商文化东进之势比较迅猛，海岱地区的商文化遗址急剧增多，以容器为标志的商文化铜器开始出现（图4）。这些遗址主要分布于海岱北部、西南部、东南部以及南部尼山山脉西侧、西南侧的平原地带。其中部分遗址出土了一定数量的铜器，铜器的类别、形制和纹饰与二里冈上层至殷墟一期铜器基本相同，均属于商式铜器。

本期商人青铜文化的东进呈现出三线并进的态势。商人在北线的东进意图较为明显，即以济南大辛庄为据点，控制济水（今黄河），顺流至海。同时期的中线即经泗水县沿蒙山山谷向东南进入费县，再沿祊河进入沂、沭河中上游地区。南线以滕州为基点，经鲁南尼山南侧丘陵地带向东进入沂、沭河中下游地区。在本期，中线与南线在沂水中游一带已

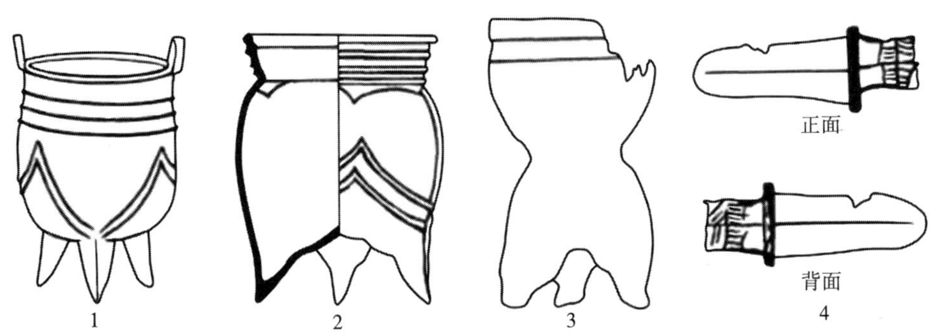

图3　疑似岳石文化铜器
1.济南博物馆藏深腹鼎　2.江苏师大历史文化学院藏袋足鬲　3.蓬莱市文管所藏甗　4.安丘博物馆藏直内戈

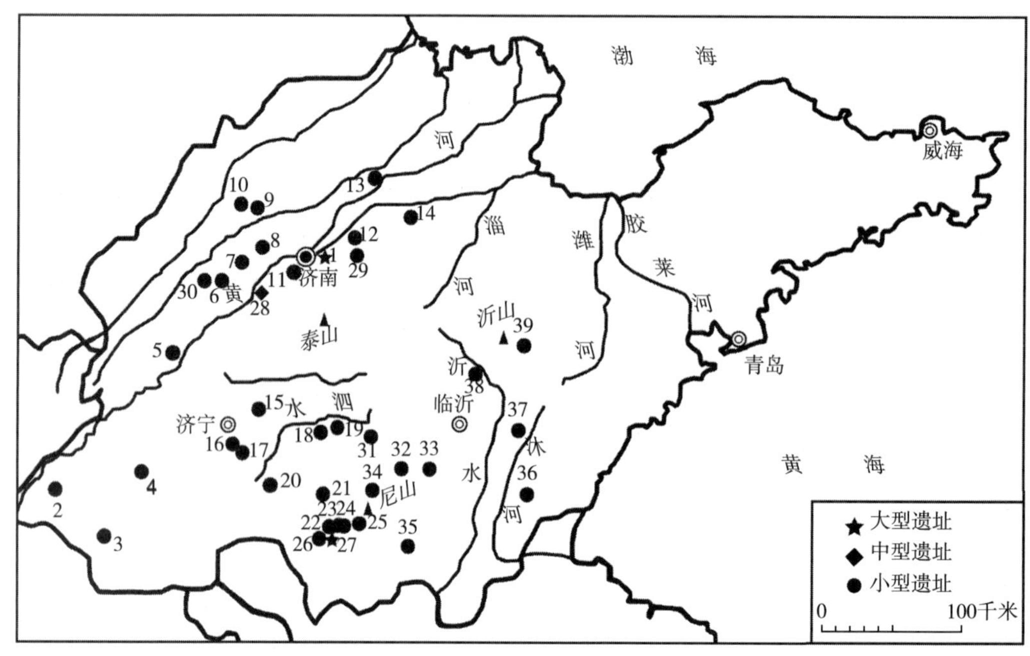

图4　海岱地区商代中期商文化遗址及青铜器出土地点示意图

1.济南大辛庄（铜容器）　2.东明窦堌堆　3.曹县莘家集　4.菏泽安丘姻堆　5.阳谷黑堌堆　6.茌平南陈　7.齐河曹庙　8.齐河尹屯　9.禹城周尹　10.禹城蒋芦　11.济南旧军门巷　12.章丘马彭北　13.济阳邝塚　14.邹平丁公　15.兖州梓椤树　16.济宁潘庙　17.济宁凤凰台　18.泗水尹家城　19.泗水天齐庙　20.邹县西朝阳村　21.滕州后荆沟　22.滕州轩辕庄（铜容器）　23.滕州大康留（铜容器）　24.滕州北辛　25.滕州西薛河　26.滕州吕楼（铜容器）　27.滕州前掌大（铜容器）　28.长清前平（铜容器）　29.章丘城子崖　30.茌平李孝堂　31.平邑蔡庄　32.费县曹车　33.费县故城　34.费县吴家村　35.兰陵刘家堡　36.莒南虎园水库（铜容器）　37.莒县前石窑　38.沂水西黄家庄　39.沂水姑子顶（引自陈雪香：《山东地区商文化聚落形态演变初探》，在原图基础上有所改动，并参考了刘延常等：《鲁东南地区商代文化遗存调查与研究》，科学出版社，2014年）

完成会师，抵达海岱东南部夷人腹地。据初步调查，商代中期仅海岱东南部就有13处商文化遗址，在其中的部分遗址还发现了一些商式铜器[25]。这一发现基本推翻了以往关于商人未越过沂水进入东夷腹地的认识。

商代中期淄河以东地区的遗存大致属于芝水二期文化[26]，目前尚未发现铜容器，也基本未见小件铜器。

（二）殷墟一、二期[27]

本期北线商文化遗址向东拓展至惠民大郭[28]、桓台史家[29]、寿光丁家店子[30]等地，主要分布于济水南岸与淄河之间，但部分遗址已越过弥河，邻近潍河（图5）。其中寿光丁家店子遗址邻近弥河西岸寿光双王城煮盐遗址群[31]。考虑到3000多年前海水内侵较甚[32]，寿光境内的几处遗址已邻近当时的海域。济水北岸的惠民大郭遗址出土了包含方彝、铙及钺在内的大量高规格铜器，说明该遗址可能是一个中心性质的聚落。桓台史家遗址规模巨大，且出土了一定数量的商文化铜器，也具有中心聚落气象。济水北岸的惠民大郭及南岸的桓台史家高等级聚落遗址的出现，标志着商人在济水两岸的统治已经稳固，完成了控制海盐等资源的生产、运输并隔离东夷族群的战略目的。但本期潍河以东的遗址未发现商文化铜器，该地大致

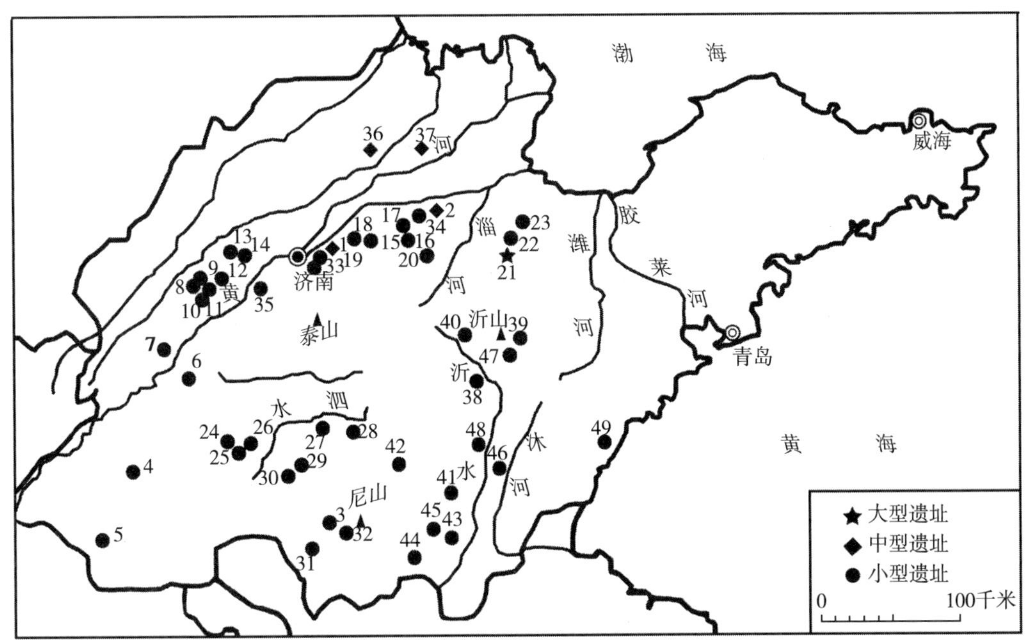

图5 海岱地区殷墟一、二、三期商文化遗址及青铜器出土地点示意图

1.济南大辛庄（铜容器） 2.桓台史家（铜容器） 3.滕州前掌大 4.菏泽安丘堌堆 5.曹县莘冢集 6.梁山青堌堆 7.阳谷黑堌堆 8.茌平东一甲 9.茌平台子高 10.茌平西路庄 11.茌平腰庄 12.茌平南陈 13.东阿王集 14.齐河郝庄 15.章丘乐盘 16.邹平史营 17.邹平大河崖 18.济南裴家庄 19.济南洪家楼 20.淄博南家 21.青州苏埠屯（铜容器） 22.寿光钓鱼台 23.寿光丁家店子 24.济宁潘庙 25.济宁凤凰台 26.济宁南赵庄 27.泗水尹家城 28.泗水天齐庙 29.邹县化肥厂 30.邹县西丁 31.微山鲍楼 32.滕州后黄庄 33.济南刘家庄（铜容器） 34.邹平丁公 35.长清小屯（铜容器） 36.惠民大郭（铜容器） 37.滨州兰家村（铜容器） 38.沂水信家庄（铜容器） 39.沂水姑子顶 40.沂源东安（铜容器） 41.费县墩头（铜容器） 42.费县曹车 43.临沂西店子 44.兰陵刘家堡 45.兰陵密家岭（铜容器） 46.莒县东莞 47.莒南墩后 48.沂南埠子顶 49.日照联合村

（引自陈雪香：《山东地区商文化聚落形态演变初探》，在原图基础上有所改动，并参考了刘延常等：《鲁东南地区商代文化遗存调查与研究》，科学出版社，2014年）

属于珍珠门一期文化。

本期中线及南线的商文化遗址明显增加，呈现出向东方迅猛扩张的态势。据初步调查，本期海岱东南部发现的商文化遗址多达34处[33]，但均分布于沭河以西地区，出土铜器的数量也相对较少。

（三）殷墟三期

商人约在殷墟二期控制济水流域后，在三期向东又有伸张，大致分两个方向。一是沿济水北岸继续向东北方向扩张，如滨州兰家村[34]发现了典型的商式铜器和煮盐遗迹，但济水北岸遗址数量不多。二是以泰沂山脉东北侧的青州苏埠屯一带为据点，向东南部胶莱平原发展。苏埠屯遗址发现了数座高规格墓葬和150余座中小型墓葬，出土了大量精美的“亚醜”族和“融”族铜器，是目前海岱地区同时期墓葬中规格最高者[35]。其铜器的类别、形制及其纹饰与中原地区基本相同，属于商文化铜器。苏埠屯遗址位于泰沂山脉北麓和胶莱平原的夹角地带，既可东进又可南下，是极佳的战略要地，是商人东进在新形势下的必然选择。

本期潍河以东的考古学文化基本属于珍珠门二期文化，未发现铜容器，小件铜器也基本没有发现。

本期中线及南线的商文化遗址有所减少，但海岱东南部的商文化遗址基本维系了前期的数量，甚至在临海的日照两城镇联合村也发现了商文化绳纹陶鬲足。这些遗址中也有少量高等级遗址，如兰陵密家岭，发现了一定数量的铜礼器[36]，但沂水以东地区尚未见关于商文化铜器的报道。

（四）殷墟四期至西周早期前段

殷墟四期，商人在海岱地区的扩张态势明显增强。北线商文化遗址和铜器的发现地点向东推进至潍河西岸（图6），与东夷族群隔河对峙。青州苏埠屯、桓台史家等中心聚落仍在使用，同时还出现了新的高等级聚落，如出土了大量“己”器的寿光古城遗址[37]。此期的小型商文化聚落已沿胶莱平原向南蔓延至今胶州、诸城以及安丘南部[38]，基本隔离了海岱东部与东南部的东夷族群。

此期的中线及南线呈现出比较明显的防御态势，商文化遗址数量达到本区历史的峰值，并出现了一定数量的出土大量青铜器的高等级遗址（见图6）。这些遗址除滕州前掌大为中心聚落外，其余不少属于中型聚落。值得注意的是，中线及南线的商文化遗址尤其是发现铜器的遗址主要集中在沂水以西地区。而这一时期的沂水以东地区多见珍珠门文化遗址，如莒县西苑、石龙口、莒南王家坊、沂南榆林、孙家黄疃等[39]（见图6，70～74）。显然，本期前段，南线商人虽然基本让出了沂水以东地区，但明显加强了沂水以西地区的防御力量，这可能是沂河以西地区高等级商文化聚落出现较多的原因所在。

西周早期早段，海岱青铜文化格局基本延续了殷墟四期的态势。但原商人文化覆盖区大量商文化遗址和铜器徽铭突然废弃和消失，是这一时期海岱地区青铜文化的突出特征，如济南刘家庄、青州苏埠屯、桓台史家、寿光古城、滕州前掌大以及兰陵东高尧等遗址及其铜器徽铭皆是如此。这可能与周公东征有直接的关系，这些族群因之消亡或者迁往他地了。

本期潍河以东的考古学文化大致属于珍珠门三、四期文化，仅在龙口发现一件前文提到的仿陶铜甗，其年代尚不能确定在这一时期；小件铜器也基本没有发现。

（五）西周早期后段至西周中期

这一时期，经过对海岱地区殷遗民及东夷族群的军事战争，加上大规模分封，周人不但已掩有原商王朝控制的海岱大部分地区，而且在北线向东又有大幅度伸张，已越过潍河和胶莱河，深入到胶东半岛腹地，其中不少遗址出土了周文化铜器，较早的主要有龙口归城[40]、韩栾[41]、威海荣成学福村[42]、胶县西菴[43]等，稍晚的主要有崂山前古镇[44]、海阳上尚都[45]、招远东曲城[46]、威海西河北村[47]等。除胶东半岛东端的乳山、文登、荣成一带可能属于珍珠门文化南黄庄类型[48]外，周文化遗存在本期已基本遍及胶东半岛。值得注意的是，以上地点随葬周文化铜器的墓葬皆东向，而夷人的一个典型文化特征就是墓葬东向，这说明这些墓葬的主人很可能属于接受了周文化的夷人。

与前期相比，海岱东南部的情况没有大的改变，仍然没有发现属于这一时期的铜器和周文化遗址。这一区域似乎还属于夷人控制区，物质文化面貌大致属于珍珠门文化鲁东南类型[49]，但已濒临消亡。

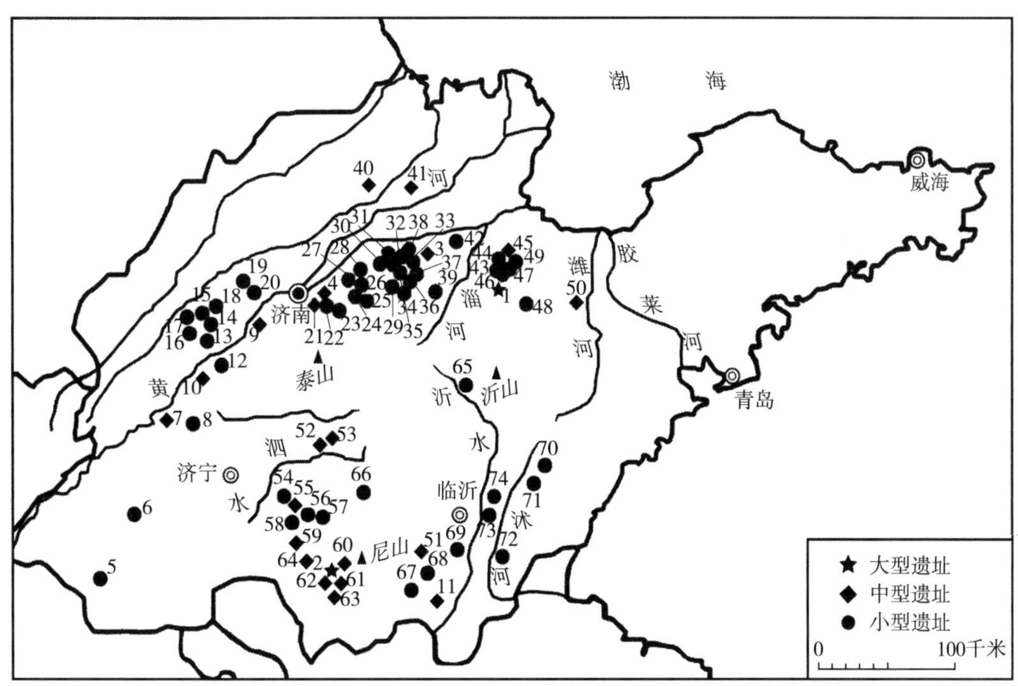

图6 海岱地区殷墟四期至西周早期前段遗址及青铜器出土地点示意图

1.青州苏埠屯（铜容器） 2.滕州前掌大（铜容器） 3.桓台史家（铜容器） 4.济南大辛庄（铜容器） 5.曹县莘冢集 6.菏泽安丘堌堆 7.寿张梁山（铜容器） 8.梁山青堌堆 9.长清兴复河（铜容器） 10.平阴洪范（铜容器） 11.兰陵东高尧（铜容器） 12.平阴朱家桥 13.东阿王集 14.茌平腰庄 15.茌平南陈 16.茌平西路庄 17.茌平东一甲 18.茌平台子高 19.齐河曹庙 20.齐河郝庄 21.济南刘家庄（铜容器） 22.济南洪家楼 23.济南王舍人镇 24.章丘城子崖 25.章丘东涧溪 26.章丘乐盘 27.章丘宁家埠 28.章丘王推官庄 29.邹平台头 30.邹平鲍家 31.邹平郎君 32.邹平大河崖 33.邹平明礼 34.邹平芦泉南 35.邹平廉家 36.邹平五里 37.邹平纸房 38.邹平丁公 39.淄博南家 40.惠民大郭 41.滨州兰家 42.广饶西杜疃 43.青州凤凰台 44.寿光高家庄 45.寿光古城（铜容器） 46.青州赵铺 47.青州杨家营 48.昌乐宇家 49.寿光桑家庄（铜容器） 50.潍坊院上（铜容器） 51.费县（铜容器） 52.泗水寺台（铜容器） 53.泗水窖堌堆（铜容器） 54.邹城南关 55.邹城化肥厂（铜容器） 56.邹城砖瓦窑（铜容器） 57.邹城岳庄 58.邹城西丁（铜容器） 59.滕州种寨（铜容器） 60.滕州大韩村（铜容器） 61.滕州后黄庄（铜容器） 62.滕州后掌大（铜容器） 63.滕州井亭（铜容器） 64.滕州龙堌堆 65.沂源东安（铜容器） 66.平邑洼子地（铜容器） 67.兰陵晒米城（铜容器） 68.兰陵密家岭（铜容器） 69.兰陵县革委大院（铜容器） 70.莒县西苑 71.莒县石龙口 72.莒南王家坊 73.沂南榆林 74.沂南孙家黄疃（引自陈雪香：《山东地区商文化聚落形态演变初探》，在原图基础上有所改动，并参考了刘延常等：《鲁东南地区商代文化遗存调查与研究》，科学出版社，2014年）

三、海岱地区青铜文化的勃兴（西周晚期至战国时期）

至西周晚期，之前未发现铜器的海岱东南部，此期也涌现出一大批出土周式铜器的遗址，如沂源姑子坪[50]、日照崮河崖[51]、五莲中至留[52]、莒县西大庄[53]、莒县崔家峪[54]等。至此，整个海岱地区基本已被周人青铜文化所覆盖，珍珠门文化作为东夷族群在海岱地区的最后一个考古学文化走到了尽头。此外，也大致在这一时期，海岱各地也多产生了一些新的铜器元素，海岱青铜文化的面貌因之出现分化。现依据时间顺序探讨如下。

（一）西周晚期至春秋中期

这一时期的海岱东南部涌现出大量周文化遗址和铜器，呈现出勃兴之势，与之前的文化面貌形成鲜明对比。这些铜器在类别、组合及形制上多与周式铜器相同或相近，但在一些地区也出现了少量新器类和新形制[55]，如舟、刖人方匜、卵形壶、兽首流鼎、袋足鬲、提链罐、人形三足盘、立耳盘、平底匜等（图7）。其中以舟与袋足鬲的数量最多，并对周边地区产生了较大影响。从器类与形制观之，这一时段海岱东南部的青铜器最具特点，表现出蓬勃的创造力，而其他地区则与中原地区更为接近。

（二）春秋晚期至战国前期

这一时期的海岱青铜器最为丰富，分布十分密集，呈现出繁荣局面，在器物形制、纹饰、铭文等方面皆有反映。

类别与形制方面，这一时期海岱铜器的类别及形制十分丰富，虽然大部分铜器与中原地区相同或相近，但也出现了不少富有特色的器物，如平底浅腹高足鼎、龙耳方座簋、鼎式敦、素面球形敦、平顶敦、四环足匜、假圈足舟、环耳盘、鹰首提梁壶等（图8），主要发现于齐文化区。

纹饰方面，大部分铜器纹饰与中原相同，仅部分纹饰较有特色，主要有装饰乳钉纹的鼎、敦、舟以及装饰菱形纹的盘、匜、舟等（见图8，4、8、10），也主要发现于齐文化区。

铭文方面，本期海岱地区的部分铭辞和历日纪年方式很有特色。一是“坨坨（沱沱）熙熙”铭辞。此类铭辞仅发现于海岱地区，且主要出于齐文化区，目前共发现9例：曩公壶（集成09704）、齐侯敦（集成04645）、齐侯盘（集成10159）、齐侯匜（集成10283）、夆叔盘（集成10163）、夆叔匜（集成10282）、郙子姜首盘（近出1009）、庆叔匜（集成

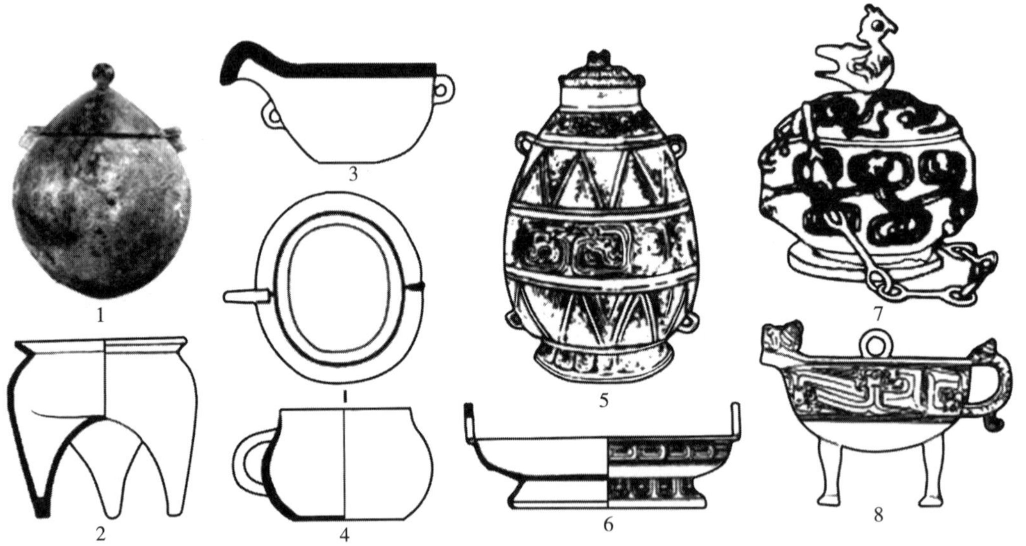

图7　海岱地区西周晚期至春秋早期青铜器

1.枣庄东江出土佥父瓶（M1：6）　2.莒县西大庄出土袋足鬲（M1：4）　3.栖霞吕家埠出土平底匜（M1：18）　4.莒县西大庄出土单耳舟（M1：14）　5.曲阜鲁国故城出土侯母壶（M48：16）　6.莒县西大庄出土立耳盘（M1：13）　7.临朐泉头出土提链罐（M乙：10）　8.临沂中洽沟出土兽首流鼎（M1：7）

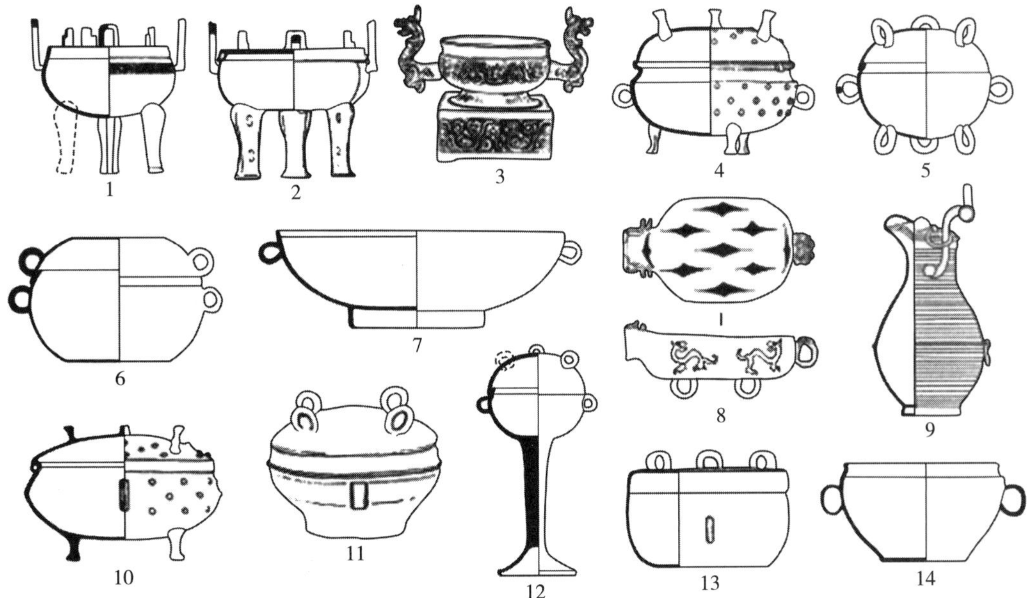

图8　海岱地区春秋晚期至战国前期青铜器

1.莱芜戴鱼池出土高足鼎（M1：26）　2.长清仙人台出土高足鼎（M5：72）　3.台北故宫博物院藏陈侯午簋　4.济南左家洼墓出土鼎式敦（器物编号：8）　5.济南左家洼墓出土球形敦（器物编号：9）　6.临沂凤凰岭大墓出土平顶敦（器物编号：40）　7.莱芜西上崮墓出土环耳盘（无器物号）　8.枣庄徐楼出土环形足匜（M2：20）　9.诸城臧家庄墓出土鹰首提梁壶（无器物号）　10.阳谷景阳冈墓出土乳丁纹舟（无器物号）　11.莒南大店出土假圈足舟（M2：13）　12.长岛王沟出土高柄豆（M10：31）　13.长岛王沟出土平盖舟（M10：28）　14.滕州庄里西出土敛口舟

10280）以及鲍子鼎[56]。二是历日纪年。常见“立事岁”或“再立事岁”+某月、日式的历日纪年方式，如子禾子釜（立事岁禝月丙午）、陈纯釜（立事岁䥫月戊寅）、公子土折壶（立事岁饭者月）等，均为齐国铜器。

总的来看，这一时段海岱青铜文化尤其是齐国青铜文化涌现出大量特色元素，呈现出繁荣局面。就整体面貌而言，齐国青铜文化逐渐遍及海岱全境，其他地区的特色因素趋于消失。

（三）战国后期

与前期相比，这一时段的海岱铜器在类别及组合上有较大变化，前期流行的敦、方座簋、盖豆等趋于消失，舟的出现频率也明显下降，但鼎、豆、壶仍然较为流行。形制上，海岱地区较为流行的青铜器，除北部齐文化区的方形舟外，多与中原地区相同或相近。纹饰趋于简朴。铭文为流于形式化的物勒工名。齐国青铜文化延续前期对海岱地区的统一局面，海岱青铜文化日益趋同。与此同时，海岱青铜文化与中原及周边地区的区别越来越小，并最终与中原青铜文化合流。

四、海岱地区青铜文化格局形成及其演进背景

龙山文化至岳石文化时期，海岱地区发现的铜器主要是工具、武器、饰品等小件物品，发现地点及数量都尚少，还不具备讨论其格局及演进的条件。本部分主要讨论商至战国时期海岱地区青铜文化格局形成及其演进的背景。兹按照时间顺序探讨如下。

（一）商代早期（商汤至大戊时期）

关于早商一、二期商文化未进入海岱地区的原因，不少学者认为得益于夏、商之际的商、夷联盟关系[57]。当商王朝政权稳固之后，以共同抵御夏王朝侵害[58]为基础的联盟，逐渐瓦解。早商三期，商王朝对海岱地区由浅层控制模式转向殖民模式[59]，开始向海岱地区扩张。首先在济水南岸的济南大辛庄建立据点，进而沿济水东进，此为商人东进的北线。济南大辛庄据点的选择，应主要有两个方面的考虑：一是济南大辛庄位于夷人族群北部边缘地带而且邻近商人控制区，夷人力量较弱（考古发现济南大辛庄商文化遗存直接位于生土层之上），容易建立据点；二是该地位于济水南岸，扼控东西交通要冲[60]，可顺济水而下抵至大海，既有物资输送之便，还有运输海域资源之利。

（二）商代中期（商王仲丁至小乙时期）

古本《竹书纪年·殷纪》载："南庚三年，迁于奄。阳甲即位，居奄。"南庚迁都至奄（学者多认为在曲阜附近），已邻近海岱东南部，需要清扫该地的夷人势力，以防范其对王都的威胁。故而，本期商文化自海岱南部迅速拓展至东南部腹心地带。这是本期商王朝东进新开辟的南线。本期北线的东进力度较大，以济南大辛庄、长清前平等较大规模遗址为据点，向东已拓展至济阳和邹平一带。至于济南大辛庄以西地区，已被商人完全控制，并与商王朝中心区连成一片。古本《竹书纪年·殷纪》载："祖乙之世，商道复兴，庙为中宗。"商王朝虽因九世之乱一度中衰，但至祖乙时又复兴盛，有实力也有必要向东方拓展。

（三）殷墟一、二期（武丁至祖甲时期）

此期商王朝国力强盛，与周边族群的军事战争十分频繁，古本《竹书纪年·殷纪》载，武丁"伐鬼方，次于荆"，"灭大彭"，"征豕韦，克之"；又载祖甲"征西戎"。卜辞中记载的战争更多，其中关于征夷方的有"王叀尸征"（《合集》33112）、"今者王步伐尸"（《合集》6461正）、"王叀妇好令征尸"（《合集》6459）等。由于商王朝对海岱东南部的控制已较为稳固，加上济水的战略意义，本期商人的东进主要集中在北线，北线的商文化遗址因之大幅度增加。至殷墟二期时，因盘庚迁殷已久，商王朝对海岱南部的重视程度有所降低，加上这一时期商王朝对外战争频繁，已无力抵抗来自胶东半岛夷人势力的进攻，遂让出沂水以东地区。

（四）殷墟三期（廪辛至文丁时期）

本期北线的变化主要是商文化向东没有明显推进，但在泰沂山脉东北侧的青州苏埠屯一带建立了强大的据点。前期频繁的战争、祖甲时期的乱政，加上这一时段对西部、西北部等地的羌、土方、工方、召方等方国（族）的战争，国力逐渐衰微，致使商人无力继续东进，只是加强了对济水的控制力量和对夷人族群的防御力量。此外，由于商王朝在前期已完成对济水的完全控制，主要的战略目的已达成，其东进的欲望可能已不如早期强烈，这也可能是商王朝东进步伐放缓的原因之一。

（五）殷墟四期至西周早期前段（商帝乙至周康王前期）

《后汉书·东夷列传》载："武乙衰敝，东夷浸盛，遂分迁淮、岱，渐居中土。"在商王朝对西、北诸方发动战争之际，东夷族群逐渐内侵，至殷墟四期前段已重新占据了沂水东岸，威胁到商王朝东土甚至王畿地区。这是商王朝对东夷猛烈进攻的外因。帝辛时期国力得到一定程度的恢复，也为大规模东征做好了准备。从商代晚期的甲骨文、金文中可以窥得商王朝对夷方战争的频繁和激烈程度，其中商王亲征就有多次。这应是本期商文化遗址东进态势明显增强的原因所在。至于潍河东岸及沂水东岸发现的商文化遗址较少之原因，从“纣克东夷而陨其身”（《左传·昭公十一年》）之记载可知，商人在北线越过潍河、南线越过沂水后很快灭亡，留下的遗存故而较少。周人覆商后，为巩固统治，也无力向海岱东部和东南部发动进攻，在一段时间内，基本上维持着商代末期的局面。

（六）西周早期后段至中期（康王后期至夷王时期）

周公践奄后，周人的统治才基本稳定下来，遂有力量自北线对东夷展开进攻，并把齐国分封于北部淄河流域，海岱东部迅速纳入了周文化体系。本期周文化在南线的东进不甚明显，海岱东南部始终没有发现典型的周文化遗存，与北线势如破竹的东进态势形成鲜明对比。这一现象的形成可能有三个原因：一是本地夷人势力较为强大；二是本地多南北走向的山川河流，东西交通不畅，对周王朝的东进及周文化的传播阻碍较大；三是对于周王朝而言，该地的重要性可能远不及胶东半岛，东进欲望不强烈。

（七）西周晚期至春秋中期（厉王至鲁僖公时期）

本期周人青铜文化迅速进入海岱东南部的原因，可能是因为这一时期海岱东部已完全置于周人势力范围，面对来自周人北方及西方的进攻，海岱东南部残存的夷人势力很快被消灭或驱逐。与前期的海岱东部相同，这一时期海岱东南部的铜器墓葬皆东向，说明墓主人很可能是受周王朝册封的夷人[61]，如文献多有关于莒国自胶州迁至莒县的记载。由于历史、地理等原因，夷人原有的文化传统与周人存在较大差异，这些差异决定了夷人在接受周人青铜文化元素时可能会有一定程度的改造，从而产生一些新元素（新的器类、形制或纹饰），这些新元素对于覆盖海岱全境的周人青铜文化而言，是一种分化。当然，分化局面的形成，也与西周晚期尤其是平王东迁后周王室控制力衰微、区域文化开始勃兴有关，也与海岱各地不同的历史、文化传统以及国别、地理上的壁垒不无关系。

（八）春秋晚期至战国前期（鲁文公至鲁康公时期）

此时海岱本土青铜文化因素迅速涌现，呈现出繁荣局面，其分化现象也得以延续。与此同时，随着齐国国势不断壮大，在政治上逐渐形成独霸海岱的局面，其青铜文化也逐渐强势影响海岱其他地区。此外，春秋晚期兴起的会盟、朝聘、联姻、人才流动、商业贸易等也加快了区域间的交流与融合。这些因素逐渐打破海岱各区之间旧的分野与壁垒，为各地物质、文化的交流与融合提供了便利，青铜文化面貌很快由分化转向趋同。至战国早期，齐国的青铜文化逐渐遍布海岱全境，遂形成齐国青铜文化基本统一海岱全境的局面。

（九）战国后期（鲁景公至公元前221年）

在前期齐国青铜文化统一海岱全境的基础上，随着列国之间经济、文化的交流、人才流动、婚姻往来的日益频繁，列国之间的政治、文化、贸易壁垒逐渐被打破，海岱青铜文化与中原青铜文化的面貌也逐渐趋于一致，形成海岱青铜文化合流于中原青铜文化的局面。之后，随着秦、汉帝国统一局面的形成，海岱青铜文化最终融入大一统的洪流之中。

五、结　　语

总的来看，夏商周时期海岱地区青铜文化的格局及演进情况大致可以分为三个阶段：史前至商代早期、商代中期至西周中期、西周晚期至战国时期。海岱地区青铜文化的第一阶段基本属于较为单纯的山东龙山文化及岳石文化时期，处于青铜文化的萌芽和初期阶段，格局及演进情况尚不清晰。第二阶段是王朝青铜文化的东进。主要分为南、北两线：北线以沿着济水两岸逐步推进至潍河流域为主要特征；南线的青铜文化格局则随着中原王朝的国力、策略变化而不断变化，变化的界线多在沂、沭河之间。除商代中期外，商、周两代对北线的重视程度都高于南线。第三阶段是海岱地区青铜文化的普及、勃兴及与中原青铜文化的合流，其间包含着本土元素的增减、海岱内部各地之间的交流与融合、海岱地区与境外的交流和融合等，同时，齐国青铜文化的不断壮大并最终完成对海岱地区青铜文化的统一。

影响海岱地区青铜文化格局和演进的因素有很多，归纳起来主要有两个方面。一是西部的中原王朝因素。中原王朝通常根据内外形势、统治需要以及国力的消长而不断调整政治、军事策略，进而对海岱地区产生影响，比如中原王朝都城的迁移会直接影响其对海岱地区的战略部署。二是海岱地区的自身因素。首先，海岱地区自身的历史传承以及与中原王朝的力量对比等，会对中原青铜文化进入海岱地区的过程带来影响；其次，海岱北部济水通海、中部多山的地理环境，决定了海岱内部各地存在一定差异的同时，还限定了中原王朝进入海岱地区的主要通道；再次，海岱东部沿海的海盐等资源十分丰富，而晋南池盐资源逐渐枯竭，海盐遂成为商、周王朝迫切控制的战略物资；最后，中原王朝统治者长居内陆，对大海或有天然的向往之心，而海岱东部的海域距中原最近，加上济水有通海之便，也可能助长了中原王朝统治者东进的欲望。

需要注意的是，在王朝青铜文化漫长的东进过程中，商、周王朝与东夷族群对峙的同时，总有夷人族群不断加入王朝阵营，从而出现王朝文化因素与夷人文化因素融合、共存的现象。这在商代中晚期的济南大辛庄、青州苏埠屯等遗址出土的陶器上均有明确的反映。这一现象在淄、弥河流域尤为明显[62]。西周晚期海岱东南部出现的大量富有地域特色的铜器也反映了这一现象。此外，令人费解的是，早在岳石文化时期海岱地区就已进入青铜时代的早期阶段，但之后的夷人聚居区却始终没有发现明确属于夷人的青铜器。这一点需要今后的考古发掘及研究工作多加关注。

注　　释

[1] 方辉：《海岱地区早期铜器的发现与研究》，见《海岱地区青铜时代考古》，山东大学出版社，2007年。

[2] 曹艳芳：《山东出土商代青铜器研究》，山东大学博士学位论文，2006年。

[3] 陈雪香：《山东地区商文化聚落形态演变初探》，《华夏考古》2007年第1期。

[4] 王青：《海岱地区周代墓葬与文化分区研究》，科学出版社，2012年。

[5] 中国社会科学院考古研究所：《胶县三里河》第21、196～199页，文物出版社，1988年。

[6] 严文明：《论中国的铜石并用时代》，《史前研究》1984年第1期。

[7] 北京大学考古实习队、山东省考古研究所：《栖霞杨家圈遗址发掘报告》，见《胶东考古》，文物出版社，2000年。
[8] 严文明：《论中国的铜石并用时代》，《史前研究》1984年第1期。
[9] 严文明：《论中国的铜石并用时代》，《史前研究》1984年第1期。
[10] 方辉：《海岱地区早期铜器的发现与研究》，见《海岱地区青铜时代考古》，山东大学出版社，2007年。
[11] 山东大学历史系考古专业：《泗水尹家城》第202～204页，文物出版社，1990年。
[12] 北京钢铁学院：《中国早期铜器的初步研究》，《考古学报》1981年第3期。
[13] 吴玉喜：《岳石文化地方类型初探——从郝家庄岳石遗存的发现谈起》，见《考古学文化论集》，文物出版社，1993年。
[14] 方辉：《海岱地区早期铜器的发现与研究》，见《海岱地区青铜时代考古》，山东大学出版社，2007年。
[15] 郑州大学文博学院、开封市文物工作队：《豫东杞县发掘报告》第138页，科学出版社，2000年。
[16] 北京大学考古系、商丘地区文管会：《河南夏邑清凉山遗址发掘报告》，见《考古学研究（四）》，科学出版社，2000年。
[17] 林留根：《江苏连云港藤花落遗址》，见《2000年中国重要考古发现》，文物出版社，2001年。
[18] 陈国梁：《二里头文化铜器研究》，见《中国早期青铜文化——二里头文化专题研究》，科学出版社，2008年。
[19] 于中航：《济南市博物馆藏商周青铜器选粹》，见《海岱考古》第一辑，山东大学出版社，1989年。
[20] 徐基：《夏时期岳石文化的铜器补遗——东夷式青铜重器之推考》，《华夏考古》2007年第5期。
[21] 李步青、林仙庭：《山东黄县出土一件青铜甗》，《考古》1989年第3期。
[22] 贾德民、徐新华、郑岩：《山东安丘老峒峪出土一件商代青铜戈》，《考古》1992年第6期。
[23] 徐基：《夏时期岳石文化的铜器补遗——东夷式青铜重器之推考》，《华夏考古》2007年第5期。
[24] a.王立新：《早商文化研究》第141、142页，高等教育出版社，1998年。
b.方辉：《商王朝对东方的经略》，见《海岱地区青铜时代考古》，山东大学出版社，2007年。
[25] 刘延常、赵国靖、刘桂峰：《鲁东南地区商代遗址调查与研究》，见《东方考古》第11集，科学出版社，2014年。
[26] 张锟：《东夷文化的考古学研究》第128、129页，中国社会科学院研究生院博士学位论文，2010年。
[27] 本文殷墟一期皆指传统的殷墟一期后段。由于传统的殷墟一期前、后段差异很大，故而学者将前段归入洹北花园庄期，即商代中期后段，后段为新的殷墟一期。参见唐际根：《殷墟一期文化及其相关问题》，《考古》1993年第10期。
[28] 山东惠民文化馆：《山东惠民县发现商代青铜器》，《考古》1974年第3期。
[29] 韩明祥：《山东长清、桓台发现商代青铜器》，《文物》1982年第1期。
[30] 寿光县博物馆：《寿光县古遗址调查报告》，见《海岱考古》第一辑，山东大学出版社，1989年。
[31] 山东省文物考古研究所、北京大学中国考古学研究中心、寿光市文化局：《山东寿光市双王城盐业遗址2008年的发掘》，《考古》2008年第3期。
[32] a.邹逸麟：《黄淮海平原历史地理》第190页，安徽教育出版社，1997年。
b.王青、朱继平、史本恒：《山东北部全新世的人地关系演变：以海岸变迁和海盐生产为例》，《第四纪研究》2006年第4期。
[33] 刘延常、赵国靖、刘桂峰：《鲁东南地区商代遗址调查与研究》，见《东方考古》第11集，科学出版社，2014年。
[34] 王思礼：《惠民专区几处古代文化遗址》，《文物》1960年第3期。

[35] 山东省考古研究所：《青州市苏埠屯商代墓地发掘报告》，见《海岱考古》第一辑，山东大学出版社，1989年。
[36] 刘延常、赵国靖、刘桂峰：《鲁东南地区商代遗址调查与研究》，见《东方考古》第11集，科学出版社，2014年。
[37] 寿光县博物馆：《山东寿光县新发现一批纪国铜器》，《文物》1985年第3期。
[38] 陈淑卿：《山东地区商文化编年与类型研究》，《华夏考古》2003年第1期。
[39] 刘延常、赵国靖、刘桂峰：《鲁东南地区商代遗址调查与研究》，见《东方考古》第11集，科学出版社，2014年。
[40] 李步青、王锡平：《建国以来烟台地区出土商周铭文青铜器概述》，见《胶东考古研究文集》，齐鲁书社，2004年。
[41] 李步青、林仙庭：《山东龙口市出土西周铜鼎》，《文物》1991年第5期。
[42] 刘晓燕、孙承晋：《山东荣成市学福村商周墓葬的清理》，《考古》2004年第9期。
[43] 山东省昌潍地区文物管理组：《胶县西菴遗址调查试掘简报》，《文物》1977年第4期。
[44] 孙善德：《青岛市发现西周墓葬》，见《文物资料丛刊》第6辑，文物出版社，1982年。
[45] 海阳市博物馆：《山东海阳市上尚都出土西周铜器》，《考古》2001年第9期。
[46] 李步青、林仙庭、杨文玉：《山东招远出土西周铜鼎》，《考古》1994年第4期。
[47] 郑同修、隋裕仁：《山东威海市发现周代墓葬》，《考古》1995年第1期。
[48] a.高广仁、邵望平：《海岱文化与齐鲁文明》第375、376页，凤凰出版社，2005年。
b.北京大学考古系、烟台市文管会、乳山县文管所：《山东乳山县南黄庄西周石板墓发掘简报》，《考古》1991年第4期。
[49] 刘延常：《珍珠门文化初探》，《华夏考古》2001年第4期。
[50] 山东大学考古系等：《山东沂源县姑子坪遗址的发掘》，《考古》2003年第1期。
[51] 杨深富：《山东日照崮河崖出土一批青铜器》，《考古》1984年第7期。
[52] 孙敬明：《莒之青铜文化研究》，见《莒文化研究专辑（二）》，莒县政协，2000年。
[53] 莒县博物馆：《山东莒县西大庄西周墓葬》，《考古》1999年第7期。
[54] 苏兆庆：《莒县文物志》第204页，齐鲁书社，1993年。
[55] 刘延常、徐倩倩：《西周晚期至春秋早期山东地区东土青铜器群的转变与传承》，见《青铜器与金文》，上海古籍出版社，2017年。
[56] 吴镇烽：《鲍子鼎铭文考释》，《中国历史文物》2009年第2期。
[57] a.宋豫秦：《试论豫东地区夏商时代的文化性质》，《郑州大学学报（哲学社会科学版）》1989年第1期。
b.张国硕：《论夏末早商的商夷联盟》，《郑州大学学报（哲学社会科学版）》2002年第2期。
c.徐昭峰：《商王朝东征与商夷关系》，《考古》2012年第2期。
[58] 张国硕：《论夏末早商的商夷联盟》，《郑州大学学报（哲学社会科学版）》2002年第2期。
[59] 张锟：《东夷文化的考古学研究》第182页，中国社会科学院研究生院博士学位论文，2012年。
[60] 方辉：《商王朝对东方的经略》，见《海岱地区青铜时代考古》，山东大学出版社，2007年。
[61] 之所以说是夷人而不是周人或殷遗民，是因为这一地区西周晚期至春秋时期的绝大多数铜器墓的葬俗与周人及商人墓葬明显不同，具有强烈的地方特色，如墓向皆向东，大墓墓穴分为椁室和器物坑两部分等，这些都是东夷墓葬的典型特征，其墓主人可能都是东夷人。
[62] 山东省文物考古研究所：《山东20世纪的考古发现与研究》第332、344、346页，科学出版社，2005年。

The Pattern and Evolution of the Bronze Cultures in the Haidai Area

Bi Jingwei

KEYWORDS: Xia, Shang and Zhou Dynasties　Haidai Area　Bronze Cultures

ABSTRACT: The pattern and evolution process of the bronze cultures in the Haidai Area could be divided into three large phases: prehistoric ages to the early Shang Dynasty, the mid Shang to mid Western Zhou Dynasties and the late Western Zhou Dynasty to the Warring-States Period. The first phase was the beginning of the bronze cultures and their pattern and evolution process were not clear yet; the second phase was the time for the dynastic bronze culture to advance eastward, and the northern route along the Ji River was the main route for the Shang and Western Zhou Dynasties to penetrate and conquer of the Haidai area. The third phase was the flourishing and differentiating period of the bronze cultures in the Haidai area; during this period, along with the continuous strengthening of the bronze culture of the Qi State, the bronze cultures in the Haidai area were finally unified. The processes of the formation and evolution of the bronze cultures in the Haidai area were mainly influenced by the following two elements: one was the political and military strategies and policies of the dynasties in the Central Plains to the eastern territory; the other was the historical traditions, natural geography of the Haidai area and its relative strength with the Central Plains. What noticeable is that the process of the eastward advance of the dynastic bronze culture of the Central Plains was also that of the continuous convergence of the dynastic culture and the Eastern Yi cultures.

（特约编辑　新　华）

试论三星堆文化与十二桥文化过渡期遗存

周　丽

关键词：四川　三星堆文化　十二桥文化　商周时期

内容提要：三星堆文化向十二桥文化转变有一个过渡期，遗址点众多。过去一般将该阶段遗存归入十二桥文化，近年来又提出将其划归或部分划归三星堆文化的意见。通过对分布于成都平原该阶段遗存的陶器进行详细梳理，将其分为早晚两段。早段以“精品房”、“春雨花间”、“柳岸村”，晚段以“博雅庭韵”、“李家院子”、“褚家村”等遗址点为代表。在此基础上进行文化因素分析，可知该阶段陶器包括A、B两群。A群器物主要包括小平底罐、盉、壶、瓶、觚形杯、高柄豆、鸟头、A型器盖等。A群陶器属于继承和延续三星堆文化的器物，但二者之间存在式的差异，表明过渡期与三星堆文化晚期在时间上并不重叠，且出现频率低，不占主导地位。B群器物完全异于A群，主要包括圈足罐、敛口罐、高领罐、圈足盆、平底盆、尖底罐、尖底杯、尖底盏、B型和C型器盖等。B群陶器为一群新器物，整体出现于过渡期早段，又被十二桥文化后续阶段整体继承，出现频率高，应属于过渡期的主体器物群。通过对陶器群的分析，认为三星堆文化向十二桥文化的转变是一种突变，推测是人群移动与族群融合造成的文化变迁，变迁背景应是“巴人西迁”。基于以上认识，应将过渡期遗存归入十二桥文化。

王立新先生有文“对文化形成滞后于王朝建立的重要现象的探索与思考，有助于理解史前时期考古学文化的演进及其动因，有助于理解考古学上所说的过渡期”[1]。三星堆文化向十二桥文化转变就有一个过渡期，体现在陶器方面就是既存在三星堆文化因素，又包含十二桥文化因素。学术界对于该阶段遗存的文化归属问题意见颇多[2]。笔者对分布于成都平原的该阶段陶器进行了详细疏理，在准确把握其文化特征的基础上，对三星堆文化向十二桥文化转变的过程、动因及其文化归属等问题提出自己粗浅的看法，以就正于学术界。

一、文化特征与分期

（一）典型陶器的类型学分析

作者：周丽，成都市，610065，四川大学历史文化学院。

目前在成都平原发现有该阶段遗存的遗址点，见诸报道的材料大概有50余处，主要包括成都市区的金沙遗址（精品房[3]、春雨花间[4]、强毅汽车[5]、兰苑[6]、蜀风花园[7]、博雅庭韵[8]等地点）、十二桥遗址[9]、核桃村遗址[10]，高新西区的中海国际2号[11]和4号[12]地点、国腾二期[13]、万安药业包装厂[14]、新锦犀[15]、方源中科[16]、富通光缆[17]、国际地点[18]、汇利包装厂[19]，郫县的青杠村[20]、蓝光二期[21]、李家院子[22]、天台村[23]、仪隆村[24]、波罗村[25]、西华大学网络技术学院[26]和六号教学楼[27]、宋家河坝[28]，温江的天乡路[29]、永福村三组[30]、柳岸村[31]、天王村[32]、西藏地质花园[33]，都江堰梳妆台[34]，新都的水观音[35]、桂林乡[36]、褚家村[37]、同盟村[38]、朱王村[39]、香城河畔[40]、正因村[41]、团结村[42]、太平村[43]、高家院子[44]、桂林小学[45]，青白江的新华村[46]，彭州的梅花泉[47]、米筛泉[48]、周家院子[49]，广汉的三星堆[50]、烟堆子[51]、新药铺[52]，金堂的金海岸二期[53]，大邑的高山古城[54]等。这些遗址中出土的陶器有一部分时间跨度短，或残破严重，如波浪口罐、曲腹罐、高领壶、尖底罐等，还有些器物早晚形态变化不明显，如高领罐、有领瓮、平底盘等，都不具有类型学划分的意义。其中，能够进行类型学分析的陶器[55]主要有小平底罐、盉、壶、瓶、觚形杯、高柄豆、鸟头、器盖、圈足罐、敛口罐、圈足盆、尖底杯、尖底盏等。

小平底罐　素面。根据器形高矮、大小及口部、肩部特征，可分为四式。

Ⅰ式：器形高大，口沿微卷，鼓肩。精品房H2323：4，夹砂灰陶。口径17、底径5、高14.5厘米（图1，2）。

Ⅱ式：器形较矮小，呈扁状，口沿微卷，折肩。柳岸村H1：6，夹砂褐陶。口径17、肩颈18.8、高10.2厘米（图1，3）。

Ⅲ式：器形矮小，呈扁状，斜直短沿，折肩，口径与肩径基本相当。李家院子H2：49，夹砂黑灰陶，胎面呈浅褐色。口径12、底径3.2、高7厘米（图1，4）。

Ⅳ式：器形小，瘦高，斜沿较长，鼓肩，口径明显大于肩径。博雅庭韵M459：1，泥质黑皮陶。口径13.5、底径2.2、高10.2厘米（图1，5）。

盉　器身饰弦纹或鋬部有纹饰。根据口部、器身差异，可分为两型。

A型：半封口，筒形器身。柳岸村H3①：8，夹砂灰陶。耳上刻五组“V”字形纹，肩部饰一周绳纹，腹部饰三周凹弦纹。残高36.5厘米（图1，8）。

B型：不封口，罐形器身。波罗村KH68：2，夹砂黑褐陶。耳上刻划对称弧线纹，其间戳印枣核形纹，枣核纹下有两个圆形穿孔，腹部有一周凹弦纹。口径9、肩径13、高28厘米（图1，10）。

壶　根据口部及器身形态等差异，可分为两型。

A型：直口，平底。中海国际2号H25：4，夹砂灰褐陶。颈部饰两道平行凹弦纹。底径5.4、残高30.6厘米（图1，13）。

B型：敛口，圈足。大部分口部有两小耳，上下腹分界明显，有凸棱。根据下腹差异，又可分为二式。

Ⅰ式：下腹斜直。中海国际2号H26：187，夹砂灰褐陶。腹中部用一凸棱加固，圈足上有三角形镂孔。口径16.5、腹最大径21、圈足径14.4、通高63厘米（图1，15）。

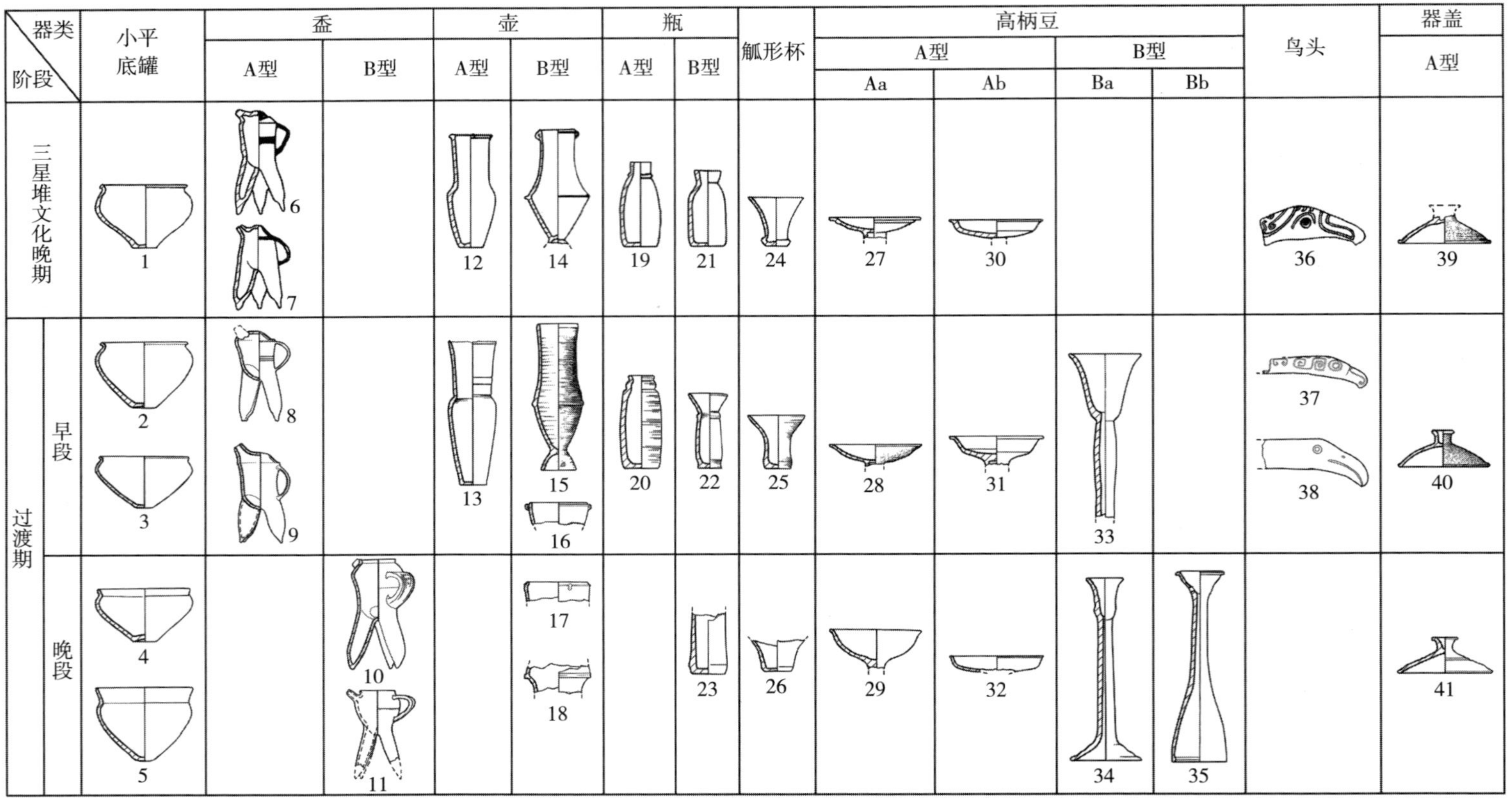

阶段		小平底罐	盉		壶		瓶		觚形杯	高柄豆				鸟头	器盖
			A型	B型	A型	B型	A型	B型		A型		B型			A型
										Aa	Ab	Ba	Bb		
三星堆文化晚期		1	6、7		12	14	19	21	24	27	30			36	39
过渡期	早段	2、3	8、9		13	15、16	20	22	25	28	31	33		37、38	40
	晚段	4、5		10、11		17、18		23	26	29	32	34	35		41

图1 过渡期A群陶器与三星堆文化晚期典型陶器比较图

1～5.86ⅢT1314⑨：44、H2323：4、H1：6、H2：49、M459：1 6～9.86ⅢT1414⑧B：55、86ⅢT1516⑧B：102、H3①：8、H3①：14 10、11.KH68：2、H22：5 12、13.86ⅢT1517⑧B：98、H25：4 14～18.86ⅢT1516⑧B：126、H26：187、H10：30、G2：8、H12：29 19、20.86ⅢT1415⑧A：137、H26：421 21～23.86ⅢT1517⑧B：98、H26：24、H31：1 24～26.86ⅢT1414⑧B：69、H26：199、H31：2 27～29.82G2④：4、H3①：335、H1215：4 30～32.86ⅢT1113⑧A：14、G1：222、H3：7 33、34.H4：20、H1215：3 35.H328：7 36～38.86ⅢT1517⑧A：139、TN01E02⑥：1、H10：3 39～41.80DaT1①：40、H3①：9、H12：10（1、6、7、12、14、19、21、24、27、30、36、39.三星堆遗址出土，2.精品房出土，3、8、9、28、33、40.柳岸村出土，4、18、41.李家院子出土，5、29、34.博雅庭韵出土，10.波罗村宽锦点出土，11、35.兰苑出土，13、15、20、22、25.中海国际2号地点出土，17、23、26.青杠村出土，31.中海国际4号地点出土，32.汇利包装厂出土，16、37、38.朱王村出土）

Ⅱ式：下腹内收呈曲线。李家院子H12：29，夹砂红褐陶。残高7厘米（图1，18）。

瓶　器形较小。根据口部、底部差异，可分为两型。

A型：直口，平底。中海国际2号H26：421，夹砂灰褐陶。口径3.2、底径4.4、高12.6厘米（图1，20）。

B型：喇叭口，台底。根据器底差异，又可分为二式。

Ⅰ式：小台底内收。中海国际2号H26：24，夹砂灰褐陶。颈部有一折棱。口径9.2、底径5.6、高18厘米（图1，22）。

Ⅱ式：台底不明显。青杠村H31：1，夹砂红褐陶。底径3.3、残高6.5厘米（图1，23）。

觚形杯　喇叭形口。根据杯身和杯底差异，可分为二式。

Ⅰ式：杯口和杯身分界明显，有台底。中海国际2号H26：199，夹砂灰褐陶。口径13.4、底径6、高13厘米（图1，25）。

Ⅱ式：杯口和杯身分界不明显，平底。青杠村H31：2，夹砂灰褐陶。底径5、残高6厘米（图1，26）。

高柄豆　根据豆盘形制差异，可分为两型。

A型：浅盘豆，豆盘较大。根据盘底差异，又可分为两亚型。

Aa型：弧腹，圜底。柳岸村H3①：335，夹砂灰陶。口径18、残高3.2厘米（图1，28）。

Ab型：豆盘腹部与底部有一明显折棱。中海国际4号G1：222，夹砂灰褐陶。口径17、残高5厘米（图1，31）。

B型：杯形豆，杯底有孔与柄相通。根据杯身差异，又可分为两亚型。

Ba型：杯身瘦高。博雅庭韵H1215：3，夹砂黑皮陶。口径7.2、圈足径14.4、高37.5厘米（图1，34）。

Bb型：杯身矮胖。兰苑H328：7，夹砂灰褐陶。口径15、底径13.4、高52.6～53.4厘米（图1，35）。

鸟头　根据装饰、嘴部差异，可分为二式。

Ⅰ式：有纹饰。嘴部较短，嘴尖呈鹰钩状。朱王村TN01E02⑥：1，泥质褐陶。阴线刻划眼部，颈部下有两个穿孔。残长14厘米（图1，37）。

Ⅱ式：素面。嘴部较长，嘴尖向下，鹰钩不明显。朱王村H10：3，泥质黑皮陶。残长7厘米（图1，38）。

器盖　根据盖钮和盖面差异，可分为三型。

A型：盖钮较短，盖面斜直。柳岸村H3①：9，夹砂灰褐陶。口径16.2、钮径3、钮高2.4、通高6.6厘米（图1，40）。

B型：盖钮较短，盖面呈弧形。根据盖面深浅不同，又可分为二式。

Ⅰ式：盖面很浅。新华村H4：470，夹砂褐陶。钮径3、盖径17、高4.1厘米（图2，24）。

Ⅱ式：盖面较Ⅰ式加深。李家院子H12：46，夹砂黑灰陶。盖径16.5、钮径4.6、高6厘米（图2，25）。

C型：盖钮较长，盖面呈弧形。柳岸村H3①：10，泥质灰白陶。钮柱饰三周凹弦纹。

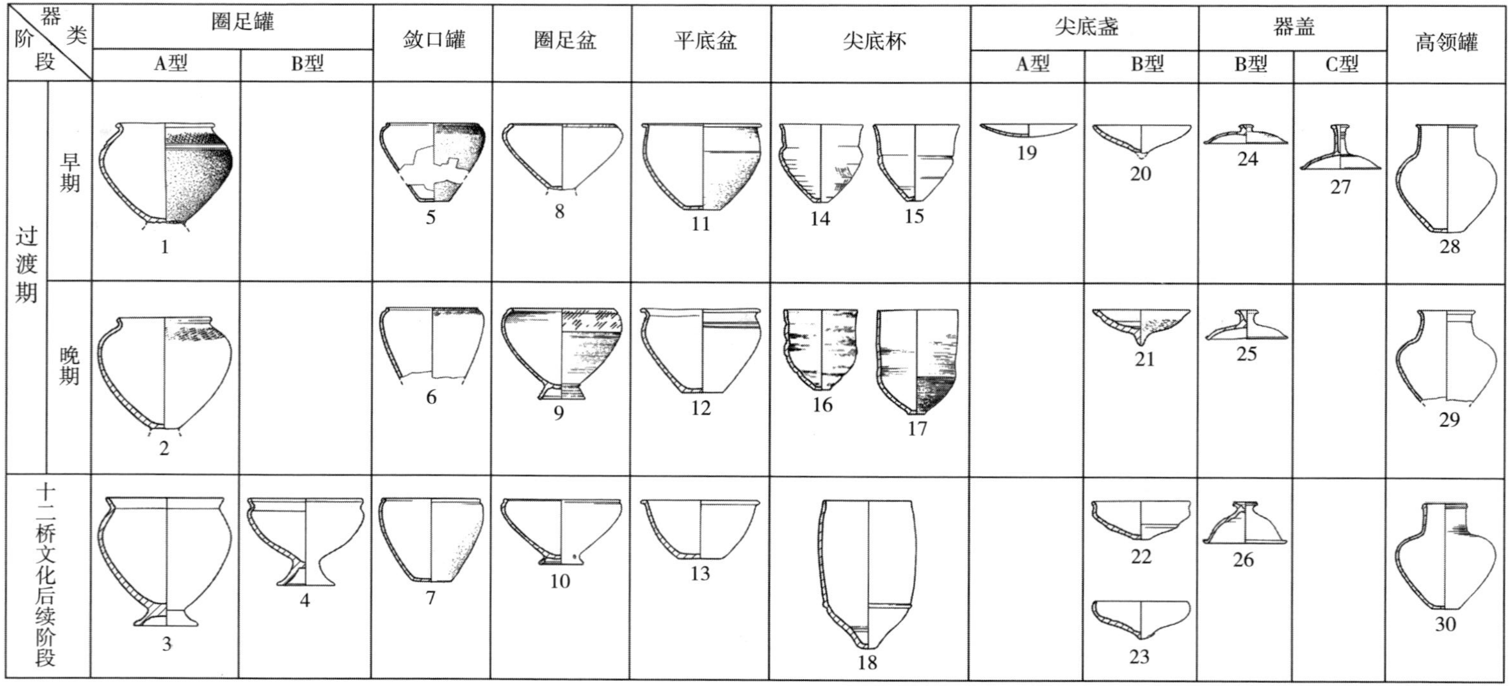

阶段 \ 器类		圈足罐 A型	圈足罐 B型	敛口罐	圈足盆	平底盆	尖底杯	尖底盏 A型	尖底盏 B型	器盖 B型	器盖 C型	高领罐
过渡期	早期	1		5	8	11	14、15	19	20	24	27	28
	晚期	2		6	9	12	16、17		21	25		29
十二桥文化后续阶段		3	4	7	10	13	18		22、23	26		30

图2　过渡期B群陶器与十二桥文化后续阶段典型陶器比较图

1～3.H3①：12、H22：2、H709：7　4.H150：7　5～7.H3②：2、H12：1、TN01E02⑤：1　8～10.T1415⑤：1、H1：14、H128：7　11～13.H3②：1、KH68：7、H305：14　14～18.TN1E1⑤：2、H69：27、H6：2、H16：1、H150：5　19.H26：300　20～23.BH19③：1、H8：10、H150：11、H150：2　24～26.H4：470、H12：46、H305：16　27.H3①：10　28～30.H1109：1、H1215：2、H1：6（1、5、11、27.柳岸村出土，2、13、26.兰苑出土，3、29.博雅庭韵出土，4、10、18、22、23.三合花园出土，6、25.李家院子出土，7、14.同盟村出土，8、28.春雨花间出土，9.汇利包装厂出土，12.波罗村宽锦点出土，15、20.正因村出土，16、17、19. 中海国际2号地点出土，21.天台村出土，24.新华村出土，30.普天电缆出土）

口径17、钮径2、钮高6.2、通高10厘米（图2，27）。

圈足罐　根据肩部及装饰差异，可分为二式。

Ⅰ式：鼓肩，肩部较靠下，肩部有弦纹和绳纹。柳岸村H3①：12，夹砂灰褐陶。口径19.8、肩颈27.3、残高21.6厘米（图2，1）。

Ⅱ式：圆肩，肩部较靠上，饰绳纹。兰苑H22：2，夹砂灰褐陶。口径19、腹径27.4、底径6、残高23.6厘米（图2，2）。

敛口罐　深腹，平底。根据装饰差异，可分为二式。

Ⅰ式：口部及肩部均饰绳纹。柳岸村H3②：2，夹砂褐陶。口径41.2、肩径48.4、高38厘米（图2，5）。

Ⅱ式：仅口部装饰绳纹。李家院子H12：1，夹砂黑灰陶。口径36、残高28厘米（图2，6）。

圈足盆　敛口，深腹。根据装饰差异，可分为二式。

Ⅰ式：唇部饰绳纹。春雨花间T1415⑤：1，泥质褐陶。口径17、残高11厘米（图2，8）。

Ⅱ式：唇部及肩部均饰绳纹。汇利包装厂H1：14，夹砂灰褐陶。口径24、腹最大径28、圈足径11、通高22厘米（图2，9）。

平底盆　平沿或平折沿。根据肩部、装饰差异，可分为二式。

Ⅰ式：肩部靠下，不明显，肩部周围饰数道弦纹。柳岸村H3②：1，夹砂褐陶。口径37.5、腹径37.7、高28.5厘米（图2，11）。

Ⅱ式：肩部上移，明显，肩上部饰数道弦纹。波罗村KH68：7，夹砂黄褐陶。口径32、底径11、高22.5厘米（图2，12）。

尖底杯　形体较小，下部斜收成小尖底。根据口部、腹部差异，可分为四式。

Ⅰ式：敞口，微喇叭状，上、下腹分界明显且靠上。同盟村TN1E1⑤：2，泥质灰陶，施黑衣。口径12、高11.8厘米（图2，14）。

Ⅱ式：敞口，微喇叭状，上、下腹分界明显，分界下移至中部。正因村H69：27，泥质灰陶。腹中部有一道弦纹。口径11.8、高11厘米（图2，15）。

Ⅲ式：直口微敞，上、下腹分界不明显，分界位于中部。中海国际2号H6：2，泥质灰陶。口径11、底径2.4、高11.6厘米（图2，16）。

Ⅳ式：直口，上、下腹分界明显，分界下移至下部。中海国际2号H16：1，泥质黑皮陶。口径10、底径2.2、高12.6厘米（图2，17）。

尖底盏　器形较小。根据底部差异，可分为两型。

A型：圜底。中海国际2号H26：300，夹砂灰褐陶。口径13.8、高3厘米（图2，19）。

B型：尖底。根据腹部和底部差异，又可分为二式。

Ⅰ式：浅腹，钮状尖底突出。正因村H19③：1，泥质褐陶，饰黑衣。口径11.6、残高3.6厘米（图2，20）。

Ⅱ式：腹部加深，钮状尖底变小。天台村H8：10，夹砂黑褐陶。口径10、高4厘米（图2，21）。

（二）典型遗迹单位及分期依据

由于文化堆积层中的陶器年代跨度较大，共时关系不太可靠，许多遗址的灰坑间又无理想的层位关系，还有些地层出土的陶器少且残破，使分期有一定的局限性。因此，笔者主要利用共时关系相对可靠、出土陶器丰富并有理想层位关系的灰坑，以及少量文化堆积层作为分期依据。在众多遗址中，可以找到以下四组有明确早晚关系的地层遗迹单位。

正因村台地堆积点：6层下H61、H69→5层下H26、H30、H35、H66（箭头代表早于，下同）。

正因村低田堆积点：6层→5层下H19③→5层下H19②→5层。

金沙遗址“兰苑”地点：6层下H202、H318→5层下H328→3A层下H22。

天台村遗址：7层下H18→7层→6层下H2、H7、H8→6层。

通过对上述遗迹出土陶器的比对，可以分为区别明显的两组（表1）。

第1组：正因村（台地）H61、H69，正因村（低田）6层、H19③，“兰苑”H202、H318，天台村H18、7层。典型陶器有Ⅱ式小平底罐、A型盉、A型和BⅠ式壶、Ⅰ式觚形杯、Ba型杯形豆、A型器盖、AⅠ式圈足罐、Ⅰ式敛口罐、Ⅰ式圈足盆、Ⅰ式平底盆、Ⅱ式尖底杯、A型和BⅠ式尖底盏等。

第2组：正因村（台地）H26、H30、H35、H66，正因村（低田）H19②、5层，“兰苑”H328、H22，天台村H2、H7、H8、6层。典型陶器有Ⅲ式和Ⅳ式小平底罐、B型盉、Ba和Bb型杯形豆、BⅡ式尖底盏、A型和BⅡ式器盖、AⅡ式圈足罐、Ⅱ式敛口罐、Ⅱ式圈

表1　典型遗迹单位出土陶器共存关系表

典型遗迹单位（器类）			小平底罐	盉		壶		觚形杯	高柄豆		器盖		圈足罐	敛口罐	圈足盆	尖底盏		高领罐
				A型	B型	A型	B型		B型		A型	B型	A型			A型	B型	
									Ba	Bb								
第1组	正因村台地	H61									√		Ⅰ					
		H69	Ⅱ			√									Ⅰ			
	正因村低田	6层		√		√	Ⅰ						Ⅰ	Ⅰ				
		H19③	Ⅱ					Ⅰ			√					√	Ⅰ	√
	兰苑	H202	Ⅱ												Ⅰ			
		H318	Ⅱ															√
	天台村	H18	Ⅱ															
		7层	Ⅱ						√				Ⅰ					√
第2组	正因村台地	H26	Ⅲ															
		H30										Ⅱ	Ⅱ					
		H35	Ⅳ												Ⅱ			
		H66							√				Ⅱ					
	正因村低田	H19②	Ⅲ										Ⅱ		Ⅱ			
		5层			√								Ⅱ	Ⅱ	Ⅱ			
	兰苑	H328							√	√				Ⅱ				
		H22	Ⅳ		√						√		Ⅱ					√
	天台村	H2	Ⅲ										Ⅱ					
		H7	Ⅲ								√		Ⅱ					
		H8	Ⅲ										Ⅱ	Ⅱ			Ⅱ	√
		6层	Ⅳ								√		Ⅱ	Ⅱ				√

足盆、Ⅱ式平底盆、Ba和Bb型高柄豆、Ⅳ式尖底杯等。

根据以上两组遗迹单位出土陶器的特征，横向对比，可以从其他遗址中甄别出一些典型遗迹单位，从而可以完善两组遗迹单位出土的陶器群。

属于第1组的典型遗迹单位还有精品房H2323、H2332、H2334，春雨花间H1109、H1137、5层，正因小区H1，中海国际2号地点H25、H26，中海国际4号地点G1，富通光缆H6，柳岸村H2、H3①、H3②、H4，褚家村H4，朱王村H10、6层，新华村H1、H4等。

属于第2组的典型遗迹单位还有博雅庭韵H1215、M459，中海国际2号地点H6、H16、H24，汇利包装厂H1、H3，李家院子H1、H2、H3、H12、6层，波罗村KH38、KH68、KH81，青杠村G2、H5、H21、H22、H31，周家院子H41，高家院子H80，金海岸二期H3，褚家村H6、H7，隆仪村H11，万安药业包装厂6层，新药铺H15、H21、H22等。

（三）文化特征

上述两组遗迹单位有明确的层位依据，可以确认第1组早于第2组，将其作为过渡期遗存的早、晚两段。

早段的典型陶器有Ⅰ、Ⅱ式卷沿小平底罐，A型封口盉，A型平底壶，BⅠ式圈足壶，A型直口瓶，BⅠ式喇叭口瓶，Ⅰ式觚形杯，Aa、Ab型浅盘高柄豆，Ba型杯形豆，A型、BⅠ式短钮器盖，C型长钮器盖，Ⅰ、Ⅱ式鸟头，AⅠ式圈足罐，Ⅰ式敛口罐，Ⅰ式平底盆，Ⅰ、Ⅱ式喇叭口尖底杯，A型、BⅠ式尖底盏，高领罐，尖底罐，波浪口罐，有领瓮，平底盘等。

晚段的典型陶器有Ⅲ、Ⅳ式斜沿小平底罐，B形罐形盉，BⅡ式圈足壶，BⅡ式喇叭口瓶，Ⅱ式觚形杯，Aa、Ab型浅盘高柄豆，Ba、Bb型灯形豆，A型、BⅡ式短钮器盖，AⅡ式圈足罐，Ⅱ式敛口罐，Ⅱ式圈足盆，Ⅱ式平底盆，Ⅲ、Ⅳ式直口尖底杯，A型、BⅡ式尖底盏，高领罐，尖底罐，曲腹罐，有领瓮，平底盘等。

二、文化因素分析

依据过渡期前后阶段的陶器特征，可将该阶段陶器分为A、B两群。

A群属于继承和延续三星堆文化因素的器物，主要包括小平底罐、盉、壶、瓶、觚形杯、高柄豆、鸟头、A型器盖等。

B群为新出现的器物，完全异于A群，主要包括圈足罐、敛口罐、高领罐、圈足盆、平底盆、尖底罐、尖底杯、尖底盏、B型和C型器盖等。

从器物群分析，A群器物延续了三星堆文化的大部分器类，仅有少数几种不见，如鬲形器、细颈壶等。将A群器物与三星堆文化晚期典型器物进行比较，可以看出二者的同类器物在形制上均有所差异，表明过渡期与三星堆文化晚期在时间上并不重叠，应晚于三星堆文化晚期。如三星堆文化晚期的小平底罐器形偏大，均为卷沿，下腹内收成小平底（图1，1），过渡期的小平底罐器形越变越小，口沿由卷沿变成长斜沿，下腹斜直（图1，3、4）；过渡期延续了三星堆文化晚期的A型封口陶盉（图1，6、7），但器形有所差异，新出现了B型不封口罐形陶盉（图1，11）；三星堆文化晚期和过渡期的壶在领部和壶身的比例上表现出明显的差异（图1，12、14、16、17）；过渡期的B型陶瓶口部比三星堆文化晚期更大（图1，19、21、22）；觚形杯从台底变为平底（图1，24、25）；三星堆文化晚期各形制的A型浅盘豆几乎全被过渡期延续（图1，27、29、30、32），但过渡期新出现B型杯形豆（图1，33），这是三星堆文化晚期不见的；A型短钮器盖在过渡期出现较多，形制上虽与三星堆文化晚期区别不大（图1，39、41），但新出现B型、C型器盖；过渡期的鸟头虽继承了三星堆文化晚期带纹饰的鹰钩嘴鸟头，但嘴部变短，亦有素面无鹰钩嘴鸟头（图1，36～38）。A群器物从三星堆文化因素发展演变而来，但该群器物中除小平底罐、浅腹高柄豆出现的频率偏高以外，其他器类均发现很少，这似乎反映出这些器物在过渡期并不占主导地位。

将B群陶器与十二桥文化后续阶段的陶器群比较，可以发现，十二桥文化后续阶段陶器群几乎全是从过渡期B群陶器继承发展而来，仅有圜底双耳壶、簋形器等少数器类不见于过渡期。这表明后续阶段对过渡期B群器物是整体继承，其区别仅是因年代早晚不同而出现的装饰和形制上的差异。如过渡期的A型圈足罐为卷沿、肩部装饰绳纹和凹弦纹（图2，1），后续阶段口沿为长斜直沿、纹饰消失而变成素面，新出现B型浅腹圈足罐（图2，3、4）；敛口罐在过渡期口部及肩部装饰绳纹（图2，6），后续阶段纹饰消失而变成素面（图2，7）；圈足盆也从口部装饰绳纹变成素面，且器形变矮（图2，9、10）；过渡期平底盆上腹部常见数道弦纹且腹部较深（图2，12），后续阶段变成素面且腹部变浅（图2，13）；尖底杯从过渡期的喇叭口变成了直口，后续阶段变成敛口，器身变得细长，下腹出现明显凸棱，底部变尖（图2，17、18）；尖底盏在过渡期有A型圜底和B型尖底两种，后续阶段只见B型，且腹部加深，突出的钮状尖底消失（图2，22、23）；B型器盖的盖面到后续阶段变得很深（图2，26）；两个阶段的高领罐形制变化不大（图2，28、29、30），但过渡期出现的频率要高于十二桥文化后续阶段；尖底罐在该阶段亦出现，但仅在十二桥遗址见到较完整器，口部和下腹部与后续阶段有一定差异。以尖底杯为代表的几类尖底器在过渡期的早段就已经出现，以圈足罐、敛口罐、高领罐为代表的几类器物出现的频率高且数量多，由此可以看出B群陶器在过渡期属重要的主体器物群。

三、文化变迁、性质及相关问题

从上述对陶器群的分析，可以明显看出三星堆文化向十二桥文化转变的清晰过程。十二桥文化因素（B群陶器）是整体突然出现在三星堆文化区，而不是少数因素逐渐出现的过程，这种变化不是渐变而是一种突变，表明这种变化背后的原因不是外来文化的逐渐侵入或文化间的交流影响，必定是跟人群的迁移有关。有学者早已著文，认为这次文化变迁可能与香炉石文化所代表的巴人西迁有关[56]。目前的材料和研究表明，三星堆文化主要分布在沱江流域和三峡地区，虽向东一度到达鄂西地区，但势力很弱，被逐渐壮大的香炉石文化挤出了鄂西地区。之后，香炉石文化在鄂西地区消失，与此同时成都平原出现了异于三星堆文化的B群陶器。香炉石文化的西迁，对三星堆文化造成强有力的冲击，使得三星堆文化发生了较大的变异，并可能成为十二桥文化形成的一个很重要的动因[57]。笔者觉得颇有道理，从另一个方面似乎也能证明这一点。现有材料显示，三星堆文化时期成都平原除三星堆遗址外，能确认为三星堆文化时期的聚落很少，在岷江水系冲积扇发现的大量商周时期聚落，多为十二桥文化时期，目前没有一处能确认为三星堆文化时期的聚落。值得注意的是，过渡期突然出现大量聚落，是目前成都平原商周时期遗址最多的时期，见于报道的约有50余处[58]。人口、聚落的突然剧增显示该时期有外来人群的侵入。种种信息反映，过渡期无论是文化还是人群与社会，都明显有别于三星堆文化时期，应该进入了一个新的文化阶段。关于过渡期遗存的性质，过去学术界有不同意见，《成都十二桥》报告的编写者将其归入十二桥文化，作为十二桥文化的早期阶段[59]，有学者也持该观点[60]。近年又有学者提出应归到三星堆文化的意见[61]。通过上文的分析，笔者认为将过渡期遗存划归十二桥文化更为合理。至于该阶段三星堆文化因素的存在，只是文化变迁现象中的一种个案方式。B群陶器代表的人群最初来到成都平原，跟A群陶器所代表的三星堆文化人群和平共处了一段时期，新进来的人群比三星堆人群更为强势，其文化逐步替代了三星堆文化。表现在过渡期晚段A群陶器的种类已明显少于过渡期早段，出现的频率也变低，好几种器类都只剩下其衍生器，如罐形盉等，这表明B群陶器在逐渐取代A群陶器。过渡期结束，发生了一次突变，使得A群陶器完全消失，只剩B群陶器。以上分析都表明B群陶器所代表的人群是一个很强势的群体。三星堆文化、十二桥文化的分布与影响范围也充分说明这一点。三星堆文化在成都平原主要分布在沱江冲积扇，东边峡江地区遗址点很少。而十二桥文化遗址在整个成都平原均有分布，近年在平原南缘的新津、大邑以及北边的沱江支流冲积扇的什邡、广汉均有发现[62]。此外，还发现于川西南的雅安沙溪[63]和大渡河中游的汉源[64]等地，北边的影响可达陕南地区[65]，东边峡江地区也有很多十二桥文化遗址[66]。文化变迁的形式和动因很多，三星堆文化向十二桥文化的转变，作为人群移动与族群融合造成文化变迁的典型案例，还有许多问题值得我们深入思考与研究。

附记：本文系国家社科基金重大招标项目“西南地区冶金遗址调查与研究”（15ZDB056）子课题三的阶段性成果之一。成都文物考古研究院江章华老师悉心指导本文的写作及修改，在此表示感谢！

注　释

[1] 王立新：《也谈文化形成的滞后性——以早商文化和二里头文化的形成为例》，《考古》2009年第12期。

[2] a.江章华：《成都十二桥遗址的文化性质及分期研究》，见《四川大学考古专业创建三十五周年纪念文集》，四川大学出版社，1998年。

b.成都文物考古研究所、四川省文物考古研究所：《成都十二桥》第133页，文物出版社，2009年。

c.孙华：《十二桥遗址群分期初论》，见《四川盆地的青铜时代》，科学出版社。

d.施劲松：《十二桥遗址与十二桥文化》，《考古》2015年第2期。

e.雷雨、冉宏林：《“三星堆与世界上古文明暨纪念三星堆祭祀坑发现三十周年国际学术研讨会”综述》，《四川文物》2016年第5期。

[3] 成都文物考古研究所：《成都市金沙遗址郎家村“精品房”地点发掘简报》，见《成都考古发现

（2004）》，科学出版社，2006年。
[4] 成都文物考古研究所：《成都市金沙遗址“春雨花间”地点发掘简报》，见《成都考古发现（2004）》，科学出版社，2006年。
[5] 成都文物考古研究所：《金沙遗址强毅汽车贸易有限公司地点发掘简报》，见《成都考古发现（2007）》，科学出版社，2009年。
[6] 成都市文物考古研究所：《成都市金沙遗址“兰苑”地点发掘简报》，见《成都考古发现（2001）》，科学出版社，2003年。
[7] 成都市文物考古研究所：《金沙遗址蜀风花园城二期地点试掘简报》，见《成都考古发现（2001）》，科学出版社，2003年。
[8] 成都市文物考古研究所：《成都金沙遗址万博地点考古勘探与发掘收获》，见《成都考古发现（2002）》，科学出版社，2004年。
[9] 成都文物考古研究所、四川省文物考古研究所：《成都十二桥》，文物出版社，2009年。
[10] 成都市文物考古工作队：《成都市核桃村商代遗址发掘简报》，《文物》2003年第4期。
[11] 成都文物考古研究所：《成都中海国际社区2号地点商周遗址发掘报告》，见《成都考古发现（2010年）》，科学出版社，2012年。
[12] 成都文物考古研究所：《成都市中海国际社区商周遗址发掘简报》，见《成都考古发现（2005）》，科学出版社，2007年。
[13] 成都市文物考古研究所：《成都市高新西区国腾二期商周遗址试掘报告》，见《成都考古发现（2003）》，科学出版社，2005年。
[14] 成都市文物考古研究所：《成都市高新西区“万安药业包装厂”商周遗址试掘简报》，见《成都考古发现（2003）》，科学出版社，2005年。
[15] 成都文物考古研究所：《成都市新锦犀包装厂地点古遗址发掘简报》，见《成都考古发现（2004）》，科学出版社，2006年。
[16] 成都文物考古研究所：《成都市高新区四川方源中科地点古遗址发掘简报》，见《成都考古发现（2004）》，科学出版社，2006年。
[17] 成都文物考古研究所：《成都高新西区富通光缆通信有限公司地点古遗址发掘简报》，见《成都考古发现（2008）》，科学出版社，2010年。
[18] 成都文物考古研究所：《成都高新西区西区国际地点古遗址发掘简报》，见《成都考古发现（2007）》，科学出版社，2009年。
[19] 成都文物考古研究所：《成都高新西区汇利包装厂古遗址发掘简报》，见《成都考古发现（2009）》，科学出版社，2011年。
[20] 成都文物考古研究所：《成都郫县青杠村遗址先秦时期文化遗存试掘简报》，见《成都考古发现（2011）》，科学出版社，2013年。
[21] 成都文物考古研究所：《成都郫县“蓝光绿色饮品二期”发掘简报》，见《成都考古发现（2008）》，科学出版社，2010年。
[22] 成都文物考古研究所：《四川郫县广福村李家院子古遗址发掘简报》，见《成都考古发现（2009）》，科学出版社，2011年。
[23] 成都文物考古研究所、郫县望丛祠博物馆：《郫县天台村遗址先秦文化遗存试掘简报》，见《成都考古发现（2010）》，科学出版社，2012年。
[24] 成都文物考古研究所、郫县望丛祠博物馆：《郫县仪隆村遗址发掘报告》，见《成都考古发现

（2013）》，科学出版社，2015年。
[25] a.成都文物考古研究所、郫县望丛祠博物馆：《成都郫县波罗村商周遗址发掘报告》，《考古学报》2016年第1期。
b.成都文物考古研究所、四川大学历史文化学院：《成都市郫县波罗村遗址Ⅱ区发掘简报》，《江汉考古》2014年第3期。
[26] 成都文物考古研究所、郫县博物馆：《成都市郫县西华大学网络技术学院商周遗址发掘简报》，见《成都考古发现（2005）》，科学出版社，2007年。
[27] 成都市文物考古研究所、郫县博物馆考古队：《西华大学新校区六号教学楼地点古遗址发掘简报》，见《成都考古发现（2004）》，科学出版社，2006年。
[28] 成都文物考古研究所：《成都市郫县三道堰镇宋家河坝遗址发掘报告》，见《成都考古发现（2007）》，科学出版社，2009年。
[29] 成都文物考古研究所、温江区文物保护管理所：《温江天乡路遗址先秦文化遗存试掘简报》，见《成都考古发现（2010）》，科学出版社，2012年。
[30] 成都文物考古研究所、温江区文物保护管理所：《温江永福村三组遗址先秦时期文化遗存试掘简报》，见《成都考古发现（2010）》，科学出版社，2012年。
[31] 成都文物考古研究所：《成都市温江区柳岸村遗址先秦遗存试掘报告》，见《成都考古发现（2011）》，科学出版社，2013年。
[32] 成都文物考古研究所、温江区文物保护管理所：《成都市温江区天王村商周遗址试掘简报》，见《成都考古发现（2012）》，科学出版社，2014年。
[33] 成都文物考古研究所：《成都市温江区“西藏地质花园”商周遗址发掘简报》，见《成都考古发现（2014）》，科学出版社，2016年。
[34] 成都文物考古研究所、都江堰市文物局：《四川省都江堰市梳妆台商周遗址发掘简报》，见《成都考古发现（2010）》，科学出版社，2012年。
[35] 四川省博物馆：《四川新凡县水观音遗址试掘简报》，《考古》1959年第8期。
[36] 成都市文物考古工作队、新都县文物管理所：《四川新都县桂林乡商代遗址发掘简报》，《文物》1997年第3期。
[37] 成都文物考古研究所、新都区文物管理所：《成都市新都区褚家村遗址发掘报告》，见《成都考古发现（2008）》，科学出版社，2010年。
[38] 成都文物考古研究所、新都区文物管理所：《成都市新繁区同盟村遗址商周遗存发掘报告》，见《成都考古发现（2013）》，科学出版社，2015年。
[39] 成都文物考古研究所、新都区文物管理所：《成都市新都区朱王村遗址发掘报告》，见《成都考古发现（2011）》，科学出版社，2013年。
[40] 成都文物考古研究所、新都区文物管理所：《成都市香城河畔地点发掘简报》，见《成都考古发现（2013）》，科学出版社，2015年。
[41] 成都文物考古研究所、新都区文物管理所：《成都市新都区正因村商周时期遗址发掘收获》，见《成都考古发现（2001）》，科学出版社，2003年；《成都市新都区正因小区工地考古勘探发掘收获》，见《成都考古发现（2003）》，科学出版社，2005年。
[42] 成都文物考古研究所：《成都市新都区团结村商周遗址发掘简报》，见《成都考古发现（2012）》，科学出版社，2014年。
[43] 成都文物考古研究所、新都区文物管理所：《成都市新都区新繁镇太平村遗址发掘简报》，见《成都

考古发现（2010）》，科学出版社，2012年。
[44] 四川大学考古系、成都文物考古研究所：《成都市新都区高家院子商周遗存的发掘》，《考古》2015第4期。
[45] 成都文物考古研究所：《成都市新都区桂林小学工地考古发掘简报》，见《成都考古发现（2014）》，科学出版社，2016年。
[46] 成都文物考古研究所、青白江区文物管理所：《成都市青白江区新华村商周遗址发掘报告》，见《成都考古发现（2011）》，科学出版社，2013年。
[47] 成都文物考古研究所、彭州市文物保护管理所、新都区文物保护管理所：《四川彭州市梅花泉商周遗址发掘简报》，见《成都考古发现（2009）》，科学出版社，2011年。
[48] 成都文物考古研究所、彭州文物管理所、新都文物管理所：《四川彭州市米筛泉商周遗址发掘简报》，见《成都考古发现（2009）》，科学出版社，2011年。
[49] 成都文物考古研究所、彭州市文物保护管理所：《四川彭州天彭周家院子遗址发掘简报》，《文物》2006年第3期。
[50] 这里特指三星堆遗址1982年发掘点，参见陈显丹：《广汉三星堆遗址发掘概况、初步分期——兼论“早蜀文化”的特征及其发展》，《南方民族考古》第二辑，四川科学技术出版社，1999年。
[51] 于春、金国林：《2004年广汉烟堆子遗址商周时期遗迹发掘简报》，《四川文物》2005年第2期。
[52] 四川省文物考古研究院：《四川广汉新药铺商代遗址发掘报告》，《考古学报》2017年第2期。
[53] 成都文物考古研究所：《金堂县金海岸二期A区商代遗址发掘报告》，见《成都考古发现（2007）》，科学出版社，2009年。
[54] 成都文物考古研究所、大邑县文物管理所：《2012～2013年度大邑县高山古城遗址调查试掘简报》，见《成都考古发现（2013）》，科学出版社，2015年。
[55] 由于本文的研究是挑选了典型遗迹单位的陶器，有部分陶器的形式演变在本文的类型学分析中虽不能完全囊括，如尖底盏、敛口罐、圈足罐，但这对本文所涉及问题的解决并无影响，特此说明。
[56] 江章华：《从考古材料看四川盆地在中华文明形成与发展过程中地位》，《中华文化论坛》2005年第4期。
[57] 江章华：《试论鄂西地区商周时期考古学文化的变迁——兼谈早期巴文化》，《考古》2004年第11期。
[58] 江章华：《成都平原先秦聚落变迁分析》，《考古》2015年第4期。
[59] a.江章华：《成都十二桥遗址的文化性质及分期研究》，见《四川大学考古专业创建三十五周年纪念文集》，四川大学出版社，1998年。
b.成都文物考古研究所、四川省文物考古研究所：《成都十二桥》第133页，文物出版社，2009年。
[60] 孙华：《十二桥遗址群分期初论》，见《四川盆地的青铜时代》，科学出版社，2000年。
[61] 施劲松：《十二桥遗址与十二桥文化》，《考古》2015年第2期。
[62] 江章华：《成都平原先秦聚落变迁分析》，《考古》2015年第4期。
[63] 陈显丹：《广汉三星堆遗址发掘概况、初步分期——兼论“早蜀文化”的特征及其发展》，见《南方民族考古》第二辑，四川科学技术出版社，1999年。
[64] 大渡河中游考古队：《四川汉源县2001年度的调查与试掘》，见《成都考古发现（2001）》，科学出版社，2003年。
[65] 卢连成、胡智生：《宝鸡強国墓地》，文物出版社，1988年。
[66] 江章华：《渝东地区商周时期考古学文化研究》，《考古学报》2007年第4期。

A Preliminary Discussion on the Remains of the Transitional Period between the Sanxingdui and Shi' erqiao Cultures

Zhou Li

KEYWORDS: Sichuan Sanxingdui Culture Shi' erqiao Culture Shang and Zhou Dynasties

ABSTRACT: There was a transitional period between the Sanxingdui Culture and Shi' erqiao Culture, and many localities belonging to this period have been found. In the past, the remains of this transitional period were generally attributed to the Shi' erqiao Culture, and in recent years the opinions to attribute them completely or partly into the Sanxingdui Culture also appeared. This paper carefully sorted the pottery wares of this period distributed in Chengdu Plain, and divided them into two phases. The early phase is represented by the "Jingpin Fang (Fine Buildings)", "Chunyu Huajian (Spring Raining Flower Garden)" and "Liu' an Cun (Willow-lined Riverbank Village)" Localities, and the late phase is represented by the "Boya Tingyun (Erudite Court)", "Lijia Yuanzi (Courtyard of Li' s Family)" and "Chujia Cun (Village of Chu' s Family)" Localities. Based on the periodization, this paper conducted cultural element analysis to these pottery wares, and concluded that these pottery wares can be included into two groups: Group A, which included jars with small flat Bottoms, *he*-pitchers, pots,vases, *gu*-shaped cups, high-stemmed *dou*-bouis, bird heads, vessel lids of TYPEA, etc., belongs to the pottery wares succeeding and continuing the Sanxingdui Culture, but they have subtype-level differences, showing that the transitional period and the late phase of Sanxingdui Culture did not have simultaneous stages; the pottery wares of Group A appeared in low frequency, and not played a dominating role; Group B consisted of a set of new pottery ware types, including jars with ringfeet, jars with contracted months, jars with high neck, basins with ring feet, basins with flat bottoms, jars with pointed bottoms, cups with pointed bottoms, vessel lids of Typps B and C, etc., which appeared in the early phase of the transitional period as a whole, and was succeeded by the later stage of the Shi' erqiao Culture; the pottery wares of this group appeared in high frequency, and would belong to the major pottery assemblage in the transitional period. Through the analyses to the pottery groups, this paper believes that the transferring from the Sanxingdui Culture to Shi' erqiao Culture was a sudden change, which is estimated to be a cultural alteration caused by population migration and ethnic convergence in the historical background of "the westward migration of the Ba people". Based on these understandings, this paper suggests that the remains of this transitional period should be attributed into the Shi' erqiao Culture.

（特约编辑 新 华）

周廷遗妃与献妇功

冯　时

关键词：西周　后宫　太后　遗妃　帝　庚　妇功

内容提要：根据金文史料研究西周历史，关注前朝的事务当然非常必要，但与此同时，对周廷后宫情况的研究也不可或缺。事实上就一部完整的西周史的重建工作而言，后宫的历史与前朝的历史不仅同样重要，而且其内容也极为丰富。有关周廷后宫的研究，其尤为关键者则是揭示相关的制度问题。本文结合金文与文献史料，首先讨论了西周太后和遗妃的称谓制度。周王健在，王后尊其王称，于女姓之前冠以“王”字；周王身后，立庙措主而称帝，王后成为太后，故其称谓则尊其宗庙之称，于女姓之前冠以“帝”字。周王遗妃的称谓也必一并改变，尊宗庙之三虞制度而称“庚”，于“庚”后缀以女姓，而遗妃所居之宫则称为“庚宫”。本文同时考证了器主商所作器物的铭文，重建了周廷遗妃之妇功制度及相关官制系统。本文的探索对全面认识西周的历史与制度，特别是周廷后宫制度具有重要的意义。

长期以来，学者据金文研考周史，关注的重点多在前朝事务，而于后宫制度则少有论及。兹掇拾金文史料，对周廷之遗妃情况加以考索，以求弥补这一研究的不足。

一、“帝司”考

西周王后之称或单称姓名，或于姓前冠以“王”字，制度明白。其例如：

乙未，王赏姛（姒）丩，才（在）寝，用乍（作）隩彝。

姒丩鼎（《集成》9098）

乙未，王赏姛（姒）[丩]帛，才（在）寝，用乍（作）隩彝。

姒丩鼎（《集成》2425）

“丩”为女字，或可作“㚷”。殷末卣及器盖铭文有“王作㚷弄”（《集成》5102、10347），学者或疑“㚷”为王之后妃的姓[1]，或推测姒丩与㚷应为一人[2]。㚷是否为姒姓，不敢遽定。但无论如何，以“㚷”为女字，却应是殷周时代流行的风尚。故据乙未记事之二器可知，姒丩受王赏赐，行赏之地又在内寝，则姒丩显为王后。姒为姓，丩为名。二器首书纪日干支，这是成王初年以前的纪时特点，故此姒姓之后当为西周成王之后。

王姛（姒）易（锡）保侃母贝，扬姛（姒）休，用乍（作）宝壶。

保侃母壶（《集成》9646）

作者：冯时，北京市，100710，中国社会科学院考古研究所。

此器时代当在成王晚期。“保”字的形构从“玉”，也显示了成王晚期的字形特征。铭记王姒赐保侃母贝，保侃母为后宫之保，侃母为其女字，则王姒显即成王之后，亦即前器铭记之姒丩。

叔䚄易（锡）贝于王㚼（姒），用乍（作）宝障彝。

叔䚄方鼎（《集成》9888）

铭记王姒赐叔䚄贝，书体显示出西周早期特征，当属成王，故此王姒仍为成王之后姒丩。

隹（唯）王桒于宗周，王姜史（使）叔事于大保，赏叔鬱鬯、白金、趨（雛）牛，叔对大保休，用乍（作）宝障彝。　　叔簋（《集成》4133）

两“大保”之“保”字俱从“玉”，为成王晚期至康王时代的特征。王姜乃时王之后，然成王之后既为王姒，则王姜自应为康王之后[3]。

很明显，在位周王之后的称谓是以在女姓之前冠以“王”字的形式呈现的，如“王姒”、“王姜”、“王姞”、“王妫”之类。当然，女姓如与周王同姓作“王姬”，其身份则多属于周王之女。

周原扶风庄白微史家族窖藏铜器出有商尊、商卣（《集成》5404、5997；图1），铭文又见“帝司”。文云：

帝司赏庚姬贝卅朋，迖丝廿锊。

此“帝司”，学者或释为“帝后”[4]，指周王后[5]；或读为“帝嗣”，意指夏祝[6]，或以为指周成王[7]；或读为“帝祠”而解为上帝之祭祀[8]，或读为“禘祀”[9]，莫衷一是。笔者以为，两尊卣铭文所记为先王遗妃献妇功之事，说详下考，故“帝司”当读为“帝姒”[10]，为在位时王之母，也即王朝太后。

1

2

3

图1　商尊卣铭文拓本
1、2.商卣器、盖铭文（《集成》5404.2、1）　3.商尊铭文（《集成》5997）

西周金文“司”、“姒”二字通用之例，可有如下铭文作为证据。

䢅姛（姒）易（锡）商（赏）贝于司（姒），乍（作）父乙彝。

䢅姒鼎（《集成》2434；图2，1）

䢅姛（姒）易（锡）商（赏）贝于姛（姒），用乍（作）父乙彝。

䢅姒觚（《集成》7311；图2，2）

两铭为同人所作，内容除觚铭多一“用”字外，馀则全同。然赏赐者姛（姒）于鼎铭则省作“司”，明证“司”、“姛”互通，皆读为“姒”[11]，唯繁省有别而已。

“帝”乃相对于生王而称，故为宗庙之称名。《礼记·曲礼下》：“措之庙，立之主曰‘帝’。”郑玄《注》：“同之天神。”孔颖达《正义》：“措，置也。王葬后卒哭竟而祔置于庙立主，使神依之也。《白虎通》云：所以有主者，神无依据，孝子以继心也。主用木，木有始终，又与人相似也。盖记之为题，欲令后可知也。方尺，或曰尺二寸。郑云周以栗，《汉书》前方后圆。《五经异义》：主状正方，穿中央，达四方。天子长尺二寸，诸侯长一尺，曰帝者，天神曰帝。今号此主同于天神，故题称帝，云文帝、武帝之类。”河南平顶山西周应国墓地8号墓所出应公鼎铭云[12]：

应公作隮彝禫鼎，珷帝日丁子子孙孙永宝。

应国为武王之子所封，“珷”为武王谥号之专字[13]，时称“珷帝”而不称“武王”，显为宗庙立主之后的称谓。因此，王死之后并非可以立即称帝，需待卒哭礼后，其于宗庙中立有庙主才可称帝，与此同时，其健在之后也应顺乎其君，相应地由“王某（女姓）”尊称为“帝某（女姓）”。很明显，单独称“王”而不附以谥号乃仅为对健在者之称，而“帝”则为故王之宗庙称谓。故“帝姒”显别于“王姒”，王姒如为时王之后，则帝姒便只能是先王之后，也就是太后。

事实上，金文并未见有“王后”之称，时王之后的称谓皆作在“王”字之后缀以女姓的形式，故铭文“帝司”之“司”不可能释为王后之“后”。显然，在位周王之后称为“王某（女姓）”，则先王尚且健在之后便理当称为“帝某（女姓）”，以明其所配之王的生死之别。所以“帝某（女姓）”实指故王之后，即时王太后之称。准此，则“帝姒”当为姒姓之太后。

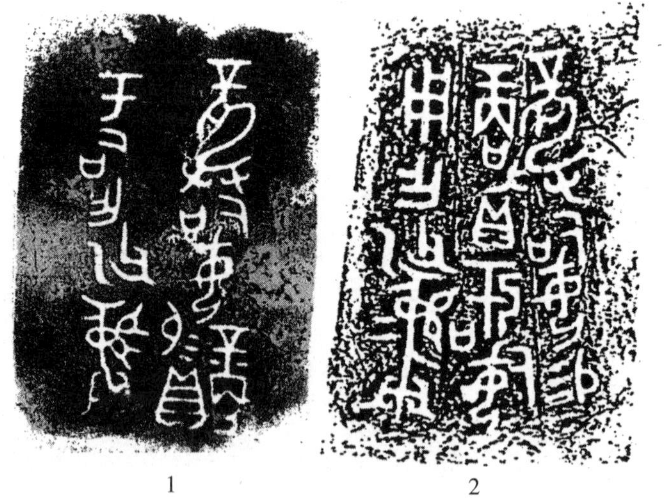
1　　2

图2　䢅姒鼎觚铭文拓本
1.䢅姒鼎铭文（《集成》2434）　2.䢅姒觚铭文（《集成》7311）

铭文中以姒姓之女为太后，则作为王后的“王姒”铜器，其时代自当比“帝姒”之器提早一世。前述之“王姒”

铜器皆可断在成王时期，则“帝姒”之尊卣显然应在成王的子辈，即康王时代。因此，综合铭文与文献史料，可以推考周初四代周王之后，即：

文王王后太姒（班簋、《诗·大雅·大明》）

武王王后邑姜（《左传·昭公元年》）

成王王后王姒（姒丩爵、保侃母壶、叔矩方鼎）

康王王后王姜（叔簋）

知周初以姒姓与姜姓二姓之女轮流作为王后，其与周王隔代为婚。如此，则商尊卣二器之时代当值康王，为微史家族窖藏铜器中年代最早的两件。其时周成王之后王姒已为太后，故称“帝姒”。

金文显示，周王配偶的称谓制度井然有序，配偶之称当配其君，君称“王”，则其后称“王某（女姓）”；君死称“帝”，则其健在之后遂配称“帝某（女姓）”。生死分明。

《尔雅·释亲》：“女子同出，谓先生为姒，后生为娣。”“长妇谓稚妇为娣妇，娣妇谓长妇为姒妇。”郭璞《注》：“同出谓俱嫁事一夫。”《左传·成公十一年》：“声伯之母不聘，穆姜曰：‘吾不以妾为姒。’”杜预《集解》：“昆弟之妻相谓为姒。”孔颖达《正义》：“世人多疑娣姒之名，皆以为兄妻呼弟妻为娣，弟妻呼兄妻为姒，因即惑于《传》文，不知何以为说。今谓母妇之号，随夫尊卑；娣姒之名，从身长幼。以其俱来夫族，其夫班秩既同，尊卑无以相加，遂从身之少长。《丧服》小功章曰：‘娣姒妇报。’《传》曰：‘娣姒妇者，弟长也。’以弟长解娣姒，言娣是弟，姒是长也。《公羊传》亦云‘娣者何，弟也。’是其以弟解娣，自然以长解姒。长谓身之年长，非夫之年长也。《释亲》云：‘长妇谓稚妇为娣妇，娣妇谓长妇为姒妇。’止言妇之长稚，不言夫之大小。今穆姜谓声伯之母为姒，昭二十八年《传》叔向之嫂谓叔向之妻为姒，二者皆呼夫弟之妻为姒，岂计夫之长幼乎？《释亲》又云：‘女子同出，谓先生为姒，后生为娣。’孙炎云：‘同出谓俱嫁事一夫也。’事一夫者以己生先后为娣姒，则知娣姒以己之年，非夫之年也。故贾逵、郑玄及此注皆云‘兄弟之妻相谓为姒’，言两人相谓，谓长者为姒。知娣姒之名不计夫之长幼也。”尽管邵晋涵《尔雅正义》、王念孙《广雅疏证》、沈钦韩《补注》皆不主此说，但无论据女子年齿抑或其夫之尊卑，都体现了以辈分长者称姒的基本思考。这种以年长或同辈之尊长女性称姒的制度，应即源于西周首位太后为姒姓的史事。武王之母大姒系西周王朝的第一位太后，故后世袭以年长或同辈尊长之女性称姒，渐成传统。然而在西周时期，“某姒”之姒则仍应作为女姓。

二、遗妃称“庚”考

金文所见之西周内廷女性称谓又有于女姓之前冠以“庚”字者，如“庚姬”、“庚姜”、“庚嬴”，知“庚”既非诸女之国名，亦非诸女之夫家，这些人的身份当属先王之遗妃。

前录商尊卣二器铭文明载帝姒赐庚姬贝，故知庚姬之身份属后宫女性，地位低于太后。金文又云：

保彸母易（锡）贝于庚姜，用乍（作）旅彝。　　保彸母器（《集成》10580）

器之时代为西周早期偏晚，“保”字从“玉”。保彸母位同前录保侃母壶之保侃母，皆为内廷之女保。其受赐于庚姜，知庚姜之地位又高于女保。而保侃母壶铭记保侃母受赐于王后，则知庚姜之身份当同于庚姬，但低于王后和太后。

庚某出于百姓，即使其中有姬姓，也不应与周王同宗。金文云：

庚姬乍（作）𪓐女（母）宝障彝。𢍰。　　庚姬器（《集成》10576）

此器时代为西周早期，庚姬为其母作器。西周之姬姓来源比较复杂，此器铭末缀以族氏“𢍰”，知其非为王室之姬姓。《礼记·曲礼下》：“纳女于天子曰备百姓，于国君曰备酒浆，于大夫曰备扫洒。”郑玄《注》：“姓之言生也。天子皇后以下百二十人，广子姓也。”故以此制度推考，则庚姬、庚姜、庚嬴所反映的姬姓、姜姓、嬴姓女子，其身份皆当为王之妃嫔。

此百姓女子称“庚”，且居有专宫，称为“庚宫”。金文又云：

保侃母易（锡）贝于庚宫，作宝毁。　　保侃母簋（《集成》3743）

保侃母即前录保侃母壶之主人，但此器铭文之“保”不从“玉”字，时代当较前壶为早，或在成王早期。其受赐于庚宫，庚宫显即庚姬、庚姜、庚嬴一类以“庚”冠名的女性所居之宫室。此亦见庚宫所居者必为妃嫔，故其主人也可尊称为庚宫。

《周礼·天官·内宰》：“以阴礼教六宫。”郑玄《注》：“六宫，谓后也。妇人称寝曰宫。宫，隐蔽之言，后象王，立六宫而居之。亦正寝一，燕寝五。”《礼记·曲礼上》：“女子许嫁，缨，非有大故，不入其门。”郑玄《注》：“女子有宫者，亦谓由命士以上也。”《易·剥》：“貫鱼以宫人宠，无不利。”《资治通鉴·汉纪四十六》：“每宫人孕育，鲜得全者。”即簋铭有“琱宫人”之称[14]，以此例之，则“庚宫”亦即庚宫之人，自为后宫嫔妃之类，故知庚姬、庚姜、庚嬴皆为庚宫之主，其或以“庚宫”为称。

金文又有“庚嬴宫”，自为庚嬴所居之宫。庚嬴卣（《集成》5426）铭云：

隹（唯）王十月既望辰才（在）己丑，王逄（格）于庚羸（嬴）宫，王穠（蔑）庚羸（嬴）历，易（锡）贝十朋，又丹一㭒（杆）。庚羸（嬴）对扬王休，用乍（作）氒（厥）文姑宝障彝，其子子孙孙邁（万）年永宝用。

器主庚嬴扬王休而为文姑作器，文姑则应为先王之后，即在位时王之祖母，庚嬴既为其亡君之母作器，自为亡君之遗妃。

庚嬴有专寝，既可称为“庚嬴宫”，当然也应属于“庚宫”。王至庚嬴宫夸伐庚嬴，并赐贝及丹一杆，据此也可探究庚嬴身份。

铭文所云之“丹一杆”，郭沫若认为应系《荀子》之“丹干”（《王制》）或“丹矸”（《正论》），即为丹砂。其以古人盛丹砂以管，“㭒”即管，故计丹之数曰丹几㭒。并引《诗》“贻我彤管”，以为“所谓彤管恐亦即丹㭒、丹干、丹矸矣”[15]。然以金文所见之后宫制度分析，丹砂之说似不足取，而郭氏所疑“丹一㭒”即《诗》之“彤管”，当近事实。

近日韩雪博士作《金文女史彤管制度探微》，详论“丹一枏”实即女史之彤管[16]，其说可从。

“丹一枏”是为彤管，则受彤管之赐的庚赢，其时之身份自应为女史。《诗·邶风·静女》曰：“静女其孌，贻我彤管。彤管有炜，说怿女美。”毛《传》：“静，贞静也。女德贞静而有法度，乃可说也。既有静德，又有美色，又能遗我以古人之法，可以配人君也。古者后夫人必有女史彤管之法，史不记过，其罪杀之。后妃群妾以礼御于君所，女史书其日月，授之以环以进退之。生子月辰，则以金环退之。当御者以银环进之，著于左手；既御，著于右手。事无大小，记以成法。炜，赤貌。彤管，以赤心正人也。”郑玄《笺》：“彤管，笔赤管也。说怿当作说释。赤管炜炜然，女史以之说释妃妾之德，美之。”王先谦《诗三家义集疏》引鲁说：“女史掌彤管之训。”女史之职设于后宫。《太平御览》卷百四十五引刘芳《诗音义疏》：“女史彤管，法如国史，主记后夫人之过。人君有柱下史，后有女史，内外各有官也。”刘知几《史通》卷十一云：“《诗》彤管者，女史记事之所执也。古者人君，外朝则有国史，内朝则有女史。故晋献惑乱，骊姬夜泣，牀笫之私，房中之事，不得掩焉。楚昭夜讌，蔡姬许之后死。夫宴私而有书事之册，盖受命者即女史之流乎。”皆可明其制度。郑玄《周礼·天官·叙官注》以为女史乃“女奴晓书者”，孙诒让《周礼正义》疑其非。今据铭文可知，庚赢或即女史，其地位在内保之上而次于王后太后，自非女奴可及。

庚赢之器又有庚赢鼎（《集成》2748），其铭所载庚赢之身份也甚明确。鼎铭云：

> 隹（唯）廿又二年四月既望己酉，王宿琱宫，衣（卒）事。丁巳，王蔑庚赢历，易（锡）祼璋、贝十朋。对王休，用乍（作）宝鼎。

前录庚赢卣之时代当在穆王前期，此庚赢鼎作于穆王二十二年，应在其后。此时之庚赢又掌女御事[17]，其为女史女御之身份甚明。

根据对上录铭文的分析可以看出，第一，后宫之女保不仅受王后赏赐，同时也受庚姜赏赐，证明庚姜与王后的身份应该相近。第二，王后与庚姜或庚宫皆可赏赐内保，知庚宫主人之地位当高于内保，其虽不是王后，但应属于身份相似之人物，必为王之妃嫔。第三，庚宫之主人可以身兼女史、女御，显然其不能为在位周王之妃嫔，只能为先王之遗妃。因此，西周金文所见之庚姬、庚姜、庚赢都应为先王遗续之嫔妃，而庚宫则为先王遗妃所居之宫。

先王遗妃所居之宫何以名曰“庚宫”，遗妃又何以称“庚”，可以允许做如下思考。金文资料显示，太后既然可以随先王始立庙主之制而称“帝”，那么先王妃嫔称“庚”也就理应与宗庙制度有关。“帝”是立主之后对先王的称谓，古礼于虞祭迎精而有桑主，以安神明[18]，故“帝”之称谓显然源自虞祭之后立主安神的观念。准此制度，则先王妃嫔虽不能像太后一样以“帝”称名，从而体现其与太后身份的尊卑差异，但其同取使先王神明安宁的礼旨却不可能与太后之称有任何的不同。因此，称“庚”之制只能是这种观念的反映。

丧礼于葬后行三虞之祭，葬用丁亥，故初虞再虞用丁用己，皆为柔日，至三虞则用刚日庚。《仪礼·既夕礼》："三虞。"郑玄《注》："虞，丧祭名。虞，安也。骨肉归于土，精气无所不之。孝子为其彷徨，三祭以安之。朝葬，日中而虞，不忍一日离。"贾公彦《疏》："主人孝子葬之时，送形而往，迎魂而返，恐魂神不安，故设三虞以安之。"是虞祭即迎魂入宗庙安神之祭。《仪礼·士虞礼·记》："日中而行事。……始虞，用柔日。……再虞，皆如初。……三虞、卒哭、他，用刚日。"郑玄《注》："朝葬，日中而虞。君子举事必用辰正也，再虞、三虞，皆质明。葬之日日中虞，欲安之。柔日阴，阴取其静。丁日葬则己日再虞。当祔于祖庙，为神安于此，后虞改用刚日。刚日，阳也。阳取其动也。士则庚日三虞，壬日卒哭。"贾公彦《疏》："辰正者，谓朝夕日中也。以朝有葬事，故至日中而行虞事也。再虞三虞皆质明者，以朝无葬事，故皆质明而行虞事，是用朝之辰正也。葬用丁亥，是柔日葬，始虞用日中，故云始虞用柔日也。己日再虞者，以其后虞用刚日，初虞、再虞皆用柔日。始虞用丁日，隔戊日，故知再虞用己日。"此虽士礼，但用日之俗所反映的观念却应通于上下尊卑。据此制度分析，先王之遗妃称"庚"实取三虞之日庚以为义。其以安宁先王之精魂为旨，与太后称"帝"以取安宁神主之义完全相同。至于其独取后虞之"庚"日而不用丁、己二日，则以三虞喻安神已成。准此则知，先王遗续之后妃称"帝"称"庚"，其制皆源出于丧祭。

遗妃以三虞之日庚名身不仅昭明其永属先王妃嫔的特有身份，而且也有取虞祭以使先王安心的明确用意。《礼记·郊特牲》："信，事人也。信，妇德也。壹与之齐，终身不改，故夫死不嫁。"古以信为妇德，此遗妃以先王之虞祭名身且终享之，正是妇德信实的具体表现。

周人既以先王之遗妃称"庚"，故庚嬴所居之宫便为庚嬴宫，而庚姬、庚姜所居之宫则也自应为庚姬宫及庚姜宫，或统而省称其为"庚宫"，为遗妃起居之宫室。

三、遗妃献妇功

庄白微史家族铜器窖藏出土之商尊、商卣二器同铭（《集成》5404、5997，见图1），释文如下。

> 隹（唯）五月辰才（在）丁亥，帝司（姒）赏庚姬贝卅朋，迖（弋）丝（丝）廿寽（锊）。商用乍（作）文辟日丁宝障彝。𠍙。

此器时代当属康王，"帝姒"为成王之后，亦即康王之太后，则庚姬应为成王遗妃。此器铭文事关献妇功，知遗妃于宫中行妇功之事。

铭文显示，帝姒之所以赏赐庚姬三十朋贝，原因即在于下文述及的"迖丝廿寽"。古文字"糸"、"幺"与"玄"本为一字，"絲"、"丝"与"兹"本为一字，惟繁省有别而已。《说文·絲部》："絲，蚕所吐也。从二糸。"又《糸部》："糸，细絲也。象束絲之形。读若覛。幺，古文糸。"徐锴曰："一蚕所吐为忽，十忽为絲。糸，五忽也。"知"絲"为十蚕所吐之丝，"糸"则当其半，为五蚕所吐之丝。此丝廿锊是为庚姬所缫就。

"迖"，读为"弋"，训为取。《尚书·多士》："非我小国敢弋殷命。"伪孔

《传》：“弋，取也。”《管子·侈靡》：“观危国过君而弋其能者。”尹知章《注》：“弋，取也。”《礼记·月令》：“季春之月，……蚕事既登，分繭称丝效功。”孙希旦《集解》：“未缫则分其繭之多少，已缫则称其丝之重轻，而呈效其功，以课其事之勤惰也。”准此则知，“孚”当读为“锊”，在此为称重单位。《周礼·考工记·冶氏》：“戈广二寸，内倍之，胡三之，援四之。……重三锊。”郑玄《注》：“今东莱称或以大半两为钧，十钧为環，環重六两大半两。锾锊似同矣，则三锊为一斤四两。”此“環”即“锾”，声之误也。“锾”当为“锊”，形之讹也。《说文·金部》：“锊，十一铢二十五分铢之十三也。从金，寽声。《周礼》曰，重三锊。北方以二十两为三锊。”又：“锾，锊也。从金，爰声。《书》曰：罚百锾。”据此换算，则二十锊丝约合九斤多近十斤之重，足见庚姬缫丝之功显赫，其勤勉可见，故太后以贝三十朋亲行赏赐。

古者天子之后宫，凡先王妃嫔，除太后、三夫人掌协礼、说教外，其馀之九嫔、世妇，每日皆有内务，主要的工作就是纺织、缫丝，或行扫洗、劳作之事。《礼记·昏义》：“古者天子后立六宫、三夫人、九嫔、二十七世妇、八十一御妻，以听天下之内治，以明章妇顺，故天下内和而家理。”郑玄《注》：“天子六寝，而六宫在后，六官在前，所以承嗣，施外内之政也。……内治，妇学之法也。阴德，谓主阴事阴令也。”又《曲礼下》：“天子有后，有夫人，有世妇，有嫔，有妻，有妾。”《周礼·天官·内宰》：“内宰……以阴礼教六宫，以阴礼教九嫔，以妇职之法教九御，使各有属以作二事，正其服，禁其奇衺，展其功绪。……中春，诏后帅外内命妇始蚕于北郊，以为祭服。……上春，诏王后帅六宫之人而生穜稑之种，而献之于王。”郑玄《注》：“郑司农云：‘阴礼，夫人之礼。六宫，后五前一。王之妃百二十人，后一人，夫人三人，嫔九人，世妇二十七人，女御八十一人。’教者，不敢斥言之。谓之六宫，若今称皇后为中宫矣。《昏礼》母戒女曰：‘夙夜毋违宫事。’妇职，谓织纴组紃缝线之事。九御，女御也。故书二为三，杜子春云：‘当为二，二事谓丝枲之事。’六宫之人，夫人以下分居后之六宫者。古者使后宫藏种，以其有传类蕃孳之祥，必生而献之，示能育之，使不伤败。玄谓夫人以下分居后之六宫者，每宫九嫔一人，世妇三人，女御九人，其馀九嫔三人，世妇九人，女御二十七人从后，唯其所燕息焉。从后者，五日而沐浴，其次又上，十五日而遍云。夫人如三公，从容论妇礼。”可明其制度。

王朝官制有专司丝麻事者。《周礼·天官·叙官》有典妇功、典丝、典枲、内司服诸官。郑玄《注》：“典，主也。典妇功者，主妇人丝枲功官之长。内司服主宫中裁缝官之长，有女御者，以衣服进，或当于王，广其礼，使无色过。”孙诒让《正义》：“典妇功者，以下三官并主女功之事，故次宫官之后。贾《疏》云：‘以其丝枲有善恶贵贱之事，故须贾人也。’《注》云‘典，主也’者，《广雅·释诂》同。《说文·攴部》云：‘敟，主也。’典即敟之叚字。云‘典妇功者，主妇人丝枲功官之长’者，丝枲并妇功之事，此典妇功总掌其事，为下典丝、典枲诸官之长也。惠士奇云：‘《月令》染人曰妇官，盖典妇功之属官。’典丝者，《说文·絲部》云：‘絲，蚕所吐也。’凡缯帛皆以丝为之，此官通掌之也。典枲者，贾《疏》云：‘枲，麻也。’内司服者，此官与缝人并掌宫中衣服，亦是妇功之事，故次女功官之后。”是见诸官之职事。

《周礼·天官·典妇功》云：

> 典妇功掌妇式之法，以授嫔妇及内人女功之事赍。凡授嫔妇功，及秋献功，辨其苦良，比其小大而贾之，物书而楬之。

郑玄《注》：“妇式，妇人事之模范。法，其用财旧数。嫔妇，九嫔、世妇。言‘及’以殊之者，容国中妇人贤善工于事者。事赍，谓以女功之事来取丝枲。故书赍为资。杜子春读为资。郑司农云：‘内人谓女御。女功事资，谓女功丝枲之事。’国中嫔妇所作成即送之，不须献功时。贾之者，物不正齐，当以泉计通功。郑司农云：‘苦读为盬，谓分别其缣帛与布紵之粗细，皆比方其大小，书其贾数而著其物，若今时题署物。’”贾公彦《疏》：“妇人虽等受丝枲，作有粗细善恶，故以泉计而通为功。布绢恶者尽其材犹不充功，布绢善者少送以充功直，故云泉计通功也。”孙诒让《正义》：“云‘嫔妇，九嫔、世妇’者，贾《疏》云：案《内宰》‘以作二事’，及妇功，唯据九御而言，不见九嫔、世妇有丝枲之事。此言嫔妇者，但三夫人无职，九嫔已下皆有之，但女御四德不备，须教之；九嫔、世妇素解，不须教之。其实有妇职也。是以《鲁语》云：‘王后织玄紞，公侯夫人纮綖，卿之内子大带。’则贵贱皆职事也。……必知有国中妇人者，以下《典丝》云‘颁丝于外内工’，《注》云：‘外工，外嫔妇也。’故《大宰》职云：‘嫔妇，化治丝枲。’是其国中妇人有嫔妇之称也。诒让案：郑意九嫔、世妇亦内人，而注云‘以授嫔妇及内人’为殊别之词者，以嫔妇为大名，所晐甚广，容外嫔妇之贤善工于事者亦得与焉，其内人则专属宫人而言，故经言‘及’以殊之。郑知此嫔妇非专属外嫔妇者，以外嫔妇为九职之一，通于万民，人数众多，其功事不必皆由官授也。云‘事赍，谓以女功之事来取丝枲’者，《外府》《注》云：‘赍，行道之财用也。’《掌皮》《注》云：‘所给予人以物曰赍。’引申之，彼来取而此给予以财物亦得为赍。《考工记总叙》《注》云：‘资，取也。’后郑《外府》《注》谓赍、资字同，故此注兼以来取为训。丝枲亦即资财也。……又案：《大戴礼记·子张问入官篇》云：‘是故夫工女必自择丝麻，良工必自择赍材。’盖丝麻即女功之赍材，故此注亦以丝枲释事赍矣。……此内人即《典丝》之内工，盖通女御以下内嫔妇之贱者言之。……凡授嫔妇功者，授当读如字。此嫔妇女亦通内外言之。云及秋献功者，谓夏之季秋。《毛诗·豳风·七月》云：‘九月授衣。’又云：‘八月载绩。’《传》云：‘九月霜始降，妇功成，可以授冬衣矣。载绩，丝事毕而麻事起矣。’是妇功成于秋末之证。……云书其贾数而著其物者，《职幣》《注》云：‘楬之，若今时为书以著其幣。’谓以木为杙，而书其贾数以附著其物之上，故谓之楬。”此典妇功之职事。然铭文于周历五月献丝，非秋时献成衣也，其事应由典丝所掌。

《周礼·天官·典丝》云：

> 典丝掌丝入而辨其物，以其贾楬之。掌其藏与其出，以待兴功之时。颁丝于外内工，皆以物授之。凡上之赐予，亦如之。及献功，则受良功而藏之，辨其物而书其数，以待有司之政令，上之赐予。

郑玄《注》：“丝入，谓九职之嫔妇所贡献。丝之贡少，藏之出之可同官也。时者，若温煖宜缣帛，清凉宜文绣。外工，外嫔妇也。内工，女御。王以丝物赐人。……受其粗盬之功，以给有司之公用。其良功者，典妇功受之，以共王及后之用。郑司农云：‘良功，丝功，缣帛。’”孙诒让《正义》：“掌丝入而辨其物者，谓外嫔妇所入丝纩缣帛及染人所入黼画组就之物，质有善恶，功有精粗，所施不同，皆辨异之，以待用也。”此典丝之官专掌丝之出入事。郑玄解“丝入”即九职之嫔妇所贡丝者。贾公彦《疏》：“后宫所蚕之丝自于后宫用之，以为祭服，不入典丝。其岁入之常贡之丝若《禹贡》兖州贡漆丝之等，且馀官更无丝入之文，亦当入此典丝也。”孙诒让《正义》：“《禹贡》丝帛等为篚贡。《书》孔《疏》引郑《注》云：‘贡其实于篚者，入于女功。’入女功者，即谓典妇功官。明典妇功为此官之长，当监涖同受之也。”今据铭文可知，内嫔妇所缫之丝亦必有专官掌司，或仍入典丝。《典丝》下言“颁丝于外内工”，其既授丝予内工，自然也有内工丝入之事。

典丝掌丝之入藏。孙诒让《正义》：“藏谓入丝时受而藏之。”铭文言庚姬入丝二十锊，自为入丝藏丝之事。丝有优劣良苦，典妇功、典丝通辨之，但藏良功而已。孙诒让《正义》：“丝功亦有苦者，经对枲功则云良功。……郑锷云：‘典丝之职以丝为主，则献功之时受丝功之缣帛，故曰受良功。盖物之美者曰良，丝视麻为美，丝功谓之良功，典丝受之；麻功谓之苦功，典枲受之。’谓凡丝功并为良功，无论精粗，此官通受之。”丝对麻为良，然因织工水平之高下，丝麻成织也自有良苦。故典丝仅掌丝入，唯藏丝之良者，而将苦功给有司以公用。商尊卣铭文显示，庚姬所献之丝不仅功良，而且量巨，自得重赏。

丝有缕数，此即经文所言“辨其物而书其数”。《西京杂记》卷五邹长倩赠遗有道云：“五丝为𦃃，倍𦃃为升，倍升为緎，倍緎为纪，倍纪为緵，倍緵为襚。”[19]《诗·召南·羔羊》说素丝云五紽、五緎、五總，毛《传》释紽、總并云数也。又以緎训缝，实亦应训数。王引之《经义述闻》卷五云：“紽、緎、總，皆数也。五紽为二十五丝，五緎为一百丝，五總为四倍丝。”孙诒让《周礼正义》：“總当与緵同。”《周礼·考工记·弓人》又有“丝三邸”，皆丝之数。商尊卣铭文以丝称锊，但记其重而已。

二十锊丝是否仅庚姬一人之力所成，恐也未必。遗妃之下自有不少女工女侍，助为织缫。《内宰》以九御有妇职，行丝枲之事。贾公彦《典丝》《疏》：“女御专于丝枲也。九嫔、世妇四德自备，不常为丝枲，假使为之，以其善事所造唯典妇功以共王及后所用，不在典丝、典枲。”此亦《典丝》所言之内工。孙诒让《正义》：“《叙官》、《内司服》、《缝人》皆以女御役十女工，是女御为女工之监领，内宫容更有散员女工共女御之役者，此内工即女御与众女工治丝枲者之通称也。”准此则知，作为先王遗妃的庚姬，其织缫也必有女工助之，其主仆同力，共同成就了庚姬的妇式之功。

上古称丝之制乃在夏历季春之月，即《月令》所谓“蚕事既登，分繭称丝效功”。郑玄《注》：“登，成也。敕往蚕者，蚕毕将课功以劝戒之。”知其时丝事已毕，故可献功。商尊卣铭文记献丝功之时在周历五月。周初历法之岁首继承殷历，为秋分之后一月，至宣王时一变为冬至之后一月[20]。商尊卣之时代早在西周康王，故其时之五月正当蚕事已成的仲春季春之月，遗妃献丝功，全合于制度。

综上所考，可知商尊卣铭文实记先王遗妃庚姬献妇功之事。庚姬以丝二十锊献之，堪称妇式，太后则以三十朋贝赏赐之，正合《典丝》所谓“及献功，则受良功而藏之，辨其物而书其数，以待有司之政令，上之赐予”的制度，此太后帝姒赐庚姬，显即经文所言“上之赐予”，太后即上也。

商作为器主详记遗妃庚姬献丝功之事，其身份虽可能为典妇功或典丝，但从微史家族世为史官之背景分析，则更似内宰。《周礼·天官·内宰》：“佐后而受献功者，比其小大与其粗良而赏罚之。”郑玄《注》：“献功者，九御之属。郑司农云：‘烝而献功。’玄谓《典妇功》曰‘及秋献功’。”贾公彦《疏》：“内宰佐助后而受女御等献丝枲之功布帛等。布帛之等，缕小者则细良，缕大者则粗恶。良则赏之，粗则罚之，以示惩劝也。内宰佐后受，明是妇官所造，还是典妇功女御等秋献功也。”内宰可以“册”名氏，如宰虒角铭，与内朝之史或为官联。其佐后而受妇献功，计丝称丝，比较优劣，以行赏罚，正合铭文所记太后行赏之事。商为其文辟日丁作器，则文辟日丁当即器主商之亡夫[21]，铭末𦉢则为商所适之国氏。器出于微史家族铜器窖藏，故商应为家族中的女性长辈。

四、结　　论

本文根据西周金文资料，结合文献史料探讨西周王廷的后宫制度，主要结论可厘为三点。

第一，通过对西周王室女性称谓的分析，揭示了在位周王后妃与先王嫔妃的区别标准。太后随其亡君宗庙立主后称“帝”的制度而称“帝某（女姓）”，其他遗妃则称“庚某（女姓）”，从而与在位天子的后妃称谓相区别。

第二，考证先王遗妃何以称“庚”的原因，指出称“庚”与称“帝”一样，都是出于宗庙制度的考虑。“帝”为宗庙立主之称，意在以虞祭迎亡君之精而安之；而“庚”则为三虞用日，其意同样在于安神，礼旨无异。“帝”为主，故称“庚”逊于称“帝”，“帝某（女姓）”为太后，则“庚某（女姓）”自为遗妃。

第三，解读商尊卣二器铭文，其记成王遗妃庚姬献丝二十锊，堪为妇式——妇功之模范，故得康王之太后帝姒重赏。而器主商作为内宰佐后而受妇所献之功，比较优劣而行赏罚，故详载其事。这一在西周金文中所反映的献妇功制度，与《周礼》、《礼记》等文献的相关记载若合符契，足见其制度之传承有序。

注　释

[1] 中国科学院考古研究所：《美帝国主义劫掠的我国殷周铜器集录》第107页，科学出版社，1962年。

[2] 李学勤：《〈中日欧美澳纽所见所拓所摹金文汇编〉选释》，见《新出青铜器研究（增订版）》，人民美术出版社，2016年。

[3] 有关成王之后为王姒、康王之后为王姜的问题，学者已有考证，见刘启益：《西周金文中所见的周王后妃》，《考古与文物》1980年第4期。

[4] 陕西周原考古队：《陕西扶风庄白一号西周青铜器窖藏发掘简报》，《文物》1978年第3期。
[5] 伍士谦：《微氏家族铜器群年代初探》，《古文字研究》第五辑，中华书局，1981年。
[6] 唐兰：《略论西周微史家族窖藏铜器群的重要意义——陕西扶风新出墙盘铭文解释》，《文物》1978年第3期。
[7] 刘士莪、尹盛平：《微氏家族青铜器群研究》，见《西周微氏家族青铜器群研究》，文物出版社，1992年。
[8] 白川静：《金文通释》卷六，白鹤美术馆，1980年。
[9] 马承源：《商周青铜器铭文选》第三册，文物出版社，1988年。
[10] 裘锡圭：《说"嗣"》，见《古文字与古代史》第二辑，历史语言研究所，2009年。
[11] 裘锡圭：《说"嗣"》，见《古文字与古代史》第二辑，历史语言研究所，2009年。
[12] 河南省文物考古研究所、平顶山市文物管理局：《河南平顶山应国墓地八号墓发掘简报》，《华夏考古》2007年第1期。
[13] 冯时：《中国古文字学概论》第七章，中国社会科学出版社，2016年。
[14] 冯时：《"燕翻"考》，见《青铜器与金文》第二辑，上海古籍出版社，2018年。
[15] 郭沫若：《释丹杆》，见《殷周青铜器铭文研究》，科学出版社，1961年。
[16] 韩雪：《金文女史彤管制度探微》，《中国文化》第50期，2019年。
[17] 冯时：《"燕翻"考》，见《青铜器与金文》第二辑，上海古籍出版社，2018年。
[18] 冯时：《丧、噩考——兼论丧礼的起源及其意义》，《中原文物》2019年第1期。
[19] 今本"緎"讹作"[illegible]"。说见王引之《经义述闻》卷五《毛诗》上"素丝五緎"。
[20] 冯时：《百年来甲骨文天文历法研究》，中国社会科学出版社，2011年。
[21] 李学勤：《西周中期青铜器的重要标尺——周原庄白、强家两处青铜器窖藏的综合研究》，《中国历史博物馆馆刊》1979年第1期。

The Widowed Royal Consorts of the Western Zhou Dynasty and the Presentation of Womanly Works

Feng Shi

KEYWORDS: Western Zhou Dynasty Harem Queen Dowager Widowed Royal Consorts *Di* (Posthumous Title of Kings) *Geng* (Style for Widowed Royal Consorts) Womanly Works

ABSTRACT: To study the history of the Western Zhou Dynasty, it is indeed necessary to pay attention to the affairs of the outer court (political quarter), but it is also inevitable to study the situation of the inner court (harem) of the Western Zhou royal court. In fact, for the reconstruction of a complete history of the Western Zhou Dynasty, the history of harem is not only the same important as that of the outer court but also has rich contents. The specially key issue of the researches on the harem of the Western Zhou Dynasty is the revealing of the relevant systems. Referring to the bronze inscriptions and historical writings, this paper first discusses the style system of the queen dowager and widowed royal consorts. When the king was alive, to respect his title, his wife was addressed by her maiden name with the prefix of "*Wang* (King)"; after the death of the king, his spirit tablet was set in the ancestral temple, his title was changed into "*Di* (Supreme Being)", and his wife became queen dowager, so she would be addressed by her maiden name with the prefix of "*Di*". Meanwhile, the styles of the widowed consorts of the late king would also be changed; according to the rule of "*san yu* (three sacrificial ceremonies of repose)" in the ancestral temple, they would be addressed by their maiden names with the prefix of "*Geng*", and their residences would be called as "*Genggong*". Then, this paper also examines the inscription of the bronzes made by Shang (the name of the owner), and restores the womanly work system of the widowed royal consorts of the Western Zhou Dynasty and the relevant official system. The exploration of this paper is significantly meaningful for the comprehensive understanding to the history and institutions of the Western Zhou Dynasty, especially the harem system of the Western Zhou court.

（特约编辑 新 华）

楚季宝钟与宜昌万福垴遗址

笪浩波

关键词：湖北　宜昌市　万福垴遗址　楚季宝钟　西周

内容提要：通过对万福垴遗址出土的陶器进行类型学分析，可将万福垴遗址的文化遗存分为四期五段，即西周早期晚段至西周晚期早段五个连续发展阶段，并将其与周边同期文化进行比较，可知其与峡江地区的同期遗存存在关联，但比峡江地区生成年代略早，为周代一个地域文化类型；再通过对楚季宝钟的铸造年代及铭文錾刻年代进行分析，可推断楚季宝钟铸造于西周中期偏晚，铭文錾刻于西周晚期偏早。关于对万福垴铜器群的埋藏背景，推断其为祭祀坑的埋藏性质，祭祀对象为楚君熊扬，祭祀人为万福垴遗址的统治者熊挚。

2012年6月，在宜昌市白洋工业园区万福垴厢涵工程施工时，意外挖出了一批铜器，随后宜昌市博物馆前去对现场进行清理，在出铜器的大致位置发现3个灰坑（H1–3），故确认其为一处周代遗址。此次出土的铜器计有12件甬钟和1件鼎[1]。其中1件甬钟上因有“楚季宝钟/厥孙乃献于公/公其万年受厥福”的铭文，而在楚学界引起轰动，这是第一次在楚国腹地出土有铭“楚”的西周铜器。遗憾的是，因为工程机械施工，埋藏环境遭到破坏，这批铜器何时、因何埋藏于此则成了个迷，铜器与遗址是否有关联也缺乏较充分的证据。尽管如此，学者们还是对其年代进行了探讨。因为无出土单位，学者们只能就铜器及同出的陶器本身的特征来推断年代，自是各持己见，有西周中晚期说[2]和西周早中期说[3]。为了解决以上问题，湖北省文物考古研究所于2013～2015年对该遗址进行了勘探和发掘，并取得了一批极有价值的材料，为遗址的时代、铜器群的埋藏年代及背景提供了很好的注脚，遗憾的是，发掘者并没有意识到这点，本文则对此加以阐述，不妥之处还望方家指正。

一、万福垴遗址的地层学及类型学分析

遗址发掘区分为西部和中部，西部地层共分4层，中部地层共分5层。发掘区主要在中部，出土铜器群的地点也在中部，发掘者还特意将出土铜器群的H1归入探方内，这有利于解决铜器群与遗址的关系。这次发掘面积达605平方米，发掘清理灰坑30个、灰沟2条、窑址1座，出土遗物较丰富，包括石器、陶器和铜器等，为认识遗址的文化内涵和性质提供了

作者：笪浩波，武汉市，430077，湖北省文物考古研究所。

极为充分的材料。此次发掘者发表了极少部分材料[4]，但就这些材料仍能说明一些问题。

发掘者此次只发表了H1、H4、G2、Y1及中部TN05E20第5层的材料，而没有其他层位的材料，但通过这些单位的叠压打破关系仍能推断遗址的早晚关系。

H1位于中部，开口于第2层下，打破生土。H4位于西部，开口于第4层下，打破生土。G2位于中部，开口于第2层下，打破第3层。Y1位于中部，开口于第4层下，打破第5层。由此来看其早晚层位关系如下。

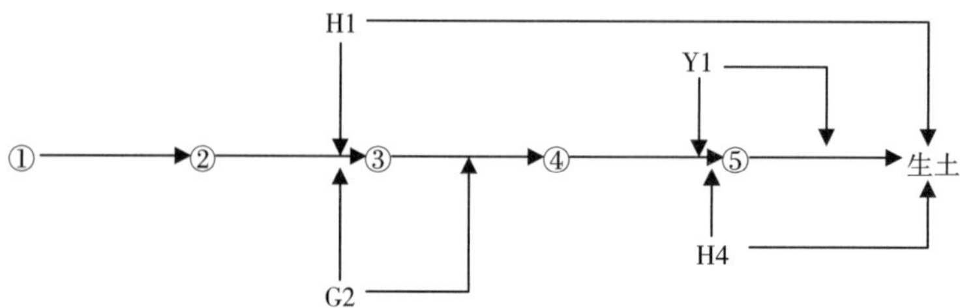

H1和G2开口于第2层下，但第2层属扰乱层，故可以将H1和G2作为未被扰乱的第2层；H4和Y1早于第4层，晚于第5层，可以归入第4层，则简报对第3层的材料未予披露。H1分为2层，简报报道的是第2层的器物；G2及Y1均分为3层，皆有器物出土。鉴于简报未对陶器进行类型学分析，故下面先对出土的主要陶器进行型式划分（图1）。

鬲　按口径与腹径的比值分为两型。

A型：大口鬲，口径大于或等于腹径，又可分为三式。

Ⅰ式：侈口，卷沿，尖唇，束颈，肩不明显，弧腹较扁，瘪弧裆，柱足，平根，足窝较浅，有刀削痕迹。TN05E20⑤：1，夹细砂红褐陶。有一条拍印条状绳纹，腹饰竖绳纹，肩饰二道凹弦纹。口径23.2、腹径23.2、高19.8厘米（图1，1）。

Ⅱ式：侈口，卷沿，沿面较宽，方唇内斜，沿下有沟槽，束颈，肩微弧，颈、肩分界不明显，直腹，下腹弧收，柱足，内侧有刀削痕迹，足窝较深，平根。Y1③：5，夹细砂黑褐陶。颈部饰细竖线暗纹，腹部饰三道凹弦纹间断绳纹，裆自腹中部第二道凹弦纹处开始内瘪。口径16.4、腹径14.8、高13.2厘米（图1，2）。

Ⅲ式：侈口，折沿，圆方唇，束颈，鼓腹，瘪裆，柱足内敛，足窝较浅，有刀削痕迹。G2②：5，夹细砂褐陶。颈下饰一道凹弦纹，腹部贴附一乳钉。口径10.2、腹径10、高10.8厘米（图1，3）。

A型鬲的演变是：器身由宽到长，裆部由弧到平，腿部由矮到高，最大腹径由中部移到肩部，颈部由不明显到明显，沿由卷沿、尖唇到卷沿、斜方唇，再到折沿、圆方唇。

B型：小口鬲，口径小于腹径，又可分为六式。

Ⅰ式：直口，卷沿，尖圆唇，直颈，弧腹，瘪裆至上腹部，柱状足略外撇，平根。H4：1，夹砂灰黑陶，褐胎。器表饰竖绳纹，颈部绳纹被抹平，肩饰两道凹弦纹。口径16.2、腹径17.6、高16.8厘米（图1，4）。

Ⅱ式：直口，折沿，斜方唇内凹，束颈，溜肩，弧腹，高瘪裆向内斜收，柱足，足窝较浅，有刀削痕迹。Y1③：4，夹细砂褐陶。唇下饰一道凸弦纹，颈部饰绳纹抹平，颈部以下、足部以上均饰绳纹，肩部有凹弦纹间断，弦纹下开始内瘪，裆部绳纹交错，且有按压痕迹。口径20.8、腹径22、通高21.8厘米（图1，5）。

Ⅲ式：折沿，圆方唇，束颈，鼓肩，颈下肩部开始内瘪。Y1②：7，夹细砂褐陶。肩部以下残。颈部饰绳纹被抹平，并饰竖线暗纹，肩部饰绳纹并贴附泥饼。口径16、腹径16.4、残高7.8厘米（图1，6）。

Ⅳ式：直口，折沿，方唇，高颈，微鼓腹，瘪裆，柱足，平根略外撇，有刀削痕迹。G2②：6，夹细砂褐陶。颈、腹饰竖绳纹，肩饰三道凹弦纹。口径18、腹径20、高21.6厘米（图1，7）。

Ⅴ式：直口，仰折沿，圆方唇，高直颈，圆肩，圆腹，瘪裆至上腹部，三柱足略外撇。H1：3，夹细砂黑皮陶，红胎，足部直接露出红褐色。上腹部饰间断绳纹，以三道凹弦纹隔开；下腹至裆部均饰绳纹。足身有刀削修整痕迹。口径18.8、腹径 20、高21.4厘米（图1，8）。

Ⅵ式：仰折沿，圆唇，高颈，肩微鼓。H1：8，夹砂红褐陶。颈部饰有较浅的竖线条纹，肩部饰间断绳纹，肩以下残。口径12.8、腹径14.8、残高8.8厘米（图1，9）。

B型鬲的演变是：沿由卷沿、尖唇到折沿、斜方唇，再到折沿、方唇，肩部由不明显到明显，颈由短到长，腹由浅到深，裆由拱弧到圆弧，足由直到外撇。

豆　依据有无镂孔分为两型。

A型：有镂孔，又可分为三式。

Ⅰ式：敞口，圆唇，弧壁，盘略深，矮柄较直，中空及盘底，喇叭形座，座沿凹折。Y1③：6，泥质灰胎黑皮陶。盘内饰放射状暗纹（模糊），盘心刻划有近“＋”形符号，柄部及柄座连接处饰三道凹弦纹，并间以三组六个长条形镂孔，两两对称，上下两组位置对应，中间第二组与其相间。口径19.2、底径13.2、高13.2厘米（图1，10）。

Ⅱ式：柄粗短，束腰中空，喇叭形座，座缘弧鼓，座沿弧凸。Y1②：9，泥质灰胎黑皮陶。残存圜底。柄饰两道凹弦纹间以三组长条形镂孔，每组三个，间距相同，下部第三组残存两个，上部第一组与第三组位置相同，中部第二组与其错位。残高8厘米（图1，11）。

Ⅲ式：直柄较长，小喇叭座，座沿弧凸。G2③：23，泥质褐陶，略磨光。柄下部饰两道一组的凹弦纹，柄座连接处饰一道凹弦纹，并间以倒三角形镂孔，仅残存两个。底径12、残高14厘米（图1，12）。

A型豆的演变是：由矮柄到高柄、座沿内凹到外凸。

B型：无镂孔，又可分为七式。

Ⅰ式：敞口，尖唇，弧壁，浅盘，底微凹，矮柄较粗、中空，喇叭形座，座沿凹折。TN05E20⑤：4，泥质褐胎黑皮陶。口径19.6、座径12.8、高13.1厘米（图1，13）。

Ⅱ式：敞口，圆唇，弧壁较浅，直柄。H4：3，泥质灰陶，褐胎。盘内饰放射状暗纹，沿部磨光。盘径17.2、深3.4、残高5.2厘米（图1，14）。

Ⅲ式：敞口，圆唇，弧壁，浅盘，平底，柄中空及底，以下残。Y1③：11，夹细砂褐陶。盘内饰放射状细线暗纹，盘外有一道细凹弦纹。口径17.6、残高6.2厘米（图1，15）。

Ⅳ式：敞口，方唇外斜，弧壁，浅盘，底微凹。Y1②：14，夹细砂褐胎黑皮陶。柄、座均残。唇面及唇下盘外均有一道凹弦纹，盘心饰卷云暗纹（类S形或C形），向外饰放射状暗纹，近口部饰几何图案暗纹。盘外有几何暗纹，模糊不清。口径16、残高3.6厘米（图1，16）。

Ⅴ式：敞口近直，弧壁，盘略浅，平底，柄中空及盘底，以下残。G2③：18，泥质灰陶。口径12.4、残高3.8厘米（图1，17）。G2③：22，泥质褐胎黑陶。口径14、残高3厘米。

Ⅵ式：敞口，尖圆唇，弧壁，盘较浅，底近平，喇叭形座，柄细长，中空及盘底，座凸弧，座沿斜平。G2①：22，泥质红陶。盘中心有一圆窝，座残。柄中部饰两道凹弦纹。口径12、残高17.6厘米（图1，18）。G2②：64，泥质灰褐胎黑皮陶。柄饰三道凹弦纹，如竹状，座饰二道凹弦纹。底径11.2、残高17.4厘米。

Ⅶ式：喇叭形柄，柄中部较细。H1：12，泥质黑皮陶，红胎。存豆柄上部。残高9厘米（图1，19）。

B型豆的演变是：柄由短变长、由粗变细，座沿由内凹到外凸。

簋　依形状不同，可分为三型。

A型：豆形簋，又可分为三式。

Ⅰ式：深钵形，敛口，尖唇，鼓肩，腹弧收，圜底凹凸不平，喇叭形座。Y1③：3，夹细砂褐胎黑皮陶。弧壁外敞，最大径在肩部。口径11.2、底径7.4、高13.8厘米（图1，25）。

Ⅱ式：深钵形，直口，尖唇，弧腹，圜底，喇叭形座。G2③：14，夹细砂灰陶。口径13.6、腹径13.8、底径8.8、高14.4厘米（图1，26）。

Ⅲ式：敛口，圆唇，深弧腹，下腹内收，喇叭形座。H1：1，泥质褐陶。底残。口径16.4、腹径18.4、残高11.8厘米（图1，27）。

A型簋的演变是：由敛口到直口再到敛口，腹由折到圆。

B型：盆形簋，又可分为四式。

Ⅰ式：口略敞，卷沿，斜方唇，上腹内弧，壁较直。Y1③：8，夹细砂灰胎黑皮陶。下腹及以下残缺。上腹饰两道凹弦纹间以细竖线暗纹及网格暗纹。口径18、残高6.2厘米（图1，28）。

Ⅱ式：敞口，折沿，方唇，上腹较直，下腹折收。Y1①：13，夹细砂红胎黑皮陶，外及内口沿均磨光。腹以下残。折腹以上饰两道凹弦纹，间以细竖线暗纹及网格暗纹。口径18、残高7厘米（图1，29）。

Ⅲ式：侈口，口沿加厚，微卷，尖唇，直颈，扁鼓腹。G2③：16，泥质灰胎黑皮陶。腹以下均残。颈部饰细竖线暗纹，数道为一组，颈下及鼓腹部各饰一道凹弦纹，间以模糊的右斜线暗纹。口径16、残高6厘米（图1，30）。G2②：56，夹细砂褐胎黑陶，胎较厚。腹以下残。口径22、腹径18.4、残高7.2厘米。

Ⅳ式：直口，折沿，尖唇，直颈，折鼓腹。G2①：12，泥质褐胎黑皮陶。侈口，仰折沿，沿面较宽，斜方唇，上腹壁直且深，下腹圆鼓弧收，底、座均残。上腹饰粗竖线暗纹，并贴附乳钉。口径18、腹径15.2、残高8厘米（图1，31）。

B型簋的演变是：由深腹到浅腹，腹壁由直到斜直，再到外鼓折腹。

C型：钵形簋，又可分为二式。

Ⅰ式：侈口，折沿，尖圆唇，浅折腹。TN05E20⑤：6，泥质灰白陶，有黑斑块。底、柄残。通体饰六道凹弦纹。口径22、残高5厘米（图1，32）。

Ⅱ式：敞口，折沿，尖唇，上腹斜直，下腹外折起棱，弧收。G2③：15，泥质黑灰胎黑皮陶。底、座均残。底部有几何暗纹。口径18、残高6厘米（图1，33）。

C型簋的演变是：腹壁由直到斜，腹由圆折到凸折。

长颈罐　可以分为五式。

Ⅰ式：侈口，卷沿，方唇，高领内弧，溜肩，折鼓腹。TN05E20⑤：3，泥质灰褐胎灰皮陶。肩以下残。颈、肩部饰二道凹弦纹。口径16.8、残高9.4厘米（图1，20）。

Ⅱ式：侈口，卷沿，方唇，斜颈较高，折肩，腹弧内收。H4：2，泥质灰陶，褐胎底残。肩上部饰竖线暗纹，下部饰网状暗纹，以两道凹弦纹间断，下腹饰交错绳纹。口径17.6、腹径31.2、残高31.4厘米（图1，21）。

Ⅲ式：直口，折沿微卷，圆唇，高领，斜肩较宽，上腹较鼓，下腹弧收，平底内凹。Y1③：2，泥质灰黑陶。颈下有一道凹弦纹，肩部和上腹部饰竖绳纹，以五道凹弦纹间断，下腹至底部均饰网格纹。口径21.2、腹径33.6、底径10.2、高33.2厘米（图1，22）。

Ⅳ式：敞口，宽沿微折，圆唇，颈内斜，弧肩折收，直腹。G2②：32，泥质黑灰胎黑皮陶。腹以下残。颈部饰细竖线暗纹，颈、肩部饰一道凸弦纹，弦纹两侧内凹，肩部饰三道凹弦纹，分别间以细竖线、左斜线、右斜线暗纹。上腹内壁有两道弦纹。口径19.6、腹径19.6、残高15.4厘米（图1，23）。

Ⅴ式：敞口，折沿，圆唇，下缘敦厚，长颈，广肩。H1：10，磨光黑皮陶。肩部饰稀疏的竖线纹。口径18.8、残高8.8厘米（图1，24）。

罐的演变是：由卷沿到折沿，颈由内弧斜到直斜，由溜肩到广肩，器身由高到矮。

釜　可以分为四式。

Ⅰ式：卷沿，圆唇，溜肩，弧腹。H4：10，夹细砂黑胎褐陶，器表不平。拍印网格纹。口径24、腹径31.6、残高12.8厘米（图1，34）。

Ⅱ式：侈口，卷沿，沿面较宽，尖唇，短束颈，斜腹，腹壁较直。Y1③：9，夹粗砂灰陶。下腹及底残。颈部饰绳纹被抹平，颈部以下饰网格纹。口径30、残高11.2厘米。Y1②：8，颈部饰绳纹被抹平，颈部以下饰网格纹。口径32、残高14.4厘米（图1，35）。

Ⅲ式：折沿上仰，沿面较宽且内凹，斜方唇，Y1①：7，夹砂红褐陶。沿下饰网格纹。口径30、残高3.4厘米（图1，36）。

Ⅳ式：敞口，宽折沿，方唇，无颈，斜肩。G2③：13，夹细砂灰陶。沿面有一道凹弦纹，肩部饰网格纹。口径29.8、残高7.6厘米（图1，37）。

釜的演变是：由卷沿、圆唇到折沿、方唇。

鼎　釜形，敞口，仰折沿，尖唇，折颈，弧腹，圜底。TN05E20⑤：5，夹砂灰白陶，手制。足残。腹部饰网格纹。口径17.2、腹径16、残高10.4厘米（图1，38）。

根据型式及组合关系可以将陶器分为以下五组。

第一组：AⅠ式鬲、CⅠ式簋、Ⅰ式长颈罐、BⅠ式豆，该组对应的是第5层。

第二组：BⅠ式鬲、Ⅱ式长颈罐、BⅡ式豆、Ⅰ式釜，该组对应的是H4。

第三组：AⅡ、BⅡ式鬲、AⅠ、BⅠ式簋、AⅠ、BⅢ式豆、Ⅲ式长颈罐、Ⅱ式釜，该组对应的Y1第3层。

第四组：BⅡ、BⅢ式鬲、BⅡ式簋、AⅡ、BⅣ式豆、Ⅲ式釜，该组对应的Y1第1、2层。

第五组：AⅢ、BⅣ、Ⅴ、Ⅵ式鬲、AⅡ、AⅢ式、BⅢ、Ⅳ式、CⅡ式簋、Ⅳ、Ⅴ式长颈罐、AⅢ、BⅤ、Ⅵ式、Ⅶ式豆、Ⅳ式釜，该组对应的是G2、H1。

鉴于Y1和G2的出土器物较多，与其他地区可对比，故以这两个单位的器物作为分期标准，其他的单位与之先后排序。

Y1的器物可归为两组，第3层为第三组，第1、2层为第四组。先看第三组的AⅡ式鬲，扁宽体、弓弧裆、柱状足的造型属周式鬲的典型特征，将其与关中地区西周陶鬲相比照，与张家坡的CⅢ式鬲[5]相同。张家坡的CⅢ式鬲出现于第三期，一直到第五期皆有。其与北吕的EⅡ式鬲[6]相近，北吕的鬲定为第6期，属西周中期。其与少陵原的CbⅣ式鬲[7]相近，少陵原的鬲归入西周中期后段。其与洛阳北窑西周中期的连裆Ⅱ式鬲[8]相近。BⅡ式鬲器物风格与洛阳北窑西周晚期的长腿鬲相近，只是足没有北窑的高，裆也比北窑的弧，年代显早。其与蕲春毛家咀的直壁、实足式鬲[9]相近，只是腿比毛家嘴的高直，腹浅，年代显晚，毛家咀的可定为西周早期。AⅠ式簋的器物风格近似洛阳北窑西周中期的M139：28无柄豆，只是器体变高；BⅠ式簋无论是器形还是装饰风格都近似蕲春毛家咀的簋和张家坡BⅣa式簋，蕲春毛家咀的簋属西周早期，张家坡的簋定在昭穆时期。Ⅲ式长颈罐与张家坡BⅧ式罐相同，张家坡的罐属昭穆时期；近似北窑西周中期的M146：2圆肩、斜腹罐；近似齐家的M4出土的罍[10]，齐家M4年代为西周早期偏晚。综合以上分析，可将第三组定在西周中期前段。

第四组沿用第三组的BⅡ式鬲的同时，出现了折沿、方唇的BⅢ式鬲，豆座沿由凹足变为凸足沿，流行第三期出现的B型盆形簋，但腹已开始斜收，唇也由折沿尖唇变为折沿方唇。BⅡ式簋的器形近似齐家M1的簋[11]，齐家M1年代为西周中期偏早；其与张家坡的BⅤ式簋相同，张家坡的簋定为西周中期偏早阶段。故可将第四组定在西周中期后段。

第二组的BⅠ式鬲卷沿、尖唇，折肩罐、长身，釜卷沿、溜肩，这些形态特征早于第三组的同类器，豆座座沿仍与第一组的凹足相同，但豆盘则由外翻沿变为直口圆唇，长颈罐的直颈特征与第三组相同。故可将第二组定在西周早中期之际。

第一组的AⅠ式鬲与张家坡的CⅡb式鬲[12]相同，张家坡的鬲出现于第1期，第2期仍见，属于西周早期；近似少陵原的CdⅡ式鬲[13]，少陵原的鬲归入西周早期后段；近似毛家嘴的浅腹袋足鬲[14]，毛家咀的鬲属西周早期；近似叶家山M65的鬲，但比其宽扁，足内聚没其甚，年代显晚，叶家山的鬲为成康时期[15]。又CⅠ式簋的盘与毛家咀的盘相同，鼎的圆腹也是西周早期的形态。综合以上比照，可将第一组定在西周早期后段。

G2、H1的器物归为第五组，AⅢ式鬲的造型近似齐家的M26出土仿铜鬲[16]，但器体比其高长，腹深，年代显晚，齐家的属西周中期晚段；近似荆南寺T3③：31鬲[17]，只是腹浅、裆弧、肩鼓、足高，年代显晚，荆南寺可定在西周中期；近似真武山的AⅢ式鬲[18]，真武山的可定在西周晚期。BⅢ式簋近似齐家M7出土的周式簋[19]，齐家的定在西周晚期前段；BⅣ式簋与齐家M3、M19、M27、M38、M41的周式簋[20]相同，齐家的皆定在西周晚期；直口斜腹罐的造型近似湖南宁乡炭河里的L型罐[21]，炭河里的属西周时期。此外，还有近于洛阳北窑西周晚期M403：2大口尊（盆）。另外，G2出土的一柄青铜剑及剑身纹饰见于宝鸡強国墓地出土的青铜剑[22]，但是剑茎、身分界明显的形制特点晚于宝鸡茹家庄M1出土的剑，宝鸡茹家庄M1的年代为西周中期。综合考虑，可将第5组定在西周晚期。

综合以上分析分期段如下。

第一期一段：西周早期后段，以第5层为代表。

第二期二段：西周早中期之际，以H4为代表。

第三期三段：西周中期前段，以Y1第3层为代表。

第三期四段：西周中期后段，以Y1第2层为代表。

第四期五段：西周晚期，以G2、H1为代表。

在这四期中，第一期出现的A型鬲、长颈罐具有典型的周文化特征，而釜形鼎、B型豆、C型簋则具本地特征。第二期出现的B型鬲不见于关中的周文化，应属改良后的周式鬲，釜则为本地特色。第三期中周文化的因素虽有加强，如新出现了周式的B型簋，但新出现的带镂孔的A型豆、A型簋则是本地的一种器物。总的来看，第三、四期的文化共同性多一些，如都流行A、B型鬲，A、B型豆，A、B型簋等，豆柄上的刻槽及高长柄、鬲、簋上的竖线暗纹、网格纹等装饰也多见于长江沿岸。也就是说，从第三期开始，本地特点逐渐增强。但第四期也有一些变化，如亚腰形的周式豆开始出现，还出现了类似尊的深腹盆。总的来看，万福垴遗址属于周文化系统的一个地域文化类型。

二、与周边同期文化的比较

（一）荆汉地区

本文所称荆汉地区是指荆山与汉水环围的区域，包括丹江口市、襄阳市的襄州区一部分、钟祥市的西北、宜城市、南漳县、保康县及房县的东南部。

这一区域西周中、晚期的陶器主要组合为鬲、盂、豆、罐，鬲多为短颈、深腹、矮柱足。豆分斜壁、折壁两种，西周晚期则流行矮喇叭足上带箍。罐有长颈折肩罐，盂则近盆形。总体来看，风格与关中的周文化相同，只是柱足鬲为主流器物，少见或不见关中地区的锥足鬲和袋足鬲（图2）。

（二）江汉地区

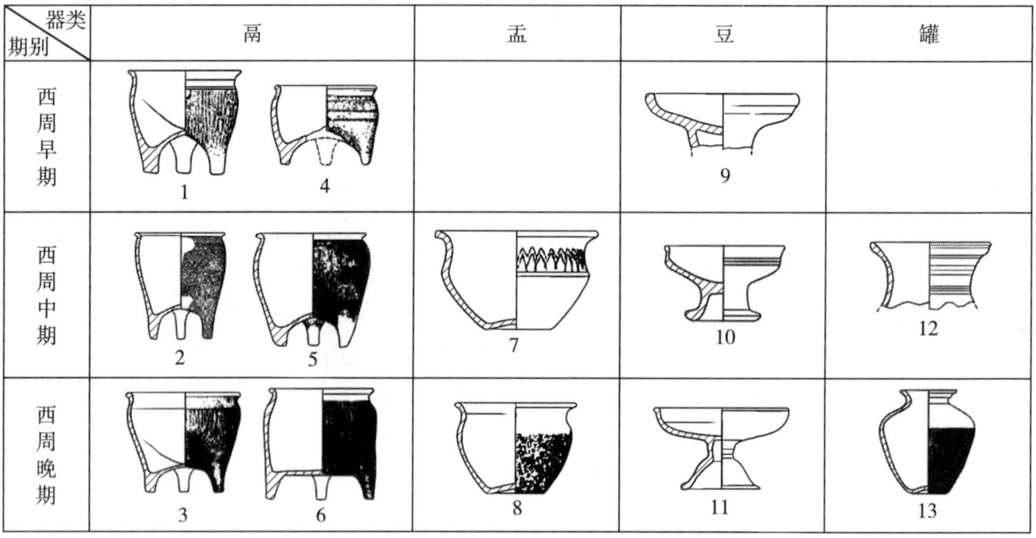

器类 期别	鬲	盂	豆	罐
西周早期	1　4		9	
西周中期	2　5	7	10	12
西周晚期	3　6	8	11	13

图2　荆汉地区周代陶器组合

1～6.T32②：2、H6：7、H81：15、H39：4、H36：3、H81：16　7、8.T92④A：4 、H81：18　9～11.H39：15、T92④B：5、H81：3　12、13.T0④：7、H81：18（1.六合遗址出土[23]，2、12.孙家坪遗址出土[24]，3～6、8、9、11、13.真武山遗址出土[25]，7、10.朱家台遗址出土[26]）

本文所称江汉地区是指荆山以南、沮漳河、汉水及长江周围的区域，包括远安、当阳、枝江、江陵、荆门、潜江、仙桃、武汉等县市。

这一区域西周时期的陶器组合主要为鬲、盆、豆、罐。鬲多为长颈、深腹、高柱足，还有一种尖锥形实足的鼎式鬲。豆为浅盘、矮粗柄，或有镂孔，罐为长颈鼓肩，盆近似盂形。陶器风格近似荆汉地区，但长柱足及尖锥形实足鬲较有特色（图3）。

（三）峡江地区

本文所称峡江地区是指宜昌市至巴东县之间的长江沿岸，包括宜昌市、秭归县、巴东县、长阳县等。

这一区域西周时期的陶器组合主要为鬲、簋、豆、罐、钵、釜等。鬲同与江汉地区的鬲相同，流行方格纹，簋为盂形、高足，豆为浅盘、长柄或有镂孔，罐为长颈（图4）。

（四）洞庭湖北区

本文所称洞庭湖北区是指湖北的宜都、松滋、监利、公安等市县及湖南的岳阳、临澧、华容、澧县等市县。

这一区域西周晚期的陶器主要组合为鬲、豆、盆、罐。鬲、罐形制与江汉地区的相同，豆为长柄，近似峡江地区的豆，盆近似盂。陶器风格总体接近于江汉地区的文化特色（图5）。

（五）丹淅地区

本文所称丹淅地区是指丹江流域沿线，包括陕西的商丹盆地、河南的淅川、湖北的郧县一带。

这一区域西周时期的陶器组合主要为鬲、盆、豆、罐、三足瓮。鬲为长体、短颈、矮

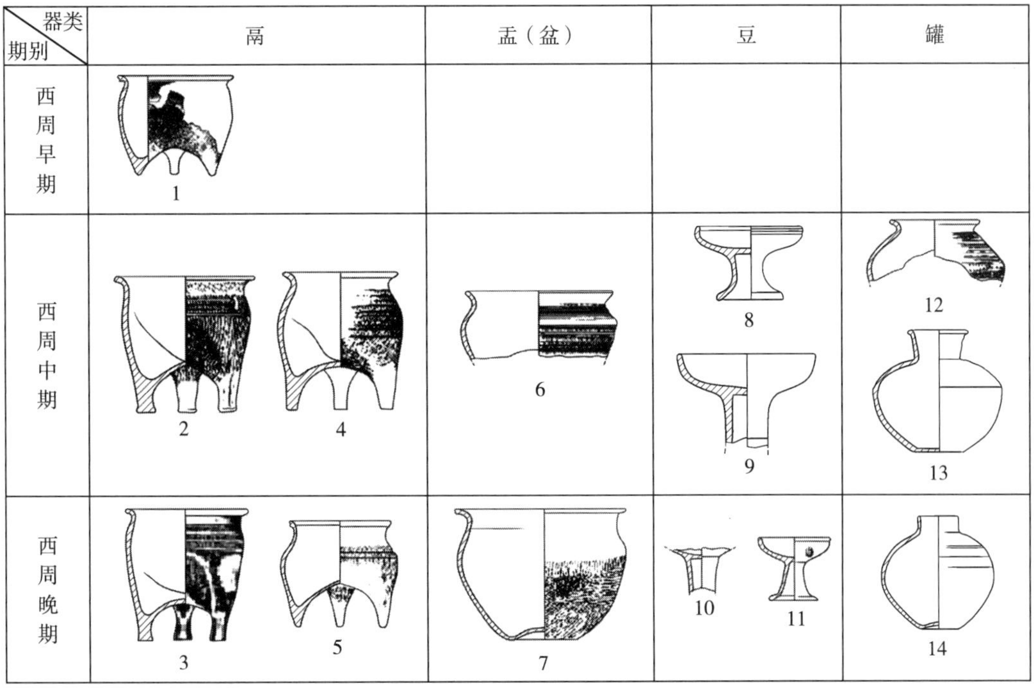

器类 期别	鬲	盂（盆）	豆	罐
西周早期	1			
西周中期	2　4	6	8　9	12　13
西周晚期	3　5	7	10　11	14

图3　江汉地区周代陶器组合

1～5.H1④：1、G2：1、T45③A：7、T11②：1、标本80：03　6、7.65WFH2：7、H73：1　8～11.65WFH2：21、H75：3、T2⑥：238、T1⑤： 125　12～14.T24②：4、H176：2、T1：⑥：270（1.黄陂鲁台山出土[27]，4、6、8、12.武昌放鹰台出土[28]，2、7、9、13.荆南寺遗址出土[29]，3.为江陵梅槐桥遗址出土[30]，5、10、11、14.当阳磨盘山遗址出土[31]）

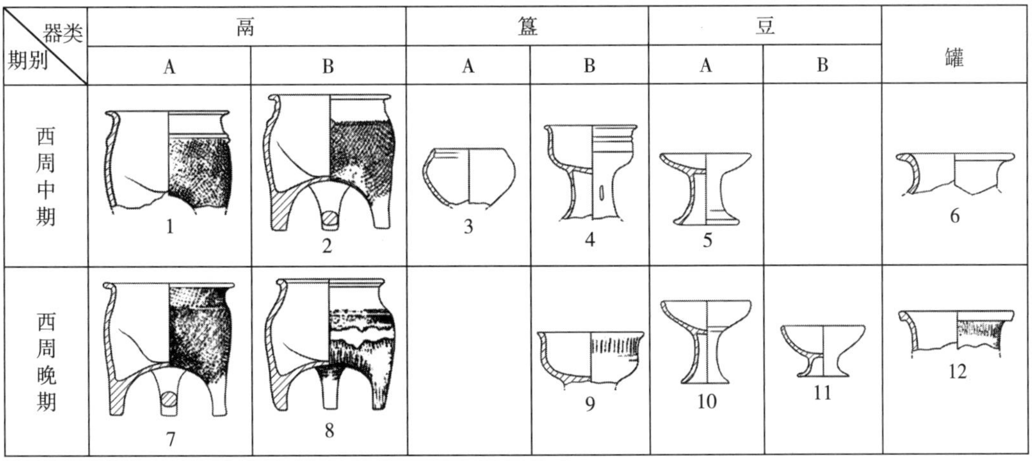

器类 期别	鬲		簋		豆		罐
	A	B	A	B	A	B	
西周中期	1	2	3	4	5		6
西周晚期	7	8		9	10	11	12

图4　峡江地区周代陶器组合

1、2、7、8.H7②：4、 H7②：2 、H7①：1、T22⑥：7　3、4、9.T25⑥：3、T25⑥：65、H5：1　5、10、11.T19⑥：1、T4⑥：12、T1⑥：39　6、12.T25⑥：12 、T21⑤：15（1～4、6、7.秭归庙坪遗址出土[32]，5、8、9、12.宜昌上磨垴遗址出土[33]，10、11.官庄坪遗址出土[34]）

足，有分裆和联裆两种；豆为深盘、折壁；罐为长颈、折肩；瓮为三空锥足。器形风格接近关中地区，以柱足鬲为主流的特点则与荆汉地区相同（图6）。

将万福垴遗址出土的陶器与以上区域出土的陶器相比较，西周中期，无论是鬲、簋、豆、罐、釜的组合，还是鬲、簋、豆、罐、釜的形制特点都与峡江地区相同，鬲长颈、高柱足的特点又与江汉地区西周中、晚期的同类器相似，器物上的暗纹、镂孔等都是长江中

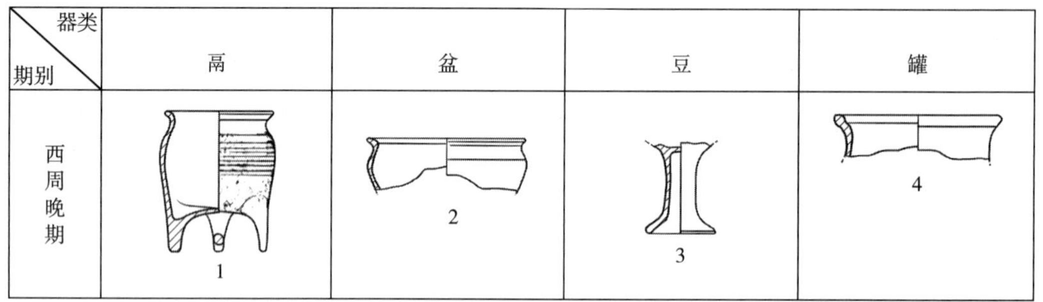

图5　洞庭湖北区周代陶器组合

1.H16④：1　2.H16④：34　3.H16④：56　4.H16④：10（1～4.岳阳毛家堰—阎家山遗址出土[35]）

器类 / 期别	鬲 A（续）	鬲 A	鬲 B	盆（盂）	豆	罐
西周早期		2	5	7		
西周中期	1	3	6	8 9	10	12
西周晚期		4			11	13

图6　丹淅地区周代陶器组合

1～6.H135：2、H214：1、H121：1、H17：1、M24：11、T4①：45　7～9.H115：2、T19①：124、H137：2　10、11.H137：4、H90：3　12、13.H16：8、H17：8（1.下寨遗址出土[36]，2～13.下王岗遗址出土[37]）

游地区沿岸周代文化陶器装饰风格，如在江陵荆南寺[38]、秭归庙坪[39]、巴东谭家岭[40]、阳新和尚垴[41]等遗址都有发现，故其与江汉地区及峡江地区文化存在一定的关联。从年代上看，西周遗存年代与江汉地区的相同而早于峡江地区的同期遗存。

三、铜器群与遗址的关系

遗址中出土编钟后，专家们纷纷撰文进行了探讨，意见已见前述。之所以出现两种不同的观点，笔者认为，与甬钟有两套或以上的组合有关，而且它们又铸于不同时期。目前，在西周时期墓葬中，出土成套甬钟的有西周早期的随州叶家山M111，为4件一套[42]；宝鸡竹园沟M7、茹家庄M1，各为3件一套[43]；北赵晋侯墓地M9为4件一套[44]；翼城大河口霸国墓地M1和M1017，各为3件一套[45]；西周中期的长安普渡村长囟墓为3件一套[46]；绛县横水M1为5件一套[47]；西周晚期的平顶山应国墓地M95为7件一套[48]；北赵晋侯墓地M8、M64，各为8件一套[49]。有学者认为西周早期至晚期，编钟的组合形式最少3件一套，最多8件一套[50]。万福垴的编钟达12件之多，时代最早可到西周早期后段，最晚也不晚于西周晚期[51]。按西周编钟规制的特点，其应该存在至少两套以上的可能。因目前未做测音工作，哪几件为一套还不得而知。

与编钟同出的还有一铜鼎，因出土时较破碎，形制不清，故学者们未对其探讨。这次简报公开了经修复后的铜鼎，本文试对其年代加以推断。

从铜鼎的器形来看，深垂腹，圜底，柱足，具有西周中期的典型特征。从纹饰上看，回首鸟纹与窃曲纹相间的纹饰风格见于西周中期的师酉鼎[52]，其鸟纹垂冠回首分尾的形状接近西周中期前段的剌鼎[53]，其窃曲纹的形状特点与西周中期的任鼎[54]相同。整器造形接近1954年西安市普渡村西周墓出土的作宝鼎[55]，但比作宝鼎的腹更垂，时代显晚，前者为西周中期前段。综合考量，将铜鼎的年代定在西周中期后段较合适，故铜鼎的年代仍在编钟组的年代范围之内（图7）。

这么大一批青铜重器何时埋藏于此？楚季宝钟及钟铭则是解答问题的关键。大家较一致的看法，是钟上的铭文为后刻，典型证据是在钲部錾刻铭文时对空间布局把握不当，以致最后一字刻到了鼓部，字体很细，笔画粗细不均，刻划痕迹明显等，这是铸铭不可能出现的情况，故铭文錾刻的时间可能就是铜器群埋藏的时间，晚于楚季宝钟本身[56]。

楚季宝钟的铸造年代为何时？我们以几处地点出土的西周中、晚期编钟与之比对。西

图7　铜鼎形制、纹饰比较图
1.万福垴出土　2.师酉鼎　3.任鼎　4.剌鼎　5.作宝鼎

周时期的编钟从早至晚在造型上变化甚微，但纹饰差别明显。1965年湖南湘潭县花石洪家峭西周中期墓出土的甬钟无论造型还是纹饰风格均与楚季宝钟[57]相同，1976年陕西扶风庄白一号窖藏出土的西周中期六式𤼈钟造型及纹饰风格也均与楚季宝钟[58]相同。又1984年陕西西安市长安张家坡出土的井叔采钟为西周中期后段[59]，其鼓部工字形云纹与楚季宝钟一样均为单线勾画，形状与楚季宝钟相同；其右鼓的鸟纹造型为写实与写意相结合，与楚季宝钟同出的同形钟（3号）为写意[60]，前者比后者复杂。1992年曲沃北赵晋侯墓地M8出土的晋侯苏钟[61]和1998年陕西扶风召村出土的楚公家钟[62]为西周晚期厉王时期，其鼓部的工字形云纹四角近圆，而楚季宝钟的则近方正，与井叔采钟接近。按照西周纹饰早期复杂、晚期趋简的特点，综合以上分析，楚季宝钟年代应早于晋侯苏钟和楚公家钟，而与井叔采钟相同，故将楚季宝钟的年代定在西周中期后段比较合适（图8；图9）。

楚季宝钟上铭文錾刻的年代又为何时，我们以西周晚期的楚公家钟[63]及楚公逆钟[64]、楚公逆镈[65]上的铭文与之比照，楚公家为熊渠，生活年代为西周中、晚之交，楚公逆为熊

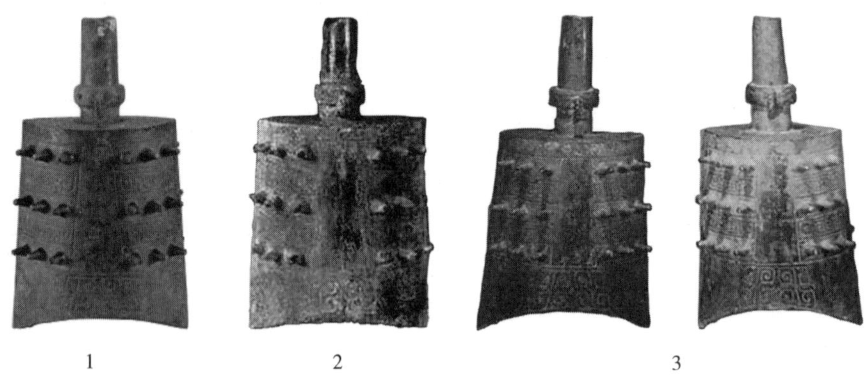

1　　2　　3

图8　甬钟形制比较图
1.楚季宝钟　2.洪家峭钟　3.六式𤼈钟

1　　2

图9　甬钟纹饰比较图
1.楚季宝钟纹饰拓本　2.井叔采钟纹饰拓本

鄂，生活年代为西周晚期后段（图10）。西周金文中的“公”、“其”、“宝”三字已经有学者做了专门研究，并根据字形的变化，排出了年代序列[66]（表1）。以此作为参考，可以排出以上三钟的年代。“公”，楚季宝钟与楚公家钟的“公”的上部形同，都为长八字头，长八字头的“公”最早在共王时期开始出现，流行于西周晚期，如南公乎钟[67]。下部的口字，楚季宝钟与楚公逆钟形近，都为半圆封口，半圆封口多见于西周晚期，如公觳钟[68]。“宝”下的“贝”，楚公家钟、楚公逆钟在左，楚公逆镈及楚季宝钟的皆在右边。“贝”字的写法，以刘华夏文中的系列表[69]比照（图11）。

楚公家钟和楚公逆镈的字形可归入AⅩb式，刘文将AⅩb式归入宣王时；楚季宝钟的字

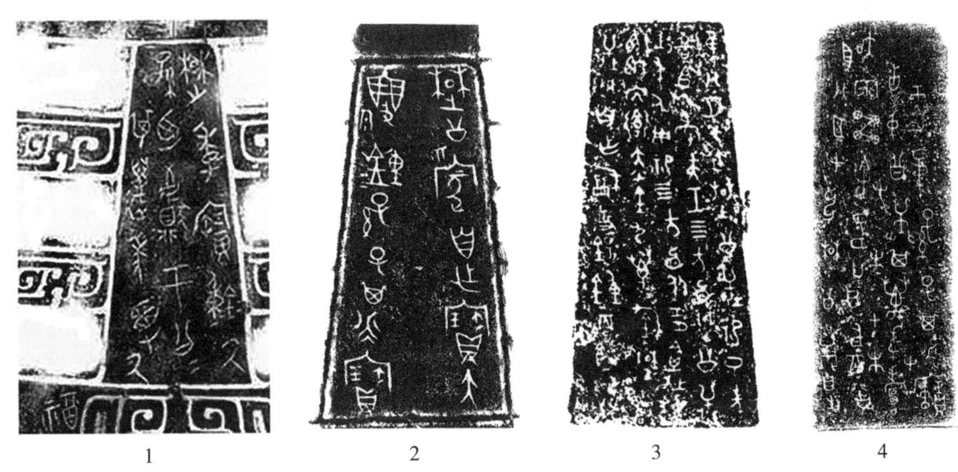

图10　铭文字体比较图

1.楚季宝钟铭文拓本　2.楚公家钟铭文拓本　3.楚公逆钟铭文拓本　4.楚公逆镈铭文拓本

表1　张懋镕先生所列西周标准器常用字字形表

王世＼字形	令	公	宝	隮
成　王		(1)	(1)	(1)
康　王	(2)　(3)	(2)　(3)	(3)	(2)
昭　王	(5)　(6)		(5)　(6)	(4)　(5)　(6)
穆　王	(7)　(9)	(7)　(11)	(8)　(9)　(10)	(9)
共　王	(13)	(13)	(13)　(14)	(12)　(13)
厉　王	(15)		(15)	
宣　王	(16)	(16)	(16)	(16)

说明：引自刘华夏：《金文字体和铜器分析》，《考古学报》2010年第1期。

形近似AⅧd式，但贝的两角消失，应晚于AⅧd式，楚公逆钟的字形与AⅧb式相同，刘文将AⅧ式归入夷王时期。“宝”上的宝盖头写法，楚公家钟的字形与BⅡ式相同，刘文将BⅡ式归入共王时，楚公逆钟、镈、楚季宝钟的字形介于BⅡ式与BⅣ之间，刘文归入共王至幽王时期（图12）；就“宝”的字形看，以张懋镕“标准器常用字字形表”[70]为参考（以下简称张文）。楚公家钟属厉王时期，楚公逆钟属宣王时期。“其”字，以上钟镈基本相同，属于刘文中的KⅡ式，属西周中期至西周晚期宣王时期（图13）。综合以上分析，可以将楚季宝钟的铭文錾刻年代定在西周晚期前段，晚于楚公家钟而早于楚公逆钟、镈，也即这批铜器的埋藏年代最早不过西周晚期前段。

从上面的分析来看，铜器群埋藏的年代下限与遗址的年代下限重合，故铜器群与遗址可能存在关联。学者们对于铜器所有者的身份也进行了推断，一致认为所有者为楚国王室公族[71]。那么，万福垴遗址的规格与所有者的身份是否相合？2013年，湖北省文物考古研

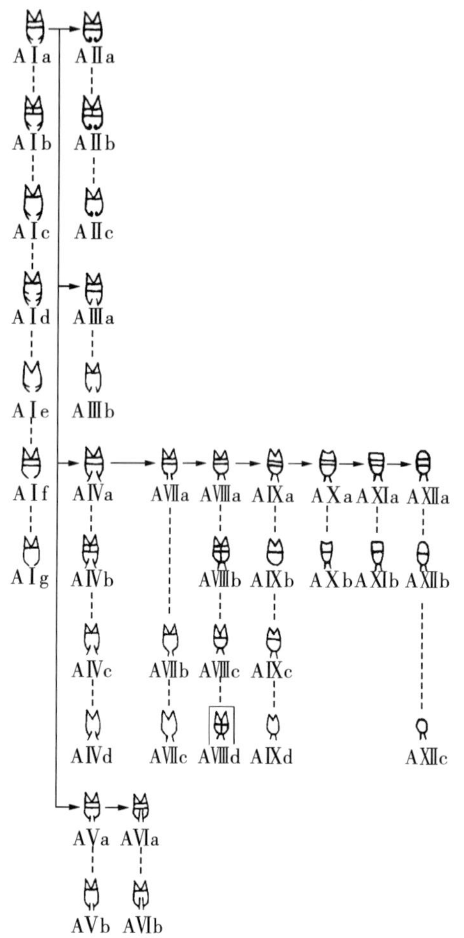

图11 “贝”字字体类型（引自刘华夏：《金文字体和铜器分析》，《考古学报》2010年第1期）

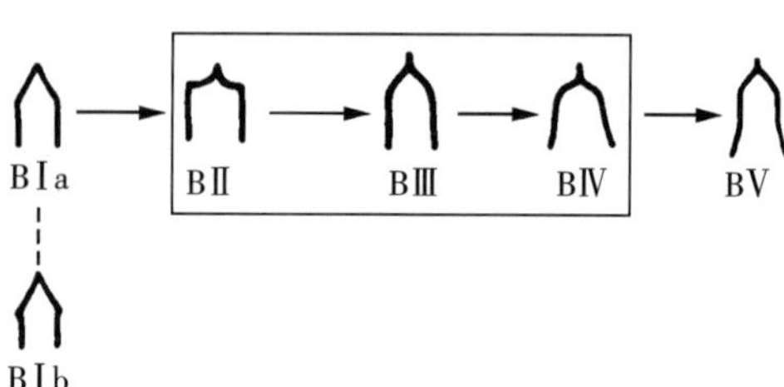

图12 “宀”字字体类型（引自刘华夏：《金文字体和铜器分析》，《考古学报》2010年第1期）

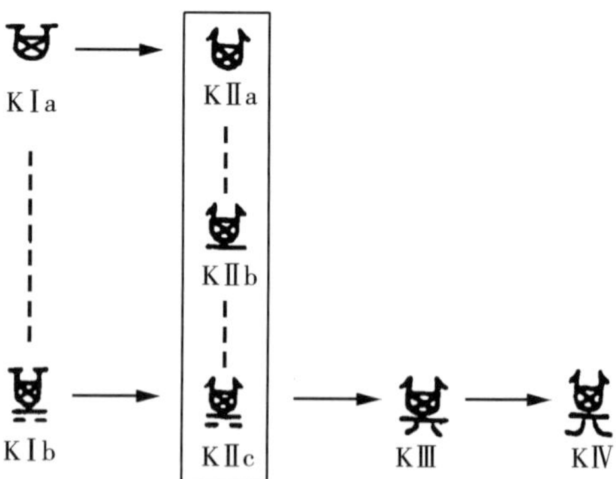

图13 “其”字字体类型（引自刘华夏：《金文字体和铜器分析》，《考古学报》2010年第1期）

究所、武汉大学历史学院考古系及宜昌博物馆联合对万福垴遗址进行了调查勘探，发现万福垴是一处较大型的聚落遗址，面积达56万平方米，附近还分布有桂溪湖等几处小遗址，构成以万福垴遗址为中心的一个大型聚落群[72]。无论是遗址的规模还是其中心地位都表明万福墩遗址的规格较高，与铜器群所有者的地位相称，则铜器群很有可能为遗址的统治者所有和埋藏。

四、铜器群埋藏背景分析

这批楚国的铜器因何被遗址的主人所埋藏，也即其用意如何？换句话说，西周晚期，楚国的谁可能来到万福垴？从文献中搜索，有四人可能，熊渠、熊康、熊红和熊延。《史记·楚世家》载：“当周夷王之时，王室微，诸侯或不朝，相伐。熊渠甚得江汉间民和，乃兴兵伐庸、杨粤，至于鄂。熊渠曰：‘我蛮夷也，不与中国之号谥。’乃立其长子康为句亶王，中子红为鄂王，少子执疵为越章王，皆在江上楚蛮之地。及周厉王之时，暴虐，熊渠畏其伐楚，亦去其王。”与《楚世家》上述记载类似的文字又见于《世本·帝系》及《大戴礼记·帝系》。

庸是西周早期的一个大国，曾经助武王灭商。《尚书·牧誓》载：“王左杖黄钺，右秉白旄以麾，曰：‘逖矣，西土之人。’王曰：‘嗟！我友邦冢君，御事、司徒、司马、司空、亚、旅、师氏、千夫长、百夫长及庸、蜀、羌、髳、微、卢、彭、濮人。称尔戈，比尔干，立尔矛，予其誓。’”[73]由此可见，庸国是当时武王伐商联军的主力，排八国之首。庸国位于竹山县，《〈史记〉集解》引杜预注：“庸，今上庸县。”《〈史记〉正义》引《括地志》云：“房州竹山县，本汉上庸县，古之庸国，昔周武王伐纣，庸蛮在焉[74]”。

“杨粤”，《史记》索隐云：“有本作‘杨雩’，音吁，地名也。今音越。谯周亦作‘杨越。’”[75]对于这个“杨粤”或者“杨越”，历代学者无论，今学界则纷歧较大，大致有四种意见。第一种以钱穆先生为代表，认为杨粤是南方越人的一支。钱穆先生在《史记地名考》中说：“此越与南粤同祖，故南粤亦称杨越[76]”。舒之梅先生也认为杨粤系指《禹贡》中之古杨州的越人，其西境达今赣、鄂交界处，熊渠所伐为其西之一部[77]。第二种以罗香林先生为代表，认为杨粤在汉水中游。他在《中夏系统中的百越》一书中说：“杨越界庸、鄂之间，则其最早地望当在汉水流域中部。”[78]但他所指的中游是汉水与长江之间，范围较广。张正明先生认为杨粤属于古越族一支，“杨越得名于杨水”，“所谓杨越，即杨水以东和以南的越人。”[79]他将杨越定位于杨水一带，因地而名。段渝先生则认为“杨粤在内乡、邓县、襄樊之间，地当汉水中游。”[80]将杨粤放在了汉水以北。第三种以刘美崧先生为代表，认为杨粤为芈姓夔越，位于今湖北秭归[81]。以上三种意见虽然各不相同，但有一点是相同的，都认为杨粤为越族之一。也有人认为杨粤为一具体地名，指锡穴[82]。杨粤是否为地名，则要根据前面的庸来判断。庸指的是国家，武王伐纣之八国之一，非地名，则杨粤也不可能是地名，因为在司氏的述语中，两者是并列关系，故地名说不可取。杨粤的地望在哪里？则要根据熊渠的讨伐路线来推断。熊渠的活动地域不出荆山范围，此次讨伐最后到达的地方是鄂（此处指东鄂），即武昌、鄂城一带。从荆山到鄂有三条路径可走，一是顺汉水而下，一是走荆宜隘道，一是顺沮漳河而下。顺汉水而下不可能，因为汉水流域有邓、随、鄀、郧等邦国，楚人首先要击败他们才能至鄂，按当时楚的实力，要对付这么多的邦国还是比较困难的。走荆宜隘道则要克服鄀这个障碍，除非此时鄀已属楚。顺沮漳河而下，然后顺长江而下，则是最便捷的通道，途中也没有多少强敌，但前提是楚国中心此时须在沮漳河上游一带。无论是走荆宜隘道或是沮漳河，按先至杨粤之地后到鄂的顺序，都可推断杨粤应该在鄂之西，并距鄂不会太远，且皆在长江沿线。故杨粤应该在江汉平原上，张正明先生所言极是。《水经·沔水注》："杨水又北迳竟陵县西，又北，纳巾吐柘。柘水，即下杨水也……巾水又西迳竟陵县北，西注杨水，谓之巾口，水西有古竟陵大城，古郧国也。"[83]竟陵即今钟祥。说明杨粤地近郧国，在钟祥与江陵之间。

熊渠三子的封地在何处?

句亶，《〈史记〉集解》引："张莹曰：'今江陵也'。"[84]《渚宫旧事》曰："……后六世，熊渠立，封长子康为句亶王，治江陵。康死，国绝。熊渠之后数世至文王熊赀，始大，遂都郢。今江陵北郢城纪城是也。"[85]《路史·国名纪》卷丙亦谓："句亶，熊渠长子康封之，今江陵。"[86]句亶在江陵地界，历代学者对此无异义。今人则认为句亶在汉水中游一带，如赵逵夫先生就认为：句亶"当在庸以北的汉水边上"，并进一步推测在扬穴以东、句澨以西的汉水边，即古麇国地域[87]；黄锡全先生赞同赵说，并从音韵学和古音通假的角度认为句亶即《左传·文公十六年》"楚师次于句澨，使庐戢黎侵庸"的句澨，在均县[88]；叶植先生也认为句亶在今丹江口市西北至郧县一带[89]；黄凤春先生认为句亶或为郧县辽瓦店子遗址[90]；段渝先生则认为句亶或可通于巫诞，巫诞指竹山一带。此说的理由是：熊渠讨伐了庸，则应该在庸地封王以控守。笔者认为这个理由不错，但熊渠所伐的庸是否就是庸之都城则存疑。因为庸之中心在竹山，就认为熊渠是冲着竹山去的，这就有点想当然了。西周时期的庸国是一个大国，直至春秋时期仍是群蛮之首，国界南至长江边。《左传·文公十六年》载："楚大饥，戎伐其西南，至于阜山，师于大林。又伐其东南，至于阳丘，以侵訾枝。庸人帅群蛮以叛楚。麇人率百濮聚于选，将伐楚。于是申息之北门不启，楚人谋徙于阪高。蒍贾曰：'不可。我能往，寇亦能往。不如伐庸。夫麇与百濮，谓我饥不能师，故伐我也。若我出师，必惧而归。百濮离居，将各走其邑，谁暇谋人？乃出师。……又与之遇，七遇皆北，唯裨、儵、鱼人实逐之。庸人曰：'楚不足与战矣。'遂不设备。……遂灭庸。"[91]楚庄王即位三年，楚国发生饥荒，山戎乘机反叛，庸国也率领群蛮进攻楚国。楚庄王害怕，想迁都，后在蒍贾的劝说下，发兵攻庸，设计假装败退，庸国裨、儵、鱼地的军队追击。楚军趁庸人轻敌，在巴、秦军的支援下，一举灭庸。杜预注："裨、儵、鱼，庸三邑。鱼，鱼复县，今巴东永安县。"[92]说明春秋时庸国的势力范围，最南仍至长江山峡的巴东、兴山一带。故熊渠伐庸应该是指的庸国的外围或曰南疆，而非庸之都城竹山。依此，句亶只能在长江边。至于是否为江陵则存疑。因为楚人对南方的兴趣远大于北方，伐庸只是怕自己南进时庸人趁机袭扰，毕竟楚与庸相邻，不得不防，故伐庸的目的只是警示庸人而已。

越章，《世本·帝系》称为就章，《大戴礼记·帝系》称为戚章，黄锡全先生认为“越章”本应作“戚章”[93]，武家璧先生认为“就”通“戚”[94]，黄、武二位先生考据甚是。戚章，说法则颇有分歧，清人宋翔凤主张“杨粤即越章”，其地在长江下游的当涂[95]；越南学者陶维英先生主张在古越棠，即汉代的豫章郡（江西南昌一带）[96]；赵逵夫先生主张在漳水下游，再往南便是杨越之地[97]；何光岳先生主张“安陆的章山、章水，古也叫豫章，正是越章王的封地”[98]；张正明先生主张在今湖北秭归县比较合理[99]；刘信芳先生主张就是今之沮漳[100]；石泉先生主张在今唐白河下游之豫章大陂[101]；黄锡全先生主张在今江陵一带[102]，等等。笔者认为越章应该不出杨粤之地，杨粤分布于江陵一带（详前），故黄锡全先生的考证较为合理。因为熊渠此次大规模的南伐就是为了获取铜绿山一带铜矿资源，而江陵则是将铜矿资源运输至楚国的必经之路，必须加以控扼。

鄂，历史上存在东鄂和西鄂说。《史记〈正义〉》：“刘伯庄云：‘地名，在楚之西，后徙楚，今东鄂州是也。’括地志云：‘邓州向城县南二十里西鄂故城是楚西鄂。’”[103]刘伯庄认为鄂最先在河南邓州，后徙于今湖北鄂州，但未言熊渠所伐为哪个鄂。又《史记〈集解〉》：“〈九州记〉曰：‘鄂，今武昌。’”[104]《史记〈正义〉》：“括地志云：‘武昌县，鄂王旧都。今鄂王神即熊渠子之神也。’”[105]裴骃和张守节皆认为，熊渠所伐之鄂在今鄂州。笔者认为，熊渠所伐之鄂为东鄂[106]。由上段记载可知，周夷王时期熊渠曾一度征讨到了长江边。

熊渠分封三子的目的也是要控制铜矿的开采和流通，这三个封地正好形成三角形阵势，互为犄角，能够掌控江汉地域及长江一带。

熊渠所封三子皆在长江及沮漳河沿线，但封王时间很短。因为周夷王死后，继位的周厉王残暴，熊渠害怕，就去掉了三子的王号，但不一定就同时收兵回营，也即三子可能还在长江沿线驻扎了一段时间。《史记·楚世家》随后又曰：“后为熊毋康，毋康蚤死。熊渠卒，子熊挚红立。挚红卒，其弟弑而代立……。”毋康即长子康，挚红即中子红，其弟即少子执疵。这段记载透露的信息是：长子康不久就死了，中子红和少子执疵因继位也相继离开，也即三子在长江一带驻扎的时间不长。熊渠及其子的这次南征，一路行军打仗不可能携带很多东西，更不用说是像万福垴铜器群这样的重器了。换句话说，万福垴遗址的铜器群不可能是他们此次征讨时的遗留。

传世文献中还透露给我们另外一个信息，就是楚人熊挚。《左传·僖公二十六年》载：“夔子不祀祝融与鬻熊。楚人让之，对曰：‘我先王熊挚有疾，鬼神弗赦而自窜于夔。吾是以失楚，又何祀焉？’秋，楚成得臣、斗宜申帅师灭夔，以夔子归。”杜《注》：“熊挚，楚嫡子，有疾不得嗣位，故别封为夔子。”《国语·郑语》“芈姓夔越”韦昭《注》云：“夔越，芈姓之别国，楚熊绎六世孙曰熊挚，有恶疾，楚人废之，立其弟熊延。挚自弃于夔，其子孙有功，王命为夔子。”这段记载告诉我们，熊挚或其后人是夔国的建立者，又是楚人。因为不祭祀楚人祖先，故楚成王以此为借口灭夔。熊挚又见于清华简《楚居》：“……酓（熊）渠徙居发渐。至酓钥（艾）、酓挚居发渐。酓挚徙居旁岍。至酓延自旁岍徙居乔多……。”[107]清华简表明熊挚为熊渠的后裔，先是居发渐，后迁徙到旁岍。

清华简中的熊挚与《左传·僖公二十六年》中记载的熊挚应为同一个人，按《史记·楚世家》记载的世系看，此人应为熊渠之子。将《史记·楚世家》中的熊渠三子与《楚居》对照可知，熊康就是熊钥（艾），红（挚红）就是熊挚，执疵就是熊延。熊挚从发渐迁徙到旁屽的原因在清华简中未说明，也许与《左传·僖公二十六年》记载的原因一致："有疾"。"有疾"只是借口，真正原因是其在生恶疾时，君位受到了威胁，而威胁者就是熊延。熊挚为什么选择了"自窜于夔"？显然，熊挚南伐及封鄂时，就已经对长江一带的地理和人文比较熟悉，并建立有根据地，故选择了远离荆山的长江边避居，这也反证了挚红所封之鄂为东鄂。所谓"自窜于夔"显然是主动的逃离，也即带着家当和侍从的一次大迁徙，可能还有卫队，不然，不可能很快就在长江边建立一个夔国。《楚居》记载的"旁屽"可能就是熊挚"自窜于夔"在长江边的第一个落脚点。

"旁屽"在哪？无论是传世文献还是出土文献中皆无迹可查。笔者认为"旁屽"就是万福垴遗址，先就"旁屽"的字意来阐释。《说文》云："旁，溥也。溥，大也。"屽通岸。《说文》云："岸，水厓而高者。""旁屽"连起来的意思就是水边又大又高处。万福垴遗址就是长江边一处又大又高的台地，地形与"旁屽"相合；万福垴遗址兴盛于西周晚期前段，又与熊挚"自窜于夔时"的时间相合；万福垴遗址具有都邑的规模，更重要的是万福垴遗址有一批既与熊挚时代相合，又与熊挚身份相合的楚公室之重器；如此巧合，决非偶然，只有一个可能，那就是熊挚是这批铜器的主人。

有了上面的分析，我们可以对楚季宝钟的铭文加以解释了，铭文的錾刻者即"厥孙"为熊挚，"楚季"则为其祖父熊扬。熊扬活动时间为西周中期后段，与楚季宝钟的铸造年代相合；熊挚活动时间为西周晚期前段，与铭文的錾刻时间相合。至于"公"是何人，则要根据这批铜器埋藏的原因来分析，学者们多认为是窖藏[108]。窖藏多是为了避战乱而匆忙埋藏，果真如此？铭文似乎给了我们一些提示，首先，铭文是后錾刻的，如果如学界多认为"公"指楚国国君，那么此铭文是楚季的孙子在贡献给国君时刻的，既然是贡献给了国君，则此器应该为国君所有，又如何流落到此？当时的楚国"土不过同"，此地尚在同（国土）外，又有何国君在此逗留，还为了避战乱而将重器埋藏？唯一的可能是来过此地的楚国国君熊渠，熊渠之时正是楚国开疆拓土的强势时期，没有避战乱的可能。熊渠南征时，也不可能随身携带如此多的重器。笔者认为这批铜器是因祭奠而埋藏的。首先，窖藏坑中不会有陶器，万福垴遗址与铜器群同出的还有陶器；其次，铭文是后刻的，显然是因某事而刻，窖藏是突发行为，不可能还赶刻铭文；最后，从铭文内容分析，应是专门为献于某人而刻，窖藏是自己的，不可能献于他人。如果推测不误，则铭文中的"公"就是"楚季"本人，即熊扬。熊挚虽然逃离了楚国，但并没有忘记自己的祖先，在祖父的祭日，举行了祭奠仪式，随后将祭品埋藏。

五、余　　论

楚季宝钟铜器群的出土，使得万福垴遗址与早期楚国有了交集，其文化特色与楚文化存在千丝万缕的联系。学界对于早期楚文化的认识一直很模糊，万福垴遗址的发现使得早期楚文化的影子逐渐清晰。铜器群出土于H1，H1的年代为西周晚期。H1出有自铭楚季宝钟的器物，则H1为楚国人所为，故H1中出土的陶器一定具有楚文化的元素，遗址第四期的文化特色应该就是早期楚文化的体现。第四期除了典型周文化风格的A型大口鬲、B型盆形簋、亚腰形柄豆和长颈、折肩罐，B型小口鬲则继承了上几期的传统，这种小口、高颈、弧裆、高柱足的鬲不同于关中地区的周式鬲，而广泛流行于江汉地区，应该是本地的一种特有器物。又A、C型簋、镂孔豆、釜也与前几期一脉相承，而不见于关中地区。由此来看，早期楚文化应该是周文化与江汉地区土著文化相结合的产物。这支楚文化来到万福垴后，对于当地土著文化采取兼收并蓄的方式，这种文化演变特色也喻示了楚文化的形成具有同样的历程。

附记：本文为国家社科基金项目《清华简〈楚居〉与楚国都城研究》（项目编号：14BZS069）资助的阶段性研究成果。

注　释

[1] 宜昌博物馆:《宜昌万福垴编钟出土及遗址初步勘探》,《中国文物报》2012年9月28日第8版。

[2] a.李学勤:《试谈楚季编钟》,《中国文物报》2012年12月7日第6版。
b.郭德维:《楚季宝钟之我见》,《江汉论坛》2012年第11期。
c.张昌平:《吉金类系——楚公家钟》,《南方文物》2012年第3期。
d.武家璧:《"楚季"其人与"楚季钟"的年代》,见《楚学论丛》第二辑,湖北人民出版社,2012年。

[3] 刘彬徽:《楚季编钟及其他新见楚铭铜器研究》,见《湖南省博物馆馆刊》第九集,岳麓书社,2013年。

[4] 湖北省文物考古研究所、武汉大学历史学院考古系、宜昌博物馆:《湖北宜昌万福垴遗址发掘简报》,《江汉考古》2016年第4期。

[5] 中国社会科学院考古研究所:《张家坡西周墓地》,中国大百科全书出版社,1999年。

[6] 宝鸡市周原博物馆:《北吕周人墓地》,西北大学出版社,1995年。

[7] 陕西省考古研究院:《少陵原西周墓地》,科学出版社,2009年。

[8] 洛阳市文物工作队:《洛阳北窑西周墓》,文物出版社,2002年。

[9] 中国科学院考古研究所湖北发掘队:《湖北蕲春毛家咀西周木构建筑》,《考古》1962年第1期。

[10] 陕西省考古研究院、北京大学考古文博学院、中国社会科学院考古研究所:《周原——2002年度齐家制玦作坊和礼村遗址考古发掘报告(下)》,科学出版社,2010年。

[11] 陕西省考古研究院、北京大学考古文博学院、中国社会科学院考古研究所:《周原——2002年度齐家制玦作坊和礼村遗址考古发掘报告(下)》,科学出版社,2010年。

[12] 中国社会科学院考古研究所:《张家坡西周墓地》,中国大百科全书出版社,1999年。

[13] 陕西省考古研究院:《少陵原西周墓地》,科学出版社,2009年。

[14] 中国科学院考古研究所湖北考古队:《湖北蕲春毛家咀西周木构建筑》,《考古》1962年第1期。

[15] 湖北省文物考古研究所、随州市博物馆:《湖北随州叶家山M65发掘简报》,《江汉考古》2011年第3期。

[16] 陕西省考古研究院、北京大学考古文博学院、中国社会科学院考古研究所:《周原——2002年度齐家制玦作坊和礼村遗址考古发掘报告(下)》,科学出版社,2010年。

[17] 荆州博物馆:《荆州荆南寺》,文物出版社,2009年。

[18] 湖北省文物考古研究所、襄樊市博物馆:《湖北襄樊真武山周代遗址》,见《考古学集刊》第9集,科学出版社,1995年。

[19] 陕西省考古研究院、北京大学考古文博学院、中国社会科学院考古研究所：《周原——2002年度齐家制玦作坊和礼村遗址考古发掘报告（下）》，科学出版社，2010年。

[20] 陕西省考古研究院、北京大学考古文博学院、中国社会科学院考古研究所：《周原—— 2002年度齐家制玦作坊和礼村遗址考古发掘报告（下）》，科学出版社，2010年。

[21] 湖南省文物考古研究所、长沙市考古研究所、宁乡文物管理所：《湖南宁乡炭河里西周城址与墓葬发掘简报》，《文物》2006年第6期。

[22] 宝鸡市博物馆：《宝鸡弖国墓地》，文物出版社，1988年。

[23] 荆州地区博物馆、钟祥县博物馆：《钟祥六合遗址》，《江汉考古》1987年第2期。

[24] 湖北省文物考古研究所：《湖北房县孙家坪遗址发掘简报》，《江汉考古》2013年第3期。

[25] 陕西省考古研究院、北京大学考古文博学院、中国社会科学院考古研究所：《周原——2002年度齐家制玦作坊和礼村遗址考古发掘报告（下）》，科学出版社，2010年。

[26] 中国社会科学院考古研究所长江工作队：《湖北均县朱家台遗址》，《考古学报》1989年第1期。

[27] 黄陂县文化馆、孝感地区博物馆、湖北省博物馆：《湖北黄陂鲁台山两周遗址与墓葬》，《江汉考古》1982年第2期。

[28] 湖北省文物考古研究所：《武昌放鹰台》，文物出版社，2003年。

[29] 湖北省文物考古研究所、襄樊市博物馆：《湖北襄樊真武山周代遗址》，见《考古学集刊》第9集，科学出版社，1995年。

[30] 湖北荆州地区博物馆、北京大学考古系：《湖北江陵梅槐桥遗址了掘简报》，《考古》1990年第9期。

[31] 宜昌地区博物馆：《当阳磨盘山西周遗址试掘简报》，《江汉考古》1984年第2期。

[32] 湖北省文物事业管理局、湖北省三峡工程移民局：《秭归庙坪》，科学出版社，2003年。

[33] 湖北省文物考古研究所：《湖北宜昌县上磨垴周代遗址的发掘》，《考古》2000年第8期。

[34] 湖北省博物馆：《秭归官庄坪遗址试掘简报》，《江汉考古》1984年第3期。

[35] 岳阳市文物工作队：《湖南省岳阳市郊毛家堰—阎家山周代遗址发掘简报》，《文物》1993年第1期。

[36] 河南省文物考古研究院、河南省文物局南水北调文物保护办公室：《河南淅川下寨西周遗址发掘简报》，《华夏考古》2017年第2期。

[37] a.中国社会科学院考古研究所山西队、河南省文物局南水北调办公室：《河南淅川县下王岗遗址西周遗存发掘简报》，《考古》2010年第7期。

b.河南省文物考古研究所、长江流域规划办公室考古队河南分队：《淅川下王岗》，文物出版社，1989年。

[38] 荆州博物馆：《荆州荆南寺》，文物出版社，2009年。

[39] 湖北省文物事业管理局、湖北省三峡工程移民局：《秭归庙坪》，科学出版社，2003年。

[40] 国务院三峡工程建设委员会办公室、国家文物局：《巴东谭家岭与宋家榜》，科学出版社，2014年。

[41] 咸宁地区博物馆、阳新县博物馆：《阳新县和尚垴遗址调查简报》，《江汉考古》1984年第4期。

[42] 湖北省文物考古研究所等：《随州叶家山——西周早期曾国墓地》，文物出版社，2013年。

[43] 卢连成等：《宝鸡弖国墓地》，文物出版社，1988年。

[44] 北京大学考古系、山西省考古所：《1992年春天马—曲村遗址墓葬发掘报告》，《文物》1993年第3期；《天马—曲村遗址北赵晋侯墓地第二次发掘》，《文物》1994年第1期；《天马—曲村遗址北赵晋侯墓地第三次发掘》，《文物》1994年第8期；《天马—曲村遗址北赵晋侯墓地第四次发掘》，《文物》1994年第8期；《天马—曲村遗址北赵晋侯墓地第五次发掘》，《文物》1995年第7期；《天马—曲村遗址北赵晋侯墓地第六次发掘》，《文物》2001年第8期。

[45] 山西省考古研究所大河口墓地联合考古队：《山西翼城县大河口西周墓地》，《考古》2011年第7期。
[46] 陕西省文物管理委员会：《长安普渡村西周墓的发掘》，《考古学报》1957年第1期。
[47] 山西省考古研究所：《山西绛县横水西周墓发掘简报》，《文物》2006 年第8期。
[48] 河南省文物考古研究所、平顶山市文物管理局：《平顶山应国墓地（Ⅰ）》，大象出版社，2012年。
[49] 湖北省文物考古研究所：《武昌放鹰台》，文物出版社，2003年。
[50] 方建军：《论叶家山曾国编钟及有关问题》，《中国音乐学》2015年第1期。
[51] 刘彬徽：《论万福垴楚遗址及其出土楚季编甬钟的年代与相关问题》，见《湖南省博物馆馆刊》第十三辑，岳麓书社，2017年。
[52] 吴镇锋：《商周青铜器铭文暨图像集成》第5卷第340页，上海古籍出版社，2012年。
[53] 吴镇锋：《商周青铜器铭文暨图像集成》第5卷第251页，上海古籍出版社，2012年。
[54] 吴镇锋：《商周青铜器铭文暨图像集成》第5卷第274页，上海古籍出版社，2012年。
[55] a.陕西省文物管理委员会：《长安普渡村西周墓的发掘》，《考古学报》1957年第1期。
b.吴镇锋：《商周青铜器铭文暨图像集成》第4卷第284页，上海古籍出版社，2012年。
[56] a.李学勤：《试谈楚季编钟》，《中国文物报》2012年12月7日。
b.张昌平：《吉金类系——楚公家钟》，《南方文物》2012年第3期。
[57] 王子初：《中国音乐文物大系Ⅱ（湖南卷）》第74页，大象出版社，2006年。
[58] 陕西周原考古队：《陕西扶风庄白一号青铜器窖藏发掘简报》，《文物》1978年第3期。
[59] 吴镇锋：《商周青铜器铭文暨图像集成》第27卷第328页，上海古籍出版社，2012年。
[60] 黄文新、赵芳超：《湖北宜昌万福垴遗址出土甬钟年代及相关问题研究》，《江汉考古》2016年第4期。
[61] 吴镇锋：《商周青铜器铭文暨图像集成》第27卷第347～369页，上海古籍出版社，2012年。
[62] 吴镇锋：《商周青铜器铭文暨图像集成》第27卷第117页，上海古籍出版社，2012年。
[63] 吴镇锋：《商周青铜器铭文暨图像集成》第27卷第117页，上海古籍出版社，2012年。
[64] 吴镇锋：《商周青铜器铭文暨图像集成》第28卷第399～402页，上海古籍出版社，2012年。
[65] 吴镇锋：《商周青铜器铭文暨图像集成》第29卷第245页，上海古籍出版社，2012年。
[66] a.张懋镕：《金文字形书体与二十世纪的西周铜器断代研究》，见《古文字研究》第二十六辑，中华书局，2006年。
b.刘华夏：《金文字体与铜器断代》，《考古学报》2010年第1期。
[67] 吴镇锋：《商周青铜器铭文暨图像集成》第28卷第383～385页，上海古籍出版社，2012年。
[68] 吴镇锋：《商周青铜器铭文暨图像集成》第27卷第14页，上海古籍出版社，2012年。
[69] 刘华夏：《金文字体与铜器断代》，《考古学报》2010年第1期。
[70] 张懋镕：《金文字形书体与二十世纪的西周铜器断代研究》，见《古文字研究》第二十六辑，中华书局，2006年。
[71] a.李学勤：《试谈楚季编钟》，《中国文物报》2012年12月7日第6版。
b.郭德维：《楚季宝钟之我见》，《江汉论坛》2012年第11期。
c.张昌平：《吉金类系——楚公家钟》，《南方文物》2012年第3期。
d.刘彬徽：《楚季编钟及其他新见楚铭铜器研究》，见《湖南省博物馆馆刊》第九辑，岳麓书社，2013年。
[72] 湖北省文物考古研究所、武汉大学历史学院考古系、宜昌博物馆：《湖北宜昌万福垴遗址调查勘探简报》，《江汉考古》2015年第5期。
[73] 十三经注疏整理委员会：《尚书正义》第284页，北京大学出版社，1999年。
[74] 《史记·楚世家》，中华书局，1982年。

[75]《史记·楚世家》,中华书局,1982年。
[76] 钱穆:《史记地名考》第1450页,商务印书馆,2001年。
[77] 舒之梅:《“夔越”乎?“夔”“越”乎》,见《百越民族史论丛》,广西人民出版社,1983年。
[78] 罗香林:《越族源出于夏民族考》,见《中夏系统中之百越》,独立出版社,1943年。
[79] 张正明:《楚文化史》第24页,上海人民出版社,1987年。
[80] 段渝:《楚熊渠所伐庸、杨粤、鄂的地理位置》,见《历史地理》第8辑,上海人民出版社,1990年。
[81] 刘美崧:《千越续考——兼论西周至春秋时期江西地区越文化与吴楚的关系》,《中南民族学院学报》1986年增刊。
[82] 叶植:《试论楚熊渠称王事所涉及到的历史地望问题》,见《楚文化研究论集》第四辑,河南人民出版社,1994年。
[83] [北魏]郦道元著、[清]王先谦校:《水经注》第469页,巴蜀书社,1985年。
[84]《史记·楚世家》,中华书局,1982年。
[85] 袁华忠、吴柏森:《渚宫旧事译注、容美纪游校注》第7页,湖北人民出版社,1999年。
[86] [宋]罗泌:《四部备要〈路史〉》第338页,中华书局据原刻本校刊,1936年。
[87] 赵逵夫:《屈氏先世与句亶王熊伯庸》,见《文史》第二十五辑,中华书局,1985年。
[88] 黄锡全:《楚地“句亶”、“越章”新探》,《人文杂志》1991年第2期。
[89] 叶植:《试论楚熊渠称王事所涉及到的历史地望问题》,见《楚文化研究论集》第4集,河南人民出版社,1994年。
[90] 黄凤春:《郧县辽瓦店子与楚句亶王—熊渠分封三王地地理的检讨之一》,《江汉考古》2010年第2期。
[91] 十三经注疏整理委员会:《春秋左传正义(十三经注疏)》第649~651页,北京大学出版社,2000年。
[92] 十三经注疏整理委员会:《春秋左传正义(十三经注疏)》第651页,北京大学出版社,2000年。
[93] 黄锡全:《楚地“句亶”、“越章”新探》,《人文杂志》1991年第2期。
[94] 武家璧:《“楚季”其人与“楚季钟”的年代》,见《楚学论丛》第二辑,湖北人民出版社,2012年。
[95] 宋翔风:《过庭录卷九·楚鬻熊居丹阳武王徙郢考》,中华书局,1986年。
[96] [越]陶维英《越南古代史》,转引自刘美裕:《于越续沦》,《中南民院学报》1986年增刊。
[97] 赵逵夫:《屈氏先世与句亶王熊伯庸》,见《文史》第二十五辑,中华书局,1985年。
[98] 何光岳:《越章考》,《江汉论坛》1984年第10期。
[99] 张正明:《楚文化史》,上海人民出版社,1996年。
[100] 刘信芳:《楚都丹阳地望探索》,《江汉考古》1988年第1期。
[101] 石泉:《古代荆楚地理新探》,武汉大学出版社,1988年。
[102] 黄锡全:《楚地“句亶”、“越章”新探》,《人文杂志》1991年第2期。
[103]《史记·楚世家》,中华书局,1982年。
[104]《史记·楚世家》,中华书局,1982年。
[105]《史记·楚世家》,中华书局,1982年。
[106] 笪浩波:《从近年出土新材料看楚国早期中心区域》,《文物》2012年第3期。
[107] 清华大学出土文献研究与保护中心:《清华大学藏战国竹简(壹)》第181页,中西书局,2011年。
[108] 李学勤:《试谈楚季编钟》,《中国文物报》2012年12月7日。

The Chu Ji Bao Bell and the Wanfunao Site in Yichang

Da Haobo

KEYWORDS: Yichang City, Hubei　Wanfunao Site　Chu Ji Bao Bell (Bronze)　Western Zhou Dynasty

ABSTRACT: At first, this paper makes typological analysis to the pottery wares unearthed at Wanfunao Site, and suggests that the cultural remains of Wanfunao Site could be divided into four phases and five stages, which were five successive developing stages from the late stage of the early Western Zhou Dynasty to the early stage of the late Western Zhou Dynasty, and then makes comparison with the nearby cultures of the same period, based on which this paper points out that the Wanfunao Site had relationship with the cultural remains of the same period in the Three Gorges zone but emerged a little earlier than the latter, and they belonged to the same regional cultural type in the Zhou Dynasty. Then, this paper analyzes the date of the casting of Chu Ji Bao Bell and that of the engraving of its inscription, suggesting that this bell was cast in the late stage of the mid Western Zhou Dynasty and its inscription was engraved in the early stage of the late Western Zhou Dynasty; finally, this paper estimates the background of the burying of the bronze assemblage at Wanfunao Site, and suggests that their nature was the contents of a sacrificial pit offered to Xiong Yang, the lord of the Chu State, and the sacrifice was officiated by Xiong Zhi, the ruler of the Wanfunao Site.

（特约编辑　新　华）

北京葫芦沟墓地编年与社会演进

洪　猛

关键词：北京　葫芦沟墓地　玉皇庙文化　社会演进　东周时期

内容提要：葫芦沟墓地位于北京市延庆区，共揭露玉皇庙文化墓葬153座，属于该文化重要遗存之一。对比玉皇庙墓地研究结果，葫芦沟墓地可分为春秋晚期中段、春秋晚期晚段、春秋战国之际至战国早期三个年代组。本墓地是一处独立且布局相对完整的玉皇庙文化墓地，发掘区域基本上反映了原墓地分布的范围，总体看，墓葬埋葬秩序与空间分布关联密切，所属社会集团整体由北渐南安排墓区。葫芦沟社会演进首先体现出葬俗和随葬品方面对玉皇庙文化早期传统的继承，本文化因素始终占主导，但早期传统呈逐渐弱化之势。与玉皇庙文化早期传统逐渐弱化形成鲜明对比的是，葫芦沟社会演进中有大量新文化因素的不断融入，并使得文化结构趋于复杂化。该墓地中同一性别或年龄的死者集中埋葬具有相当普遍性，这种埋葬现象可能意味着强调人群社会角色的社缘结构是一种稳定存在的社群组织形式。社会结构也在不断变化，这一点在晚期可能出现的重视个体家庭现象及社会集团的分化等方面体现较为明显。在某种程度上，葫芦沟社会演进情形是玉皇庙文化乃至东周时期北方文化社会发展的一个缩影。

葫芦沟墓地位于北京市延庆区旧县镇古城村东北，地处军都山南麓、延庆盆地北缘。1985、1986年，发掘玉皇庙文化墓葬153座。出土遗存不仅很大程度上丰富了玉皇庙文化内容，其独有内涵对于理解该文化社会演进等也甚具典型意义，有着重要学术价值。2010年出版的发掘报告《军都山墓地——葫芦沟与西梁垙》[1]（下文简称报告），详细报道了墓地资料。本文在葫芦沟墓地编年基础上，进一步讨论墓葬遗存所揭示的社会演进，以充实对玉皇庙文化乃至东周北方社会等问题的认识。

一、葫芦沟墓地编年

报告以现代建筑青贮饲料库为界，将墓地分为北、南两区，两区又细分为北、南两部，“根据葫芦沟墓地的地层堆积，结合北区和南区墓葬中出土的陶器、直刃匕首式铜短剑、铜削刀、铜带钩及尖首刀币等形制特点，并比较玉皇庙墓地同类器物的形制特点及年代分期情况”，将墓地分为二期。一期位于北区北部，年代为春秋中晚期。二期一段位于

作者：洪猛，保定市，071002，河北大学历史学院。

北区北部和北区南部，年代为春秋晚期前段。二期二段位于南区北部和南区南部，年代为春秋晚期后段至战国早期。

报告编年涵盖了所有墓葬，具体期段与墓葬分布关联密切。但与对玉皇庙墓地分期研究[2]相似，报告对葫芦沟墓地分期操作主要指出了分期原则，缺乏必要过程的阐述。另外，报告指出的地层堆积情况实际上对墓地分期并无太多意义，滕铭予先生在《葫芦沟墓地的年代及相关问题》[3]（下文简称《年代》）中对此做了详细说明，不再赘述。

《年代》通过对比玉皇庙墓地材料等详细讨论了葫芦沟部分墓葬的年代，新近发表的《北京延庆葫芦沟墓地的布局与相关问题》[4]（下文简称《布局》）又在《年代》基础上进一步分期，涉及墓葬70余座，分为春秋中期晚段、春秋晚期、春秋战国之际至战国早期三个年代组，各组墓葬在墓地北区、南区皆有分布，代表了葫芦沟墓地编年的最新认识。

以上两种认识迥异，葫芦沟墓地编年需再讨论。本文对葫芦沟墓地的编年也是通过对比玉皇庙墓地进行讨论的（图1至图4）。基于玉皇庙墓地研究经验[5]，用于葫芦沟墓地编年的器物主要是形制变化敏感的铜短剑、刀、带钩、动物形牌饰、泥质陶罐等。包含上述典型器物，且可进行分期研究的墓葬有31座，可分为三组。

第一组包括M10、M24、M6、M23、M28、M27、M21、M75、M77等9座。

M10出土短剑、刀、带钩等。短剑为双圆环形首，双鼓面圆形格，柄饰双道锯齿纹，其中间有一列圆点纹（图1，1），细节特征及整体形态均与玉皇庙M48出土短剑（图1，17）相仿。刀近圆形环首，宽柄，宽身，柄身分界夹角近直角（图1，4），形制与玉皇庙M151出土铜刀（图1，20）接近。带钩鸟形钩首，钩体饰对称圆圈纹，下为双翅（图1，11），形制近似玉皇庙M72出土带钩（图1，27）。

M24出土短剑、刀、带钩等。短剑为半圆形蜷兽纹首，柄饰两段回纹间隔两犬纹，一字形格（图1，2），报告认为其与玉皇庙“花格剑”同型且稍晚，大体可从。这件短剑首部、格部、柄部纹饰等特征均与玉皇庙M224出土短剑（图1，18）相似，在类型学上其实可视为玉皇庙“花格剑”至M224出土短剑的中间环节。刀椭圆形环首，细柄，宽身，柄身分界夹角为钝角（图1，5），形制似玉皇庙M213出土铜刀（图1，21）。带钩残缺不全，钩体边缘似有S形纹等特征（图1，13）与玉皇庙M313出土带钩（图1，29）相仿。

M6出土刀、带钩等。刀除穿孔较规则外，平首，宽柄，弧背（图1，9），细节特征与整体形态似玉皇庙M192出土铜刀（图1，25）。带钩钩体呈梯形，所饰圆形嵌窝中间四个呈菱形分布（图1，14），纹饰布局与整体形制近似玉皇庙M303出土带钩（图1，30）。

据玉皇庙墓地分期结果，上述诸单位均大致对应玉皇庙墓地第三段。本组另外数墓从遗存内涵分析年代亦基本相当。

M23出土刀、带钩等。刀为凹背大翘尖（图1，10），此种特点接近玉皇庙第三段铜刀（图1，26）。带钩为鸟首形钩首，对称双翅（图1，12），整体形态颇近玉皇庙第二段带钩（图1，28），但与后者尾羽分散不同，其尾羽紧缩，这一细节与玉皇庙第三段带钩（图1，27）相同。

M28出土短剑、刀等。双圆环形首短剑（图1，3）与玉皇庙第三段同型短剑（图1，

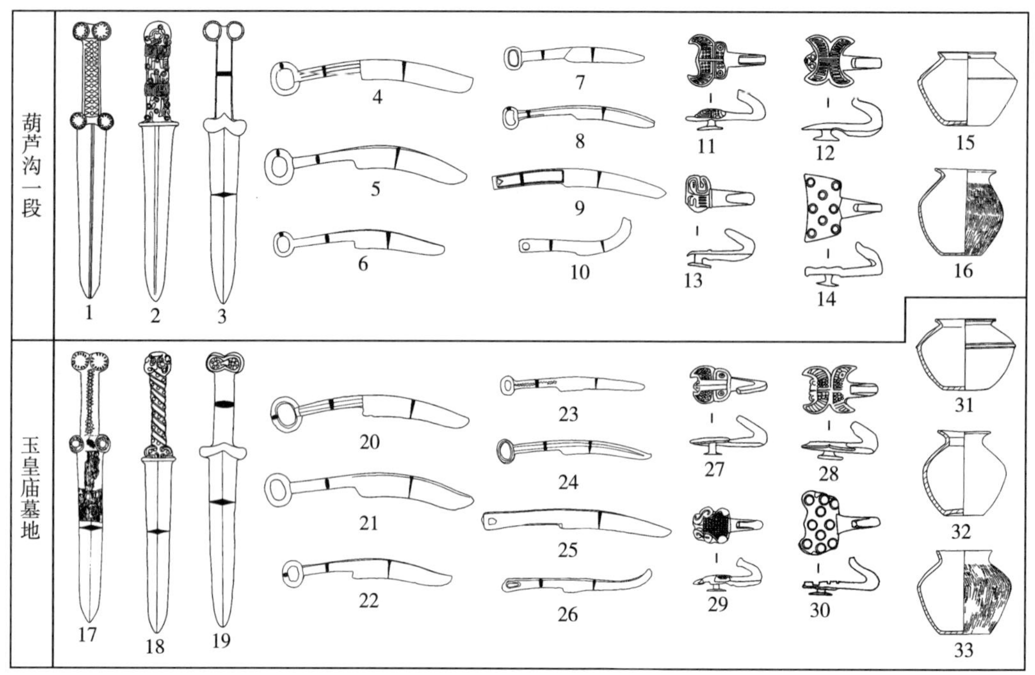

图1　葫芦沟一段遗存与玉皇庙墓地遗存对比图

1～3、17～19.铜短剑（M10：2、M24：1、M28：2、M48：2、M224：2、M151：2）　4～10、20～26.铜刀（M10：3、M24：2、M27：2、M28：3、M21：2、M6：2、M23：2、M151：3、M213：3、M179：3、M228：3、M217：3、M192：3、M227：3）　11～14、27～30.铜带钩（M10：9、M23：5、M24：3、M6：4、M72：3、M282：8、M313：4、M303：6）　15、16、31～33.泥质陶罐（M75：1、M77：1、M208：1、M313：1、M9：1）（1～16.葫芦沟出土，17～33.玉皇庙出土）

19）相比，除首部纹饰有差异外，二者素扁柄、人字形格、宽身等细节特征以及整体形态均颇相像。刀除素扁柄外，椭圆形环首，宽柄，柄身分界夹角呈钝角，近直背（图1，7），形制特点近似玉皇庙第三段刀（图1，23）。

M27出土椭圆形环首细柄宽身刀（图1，6），M21出土椭圆形环首饰凸棱刀（图1，8），形制特点均与玉皇庙第三段相应铜刀（图1，22、24）相似。

以往研究皆认为M75、M77年代偏晚，实际从二墓泥质折肩罐来看，亦大致对应玉皇庙第三段。M75所出除领稍斜直外，口径略宽于底径，肩高约为腹高的二分之一，下腹弧收，通体稍扁（图1，15），形制接近玉皇庙第三段泥质陶罐（图1，31）。M77所出折肩略低、领部弯折、大敞口等特征（图1，16）似玉皇庙第三段偏晚泥质陶罐（图1，32），器表饰绳纹、平底等特征又与玉皇庙第二段泥质陶罐（图1，33）相同，其形制在类型学上恰应处于二者之间，大致属玉皇庙第三段偏早。

综上所论，葫芦沟第一组墓葬年代约当玉皇庙墓地第三段。

第二组包括M30、M39、M35、M80、M36等5座。

M30出土短剑、带钩等。短剑素扁柄、叠翼形格等细节以及整体特征（图2，1）颇似玉皇庙第三段M226出土短剑（图2，9）。但前者为小盲孔圆形首、后者为大环首的区别

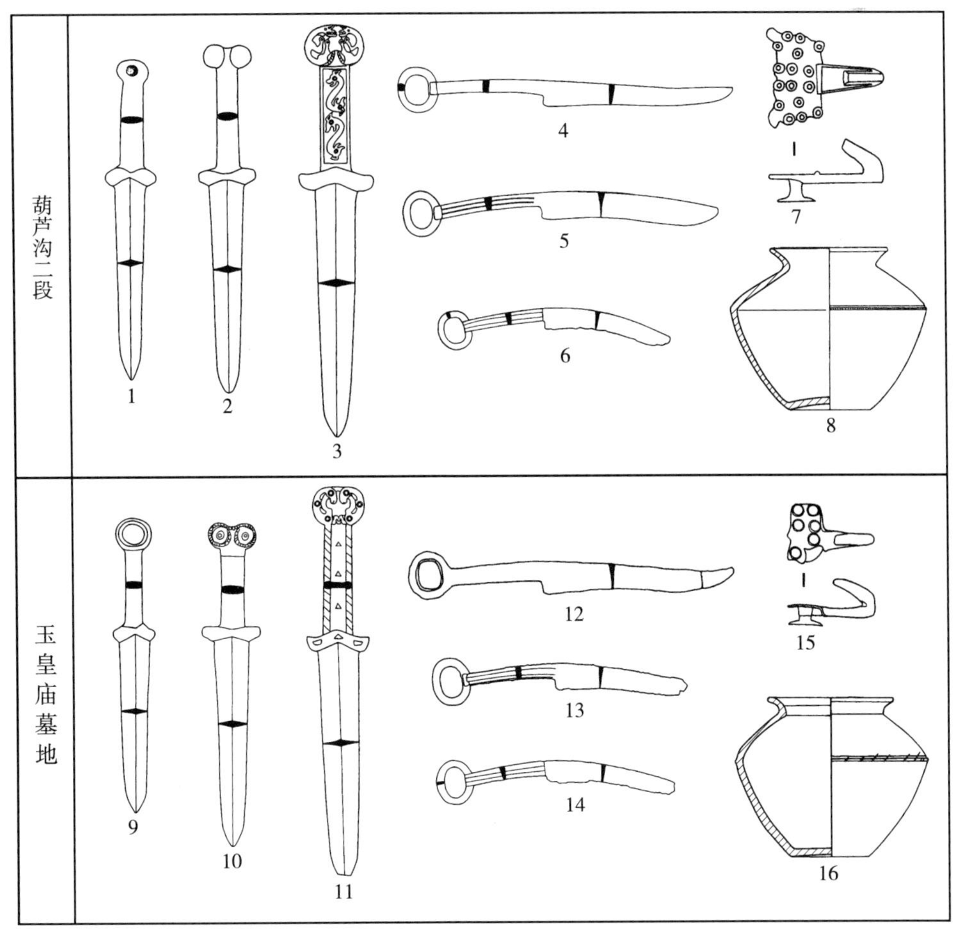

图2　葫芦沟二段遗存与玉皇庙墓地遗存对比图

1～3、9～11.铜短剑（M30：2、M39：2、M35：1、M226：2、M36：2、M156：2）　4～6、12～14.铜刀（M39：3、M35：2、M80：2、M373：3、M142：3、M161：3）　7、15.铜带钩（M30：3、M122：8）　8、16.泥质陶罐（M36：4、M174：1）（1～8.葫芦沟出土，9～16.玉皇庙出土）

也很明显。前者柄部也相对宽扁，而这恰是玉皇庙第四段环首剑的突出特点。该短剑首部近实心圆饼状，这一特征又与玉皇庙第四段的圆饼首短剑颇似。带钩钩面凸点纹数量和布局（图2，7）不同于玉皇庙同类器，钩面纹饰布局及钩首较长的特点与玉皇庙第四段带钩（图2，15）颇相似。

M39出土短剑、刀等。双环形首短剑（图2，2）形制颇似玉皇庙第三段同型短剑（图2，10），唯首部纹饰衰退，剑柄与剑身长度比例增大，属后者进一步衍化产物。刀为方圆形环首，柄身分界夹角近直角，长体，直背，微翘尖（图2，4），形制风格与玉皇庙第四段铜刀（图2，12）相同。

M35出土短剑、刀等。短剑为蜷兽纹椭圆形首（图2，3），造型似玉皇庙第四段短剑（图2，11），柄饰纵向两个双头螭纹，纹饰完全相同者不见于玉皇庙短剑，但这种柄部饰完整动物造型的作风在玉皇庙第四段多种短剑上屡见不鲜。刀为扣环首，柄身分界夹角近直角，背小弧，长体（图2，5），具体特点近玉皇庙第三段铜刀（图2，13），唯环首略鼓。

M80出土刀1件，扣环首，柄身分界夹角近直角，背较弧（图2，6），形制接近玉皇庙第四段同型刀（图2，14）。

M36出土泥质折肩罐1件，方唇，斜侈口，微弯折颈，斜折肩，斜弧内收腹，内凹底，通体较方正（图2，8），形制颇似玉皇庙第四段M174出土陶罐（图2，16）。

综上所论，葫芦沟第二组墓葬年代约当玉皇庙墓地第四段。

第三组包括M185、M67、M62、M87、M52、M51、M95、M47、M48、M122、M68、M178、M167、M169、M44、M173、M54等17座。

M185出土短剑、刀、牌饰等。双环形首短剑（图3，1）与玉皇庙第四段M158出土短剑（图3，16）同型，但柄部已素面无纹，叠翼形格更近一字形，剑柄与剑体长度比增大，属后者衍化产物。刀为扣环首，柄身分界夹角为大锐角，弧背，窄体（图3，4），与玉皇庙第四段M376出土刀（图3，17）同型，唯环首较大，年代当较后者晚。马形牌饰面部圆阔，身饰嵌窝，形体较大（图3，10），与玉皇庙第四段M129出土牌饰（图3，23）同型，但呈现身饰嵌窝周围纹饰减退、面饰嵌窝等细节变化。

M67出土短剑、刀、牌饰、带钩等。短剑形体窄薄，环首异化（图3，2），可能系前述玉皇庙M158短剑同型者进一步变异的结果。刀为扣环首，长柄，柄身分界夹角为锐角，

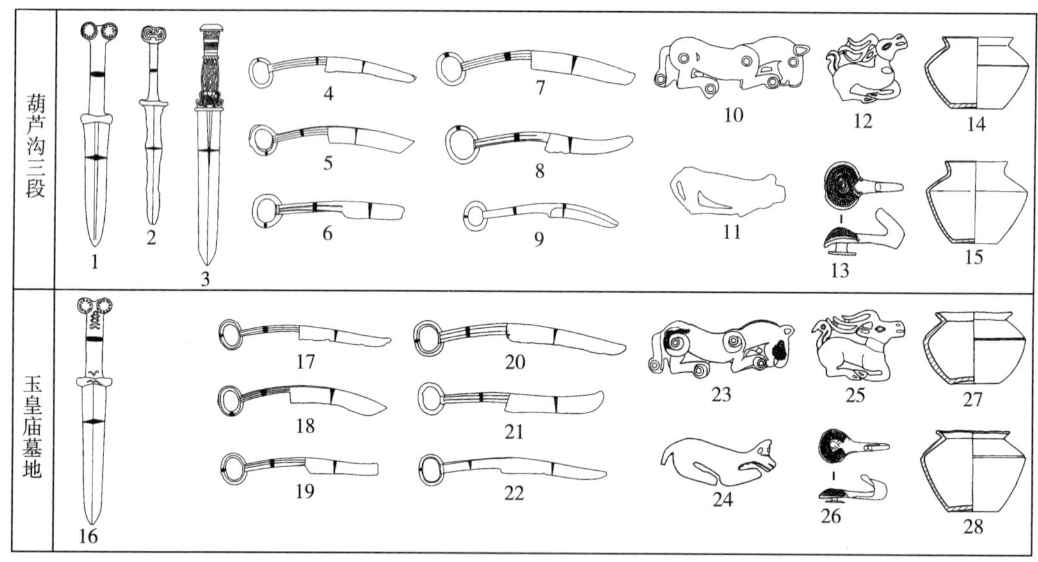

图3 葫芦沟三段遗存与玉皇庙墓地遗存对比图

1～3、16.铜短剑（M185：2、M67：2、M52：3、M158：2） 4～9、17～22.铜刀（M185：3、M51：2、M47：2、M48：2、M67：3、M52：4、M376：3、M325：3、M175：3、M349：3、M370：3、M110：3） 10～12、23～25.铜牌饰（M185：7、M67：7、M51：6-1、M129：5、M349：7、M174：8） 13、26.铜带钩（M67：8、M173：1） 14、15、27、28.泥质陶罐（M47：1、M52：1、M111：1、M371：1）（1～15.葫芦沟出土，16～28.玉皇庙出土）

凹背翘尖（图3，8），与玉皇庙第四段M370出土刀（图3，21）同型，但环首甚大，柄部增长，年代较晚。犬形牌饰形象模糊，制作粗糙（图3，11），属于玉皇庙第四段M349所出同型牌饰（图3，24）退化的结果。带钩圆体，饰放射状网格纹（图3，13），特点接近玉皇庙第四段M173出土带钩（图3，26）。M62、M87出土相同式样的带钩，二墓年代约与M67相当。

M52出土短剑、刀、泥质陶罐等。短剑为覆盆形首，剑体甚长（图3，3），玉皇庙墓地未发现相同式样者。刀为椭圆形首，柄部相对较长（图3，9），当较玉皇庙第四段M110所出同型刀（图3，22）为晚。泥质陶罐折肩偏高，下腹折收，形体稍扁（图3，15），与玉皇庙第四段M371出土陶罐（图3，28）相似，唯领部高弯，形制上晚于后者。

M51出土刀、牌饰等。刀近圆形扣环首，细柄，宽身，弧背，柄身分界夹角近直角（图3，5），除首部较鼓外，形制接近玉皇庙第五段M325出土铜刀（图3，18）。鹿形牌饰（图3，12）形制近同玉皇庙第四段牌饰（图3，25），唯鹿首高扬，细节有一定差异。M95出土形制相近的铜刀，与M51年代或相当。

M47出土刀、泥质陶罐等。刀为椭圆形扣首，柄身分界夹角呈钝角，背略直（图3，6），形制似玉皇庙第四段M175出土刀（图3，19），唯环首较大，年代稍晚。泥质陶罐折肩较高，形体较扁（图3，14），形制接近玉皇庙第四段M111出土陶罐（图3，27），唯口稍敛，领部变高，当晚于后者。

M48出土刀为椭圆形扣首，柄身分界夹角锐角近直，背较弧（图3，7），形制接近玉皇庙第四段M349出土刀（图3，20），唯环首稍大，年代略晚。M122出土形制相似的铜刀，与M48年代约相当。

M68出土刀为椭圆形扣首，柄身分界夹角为锐角，凹背翘尖，与玉皇庙第四段M370出土刀（图3，21）同型，但环首较大，年代当晚于后者。

其余6座墓皆出土泥质陶罐，许多器型显系玉皇庙墓地第四段同类器的进一步发展。如，根据玉皇庙墓地泥质罐领部多由斜直变得弯折或弯折加重的变化逻辑，M178、M167、M169、M44、M173所出陶罐（图4，1～5）分别可排在玉皇庙M347、M377、M394、M391、M368所出同型陶罐（图4，6～10）之后。M54所出陶罐形制与M169所出陶罐相同，两墓年代相当。

综上所论，葫芦沟第三组墓葬年代接近并相对晚于玉皇庙墓地第四段，结合M51出土铜刀与玉皇庙M325出土铜刀的相似性等，推断该组年代大致对应玉皇庙墓地第五段。

还需提及的是M131、M150两墓。两墓与第三组M169邻近，所在区域地层堆积相同，但M169开口于第3层夹砂褐土层，M131、M150开口于第2层夹砂黑土或夹砂黄土层，故两墓当晚于M169所在的葫芦沟第三组，单独为一组，代表着葫芦沟墓地的年代下限。

以上将葫芦沟墓地33座墓葬分为四组。各组墓葬在墓地分布中明显呈现相对集中分布的态势，如第一组分布于北区北部，第二组分布于北区南部及南区北部北缘，第三组分布于南区北部大部，个别见于南区南部北缘，第四组只见于南区南部（见图5）。这种情况表明，葫芦沟墓葬相对集中的空间分布与一定的时间早晚具有较强的相关性。由此推测，葫

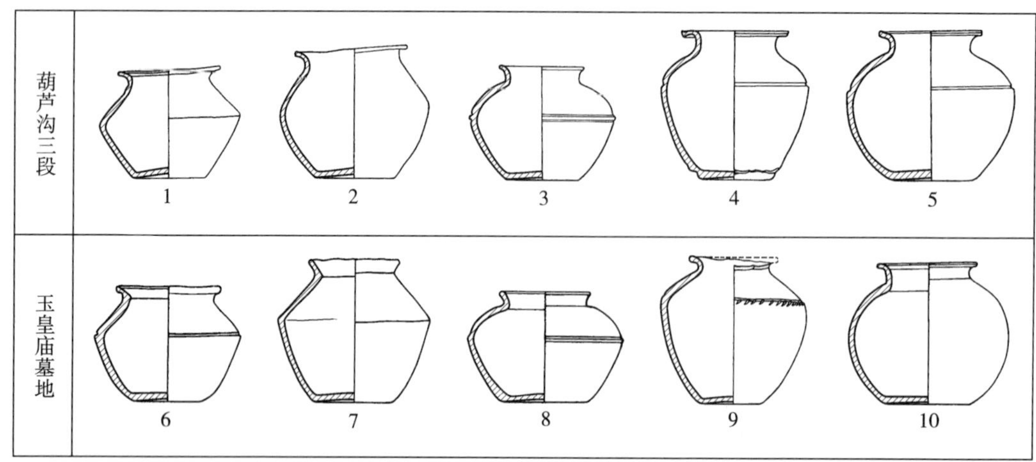

图4　葫芦沟三段泥质折肩罐与玉皇庙墓地同类器对比图
1.M178：2　2.M167：1　3.M169：1　4.M44：1　5.M173：2　6.M347：1　7.M377：1　8.M394：1　9.M391：1　10.M368：1（1～5.葫芦沟出土，6～10.玉皇庙出土）

芦沟社会对于茔地的安排很有可能是：先指定一处区域，在这处区域内按照一定的规划逻辑逐次埋葬，待这处茔域使用差不多时又转移到另一处相邻的区域重新安葬。目前大致能辨识出的是，这个社会对墓葬区的安排整体由北向南推移，但现有研究尚难以揭示出具体每一个区域内的安葬秩序。这些情形与玉皇庙墓地基本类似。

通过对墓葬空间分布的充分利用，可能会完成对葫芦沟墓地的全面分组。在具体操作中，尽可能合理归属相邻组别间的“边界墓葬”成为进一步分组关键。

从墓葬分布图可以看出，第一、二组之间界限较为明显，即应在M28、M30之间。这里不仅有M28、M30两座边界墓葬，并且M28—M29连线与M30—M31连线之间有一定的空白地带，或意味着第二组埋葬之时有意的空间区分。

第二、三组之间的界限应在M44、M80连线一带。需要讨论的是附近的两片墓葬。一片是M45、M46、M114、M151、M152诸墓。它们分布邻近，出土器物有相似性，归为同一组别当大致不误。这些墓葬缺乏确属于第三组的随葬品，而所出虎形牌饰同形制者见于玉皇庙第四段，个别随葬品如长体绿松石管、纺锤形铜珠等还表现出与葫芦沟第一组同类器物更大的相近性，故诸墓应归入第二组。

另一片是M101、M102、M115、M116、M156诸墓。它们分布邻近，大概时间相去不远。这几座墓无随葬品，只能从空间分布上大致推断组别。其北侧区域原应有大量墓葬，具体分布已不得而知。而最南端的M102与其南的M103之间明显有一段距离，这一情形与M80同其南侧M81等区分相似。故暂可将M102等归入第二组。

第三、四组因有层位关系区分，分界较为特殊。邻近第三组M169且邻近第四组M131、M150分布的M130、M168、M170诸墓，因与第三组墓葬开口于同一层位，可归入第三组。位于南区东南边缘的M163、M171亦当如是。

至此，在初步分组基础上借助墓葬空间分布大致完成葫芦沟所有墓葬的分组（见图

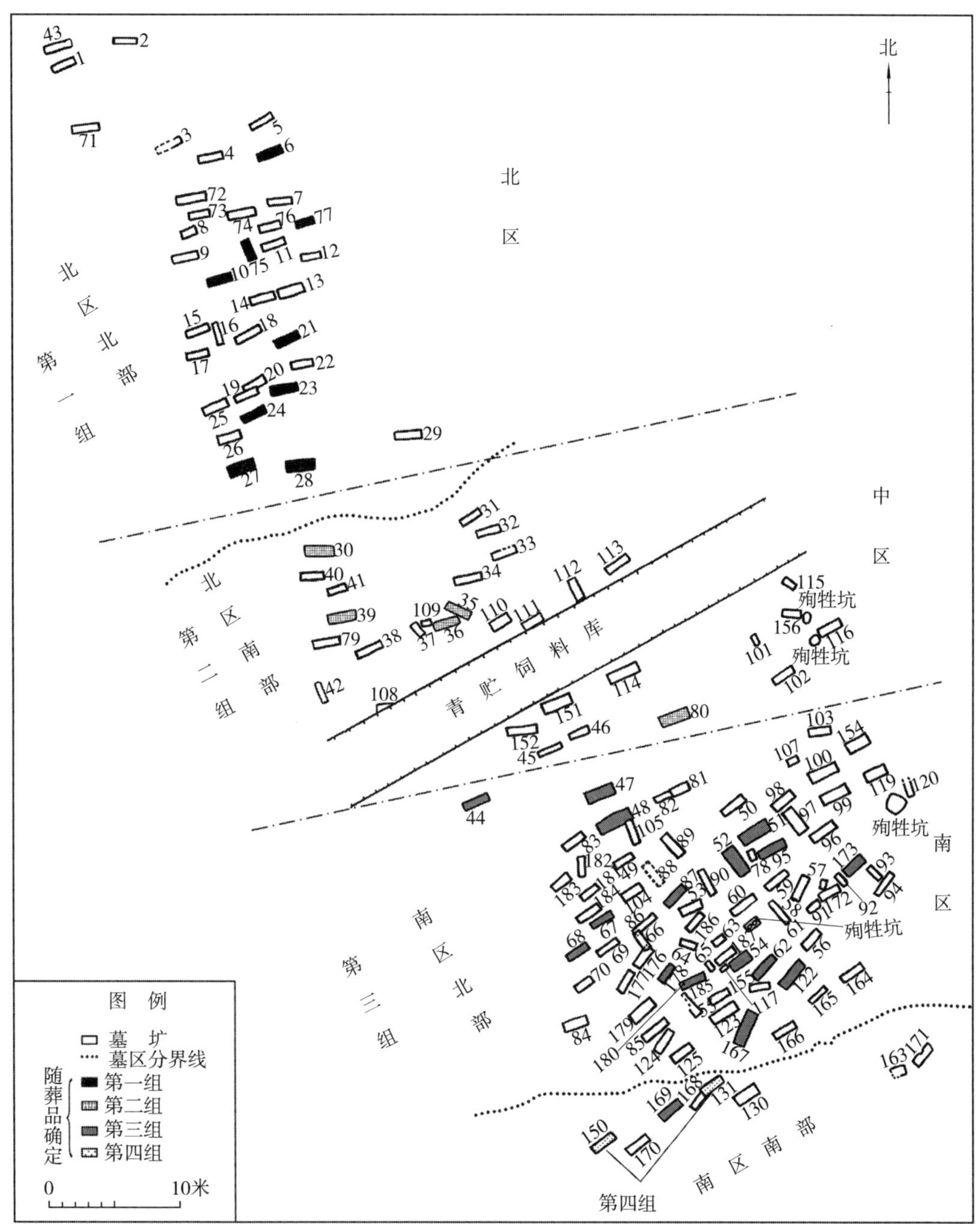

图5　葫芦沟墓地玉皇庙文化墓葬分布与分组

5）。根据随葬器物和空间位置，葫芦沟四组墓葬可整合为三段。每段代表性遗存参见图1至图4中的有关器物。对比玉皇庙墓葬，可推断出葫芦沟各段的绝对年代。

第一段即第一组，以M6、M10、M14、M18、M20、M21、M23、M24、M27～M29、M72、M75～M77等为代表，位于墓地北部，年代约当春秋晚期中段。

第二段即第二组，以M30、M33、M35、M36、M39、M45、M46、M79、M80、M114、M151、M152等为代表，位于墓地中部，年代约当春秋晚期晚段。

第三段包括第三、四组，以M44、M47、M48、M51～M55、M59～M62、M67、M68、M81、M84、M86、M87、M89、M90、M95～M100、M104、M105、M107、M119、M122、M123、M130、M154、M164～M170、M172、M173、M178、M179、M183、M185、M186以及M131、M150等为代表，位于墓地南部，年代约当战国早期，上限或在春秋战国之际。

从出土器物变化分析，葫芦沟墓地相邻段别延续性较强，各段绝对年代当有一定伸缩。对比以往研究，本文对葫芦沟墓地的编年在体现墓葬年代与分布区域关联性上与报告相近，但各期（段）具体内涵与报告差别较大。每个期（段）别对应的分布区域，除极个别墓葬外，与《布局》重新划定的墓葬分布上的北区、中区、南区基本吻合。本文对葫芦沟墓地绝对年代的判定与前人认识皆有不同。

二、葫芦沟社会演进

葫芦沟墓地除中部遭受现代青贮饲料库破坏外，四周皆有一定空白区域。正如《布局》所指出的，现在的发掘范围基本上反映了原墓地分布的范围。这是一处独立且布局相对完整的玉皇庙文化墓地，在一定程度上反映着葫芦沟社会整体面貌。通过考察文化构成、社会结构等方面的历时性变化，可尝试分析墓葬遗存所揭示的葫芦沟社会演进情形。

（一）玉皇庙文化早期传统的传承与弱化

玉皇庙文化是冀北山地东周时期一支发达的北方文化。从玉皇庙墓地一、二段遗存来看，该文化早期在葬俗和器物群方面已形成较为稳定的文化内涵。葫芦沟墓地存在于玉皇庙文化中、晚期，其一至三段对应玉皇庙墓地三至五段。葫芦沟第一段遗存除受制于墓葬等级缺乏殉马和不随葬铜容器或马具等外，较为全面地继承了玉皇庙文化早期形成的文化传统。葬俗方面，东西向墓向[6]占94.6%，可辨葬式者皆单人葬，仰身直肢者占93.9%，无葬具或使用木棺葬具，殉牲以狗居多，多置于填土中。随葬器物不仅陶器、武器、工具、饰品的具体组合及放置方式与玉皇庙早期遗存相同，夹砂褐色素面带领罐（图6，1），双环形首铜短剑（图6，2），半圆形蜷兽纹首铜短剑（图6，3），有銎铜镞（图6，4），多棱骨镞（图6，5），环首铜刀（图6，6），长筒形铜管具（图6，7），长体骨锥（图6，8），动物纹铜带钩（图6，9），弹簧式耳环（图6，10），S形构图的带饰（图6，11），以及环饰（图6，12），联珠饰（图6，13），泡饰（图6，14），绿松石管（图6，15），玛瑙珠（图6，16）等多种器类形制特点都明显承自玉皇庙早期遗存（图6，17～32）。从图2、图3例举可以看出，这些构成玉皇庙文化早期基本特质的内容在葫芦沟墓地二、三段也得到很好延续，一直到代表该墓地年代下限的M131、M150阶段，依然保持着东西向墓向、随葬夹砂带领罐、环首铜刀等基本文化传统。

从一至三段短剑、刀、带钩、牌饰等体现出的葫芦沟墓地与玉皇庙墓地的紧密联系来看，大量玉皇庙文化早期传统下的内容还显示出葫芦沟社会演进中与其他玉皇庙文化社会有着较为广泛的交互影响，表现出较强的同步演进态势。此种情形在代表性陶器上体现较

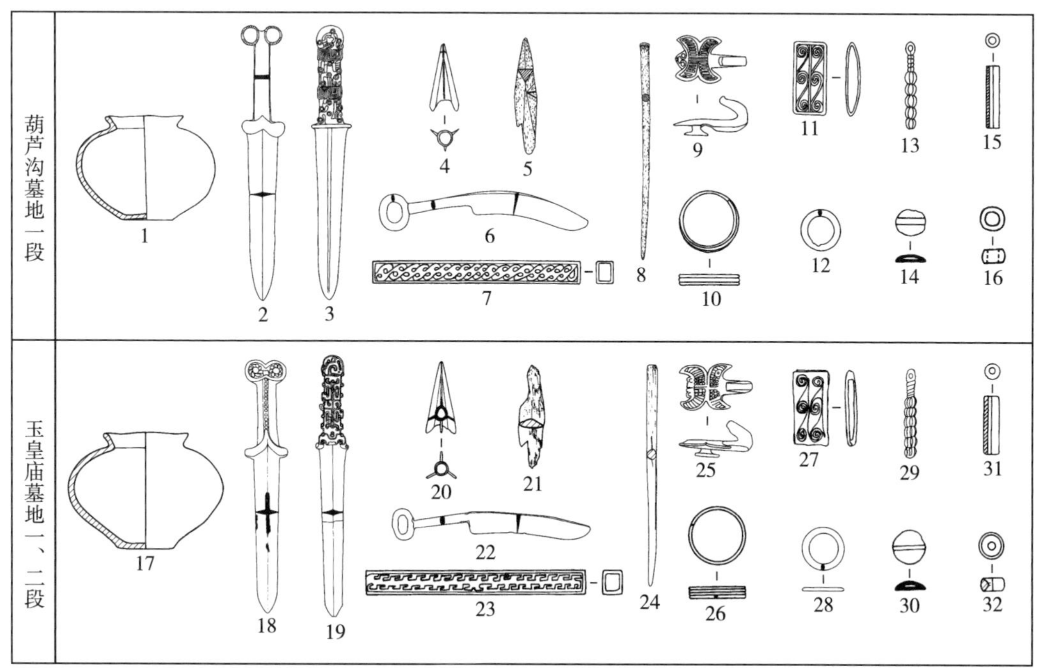

图6　葫芦沟一段与玉皇庙文化早期遗存对比图

1、17.夹砂陶罐（M10：1、M231：1）　2、3、18、19.铜短剑（M28：2、M24：1、M46：2、M18：8）　4、20.铜镞（M27：7、M5：14）　5、21.骨镞（M20：3、M22：15）　6、22.铜刀（M24：2、M11：3）　7、23.青铜管具（M10：10、M32：6）　8、24.骨锥（M19：2、M273：4）　9、25.铜带钩（M23：5、M282：8）　10、26.铜耳环（M74：1、M18：6）　11、27.铜带饰（M27：4、M11：12）　12、28.铜环饰（M10：11、M241：9）　13、29.铜联珠饰（M10：6、M99：8）　14、30.铜泡饰（M10：4、M37：2）　15、31.绿松石管（M10：7、M20：7）　16、32.玛瑙珠（M13：3、M2：14）（1～16.葫芦沟出土，17～32.玉皇庙出土）

为明显。葫芦沟墓地的夹砂褐色素面带领罐，也可分为较扁腹（图7，1～3）、中扁腹（图7，4～6）、微扁腹（图7，7～9）、近深腹（图7，10、11）、圆球腹（图7，12、13）等多种型别。同一型别具体形制演变特点不易把握，但多数型别演进总体逐渐小型化。这一趋势与玉皇庙墓地夹砂罐的变化相一致。

同时，葫芦沟墓地也在玉皇庙文化早期传统基础上产生一些相对独特的文化内容。这一点在铜短剑方面的表现较为突出，比如半圆形蜷兽纹首（见图1，2）、椭圆单兽目形首（见图2，1）、椭圆形首（见图3，2）、覆盆形首（见图3，3）等多种具体形制在玉皇庙文化其他地点不见。

殉牲也是表现葫芦沟遗存个性的较好案例。除传统的殉牲方式外，葫芦沟一段即出现了圹外殉牲以及多墓共用殉牲堆现象，二段出现了专门的祭牲坑和殉整羊内容，三段见有殉整猪以及墓底亦有殉牲等方式。这些殉牲迹象均鲜见于玉皇庙文化其他遗存。

如上新内容丰富了玉皇庙文化内涵，但就该文化早期形成的文化结构而言，有些内容也意味着早期传统所占分量的减少。除了殉牲方面的表现外，葫芦沟墓地玉皇庙早期传统的弱化现象集中体现在墓向、葬式等葬俗以及代表性陶器夹砂带领罐的比例变化上。一至

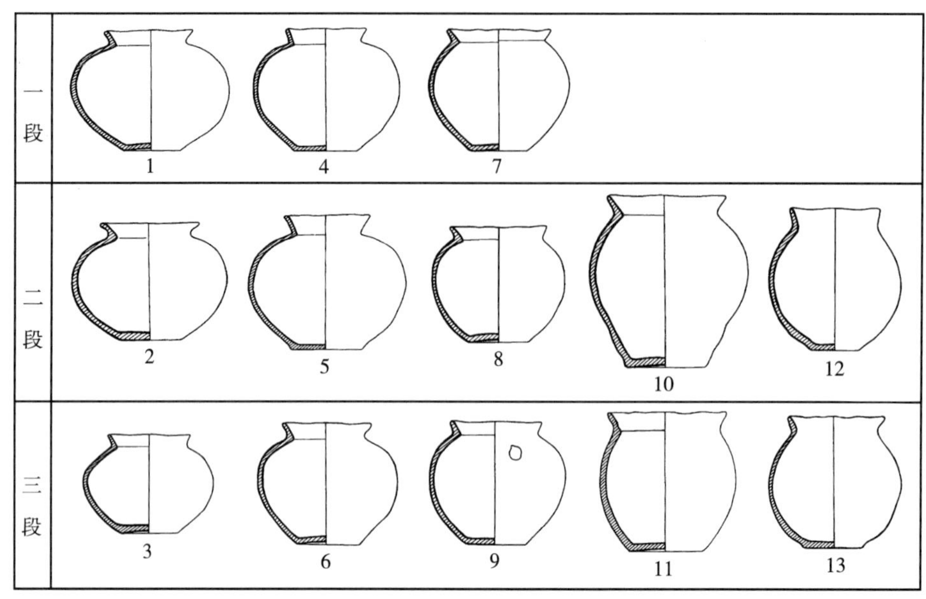

图7　葫芦沟墓地出土夹砂带领罐及其分段图

1.M10：1　2.M151：1　3.M107：1　4.M18：1　5.M39：1　6.M48：1　7.M20：1　8.M152：1　9.M123：1　10.M45：1　11.M97：1　12.M33：1　13.M172：1

三段，东西向墓向的比例分别约是94.6%、86.7%、77.6%，仰身直肢葬式占可辨葬式总数的比例分别约是93.9%、88.9%、74.4%，随葬夹砂带领罐的墓葬占随葬陶器墓葬总数的比例分别约是81.3%、78.6%、54.7%。东西向墓向、仰身直肢葬式、夹砂带领罐等内容所占比例的不断递减，显然意味着葫芦沟社会演进中本文化早期传统的逐渐弱化。

（二）新文化因素的融入与文化结构复杂化

与玉皇庙文化早期传统的逐渐弱化形成鲜明对照的是，葫芦沟社会演进中大量新文化因素的融入，主要有南北向墓向、屈肢葬式、泥质陶器、夹砂带耳陶器、殉猪现象等内容。《布局》等对有关部分进行了较好分析，本文结合新因素背景及新的编年认识等再稍作讨论。

南北向墓葬25座，约占墓葬总数的16.3%。一至三段分别有2座、4座、19座，约占各段墓葬总数的5.4%、13.3%、22.4%。南北向墓向很可能受到燕文化影响，因为一方面燕文化墓葬以北向为绝对主导，另一方面同期北方文化有类似传统，如岱海地区的毛庆沟墓地[7]，偏晚时期出现的南北向墓葬从内涵分析应该属南侧中原文化的渗透。

屈肢葬式墓葬20座，约占可辨葬式墓葬总数的14.1%。一至三段分别有2座、1座、17座，约占各段可辨葬式墓葬总数的6.1%、3.8%、20.7%。屈肢葬问题比较复杂，不仅葫芦沟墓地（图8，1），同一文化的玉皇庙（图8，2）、西梁垙（图8，3）等地点均发现这种葬式。琉璃河[8]、怀柔城北[9]、燕下都[10]等燕文化墓葬中也见有屈肢葬式，甚至在一般认为属东周燕文化的大马各庄墓地[11]中还属于主要葬式（图8，4）。可见，屈肢葬俗广泛存在于两周时期冀中北区域，但目前尚难厘清其在该区域的出现背景。综合墓向、泥质陶器

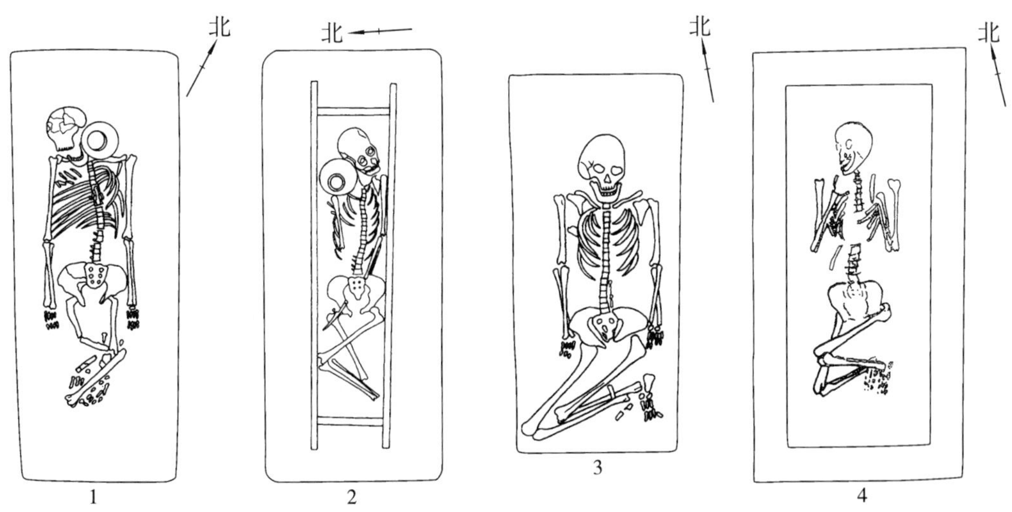

图8　屈肢葬式对比图
1.葫芦沟M75　2.玉皇庙M192　3.西梁垙M13　4.大马各庄M13

（详下）等来看，屈肢葬俗在玉皇庙文化中的出现可能与燕文化有一定关系，后者或在屈肢葬俗向玉皇庙文化的传播中起了某种特定作用。

随葬泥质陶器的墓葬26座，约占随葬陶器墓葬总数的31.3%。一至三段分别有2座、3座、21座，约占各段随葬陶器墓葬总数的12.5%、21.4%、39.6%。泥质陶器主要器形，如折肩罐（图9，1～4）、折肩盂（图9，5、6）、浅盘豆（图9，7）等，形制相似者在大马各庄（图9，9～12）、东沈村[12]（图9，13～15）等地皆有发现，应来自于燕文化。个别泥质折沿柱足鼎（图9，8）也应源于燕文化（图9，16）。

还有一些泥质陶器，如长颈壶（图10，1）、贯耳壶（图10，2）、敛口钵（图10，3）等，同类器在玉皇庙墓地等也有发现（图10，4、5）。但本文化的这些陶器应有更广阔的来源。两周时期的夏家店上层文化[13]（图10，6、7）、十二台营子文化[14]（图10，8～10）等均有形制相似的同类器。这两支文化均多见随葬陶钵，后者分布的邻近区域在青铜时代前后一直有使用长颈壶的传统。玉皇庙文化的这些泥质陶器应来自其东北侧的青铜文化。

随葬夹砂带耳陶器的墓葬出现于二段，有1座，三段13座，约占各段随葬陶器墓葬总数的7.1%、24.5%。器类分为单耳平底杯（图11，1）、双耳平底罐（图11，2）、双耳三足罐（图11，3、4）三种。同类器发现于玉皇庙（图11，5～7）、梨树沟门[15]（图11，8、12）、西梁垙（图11，9）、小白阳[16]（图11，10）、白庙[17]（图11，11）等玉皇庙文化多地。单耳平底杯（罐）、双耳平底罐形制相对简单，东周偏早的西岗[18]（图11，13、15）、于家庄[19]（图11，14）、柴湾岗[20]（图11，16）等地见有形制相似者。这些地点所在的西北地区自史前至东周时期颇流行带耳陶器，显示出浓郁的区域文化传统。玉皇庙文化平底陶器的带耳作风或可溯源至西北地区，具体路径由北方长城地带传播而来。双耳三足罐形制相对复杂，种类亦较丰富。这类器物带耳风格显示出与单、双耳平底罐的密切联系，从这个角度亦透视出某种“西来”之风。另外在长城地带中段套场坪[21]等地也发现有

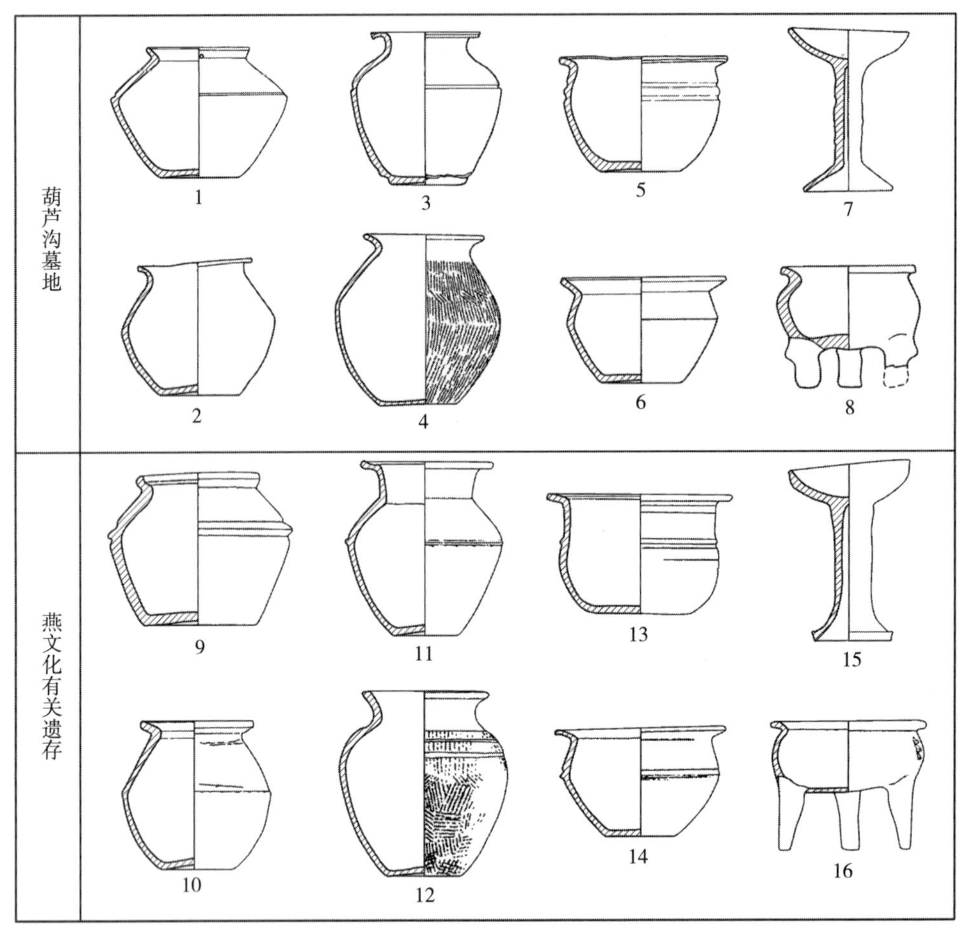

图9　泥质陶器对比图

1～4、9～12.罐（M75：1、M167：1、M44：1、M77：1、M32：1、M28：1、M36：3、M22：3）　5、6、13、14.盂（M186：2、M36：5、D6T58②H189：2、D6T26④F1：1）　7、15.豆（M36：2、D6T27④：4）　8、16.鼎（M119：2、IM19：1）（1～8.葫芦沟出土，9～12.大马各庄出土，13～15.东沈村出土，16.琉璃河出土）

形制相似的三足器（图11，17）。但值得注意的是，从完整器物考量，与玉皇庙文化双耳三足罐形制相似的同类器目前在该文化以西的北方长城地带并未发现，反而与夏家店上层文化[22]（图11，19）及其后裔周家地遗存[23]（图11，20）的双耳三足器颇为类似。另外，某些形制特殊的双耳平底罐（图11，10、18[24]）亦透示出两支文化之间的密切联系。因此，不应忽视夏家店上层文化对玉皇庙文化此类陶器形成的影响[25]。综合来看，玉皇庙文化的双耳三足罐很有可能是在双耳平底罐基础上受到夏家店上层文化相似器形的启发孕育的，并形成多饰指甲纹等鲜明的自身风格，逐渐成为该文化一种醒目的器物。

数据统计显示，这些非玉皇庙文化早期传统的因素在葫芦沟遗存文化构成中总体均居于少数，但随着葫芦沟社会演进，其影响呈现逐渐深入趋势。同时还可以看出，相对于葬俗的改变，葫芦沟社会更易吸收外来的陶器传统。

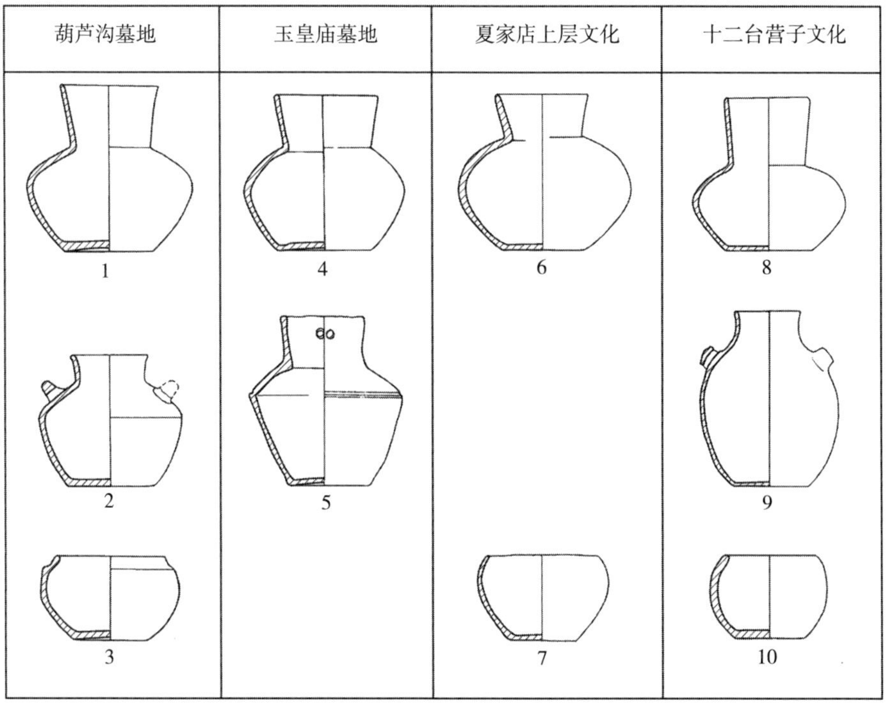

葫芦沟墓地	玉皇庙墓地	夏家店上层文化	十二台营子文化
1	4	6	8
2	5		9
3		7	10

图10　泥质陶器对比图

1、2、4～6、8、9.壶（M90：1、M61：3、M221：1、M175：1、98NDXAⅢH9：12、M122：12、未编号）　3、7、10.钵（M84：1、93NDXAⅡH158：1、M1）（1～3.葫芦沟出土，4、5.玉皇庙出土，6、7.小黑石沟出土，8.袁台子出土，9.老爷庙墓出土，10.东岭岗出土）

外来陶器的到来影响了夹砂陶器的形态，如夹砂盂形制即从属于泥质盂，更为深刻的是，还可能促发了随葬陶器仪俗的改变。葫芦沟墓地中，有陶器墓葬者，一段皆每墓1件，二段出现成组合者，即M36随葬了泥质折肩罐、泥质折肩盂、泥质浅盘豆、夹砂三足罐等多件，到了三段，出现了多达12例陶器组合墓葬，而其中11例皆包含泥质陶器，10例皆包含夹砂带耳罐，且皆与泥质陶器共出。很显然，这些后来因素是葫芦沟社会陶器成组合随葬习俗的带入和执行者。

从陶器呈现的外来文化因素来源看，一段仅见有燕文化因素，二段除燕文化因素外，出现双耳三足罐代表的新因素，三段中不仅这两种因素比例急增，还见有来自东北的一些因素。由此可见，葫芦沟社会演进中随着新文化因素的不断融入，外来因素逐渐增多，文化结构趋于复杂化。值得注意的是，这些非传统因素之间保持较强的相关性，如20座屈肢葬墓中，9座随葬泥质折肩罐或盂，6座随葬夹砂三足罐，5座随葬泥质折肩罐与夹砂三足罐组合，随葬相关陶器的比例远大于直肢葬墓，说明葫芦沟社会演进中新文化因素与传统因素存在较强程度的背离。

还需提及的是，第三段出现了圹内殉猪骨及圹外殉整猪现象，这既是葫芦沟社会趋向定居的表现，同时也说明其殉牲文化变得更为复杂。

（三）社缘结构的延续与社会结构的变化

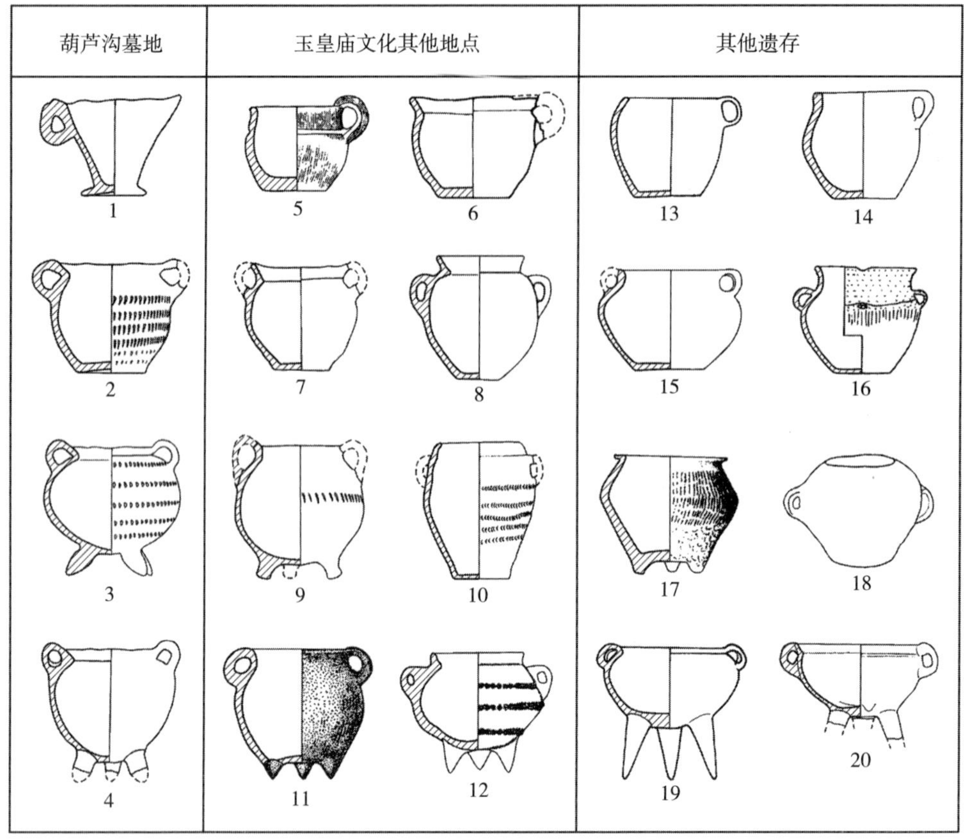

图11　夹砂带耳陶器对比图

1～4.葫芦沟M57：1、M61：1、M36：3、M54：2　5～7.玉皇庙M2：26、M396：1、M169：1　8、12.梨树沟门L1841、L1653　9.西梁垙采集　10.小白阳M4：1　11.白庙M2：1　13、15.西岗M108：1、M102：1　14.于家庄M5：1　16.柴湾岗采集　17.套场坪M20：3　18.红山后采集　19.小黑石沟92NDXAⅡH8：14　20.周家地M45：01

葫芦沟墓葬能确认墓主人年龄、性别者有150座，占墓葬总数的98%，提供了较好的关于所属人群的基本信息。结合墓葬分布状况（图12）和年代变化，可尝试分析葫芦沟社会结构有关问题。

葫芦沟人群据年龄、性别可分为三类，其中成年男性78座，成年女性50座，未成年人22座。从不同年龄、性别的人群墓葬分布可以发现，正如《布局》一文揭示的那样，葫芦沟墓地有同一性别或年龄的死者集中埋葬的现象。三区皆可识别出若干群。

北区比较明显的有四群。第一群是位于东北角的成年男性墓群，由M5～M7、M11、M76、M77组成。第二群是位于中部的成年男性墓群，由M10、M14、M18、M20～M22、M75组成。第三群是位于西南角的成年男性墓群，由M23、M24、M26～M28组成。第四群是位于西侧偏南的成年女性墓群，由M16、M17、M19、M25组成。

中区比较明显的有两群。第一群是位于中北部的成年女性墓群，由M31～M34组成。第二群是位于东南角的成年男性墓群，由M102、M116、M156组成。

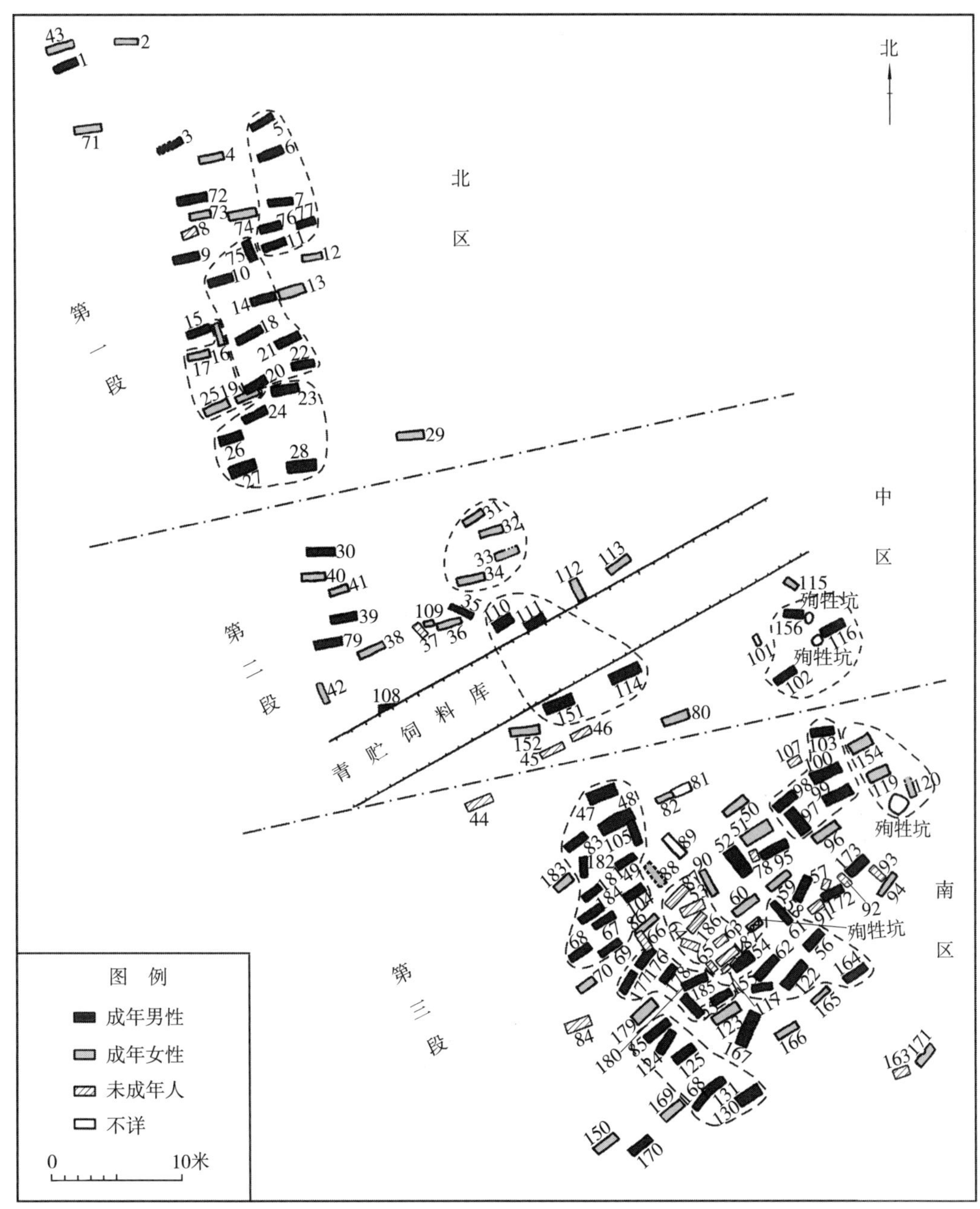

图12 葫芦沟墓地不同性别与未成年人墓葬分布图

南区比较明显的有七群。第一群是位于西北角的成年男性墓群，由M47～M49、M67～M69、M83、M104、M105、M181、M182、M184组成。第二群是位于西侧中间的成年男性墓群，由M55、M176～M178、M180、M185组成。第三群是位于西南部的成年男性墓群，由M85、M124、M125、M130、M131、M168组成。第四群是位于东北部的成年男性墓群，由M97～M100、M103组成。第五群是位于中南部的成年男性墓群，由M54、M56、M61、M62、M122、M155、M164组成。第六群是位于东北角的成年女性墓群，由M119、M120、M154组成。第七群是位于中间偏西的未成年人墓群，由M53、M63～M65、M87、M117、M186、M187组成。

上述可归入同一性别或年龄死者墓群的墓葬共有76座，已超过所有墓葬的一半，应该还有更多墓葬纳入到类似墓群中，如中区未被现代建筑破坏，M110、M111、M114、M151等可能就属于同一成年男性墓群（见图12）。可见，葫芦沟墓地中同一性别或年龄的死者集中埋葬具有相当普遍性。这种埋葬现象显示葫芦沟社会着意按性别和年龄区分人群集团，现实社会中应刻意强调不同人群的社会角色。对比血缘结构和地缘结构，这样一种社群组合形式可称之为社缘结构。

从社会演进看，葫芦沟一段即明确见有社缘结构现象，二、三段延续存在，并且不仅主流墓葬纳入其中，像南北向、屈肢葬、随葬外来陶器等新因素的墓葬也从属于这种现象，显然在葫芦沟社会中社缘结构是一种稳定存在的社群组织形式。

社缘结构的突出存在也说明葫芦沟社会中个体家庭可能不发达。但值得注意的是，葫芦沟第三段或出现了一男一女并列的“对子墓”。如南区中部的M52墓主人是一成年男性，其西侧的M90为一成年女性，两墓南北向，东西并列。两墓西北亦有两座南北向墓东西并列，偏西的M88为一成年女性，偏东的M89年龄、性别不详，不排除这二墓属“对子墓”。“对子墓”的出现反映出葫芦沟社会此时已可能明确重视个体家庭这种最基本的社会组织，显示了社会结构的变化。结合墓向等因素考虑，这种社会结构的变化应属中原文化影响的结果。

葫芦沟社会结构的变化还体现在社会集团的分化上。目前能够从墓葬分布辨识出的社会集团，葫芦沟一段最少，二段增多，三段最多。可以未成年人墓葬分布为启示略作讨论。未成年人墓位于墓区边缘是游牧社会初期一种比较流行的墓地形态，在东周时期中国北方文化及欧亚草原的卡拉苏克文化等皆有发现[26]。葫芦沟墓地中，第一段仅M8属未成年人墓，位于北区西缘。第二段有M37、M45、M46三座未成年人墓，其中M45、M46位于中区南缘。M37位于中区中部，其南、北两侧皆有较大空白区域将东、西两侧墓葬分开，第二段墓葬大概可以M37一线南北为界分为两个小集团。第三段未成年人墓葬较多，其中M44、M84、M107、M163位于南区四周边缘。南区中部的未成年人墓葬可形成的比较清晰的界线有两条。一条是M87—M117等墓连线，一条是M78—M91连线。第三段墓葬据此至少可分为三个小的人群集团（见图12）。由此可见，葫芦沟社会在多重因素制约之下，人群也相应处于不断分化之中。

三、结　　语

本文对葫芦沟墓地编年和社会演进的讨论，大致有如下认识。

对比玉皇庙墓地的研究，葫芦沟墓地可以分为三段四组。第一段墓葬年代约当春秋晚期中段，位于墓地北区。第二段墓葬年代约当春秋晚期晚段，位于墓地中区。第三段墓葬年代约当战国早期，上限或至春秋战国之际，位于墓地南区。墓葬年代与分布区域关联密切。

与玉皇庙墓地的形成相似，葫芦沟社会对于茔地的安排很有可能是：先划定一处区域，在这处区域内按照一定的规划逻辑逐次埋葬，待该处茔域使用差不多时又转移到另一处相邻的区域重新安葬。目前大致能辨识出的是，葫芦沟社会集团对墓葬区的安排整体由北渐南，但现有研究尚难以揭示出每处茔域内的具体安葬顺序。

葫芦沟社会演进首先体现出葬俗和随葬品方面对玉皇庙文化早期传统的继承，如东西向墓向，单人仰身直肢葬式，填土殉置狗牲，随葬夹砂褐色素面带领罐、直刃铜短剑、环首铜刀、长筒形铜管具、动物形铜带钩以及多种装饰品等。这些文化因素始终占主导，但随着时间前进，早期传统呈逐渐弱化之势。

与玉皇庙文化早期传统的逐渐弱化形成鲜明对比的是，葫芦沟社会演进中大量新文化因素的融入，代表性内容有南北向墓向、屈肢葬式、泥质陶器、夹砂带耳陶器、殉猪现象等。新因素来源于燕文化等中原文化、北方长城地带文化、夏家店上层文化、十二台营子文化等多种青铜时代文化，所占比重逐渐增加，葫芦沟社会文化结构趋于复杂化。

葫芦沟墓地同一性别或年龄的死者集中埋葬的现象显示葫芦沟社会具有刻意强调不同人群社会角色的社缘结构。这一现象在东周时期北方文化中广泛存在。随着社会演进，葫芦沟社会集团不断分化，晚期墓葬还可能反映出对个体家庭社会组织的重视。葫芦沟社会结构的不断变化与文化结构的复杂化相一致，是中原文化等影响日益深入的反映。

总之，葫芦沟墓葬内容扩充了对玉皇庙文化的理解，其社会演进具体情形也是该文化乃至东周时期北方文化社会发展的一个缩影。

附记：本文得到河北省青年拔尖人才支持计划项目资助。

注　释

[1] 北京市文物研究所：《军都山墓地——葫芦沟与西梁垙》，文物出版社，2010年。

[2] 北京市文物研究所：《军都山墓地——玉皇庙》，文物出版社，2007年。

[3] 滕铭予、张亮：《葫芦沟墓地的年代及相关问题》，《边疆考古研究》第12辑，科学出版社，2012年。

[4] 滕铭予：《北京延庆葫芦沟墓地的布局与相关问题》，《考古》2018年第4期。

[5] 洪猛：《略论玉皇庙墓地的分期与年代》，《考古》2013年第10期；《玉皇庙文化初步研究》，吉林大学博士学位论文，2014年。本文对玉皇庙墓地分期与年代的认识皆出自该文。

[6] 本文对墓葬方向、屈肢葬墓、墓主人年龄、性别的判定从《布局》一文校正后的标准。

[7] 内蒙古自治区文物工作队：《毛庆沟墓地》，见《鄂尔多斯式青铜器》，文物出版社，1986年。

[8] 北京市文物研究所：《琉璃河西周燕国墓地（1973～1977）》，文物出版社，1995年。

[9] 北京市文物工作队：《北京怀柔城北东周两汉墓葬》，《考古》1962年第5期。

[10] 河北省文物研究所：《燕下都》，文物出版社，1996年。

[11] 河北省文物研究所等：《河北徐水大马各庄春秋墓》，《文物》1990年第3期。

[12] 河北省文物研究所：《燕下都》，文物出版社，1996年。

[13] 内蒙古自治区文物考古研究所等：《小黑石沟——夏家店上层文化遗址发掘报告》，科学出版社，2009年。

[14] a.辽宁身文物考古研究所等：《朝阳袁台子——战国西汉遗址和西周至十六国时期墓葬》，文物出版社，2010年。

b.刘大志、柴贵民：《喀左老爷庙乡青铜短剑墓》，《辽海文物学刊》1993年第3期。

c.靳枫毅：《朝阳地区发现的剑柄端加重器及其相关遗物》，《考古》1983年第2期。

[15] 承德地区文物保护管理所等：《河北省滦平县梨树沟门墓群清理简报》，《文物春秋》1994年第2期。

[16] 张家口市文物事业管理所等：《河北宣化县小白阳墓地发掘简报》，《文物》1987年第5期。

[17] 张家口市文物事业管理所：《张家口市白庙遗址清理简报》，《文物》1985年第10期。

[18] 甘肃省文物考古研究所：《永昌西岗柴湾岗——沙井文化墓葬发掘报告》，甘肃人民出版社，2001年。

[19] 宁夏文物考古研究所：《宁夏彭堡于家庄墓地》，《考古学报》1995年第1期。

[20] 甘肃省文物考古研究所：《永昌西岗柴湾岗——沙井文化墓葬发掘报告》，甘肃人民出版社，2001年。

[21] 陕西省考古研究所等：《陕西清涧李家崖东周、秦墓发掘简报》，《考古》1987年第3期。

[22] 内蒙古自治区文物考古研究所等：《小黑石沟——夏家店上层文化遗址发掘报告》，科学出版社，2009年。

[23] 中国社会科学院考古研究所内蒙队：《内蒙古敖汉旗周家地墓地发掘简报》，《考古》1984年第5期。

[24] 东亚考古学会：《赤峰红山后——热河省赤峰红山后先史遗迹》，雄山阁出版株式会社，1938年。

[25] 陶宗冶：《谈玉皇庙文化的几个问题》，《文物春秋》2013年第1期。

[26] 杨建华、洪猛、曹建恩：《毛庆沟墓地的两种墓葬所反映的不同社会结构》，见《边疆考古研究》第8辑，科学出版社，2009年。

The Chronology and Social Evolution of the Hulugou Cemetery in Beijing

Hong Meng

KEYWORDS: Beijing Hulugou Cemetery Yuhuangmiao Culture Social Evolution Eastern Zhou Period

ABSTRACT: In the Hulugou Cemetery located to the northeast of Yanqing District, Beijing, 153 burials of the Yuhuangmiao Culture have been excavated, which made this cemetery one of the important remains of this culture. Compared with the research results of the Yuhuangmiao Cemetery, the burials of the Hulugou Cemetery could be divided into three chronological groups, which are the mid stage of the late Spring-and-Autumn Period, the late stage of the late Spring-and-Autumn Period, and the transitional period between the Spring-and-Autumn and Warring-States Periods to the early Warring-States Period. The Hulugou Cemetery is an independent and relatively complete cemetery of the Yuhuangmiao Culture, the excavated area of which roughly reflected its original range and arrangement; generally, the order of the interments of these burials was closely related to the spatial distribution, the social group was gradually arranged from north to south into the cemetery. The social evolution of the Hulugou Cemetery is shown first by the inheritance of the early traditions of the Yuhuangmiao Culture reflected from the funeral customs and grave goods; the elements of Yuhuangmiao Culture were the mainstream from beginning to end, but the early traditions were gradually weakened. On the contrary, during the social evolution of the Hulugou Cemetery, large amounts of new cultural elements were absorbed, and the cultural pattern was becoming complex. In this cemetery, the burial occupants of the same sex and age group were usually buried in concentrated zones, which might indicate that the social structure stressing social roles of the people was a stable social organization form. The social structure was also in continuous change, which was clearly shown in the aspects of the emergence of individual families and the division of social groups in the later period. In some sense, the situation of the social evolution of the Hulugou Cemetery was an epitome of the development of the societies of the cultures in northern China during the time of Yuhuangmiao Culture even the entire Eastern Zhou Period.

（特约编辑 新 华）

里耶秦简“检”与“署”

吴方基

关键词：岳麓秦简　里耶秦简　“卒令”　“检”　“署”

内容提要：区别于汉简“检署”，正确认识秦“检”、“署”是研究秦代文书封缄制度的基础。过去对里耶秦“封检”与“检”区分，解读岳麓秦简“卒令”发现，实际上应该是“检”与“署”的区分。“检”过去称为“封检”，只作封禁之用，正面封泥槽很大，没有书写文字的空间，背面转写“署”上文字。“署”过去误称为“检”，没有封泥槽，是一种题写收件人等文字的简，说明文书传递目的地等信息。至汉代，“检”、“署”合而为一。汉“检”正面有封泥槽，泥槽之外题署文字，既用于封禁，又进行文字说明。“检”、“署”的变化所见，“汉承秦制”之外，秦汉之间的变化应需更多关注。

过去多据汉简探讨“检”的问题。里耶秦简刊布后，秦“检”引起关注，通过研究逐渐弄清了里耶秦“检”与“封检”的区别。秦“检”与“封检”的区分，进一步深化了秦代文书封缄的研究。不过依托里耶、岳麓秦简，从简牍封缄流程运行的动态视角观察，发现秦“检”与“封检”之关系可再进行检讨，秦“检”与“署”需作重新认识。

一、“检”、“封检”之区分与存在的问题

围绕传世文献《说文解字》、《释名》、《急就篇》、《论衡》等记录，结合汉简实例，学界一般认为“检”有封泥槽或封泥，多正面题署文字，封泥上有印文[1]。

以汉简为考察中心，王国维先生考证简牍检署制度时指出：书牍封缄之法，于牍上复加一板，其所用以封之板，谓之检；明确说到“‘检’，以言乎其物；‘封’，以言乎其用”；认为署是封缄中最后之事，指于检上题署文字[2]。王氏著确定“检”、“封”、“署”的关系，奠定“检”之研究的基础框架，后来探讨皆在此框架下展开。如日本学者原田淑人论述对检的认识与王氏基本相同[3]。台湾劳榦认为检有两种：一种形制同普通简，是封函检署；另一种比普通简宽，但长度短，是书囊检署[4]。其中也是检署连称。侯灿根据劳氏观点，把检署进一步细分为七类[5]。李均明把所用以封之板直接称为封检，封检题署是指封检上的文字说明，进一步区分文书封检题署和实物封检题署[6]。日本大庭修把检分为物品检与书信检两种。物品检表明内装之物，具有禁止窥探内物的含义。书信检写明收信人，具有

作者：吴方基，梅州市，514015，广东嘉应学院政法学院。

书署的意思[7]。日本永田英正利用居延简补充考证，认为分写有传达方式的检和附在运送赋钱、弓弩青绳口袋上的检[8]。李零认为“检”相当于“信封”[9]。近来王使臻、王使璋、裴永亮指出检封是一种封缄书牍的方法，即在木牍之上加一木板，此木板名曰“检”，“检”上题写文字谓之“署”[10]。

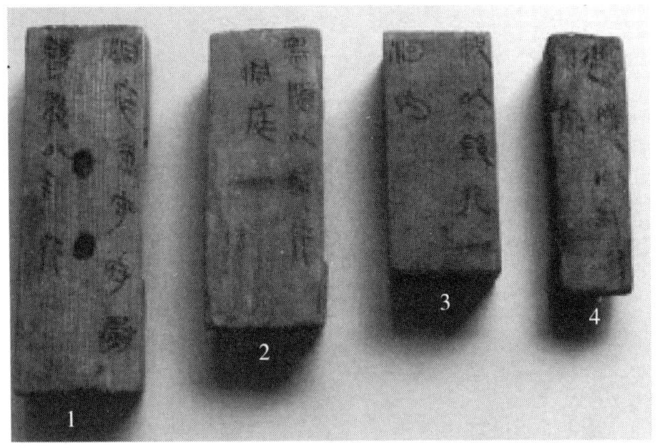

图1　湖南省龙山县里耶古城一号井出土封泥匣
1.J1⑦-4　2.J1-169　3.J1⑦-1　4.J1⑦-5（采自湖南省文物考古研究所：《里耶发掘报告》彩版二十四，岳麓书社，2007年）

汉简“检”用以封之板，又称“封检”，虽然其中存在一种平面检或有学者所提出的无封泥槽的背面封检[11]，但是不管有无封泥槽，其封禁的性质一致，故有“检”与“封检”两种称法。但里耶秦简“检”之考察在汉简研究的基础上又有所改造，特别区分“检”与“封检”，认为两者性质不同。

2003年，《湖南龙山里耶战国——秦代古城一号井发掘简报》首次披露少量封泥匣（实为封检），把少数有文字者分两类作简单介绍：一类书写始发地和发往地；另一类是物品名称和数量的登记[12]。秦简封检引起关注并作初步探讨。2007年，《里耶发掘报告》介绍了4枚带有封泥匣的简，分别是J1⑦-5、J1⑦-1、J1-169、J1⑦-4，实为封检。另外还单独介绍了一枚封检（其实不是封检）⑨983“酉阳洞庭”[13]，反映当时对封检之认识的不确定性。日本学者籾山明注意到了里耶秦简封泥匣与汉简的区别，认为里耶秦简封泥匣在背面书写文字（图1），而汉简是在正面书写文字，因此推测“封泥匣只是用作封印的器物，正面没有文字，收件人和寄件人等是通过其他途径记录在检上面的。开封的时候，把记在检上面的文字转写在封泥匣的背面，以记录各个不同的封泥匣的来历。”[14]其中推定秦简中另有一种“检”的存在，以区别于封泥匣。籾山明的区分视角决定此后相关研究的取向。

2009年，里耶秦简整理者张春龙过去称封泥匣为封检，公布封检197枚，其中有文字者55枚，没有收入以前所称封检的⑨983号简，体现对封检之认识的深化[15]。需要指出的是张氏对于⑨983号之类简的问题未作说明。2012年《里耶秦简[壹]·前言》明确提出“检”与“封检”的区分：“检大多数下端削尖，长8～23厘米；封检是在长方体木块的一面挖去一部分形成泥槽，形如小板凳。绝大多数两端整齐，只有少数几枚一端削成坡状，侧面呈楔形，如10-91、10-93、9-49。泥槽是方便捆扎，也有个别封检泥槽中钻有两孔，如10-89号‘洞庭泰守府以邮行尉曹发’竖穿两孔，增加捆扎的牢固程度，长4.6～11.8、宽1.8～3.3、厚1.3～1.8厘米，泥槽长3.5～4.5、深0.7～0.8厘米。”[16]陈伟通过解读岳麓秦简1162+1169号“卒令丙三”，进一步认为整理者起初称为“检”，后来又称为“封检”者，就是岳麓秦简1162+1169号所说的“检”。陈文同时探讨其中“检”与“署”之关系，提出两种推测：其一，“署”可能是检上题署的内容；其二，“署”似当是指整理者称为“检”的平板状物件，其可能覆盖在文书之上，写有收件、发件等要素，起着指示传递的作用[17]。陈文的后一种推测意见很有启发性，但并未引起重视。日本青木俊介进一步讨论检与封检的差异，提出“平板检”类型[18]。虽然他发现检与封检的不同，但是依然采用“检”的范畴界定平板状物件，称之为“平板检”。其后姚磊则区别于以往注重封检研究，着重探讨里耶秦简“检”的四种形制和五种内容分类[19]，同样没有摆脱“检”的范畴。

综上，区分里耶秦“封检”与“检”具有重要意义，但也存在一个基本问题。汉简所称“封检”是强调“检”的封禁作用。《释名·释书契》：“检，禁也。禁闭诸物使不得开露也”[20]。“检”与“封检”是同一性质的不同称法，里耶“封检”与“检”却是两种不同性质的简牍，生硬采用汉简同性质的两种称法以区分秦简不同性质的两类简牍是否符合当时的实际情况？里耶秦简另一种“检”称谓又当如何处置？是否可换一种角度思考，里耶秦简的另一种“检”在当时不称“检”，还是另有其他称谓？依托新出岳麓秦简“卒令丙四”可再进行检讨。

二、里耶秦简“检”与“署”之再认识

岳麓秦简“卒令丙四”材料的刊布，可进一步检讨里耶秦简“检”，其说：

封书毋勒其事于署，书以邮行及以县次传送行者，皆勒书郡名于署，不从令，赀一甲。卒令丙四重[21]（1160）。

新出《岳麓书院藏秦简》（伍）也有相似一条记载。

·令曰：封书，毋勒其事于署ㄴ，书以邮行及以县次传送行者，皆勒▨[22]（1141/111）。

其中“重”表示此则令文被重复摘录，如1141号残存内容与1160号完全一样。“封书”指封缄的文书，即文书已用封检进行封禁。令文强调所封文书的传递方式是以邮行及以县次传送行者，应把郡名书写在“署”上，不应把文书所说之事书写在“署”上。那么这“署”是何物？

秦简“署”含义多样，过去认识到它的两种义项：其一，作代名词，关于代指内容存有分歧，主要有“岗位”说[23]、“专指一级机构”说[24]、“官方办事机构的泛称”说[25]、“驻地”说等四种意见[26]；其二，作动词，意为题署、表署或签署[27]。不过，“卒令丙四”所见“署”的含义有别于过去的认识，其中“署”应作名词解，但非指岗位、机构、驻地等，而是同封书一起传递的可题写郡名的一种平板简。里耶秦简中过去所称为的“检”大多具有题写“洞庭”的特征，见表1所见“以邮行”者。

表1中“迁陵以邮行洞庭”，过去主要有两种理解，一种认为是迁陵发往洞庭[28]，另一种认为是洞庭发往迁陵[29]。主张迁陵是文书发往目的地是合理的，但是把洞庭作为文书的始发地值得商酌。因为同样是“以邮行”（表2），却只有文书发往目的地，没有文书始发地。

需要说明的是，“廷以邮行户曹”中“户曹”是文书启封者，如里耶秦简9-183“廷以

表1　　里耶秦简所见一种题署“洞庭”郡名的平板简

简文	简号
迁陵以邮行Ⅰ洞庭Ⅱ	6-2/8-321/8-362/8-432/8-1840/9-1589/9-2523
迁陵以邮行·洞庭	8-12/8-320/8-504+8-563/9-1521/9-1532/9-1538
迁陵以邮行洞庭	8-32/8-115+8-338/8-371+8-622/8-413/8-555/8-1464/8-1553/8-1685/9-350/9-589（正）/9-899/9-921/9-987/9-1475/9-1476/9-1705/9-2306
迁陵以邮利足行洞庭，急	8-90/11-108
迁陵以邮利足行洞庭	8-527（背）
迁陵以邮行急急洞庭	9-1459
迁陵以邮行洞庭郡	15-176
迁陵以邮Ⅰ行洞庭Ⅱ	8-134/8-311/8-1714+8-2065/8-1837/9-24/9-553
迁陵以邮Ⅰ行洞庭Ⅱ	8-134/8-311/8-1714+8-2065/8-1837/9-24/9-553
轵以邮行河内	14-169
广武以邮行泰原	16-182

表1资料采自湖南省文物考古研究所：《里耶发掘报告》，岳麓书社，2007年；《里耶一号井的封检和束》，见《湖南考古辑刊》第八集，岳麓书社，2009年。陈伟：《里耶秦简牍校释》第1卷，武汉大学出版社，2012年；《里耶秦简牍校释》第2卷，武汉大学出版社，2018年。

表2　　里耶秦简所见部分迁陵县内传递文书署“以邮行”平板简

简文	简号
贰春乡Ⅰ以邮行。Ⅱ	8-1147
廷以邮Ⅰ行户曹Ⅱ	8-1318
廷以邮行Ⅰ主户发Ⅱ	9-180
尉以邮行	8-1951/9-2398
廷以邮行令曹发	10-92

表2资料采自陈伟：《里耶秦简牍校释》第1卷，武汉大学出版社，2012年；《里耶秦简牍校释》第2卷，武汉大学出版社，2018年。湖南省文物考古研究所：《里耶一号井的封检和束》，见《湖南考古辑刊》第八集，岳麓书社，2009年。

表3　　里耶秦简所见部分“署××发”记录与“××发”平板简之对比

文书回复要求	“署XX发”记录	简号	“××发”平板简
少内、尉回复县廷	以书言，署金布发	8-64+8-2010	廷金布发
少内回复县廷	书到言，署金布发	8-155	廷金布发
少内回复县廷	听书亟言，署金布发	9-368	廷金布发
厩回复县廷	诣廷以书言，署金布发	9-756	廷金布发
阆中县回复迁陵县	为报，署主仓发	9-2314	迁陵主仓发洞庭

表3资料采自陈伟：《里耶秦简牍校释》第1卷，武汉大学出版社，2012年；《里耶秦简牍校释》第2卷，武汉大学出版社，2018年。

表4　　里耶秦简所见部分题署郡名“××发”平板简

简文	简号
迁陵以邮行覆曹发·洞庭	8-2550
迁陵主符发以邮行洞庭	9-163（正）
迁陵狱东发以邮行洞庭	9-610
迁陵以邮行发令丞前洞庭	12-117
迁陵以邮行吏发洞庭	16-185
迁陵丞自发以邮行洞庭	9-46

表4资料采自陈伟：《里耶秦简牍校释》第1卷，武汉大学出版社2012年；《里耶秦简牍校释》第2卷，武汉大学出版社，2018年。湖南省文物考古研究所：《里耶一号井的封检和束》，见《湖南考古辑刊》第八集，岳麓书社，2009年。

邮行Ⅰ主户发Ⅱ”，又 10–92“廷以邮行令曹发”，“令曹”即启封者。再有8–263“廷户曹发”省称为8–1072、8–1489（正）“廷户曹”为证。表2只见“以邮行”目的地贰春乡、县廷、尉、内官等，不见文书始发地，说明文书“以邮行”可以不题写始发地。题写“洞庭”非作为始发地，应有其他用意。

对比表1可发现，凡题写郡名者，文书传递目的地均是其郡属县，如“迁陵—洞庭”“轵—河内”“广武—泰原”等[30]。

岳麓秦简“卒令丙四”规定“经过封缄的文书，以邮行及以县次传送行者，皆勒书郡名于署”，正与此特征相符，说明此类平板简题署郡名乃是表明文书传递目的地属郡[31]。也就是说，以上表中过去所称的“检”与一种称为“署”的平板简具有相同特征，“署”才是表中此类平板简的实际称谓。据此可再解读岳麓秦简1162+1169号“卒令丙三”：

•令曰：书当以邮行，为检，令高可以旁见印章，坚约之，书检上应署，令□负以疾走。不从令，赀一甲。☑卒令丙三[32]。

其中说到“检”的形制，“为检令高”是规定“检”的厚度必须达到可以看清楚印章的程度，说明“检”有封泥槽以用印章封缄，亦即里耶秦简所见封检。“书检上应署”之“署”肯定不作动词“题署”解释，应是一个名词，即覆盖在检上的一种平板简，称之为“署”，其上题写文书收发者等信息。

表中“署”的作用主要是署明文书传递目的地、传递方式、启封者、紧急程度等信息。不仅如此，里耶秦简中“署”类简还有更多内容，有研究者大致分为五类[33]，实质上第一、二类可合并为四类。第一类，简上部中央题写发往处，有些简标注发送方式、紧急程度、送达日期、所署郡名等；第二类，简上部中央题写开启者；第三类，简上部中央题写钱物等；第四类，还有一些不太清楚，有待进一步研究。第四类中有些不太清楚的简，里耶秦简明确说是“署”，以前未引起注意，如8–957“苐苐”、8–1514记载：

廿九年四月甲子朔辛巳，库守悍敢言之：御史令曰：各苐（第）官徒丁【粼】☑

勮者为甲，次为乙，次为丙，各以其事勮（剧）易次之。·令曰各以□☑

上。·今牒书当令者三牒，署苐（第），上。敢言之。☑（正）

四月壬午水下二刻，佐圂以来。/槐手。（背）

这是县库按“御史令”规定上报“各苐（第）官徒”情况，其中“署苐（第）”即说“署”上题写“苐”，如8–957“苐苐”就是这样形成的“署”（图2，1）。

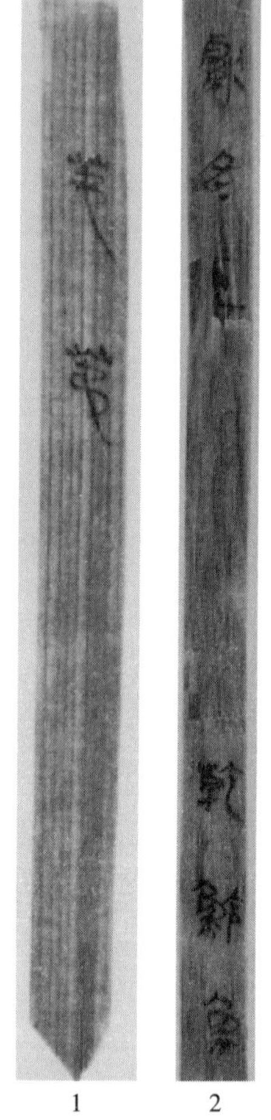

1　2

图2　湖南省龙山县里耶古城遗址一号井第8层出土简牍
1.8–957　2. 8–1022（采自湖南省文物考古研究所：《里耶秦简（壹）》第131、138页图版，文物出版社，2012年）

又8-769记载：

卅五年八月丁巳朔己未，启陵乡守狐敢言之：廷下令书曰取鲛鱼与山今庐（鲈）鱼献之。问津吏徒莫智（知）。·问智（知）此鱼者具署物色，以书言。·问之启陵乡吏、黔首、官徒，莫智（知）。敢言之·户（正）曹。

八月□□□邮人□以来。/□发。狐手。（背）

县廷下令问启陵乡是否知道此献鱼，若启陵乡知道，回复文书“具署物色”。“具”有题写的意思。“具署物色”即在“署”上题写此献鱼的情况，8-1022号“献冬瓜乾鲶鱼”就是题写上献物品情况的“署”（图2，2）。再如对比分析“署XX发”记录与“XX发”简（表3）。表中均是文书要求回复而“署XX发”。“署XX发”即指在“署”上题写“XX发”字样，形成“XX发”简。县属机构回复县廷形成“廷金布发”之类简；他县回复迁陵县形成“迁陵主仓发洞庭”之类简。

综上，岳麓秦简“卒令丙四”规定题写郡名的“署”在里耶秦简中发现许多实例，如表1、表4等。这些“署”的实例就是过去所称的“检”。也就是说，过去称为“封检”的在秦时应直接称为“检”，如岳麓秦简1162+1169号“卒令丙三”所见；而过去所称的“检”实际上应称为“署”。

三、秦简“检”、“署”分离到汉简“检署”合一的变化

学界曾认为里耶秦简“封检”与“检”的区分实际上是“检”与“署”的区分。依据岳麓秦简“卒令”规定，这种区分也很自然。如1162+1169号“卒令丙三”：·令曰：书当以邮行，为检令高，可以旁见印章；坚约之，书检上应署，令□负以疾走，不从令，赀一甲[34]。过去解释封检上要签署令文，之后要“负以疾走”[35]。但是据里耶秦简封检图版，封检泥槽较大，多占检的一半有余，有些甚至占检的三分之二，封检正面基本为封泥所覆盖，不大可能于上签署令文，如图3（泥槽在正面，书写文字者为背面）。

图3　湖南省龙山县里耶古城遗址一号井第8层出土简牍8-2550（采自湖南省文物考古研究所：《里耶秦简（壹）》第279页图版，文物出版社，2012年）

是故，里耶秦简封检文字书写于背面，而非汉简所示书写于正面[36]。出现这种现象，除文书有关规定外，封检正面没有文字书写空间也是一个重要因素。那么其中“署”是否不能作动词解，“令”可能不是指“令文”，是否与前一个“令”意思一致，“书检上应署令□负以疾走”是否可断句“书检上应署，令□负以疾走”。也就是说，“卒令丙三”主要针对两点规定，一点是检的规定，另一点是“书检上应署”的规

定，两点同用“令”之命令性的用语做出具体规定。即“署”与“检”并列而论，文书用“检”封禁，“坚约之”后，“书检上应署”，说的是在“检”之上另用一简题写文字作“署”。又如“卒令丙四”：已用“检”封禁的文书须书写郡名在“署”上。其中所见“检”与“署”分离，“检”作封禁文书之用，“署”上题写收件人等文字。

图4 湖南长沙市五一广场东侧1号窖出土简牍
1.CWJ1①：78 2.CWJ1①：5 3. CWJ1③：235（采自长沙市文物考古研究所：《湖南长沙五一广场东汉简牍·封检选》，《中国书法》2016年第9期）

及至汉代，“检”的形制发生较大变化，主要体现为“检”的封泥槽大为缩小，封泥槽之外还有题写文字的空间。如李均明考察汉简封检题署，细致罗列诸多“检”上文字书写与“封泥漕”的位置，说明汉“检”封泥槽之外可题写文字。还有研究者把汉代带有封泥槽的“检”分为八种类型，并附图加以说明[37]，清晰可见封泥槽所占整“检”的空间比例很小，位置有的在中央，有的在上下两端或一端等，其外留有较大题写文字的空间（图4，1）。

东汉时期，“检”上的封泥槽又稍有变小，其外题写收受人等文字信息的空间稍有扩大（图4，2、3）[38]。

因此，汉“检”是其上直接题署文字，“检署”合而为一。这种变化体现在东汉时期《说文解字》、《释名》等记载之中。如《说文·木部》：“检，书署也”[39]，《释名·释书契》：“书文书检曰署”[40]，均是“检署”混同的记录。不过，东汉王充似乎发现“检”、“署”之间的区别，《论衡·程材篇》：“封蒙约缚，简绳检署，事不如法。”[41]其说得明确：“封蒙约缚”均是动词，“简绳检署”则均是名词。对此，王国维已认识到“检”、“署”为二事，但说“署”是继“检”后的最后之事，其中“检”与“署”均作动词解[42]。这是局限于所见汉“检”实例而形成的认识。事实上，秦简“检”、“署”均是名词，两者分离。由于材料的限制，王充的记载没能引起重视。

四、结　　语

汉代“检署”的研究影响到秦简“检”、“署”的认识，过去认为里耶秦“封检”对应汉简中带有封泥槽的“检”，作封禁之用；另区别开来里耶秦简中带有文字的简是为“检”，或称“平板检”，其上书写文字。虽有研究认识到里耶秦简中有文字的“封检”

不是书写于正面，大多记在背面[43]，并发现无文字的封检在当时很普遍，约占所见全部封检的74%，与汉代“检”不同[44]。这些认识值得肯定，不过局限于材料，加之汉“检”研究的影响，关于秦“检”的认识可再检讨。

本文通过解读岳麓秦简“卒令丙三”、“卒令丙四”，重新检讨里耶秦“检”、“署”问题，得出一些新的认识，过去认为里耶秦“封检”与“检”的区分，实际上是“检”与“署”的区分。“检”、“署”分别承担不同的作用，“检”过去称为“封检”，只作封禁之用，正面封泥槽很大，没有书写文字的空间，背面文字乃转写“署”上文字而来。“署”过去误称为“检”，没有封泥槽，是一种题写收件人等文字的简，说明文书传递的目的地等信息。及至汉代，“检”、“署”合而为一。汉“检”正面有封泥槽，泥槽之外题署文字，既用于封禁，又进行文字说明。

以往较多关注“汉承秦制”，以汉代所论推断秦代的情况，秦汉之间的继承固不可忽视，然而他们之间的变化与差异也应予以更多关注，秦之“检”、“署”分离到汉代“检署”合一的变化即是一个鲜明的例子。

附记：本文为国家社会科学基金项目“新出秦简与秦代县级政务运行机制研究”（16CZS029）的阶段性成果。

注　释

[1] a.李均明：《封检题署考略》，《文物》1990年第10期。

b.李均明、刘国忠、刘光胜、邬文玲：《当代中国简帛学研究（1949～2009）》第323页，中国社会科学出版社，2011年。

c.汪桂海《汉代文书的收发与启封》（《简帛研究》第3辑，广西教育出版社，1998年）指出汉代官文书的封检通常有正面、背面两枚，其上皆题署收文者名称，正面的封检较厚，上刻封泥槽，背面的封检则略薄，无封泥槽。背面的封检问题可作进一步讨论。

[2] 王国维著，胡平生、马月华校注：《简牍检署考校注》第75～107页，上海古籍出版社，2004年。

[3] [日]原田淑人：《中国古代简札的编缀法》，《东方学报》第6册，1936年。

[4] 劳榦：《居延汉简·考释之部》，历史语言研究所，1960年。

[5] 侯灿：《劳榦〈居延汉简考释·简牍之制〉平议》，见《秦汉简牍论文集》，甘肃人民出版社，1989年。

[6] 李均明：《封检题署考略》，《文物》1990年第10期。

[7] [日]大庭脩：《再论“检”》，见《汉简研究》，京都同朋舍，1992年。

[8] [日]永田英正：《書契》，见《漢代の文物》，朋友书店，1996年。

[9] 李零：《简帛古书与学术源流》第134页，三联书店，2008年。

[10] a.王使臻、王使璋：《古代书信封缄方法的演变》，《寻根》2010年第5期；《敦煌所出唐宋书札封缄方法的复原》，《文献》2011年第3期。

b.裴永亮：《析简牍文书中的封缄包装》，《中国包装》2015年第8期。

[11] a.程鹏万：《简牍帛书格式研究》，吉林大学博士学位论文，2006年。

b.汪桂海：《汉代文书的收发与启封》，见《简帛研究》第3辑，广西教育出版社，1998年。

[12] 湖南省文物考古研究所等：《湖南龙山里耶战国——秦代古城一号井发掘简报》，《文物》2003年第1期。

[13] 湖南省文物考古研究所：《里耶发掘报告》第211、191页，岳麓书社，2007年。

[14] [日]籾山明:《山は隔て、川は結ぶ——〈里耶発掘報告〉を読む》,《东方》315, 2007年。

[15] 张春龙:《里耶一号井的封检和束》,见《湖南考古专辑》第八集,岳麓书社,2009年。

[16] 湖南省文物考古研究所:《里耶秦简[壹]》第2页,文物出版社,2012年。

[17] 陈伟:《关于秦文书制度的几个问题》,见《中国新出资料学的展开》,汲古书院,2013年;《秦简牍整理与研究》,经济科学出版社,2017年。

[18] [日]青木俊介:《封檢の形態發展——"平板檢"の使用方法の考察から》,见《文獻と遺物の境界Ⅱ——中国出土簡牘史料の生態的研究》,东京外国语大学亚非语言文化研究所,2014年。

[19] 姚磊:《〈里耶秦简[壹]〉所见"检"初探》,转引自蔡万进等:《〈里耶秦简(壹)〉研究综述》,《鲁东大学学报(哲学社会科学版)》2016年第5期。

[20] (东汉)刘熙著,[清]王先谦撰:《释名疏证补》第298页,上海古籍出版社,1984年。

[21] 周海峰:《秦律令研究——以〈岳麓书院藏秦简〉(肆)为重点》第172页,湖南大学博士学位论文,2016年。

[22] 陈松长:《岳麓书院藏秦简(伍)》,上海辞书出版社,2017年。

[23] 睡虎地秦简:《秦律十八种·仓律》(文物出版社,1990年)55号简载:"其守署及为它事者",注释:"署,岗位。"《秦律杂抄》34号简"署君子",注释:"防守岗位的负责人";《法律答问》196号简"署人"、197号简"去署",注释分别曰"站岗防卫的人"、"擅离岗位"。总之,睡虎地秦简整理小组把作代名词的"署"理解为"岗位"。李振宏(《小议居延汉简中的"私去署"问题》,《郑州大学学报(哲学社会科学版)》2001年第5期)认同此观点。

[24] 蔡慧瑛(《释居延汉简之"署"》,《简牍学报》1980年第7期)指出"署"与隧关系密切,应是"隧"的又一称谓,可分为两部门,一为办公处所,一为宿舍。

[25] a.薛英群:《居延汉简中的"秋射"与"署"》,《史林》1988年第1期。

b.王焕林:《里耶秦简校诂》第50页,中国文联出版社,2007年。

[26] 马怡:《里耶秦简选校》,见《中国社会科学院历史研究所学刊》第四集,商务印书馆,2007年。

[27] a.薛英群(《居延汉简中的"秋射"与"署"》《史林》1988年第1期)把居延汉简"署功劳"之"署"解释为"签署"。

b.王彦辉(《〈里耶秦简〉(壹)所见秦代县乡机构设置问题蠡测》《古代文明》2012年第4期)把里耶秦简"署金布发"之"署"也解释为"签署"。

c.王国维(《简牍检署考》,见《简牍检署考校注》,上海古籍出版社,2004年)、李均明(《封检题署考略》《文物》1990年第10期)、(日)大庭脩(《再论"检"》见《汉简研究》,京都同朋舍,1992年)、王使臻、王使璋(《敦煌所出唐宋书札封缄方法的复原》,《文献》2011年第3期)、裴永亮(《析简牍文书中的封缄包装》,《中国包装》2015年第8期)等理解汉简"署"即在检上题署文字。

d.马怡:《里耶秦简选校》(《中国社会科学院历史研究所学刊》第四集,商务印书馆,2007年)把里耶秦简"署金布发"之"署"解释为"题署"。

e.吴方基:《论秦代金布的隶属及其性质》(《古代文明》2015年第2期)把里耶秦简"署"作两种解释:一是书写在文书主体内容之中,"署"作"表署"解;二是独立书写,作为标目或标签,"署"作"题署"解。

[28] a.范毓周(《关于湖南龙山里耶出土秦代简牍邮书检的几个问题》)持此观点,转引自赵炳清:《秦代地方行政文书运作形态之考察——以里耶秦简为中心》,《史学月刊》2015年第4期。

b.湖南省文物考古研究所等:《湖南龙山里耶战国秦代古城一号井发掘简报》,《文物》2003年第1期。

c.湖南省文物考古研究所等:《湘西里耶秦代简牍选释》,《中国历史文物》2003年第1期。

d.湖南省文物考古研究所：《里耶发掘报告》第180页，岳麓书社，2007年。
e.后晓荣：《秦代政区地理》第100页，社会科学文献出版社，2009年。
f.张伟权：《论“洞庭郡”》，《三峡大学学报（人文社会科学版）》2011年第6期。
[29] a.日安：《里耶识小》，《史学月刊》2015年第4期。
b.马怡：《里耶秦简选校》，见《中国社会科学院历史研究所学刊》第四集，商务印书馆，2007年。
c.[日]籾山明：《山は隔て、川は結ぶ——〈里耶発掘报告〉を読む》，《东方》315，2007年。
d.[日]藤田胜久：《里耶秦简所见秦代郡县的文书传递》，见《简帛》第八辑，上海古籍出版社，2013年。
[30] a.徐少华、李海勇：《从出土文献析楚秦洞庭、黔中、苍梧诸郡县的建置与地望》，《考古》2005年第11期。
b.钟炜：《里耶秦简所见县邑考》，《河南科技大学学报（社会科学版）》2007年第2期。
c.宴昌贵：《里耶秦简牍所见郡县名录》，《历史地理》第三十辑，上海人民出版社，2014年。
[31] 单印飞：《秦代封检题署新探——以里耶秦简为中心》，《出土文献研究》第十六辑，中西书局，2017年。
[32] 陈松长：《岳麓书院藏秦简中的行书律令初令》，《中国史研究》2009年第3期。断句参考陈伟的意见并略有改动。
[33] 姚磊：《〈里耶秦简［壹］〉所见“检”初探》，转引自蔡万进等：《〈里耶秦简（壹）〉研究综述》，《鲁东大学学报（哲学社会科学版）》2016年第5期。
[34] 陈松长：《岳麓书院藏秦简中的行书律令初令》，《中国史研究》2009年第3期。断句参考陈伟的意见并略有改动。
[35] 陈松长：《岳麓书院藏秦简中的行书律令初令》，《中国史研究》2009年第3期。
[36] a.[日]籾山明：《山は隔て、川は結ぶ——〈里耶発掘報告〉を読む》，《东方》315，2007年。
b.[日]藤田胜久：《里耶秦简所见秦代郡县的文书传递》，见《简帛》第八辑，上海古籍出版社，2013年。
[37] 程鹏万：《简牍帛书格式研究》第174、175页，吉林大学博士学位论文，2006年。
[38] 发掘简报（长沙市文物考古研究所：《湖南长沙五一广场东汉简牍发掘简报》，《文物》2013年第6期）把其中所见封检分为四型，封检正面直接书写文字。
[39] （东汉）许慎：《说文解字》第124页，中华书局，1963年。
[40] （东汉）刘熙著，[清]王先谦撰：《释名疏证补》第305页，上海古籍出版社，1984年。
[41] （东汉）王充著，黄晖撰：《论衡校释》第538页，中华书局，1990年。
[42] 王国维著，胡平生、马月华校注：《简牍检署考校注》第81、82页，上海古籍出版社，2004年。
[43] [日]籾山明：《山は隔て、川は結ぶ—〈里耶発掘報告〉を読む》，《东方》315，2007年。
[44] [日]藤田胜久：《里耶秦简所见秦代郡县的文书传递》，见《简帛》第八辑，上海古籍出版社，2013年。

The "*Jian*" and "*Shu*" of the Liye Qin Slips

Wu Fangji

KEYWORDS: Yuelu Qin Slips　Liye Qin Slips　"*Zuling* (Distributed Ordinances)"　"*Jian* (Document Sealing Device)"　"*Shu* (Document Addressing Device)"

ABSTRACT: Different from the *jian* and *shu* of the Han Dynasty, to correctly identify *jian* and *shu* of the Qin Dynasty is the basis for the study of the sealing rules of the official documents of the Qin Dynasty. In the past, it has been believed that the "*fengjian*" and "*jian*" in Liye Qin Slips had differences; by interpreting the "*Zuling* (distributed ordinances)" in the Yuelu Qin Slips, it was realized that actually "*jian*" and "*shu*" were different: the "*jian*", which had been called as "*fengjian*", was only used for sealing; the clay seal socket on its obverse was rather large, leaving barely room for characters to write; on its reverse, the texts on the "*shu*" were transcribed. "*Shu*", which had been called as "*jian*" by mistake, did not have clay seal socket, and was used to write the name of the addressee and the destination address of this document. Down to the Han Dynasty, the "*jian*" and "*Shu*" were integrated to a same object: the "*jian*" of the Han Dynasty bore clay seal socket on the obverse, the space outside the socket was used to write texts; it was used both for sealing and addressing. The changes of "*jian*" and "*Shu*" showed that in addition to the "Han followed the rules of Qin", the changes between the Qin and Han Dynasties are worth more attention from the academic field.

（特约编辑　新　华）

也谈汉代“半启门”图

王传明

关键词：“半启门”图　川渝地区　汉画像　西王母　汉代

内容提要：“半启门”图是大约于西汉晚期开始出现的一类画像题材，常见于石椁、墓室、祠堂、石阙、崖墓、石棺及模型明器之上。学界对于这类画像的定名与意义有着不同的认知。本文以启门之人的身份、其意欲何为和门后世界为何三个问题为切入点，并结合门前物象以及画像题记等对“半启门”图进行分析，确定了苏鲁和川渝地区的画中启门之人有着男性门吏和玉女之别，男性门吏是墓主人生前或地下世界的侍从，而玉女则是西王母神仙世界的接引人。前者侧重对墓主生前或地下世界日常生活的描绘，以表明墓主身份的高贵和生活的安逸；后者则直接表现或隐喻墓主人得以进入西王母的神仙世界，成为逍遥自在、不知老的仙人。

本文所称的“半启门”图是一类“一门有对开的两扉，一扉关闭，一扉半启，一人于两门扉之间的空隙探身出来”的画像题材。在以往的研究中，这类画像曾被命名为“妇人启门图”[1]、“仙人半开门”[2]、“半开门中探身人物”[3]、“启门图”[4]、“半启门”[5]等。与唐宋之后的“半启门”图不同，两汉时期的画像呈现出较强的统一性。其表现在以下四个方面：首先，启门人为男子或女子，并无和尚、孩童等其他形象；其次，启门人基本只为一人，不似后世常有多个人物；再次，启门人立于门旁，并无开关、进出等下一步活动；最后，启门人基本为手扶门扉，持物者甚少。这些统一性表明两汉时期的“半启门”图在构图和立意方面都没有后世那么复杂。本文正是尝试对这些问题进行讨论。

一、“半启门”图的界定与考古发现

何谓“半启门”图，这是一个值得关注和解答的问题。汉代的“半启门”图构图较为统一：一门内设有对开的两门扉，一扉关闭，一扉半开，一人于两门扉之间的空隙探身出来。由图像观之，郑岩先生的“半启门”命名与图像本身更加相符，故本文从之。

据不完全统计，目前发现汉代“半启门”图37处，主要分布于山东、江苏和川渝地区，以川渝地区的发现为大宗（附表）。根据启门人与观者视觉角度关系的不同，“半启门”图可以分为两型。

A型：启门人为正面像，22例。根据门的结构、所属及门后物象的差异分为三种不同

作者：王传明，长沙市，410005，长沙市文物考古研究所。

类型的组合。

Aa型：4例。门的结构简单，其所属不可知，门后世界不可见。

1.门仅有两扉，2例。

山东邹城卧虎山汉墓M2南石椁东椁板上的“半启门”图是目前国内所发现的最早的一例。画面中有铺首衔环以表示门扉，一门吏持杖隐于门内[6]。发掘者推测该墓时代应在西汉晚期或东汉早期。画中启门人上半身隐于门后而只露出下半身，这明显有别于其他“半启门”图。四川忠县丁房阙左、右阙主阙楼部正面斗拱间均有一门，一扉关闭，一扉半启，一女子半露其身而左手扶门扉[7]。

2.门除了门扉，增加门框和门额，2例。

四川乐山柿子湾崖墓B区M1享堂左壁右侧框中上部有一门，一扉关闭，一扉半启，一女子半露其身而右手扶门[8]。芦山县王晖石棺前挡，一门安设两扉，一扉关闭，一扉半启，一女子梳双髻，鳞身有翼，半露其身而右手扶门扉。门框和关闭的门扉上有铭文。另，门额上有一胜[9]。

Ab型：2例。门仅有两扉，象征着崖墓的侧门，门后世界不可见。

四川乐山沱沟嘴崖墓前堂内壁左、右两侧下部均有一门，一扉关闭，一扉半启，一女子半露其身而右手扶门扉[10]。乐山柿子湾52号崖墓前堂内壁左下侧有一门，一扉关闭，一扉半启，一人半露其身而右手扶门边[11]。

Ac型：16例。门的结构复杂，为房屋、楼阁或庭院之门，门后世界即为庭院或楼阁。

山东沂水后城子画像石，中间房屋设一门，一扉关闭，一扉半启，一女子半露其身而左手扶门扉[12]。历城全福庄画像石，中间双重楼阁之门，一扉关闭，一扉半启，门扉上有铺首衔环，一门吏半露其身[13]。费县潘家疃汉墓画像石，左侧三重楼阁下有一门，一扉关闭，一扉半启，一门吏半露其身[14]。江苏沛县古泗水画像石，上格双重楼阁之门，一扉关闭，一扉半启，一人半露其身[15]。由于画面漫漶不清，故该人形象及性别不可辨。邳县白山故子M1前室画像石，下格双重楼阁设一门，一扉关闭，一扉半启，一门吏半露其身[16]。睢宁双沟地区一画像石，双重楼阁设一门，一扉关闭，一扉半启，一人从门后半露其身[17]。徐州白集祠堂东壁，三重楼阁下设一门，一扉关闭，一扉半启，一门吏半露其身[18]。

重庆前中大坟丘墓1号石棺前挡，中间的三重楼阁下设一门，一扉关闭，一扉半启，一人从门后探身出来[19]。合江五号石棺，双重楼阁设一门，一扉关闭，一扉半启，一女子半露其身而左手扶门扉[20]。合江六号石棺，也有一双重楼阁，式样与五号石棺类似，下设一门，一扉关闭，一扉半启，一女子半露其身而左手扶门扉[21]。合江七号石棺，有一双重楼阁，式样与五号、六号石棺类似，但是较简单。门设两扉，一扉关闭，一扉半启，一女子半露其身而左手扶门扉[22]。荥经石棺侧板，由柱子和斗拱象征的建筑设有一门，一扉关闭，一扉半启，一女子半露其身而右手扶门扉[23]。除此之外，建筑之内被分隔为两个相对独立的空间，左侧为相互对视的一对男女，右侧为正襟危坐的西王母。

成都曾家包汉墓M1东后室后壁，右上方的双重楼阁下设一门，一扉关闭，一扉半启，一女子半露其身[24]。芦山汉墓出土的石刻楼房，为一双重楼阁，楼上设三门，中间之门一扉关闭，一扉半启，一女子半露其身而左手扶门扉[25]。乐山麻浩崖墓出土一陶楼，为一双重楼阁，楼上中间设一门，一扉关闭，一扉半启，一女子半露其身向外探视[26]。曲阜旧县画像石，庭院内院墙上开一门，一扉关闭，一扉半启，一人半露其身而左手扶门扉[27]。

B型：启门人为侧身像，有15例。由于启门人侧身的关系，门前的世界得以呈现，这也为解读“半启门”图提供了有益的信息。根据门的结构、所属及门后物象的差异分为三种不同类型的组合。

Ba型：3例。门的结构简单，其所属不可知，门后世界不可见。

重庆市一中石室墓石棺侧板，上格中部有一门，一扉关闭，一扉半启，一人半露其身。门前有三只鸟，其中二只争食[28]。四川璧山二号石棺侧板，最右侧有一门，一扉关闭，一扉半启，一人半露其身。门前有一人端坐吹奏，二人跳舞；再前方有一人袖手端坐，旁有三人执笏拜见[29]。屏山斑竹林M1石棺侧板，最右侧有一山字形门，一扉关闭，一扉半启，一人半露其身。门前有二人六博，二人跪拜，一大鱼，一凤鸟[30]。

Bb型：7例。门的结构简单，其所属不可知，门后世界内的物象有所不同。

四川绵阳杨氏阙左阙主阙，楼部正中有一门，一扉关闭，一扉半启，一女子半露其身而右手扶门扉。门后物象漫漶不可知，门前似有二人，其中一人右手持旄，左手执鸟[31]。雅安高颐阙右阙主阙，楼部正面中部有一门，一扉关闭，一扉半启，一女子半露其身而右手扶门扉。门后有二人，一人左手捧物，右手持长杆；一人佩剑，左手执一长形物。门前亦有二人，一人跪拜，右手持旄，左手举鸟；一人裸露上身，两手握物上举[32]。渠县王家坪无名阙左阙主阙，楼部正面偏右处有一门，一扉关闭，一扉半启，一女子半露其身。门后有一女子，门前有三人，一人手向前伸出，一人手持分叉之物，一人执鸠杖[33]。渠县赵家村壹无名阙左阙主阙，楼部正面中部有一门，一扉关闭，一扉半启，一女子半露其身而右手扶门扉。门前、门后皆有一人[34]。渠县赵家村贰无名阙右阙主阙，楼部正面中部有一门，一扉关闭，一扉半启，一女子半露其身而左手扶门框。门前一人，手捧一物。门后有一人和一似蟾蜍的怪兽[35]。

南溪县长顺坡三号石棺侧板，下格偏右处有一“山”字形门，一扉关闭，一扉半启，一女子从门后探身出来。门后有一女子和端坐于龙虎座上的西王母。门前有一老妪，双膝跪地，怀抱鸠杖；身后有一羊、一飞鸟；再后有男女二人，伸手相握，其身后各有一侍者，手执一杆状物[36]。重庆璧山棺山坡M3石棺后挡画像似为不相干的半启门、端坐于龙虎座上的西王母和鸟衔鱼画像，但结合屏山斑竹林M1和南溪县长顺坡三号石棺上门前和门后来看，其所表现的画像为半启门之后的西王母，门前为鸟衔鱼[37]。

Bc型：5例。门的结构复杂，为房屋、楼阁或庭院之门，门后世界即为庭院或楼阁。

山东苍山元嘉元年画像石墓前室东壁横额，左侧为一房屋，正门一扉关闭，一扉半启，两门吏半露其身，其一拄杖，一执扇；侧门也一扉关闭，一扉半启，一门吏半露其身。两门关闭的门扉上均有铺首衔环。门前有捧盾的亭长一人，恭迎由一导骑、一辆马车和一辆羊车组成的车骑[38]。江苏彭城缪宇墓前室西壁横额，楼阁设一门，一扉关闭，一扉关闭，一门吏半露其身。门前有二人，一高一矮；门后为宴饮图，二男子对坐，中间有一曲足几，一侍者捧三足食奁[39]。睢宁墓山汉墓M1第一石，中部偏右有一四阿顶房屋，右侧设一门，一扉关闭，一扉半启，一门吏从门后探身出来。门前有一人，双手执笏，作施礼状；其身后有轺车一乘[40]。徐州茅村汉墓第三室南壁，庭院右侧设一门，一扉关闭，一扉半启，一门吏半露其身。门旁有两门阙，之间有二执杖门吏。门后为亭台楼阁及众多人物，门前有一男子，拱手而立[41]。四川新都画像石，左、右两侧中部各有一门，均一门关闭，一门半启，左门有一女子半露其身而手持一物，右门有一男子露全身而手持一物。两门上方均有题记，应为“东市门”和“西市门”[42]。

如此多的发现，为我们探讨“半启门”图的起源、流布以及地域特征提供了很好的材料。

二、“半启门”图的起源、流布与地域特征

目前可知，山东邹城卧虎山汉墓M2南石椁东椁板外侧的“半启门”图为时代最早的一幅，大约为西汉晚期或东汉早期；其余36处的时代均较晚，从东汉中期到东汉末年乃至蜀汉初年（图1）。

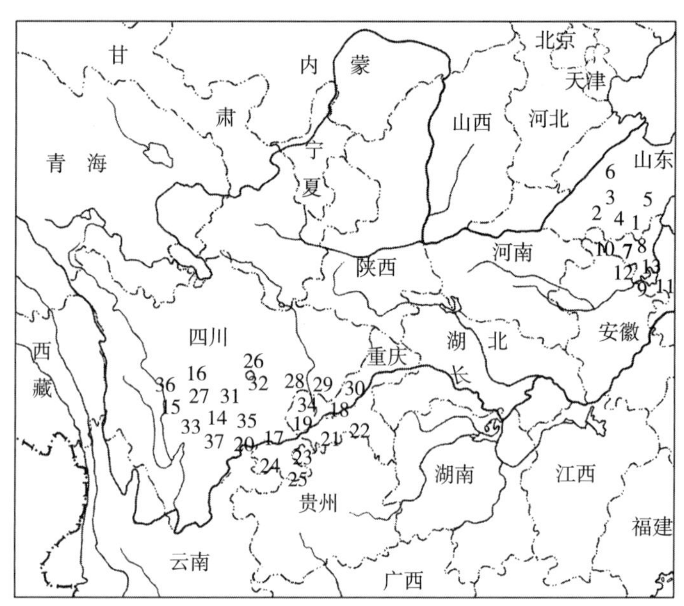

图1 “半启门”图分布地点示意图

1.苍山元嘉元年画像石墓 2.邹城卧虎山汉墓M2 3.曲阜旧县画像石 4.费县潘家疃画像石 5.沂水后城子画像石 6.历城全福庄画像石 7.彭城相缪宇墓 8.邳县白山故子M1 9.睢宁墓山汉墓M1 10.沛县古泗水画像石 11.睢宁画像石 12.徐州白集汉墓画像石 13.徐州茅村汉墓画像石 14.乐山沱沟嘴崖墓 15.荥经陶家拐石棺 16.芦山县王晖石棺 17.南溪县长顺坡3号石棺 18.重庆前中大坟丘1号石棺 19.重庆市一中石棺 20.屏山县斑竹林M1石棺 21.重庆璧山二号石棺 22.重庆璧山棺山坡M3石棺 23.合江五号石棺 24.合江六号石棺 25.合江七号石棺 26.绵阳杨氏阙 27.雅安高颐阙 28.渠县赵家村无名阙 29.渠县王家坪无名阙 30.忠县丁房阙 31.成都曾家包M1 32.新都画像石 33.乐山柿子湾崖墓B区1号墓 34.重庆江北区盘溪汉墓石刻 35.乐山柿子湾52号墓 36.芦山汉墓 37.麻浩崖墓

就现有的发现而言，“半启门”图起源于鲁中南地区是可以确定的。这不仅仅是因为卧虎山汉墓M2的时代最早，还在于墓中的“半启门”图明显带有较为原始的色彩。这种原始性表现在三方面。其一，门的结构非常简单，仅有两扉，无门框、门额等构件。其二，虽称为“半启门”，但是门开启的幅度非常小，为仅能容人的一条缝隙。其三，门吏仅露出半身的下半身，上半身隐于门后。这种构图方式与后来者有着很大的差别。虽然如此，工匠却在门扉装饰上不吝费工，两扇门扉上均雕刻有白虎、铺首衔环和狗。这一时期当地流行一种石板构建的石椁墓，石质椁室

为画像的雕刻提供了载体。

东汉时期，伴随着画像石墓的流行，Ac和Bc型“半启门”图开始出现于鲁中南地区的画像石墓中。这时的门不再只为两扉，而是房屋、楼阁等建筑之属，启门人均为半露其身。由于门和启门人的表现技法均趋于成熟，以铺首衔环画像来表现门扉的方式变得可有可无。

与Ac和Bc型“半启门”图在鲁中南地区的流行时代大致相当，苏北地区也开始流行相同类型的“半启门”图。除了画像石墓外，“半启门”图还出现于当地祠堂中。鲁中南和苏北地区的“半启门”图在东汉时期有了长足发展。首先，其发展出正视和侧视两种不同类型的构图方式；其次，被应用于当地最流行的祠堂和画像石墓葬中；最后，门与建筑及内、外的人物相结合，构图更为复杂，场面更为宏大，尤其是侧视图，门前和门后世界都得以展现，画面变得更富叙事性。门上的铺首衔环画像也可有可无，并不固定出现。

川渝地区的“半启门”图出现时代较晚，构图最为简单的Aa型“半启门”图在这里重获新生，其他类型的“半启门”图也得到很好发展。当地古人对“半启门”图的运用更加灵活，将其移植到当地颇为流行的阙、崖墓、石棺、模型明器之上，并根据载体的不同而设计出相适合的画像。于是，六种不同类型的“半启门”图都在该地区出现并流行，使得川渝地区的“半启门”图呈现出多样性。

三、“半启门”图的场景表现

启门之人是谁？他意欲何为？门后世界何如？这似乎是解读“半启门”图始终无法逃避的三个问题。本文写作之初，拟以启门人为切入点：即先确定他们的身份，然后依此推定“半启门”图的场景表现。但笔者发现这样写作存在很大问题，因为启门人自身并不能告诉我们其身份，他们的身份主要是由门后世界人与物的身份属性决定或体现的。因此，本文对“半启门”图场景的解读是在回答“门后世界何如”这一问题的基础上进行的。

Aa、Ab和Ba型“半启门”图的门后世界是完全不可见的，故暂搁一旁，先来看其他类型的“半启门”图。根据门之所属、门后建筑或人物、门前人物、题记等要素的差异，可将这些“半启门”图的场景表现划分为以下几类。

（一）门后世界为建筑的内部空间

这类“半启门”图的数量非常多，共有21例。在鲁中南、苏北和川渝地区均有分布。其载体亦丰富，有画像石墓、祠堂、石棺、模型明器等。又因门后人物身份的不同、门前人物的有无以及题记的描述等，可将它们的场景表现分为5种。

1.启门探视场景

这种“半启门”图中启门人探身观望，门前和门后没有其他人或物象。以Ac型的沂水后城子、曾家包汉墓M1画像石、前中大坟丘墓1号石棺、合江五号、六号、七号石棺、芦山汉墓石刻楼房、麻浩崖墓陶楼上的图像为代表（图2；图3）。

2.观看杂技表演

此为一特殊的启门探视图，因为画中启门人有着明确的观看对象，以曲阜旧县画像石

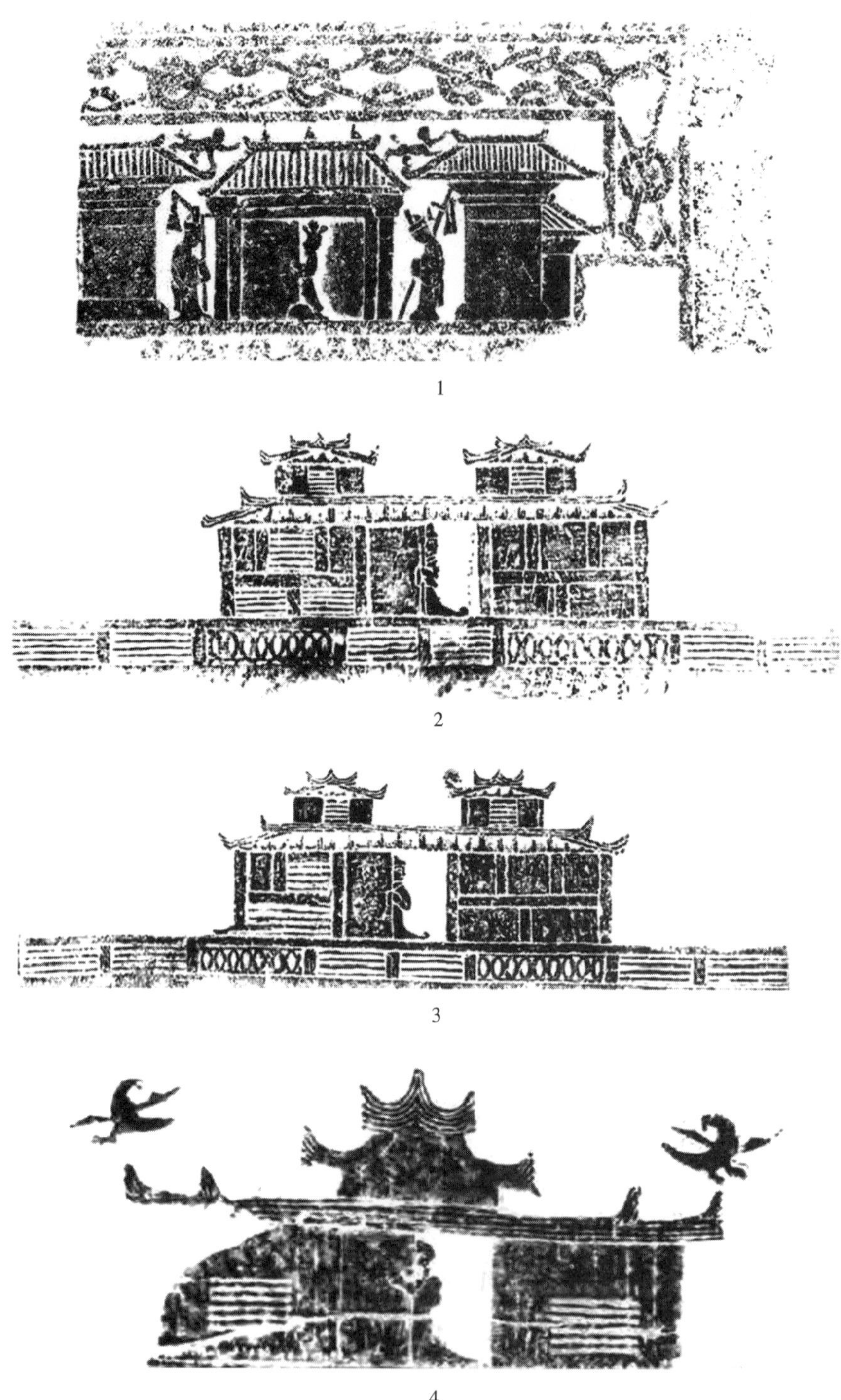

图2 启门探视场景“半启门”图
1.沂水后城子画像石 2.合江五号石棺 3.合江六号石棺 4.合江七号石棺

1

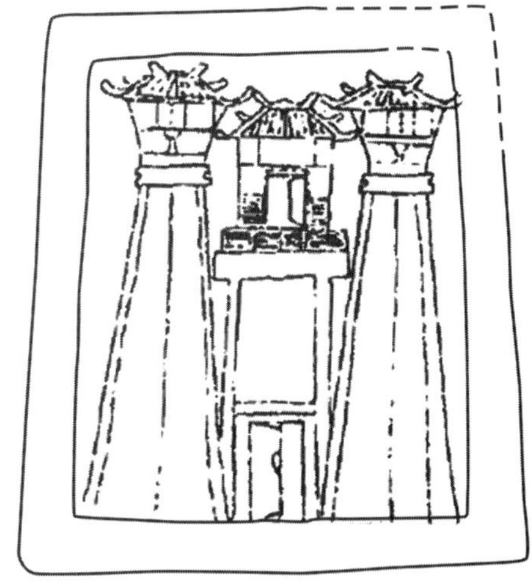

2

3

4

图3　启门探视场景“半启门”图

1.曾家包汉墓M1画像石　2.前中大坟丘墓1号石棺　3.芦山汉墓石刻楼房　4.麻浩崖墓陶楼

为代表。画中之门设在内院院墙之上，门后世界为内院，启门人探身观看前院的杂技表演（图4）。

3.拜谒场景

门后楼阁中端坐着包括主人在内的数人，仿佛正在等待拜谒者的觐见。以Ac型的历城全福庄、费县潘家疃、沛县古泗水、邳县白山故子、睢宁双沟地区、徐州白集祠堂画像石和Bc型的彭城缪宇墓、睢宁墓山汉墓、铜山茅村画像石上的图像为代表。其中Ac型的“半启门”图仅可见端坐于楼阁内的主人，而Bc型则门前的拜谒者也可见到。门前的拜谒者、

图4　曲阜旧县画像石“半启门”图

启门的门吏和端坐于楼阁内的主人构成一幅完整的拜谒场景（图5；图6）。

有些图像虽然门后世界也是房屋或楼阁内部空间，但因人物身份特殊或有题记，使它们有别于上述三种，故单列。

4.西王母的神仙世界

荥经石棺上的“半启门”图为一幅房屋内部的透视图，阻隔观者视线的墙或窗在工匠手中消失，房屋内部的空间得以一览无余。西王母出现于门后世界，使得整幅画像不再是普通的启门探视图而变成西王母的神仙世界。画中右侧有一人端坐于几前，双手抱于几上，头戴冠，冠两侧均有方胜。关于此人的身份，笔者赞同罗二虎先生的观点，认为其为西王母[43]。与西王母相对应的画面左侧，有跪坐相拥的一男一女（图7）。关于他们的形象暂且不谈，待后再议。

5.墓主入葬图

元嘉元年画像石墓中的“半启门”图可在题记中找到相对应的描述：“使坐上，小车軿，驱驰相随到都亭。游徼候见谢自便。后有羊车橡其槥。上即圣鸟乘浮云”[44]。虽然画面是定格的，但却展示了一幅动态的场景：死者家属送葬至墓葬之前，守护的门吏迎接死者进入墓葬。门虽半启，但却隔断了观者探视门后世界的目光。犹如剧场中央落下的帷幕，宣告此节的结束，但这并不是真的结束，因为主角一会还要登场表演。进入墓葬的死者会重新出现，不过是在另一幅画像中。这幅画像同样有着对应的题记，题记的内容描述了死者在地下世界的生活。仅就画像而言，此画像中的门与Ac、Bc型“半启门”图的门并无二致，均为房屋或楼阁之门。但由于题记明确了送葬队伍的性质，门及门后世界被赋予特殊性（图8）。

（二）门后世界为不可知的空间

这类“半启门”图仅有1例，见于新都画像石，其所表现的场景为集市布局及其内的交易活动。确切地说，这可能不是名副其实的“半启门”图，因为它表现的重点既不在半启的门，也不在启门人，亦不在门后的世界，其意在表现的是有着东、西二市门的集市内部布局以及人们在集市上所进行的交易活动。至于为何门为“半启门”，也许只是一种巧合或者说当地工匠习惯了“半启门”的雕刻技法而生搬于此（图9）。

除了上述门为建筑之属的“半启门”图外，还有一类画像的门之所属不可知，但门前、后均有人或其他物象。他们的行为可以帮助我们解读画像所表现的场景。

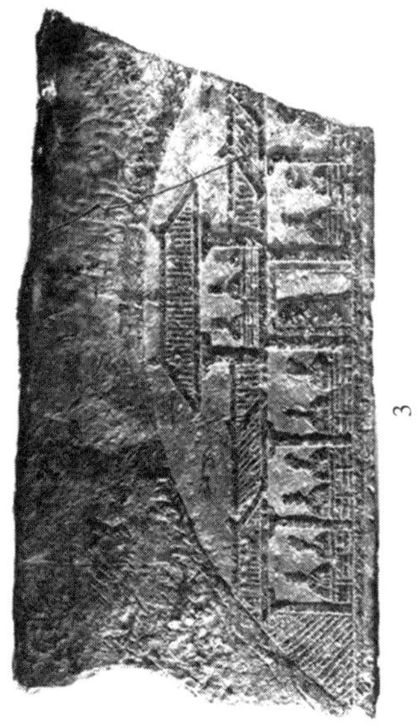

3

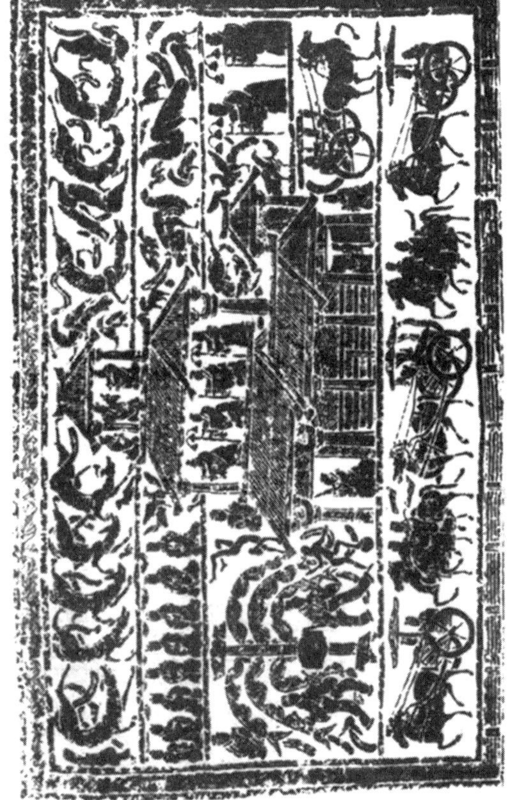

4

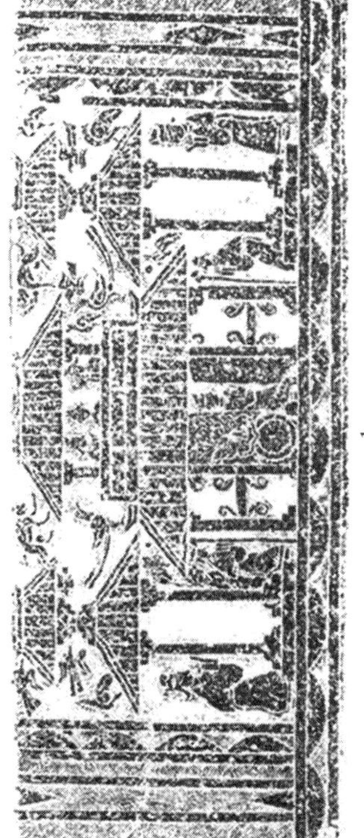

1

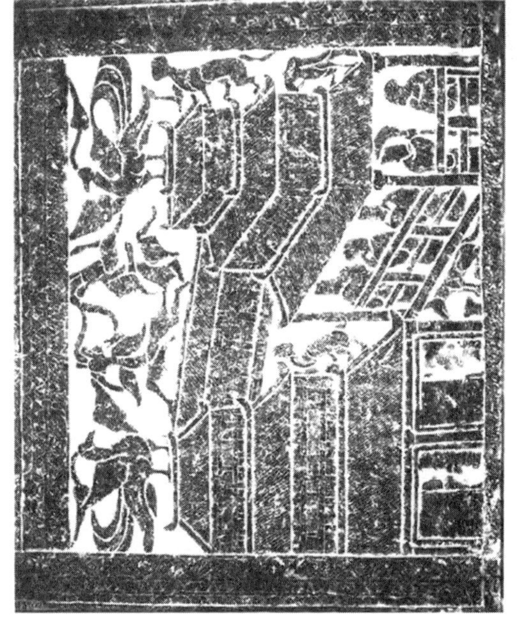

2

图5 拜谒场景“半启门”图

1.历城全福庄画像石 2.费县潘家疃汉墓画像石 3.睢宁双沟地区画像石 4.睢宁墓山汉墓M1画像石

图6　拜谒场景“半启门”图

1.沛县古泗水画像石　2.邳县白山故子M1画像石　3.徐州白集祠堂画像石　4.彭城缪宇墓画像石　5.铜山茅村画像石

图7 荥经石棺“半启门”图

图8 苍山元嘉元年画像石墓“半启门”图

图9 新都画像石“半启门”图

（三）门之所属不可知，门前、后有人或其他物象

此类“半启门”图有6例，均分布于川渝地区。其载体主要为阙和石棺。从门前、门后的人或其他物象的行为来看，这类“半启门”图所表现的是拜谒场景。

1.拜谒场景

启门人均为一女子，门前有数量不一的拜谒之人，其行为也不尽相同，主要有跪拜和献物行为，门后人物也不尽相同，行为各异。以Bb型的绵阳杨氏阙、雅安高颐阙、渠县王家坪无名阙、渠县赵家村壹无名阙、渠县赵家村贰无名阙上的“半启门”图为代表（图10；图11）。

另有南溪县长顺坡三号石棺上的一“半启门”图，由于门后世界出现了西王母，使得整个场景具有特殊意味，故单列之。

2.拜见西王母场景

南溪县长顺坡三号石棺上的“半启门”图为一横向陈列的画面，一女子启门探视，门前有一老妪向门跪拜，门后有一女子和端坐于龙虎座上的西王母。从画像来看，其所表现的是老妪求见西王母的场景（图12）。

上述“半启门”图所表现场景的确定为解读Aa、Ab和Ba型“半启门”图提供了有益的

图10　绵阳杨氏阙“半启门”图

1

3

2

4

图11　拜谒场景“半启门”图

1.雅安高颐阙　2.渠县王家坪无名阙　3.渠县赵家村壹无名阙　4.渠县赵家村贰无名阙

信息。下面，让我们来一观这些简单构图的“半启门”图。

（四）门之所属不可知，仅门前有人或其他物象

这类“半启门”图共有3例，均分布于川渝地区，其载体均为石棺。依据画像内容，并结合上述场景，可将这类“半启门”图的场景表现分为3种。

1.启门探视场景

以Ba型的重庆市一中石棺为代表。画中启门人探身观望，门前仅有三只鸟，其中两只鸟争食（图13）。

图12　南溪县长顺坡三号石棺“半启门”图

图13　重庆市一中石棺“半启门”图

图14　璧山二号石棺“半启门”图

图15　屏山斑竹林M1石棺“半启门”图

图16　重庆璧山棺山坡M3石棺“半启门”图

1

2

3

图17　启门探视场景“半启门”图
1.卧虎山汉墓M2南石椁　2.忠县丁房阙左阙　3.忠县丁房阙右阙

2.观看乐舞表演

以Ba型的璧山二号石棺为代表。画中启门人探身观望，门前有乐舞表演（图14）。

3.拜见西王母场景

以Ba型的屏山斑竹林M1石棺为代表（图15）。该幅画像应结合南溪县长顺坡三号石棺和重庆璧山棺山坡M3石棺上的“半启门”图（图16）一起进行分析。如前所述，长顺坡三号石棺上为一幅完整的拜见西王母场景，门前有跪拜之人，门后为西王母。斑竹林M1石棺上则只有同样的“山”字形门和门前的跪拜之人，而璧山棺山坡M3石棺的门后为西王母，并且两幅画像的“半启门”之前有鸟和鱼。三幅画像的共性表明，它们都是与西王母相关的“半启门”图，不过只有长顺坡三号石棺完整地表现了拜见场景，其余二画像只刻画了门前的跪拜之人或门后的西王母而已。川渝地区东汉晚期的摇钱树座和鎏金铜牌饰之上也有西王母的形象，特别是重庆巫山县土城坡南东井坎一件铜牌饰的上部有端坐于龙虎座上的西王母，下部的重檐双阙之间有“天门”榜题[45]，这说明天门是进入西王母神仙世界的通道。而“天门”榜题也见于四川简阳县鬼头关崖墓3号石棺的左侧板，榜题下方为一单檐连接式双阙，阙上各立一凤鸟，阙间立一带冠男子，有榜题“大司”[46]。以此来看，“天门”多指双阙及其所形成的通道，阙间并无门扉，且守门人为男性“大司”，这些都有别于川渝地区的“半启门”图。因此，虽然有些“半启门”图的门后出现西王母，但该半启之门能否称为“天门”应谨慎对待。

（五）门之所属不可知，门前、后均无物象

这类“半启门”图有7例，除卧虎山汉墓位于鲁中南地区外，其余均分布于川渝地区。其载体有石椁、崖墓和石棺。以卧虎山汉墓M2南石椁、忠县丁房阙、乐山柿子湾崖墓B区M1、芦山县王晖石棺、乐山沱沟嘴崖墓、乐山柿子湾52号崖墓为代表。它们的场景表现是最难界定的，因为门前、后均没有物象，不能给研究者提供相关的判断依据。

由于门前、后世界的不可知，虽然它们都与墓葬相关联，但不能无端臆测。故这类“半启门”图的场景都定为启门探视场景，至于为何探视、为谁探视、探视何物都不得而知了（图17；图18）。

综上，汉代“半启门”图所表现的场景主要有启门探视场景、拜谒场景、西王母的神

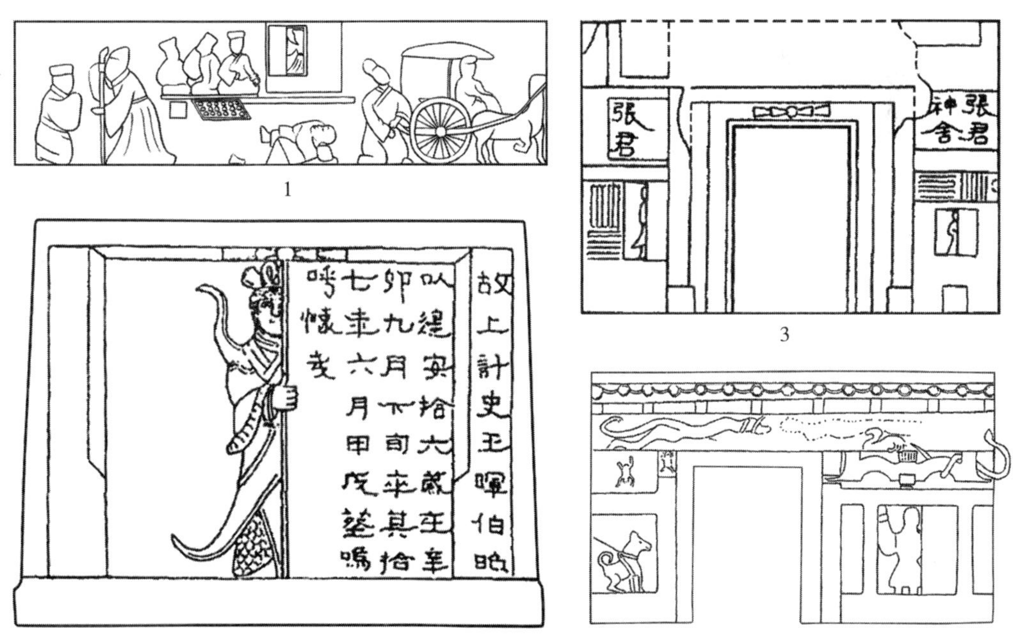

图18　启门探视场景“半启门”图
1.乐山柿子湾崖墓B区M1　2.芦山县王晖石棺　3.乐山沱沟嘴崖墓　4.乐山柿子湾52号崖墓

仙世界、墓主入葬图。其中启门探视场景，由于观看对象的可知，可划分出观看杂技表演和乐舞表演两种；拜谒场景中，因为拜见对象为西王母而又可划分出拜见西王母场景。

四、“半启门”图的寓意

上文的场景分析只是基于图像本身，并未对具体物象涉及太多。但在此过程中，笔者发现一个十分有趣的现象：除却性别不明的启门人，山东、江苏地区的启门人绝大多数为男性门吏，而川渝地区则基本为女子。这为回答上面三个问题打开了一扇门，同时也为了解山东、江苏和川渝地区“半启门”图寓意的地域差异提供了有益的线索。

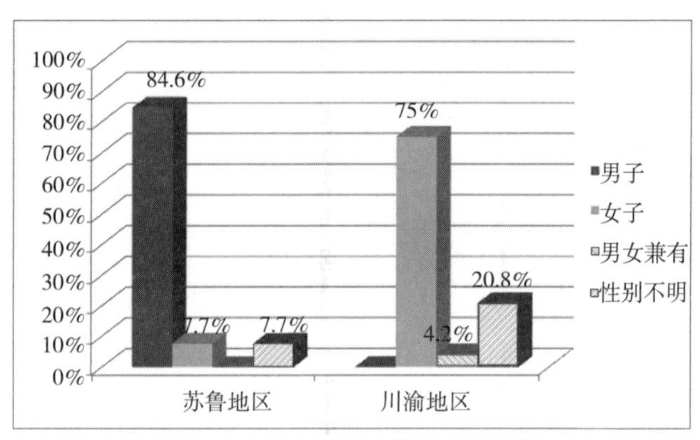

图19　启门人性别比例关系示意图

山东地区的6例中，启门人为男性门吏者5例，为女子者1例；江苏地区的7例中，启门人为男性门吏者6例，性别不明者1例；四川地区的24例中，启门人为女子者18例，男女兼有者1例，性别不明者5例（图19）。苏鲁和四川地区“半启门”图的这一差异是非常明显的，而两地的差异还不限于此。

除了Aa和Ab型“半启门”图的门前、后世界均不可知外，鲁中南、苏北地区的Ac型“半启门”图的门后多有主人对坐、宴饮及乐舞表演等场景，而Bc型“半启门”图的门前则兼有车骑或拜谒之人。以往的研究多认为，它们所描绘的是墓主生前的现实生活。但笔者认为，这应是墓主在地下世界的生活，它们是以死者生前的生活为蓝本绘制的。正如巫鸿先生所认为的，苍山元嘉元年画像石墓前室东壁横额上的“半启门”图为墓主入葬图，墓主在画面中是以尸体的形式存在的。而前室东壁小龛内的画像上，墓主以生人的形象出现，在玉女的侍奉下欣赏乐舞——这便是墓主在地下世界生活的写照[47]。因此，鲁中南、苏北地区的“半启门”图大致上存在着两种寓意：一是迎接墓主进入墓葬，以苍山元嘉元年画像石墓、邹城卧虎山汉墓、沂水后城子画像石上的“半启门”图为代表；二是表现了墓主在地下世界的生活，包含门吏迎接谒者、墓主宴饮和欣赏乐舞等场景，以历城全福庄、费县潘家疃、沛县古泗水、邳县白山故子、睢宁双沟地区、徐州白集祠堂、彭城缪宇墓、睢宁墓山汉墓、铜山茅村画像石上的“半启门”图为代表。

川渝地区“半启门”图的门前有跪拜、献物之人，门后则出现了西王母。西王母的出现将整个门后世界转变为西王母的神仙世界，门前跪拜、献物之人所祈求的则是进入西王母的神仙世界。荥经石棺上的“半启门”图最右侧为西王母，最左侧则为相拥的一对男女。这一画面与元嘉元年画像石墓前室东壁小龛内画像上的墓主在地下世界的生活极为相似（图20）。墓中题记将侍奉墓主的女子称为玉女（对应题记为：其中画，橡（像）

图20　苍山元嘉元年画像石墓前室东壁小龛内画像

家亲，玉女执尊杯桉（案）柈（盘），局抾稳抗好弱貌）[48]。笔者依此推测，四川地区“半启门”图中大量出现的启门女子形象也应为玉女。《汉书》的两处记载显示，西汉宣帝至成帝年间，民间存在着对玉女的信仰崇拜。《汉书·郊祀志》载：“京师近县鄠，则有劳谷、五床山、日、月、五帝、仙人、玉女祠。”[49]另载：“及孝宣参山、蓬山、之罘、成山、莱山、四时、蚩尤、劳谷、五床、仙人、玉女、径路、黄帝、天神、原水之属，皆罢。”[50]此外，汉赋中也多有对玉女的描述。如西汉司马相如《大人赋》有云：“排阊阖而入帝宫兮，载玉女而与之归。”扬雄《甘泉赋》云：“想西王母欣然而上寿兮，屏玉女而却宓妃。玉女亡所眺其清矑兮，宓妃曾不得施其蛾眉。”东汉王延寿《鲁灵光殿赋》云：“神仙岳岳于栋间，玉女窥窗而下视。”桓谭《仙赋》云：“乘凌无虚，洞达幽明。诸物皆见，玉女在旁。仙道既成，神灵攸迎。”从汉代文献资料来看，玉女也是神仙世界的一员，她可以出现于帝宫，也可以与西王母发生关联。启门女子为玉女的最直接证据是梁人李膺所著《益州记》中的一处记载，书云：“龙盘山南有石，长三十长，高五丈，当中有户及扉，若人掩蔽，古老以为玉女房。”这表明至晚于南朝时期，“半启门”为“玉女房”说法仍在流传。从“半启门”图门后西王母的至上神地位来看，启门女子绝不可能只是一名普通女子，她应该就是文献中经常提及的“玉女”，而她所开启的便是进入西王母神仙世界的门户。虽然有些“半启门”图受限于它们的构图方式而无法将西王母绘于门后，但玉女的存在也宣告了同样的意义，这丝毫没有妨碍古人的认知和诉求的表达。他们希望死者可以由此门进入西王母的神仙世界，死后得以成仙。

另外，有一些特殊的“半启门”图，如曲阜旧县画像石上的启门人观看杂技表演，璧山二号石棺上的启门人观看乐舞表演，成都曾家包汉墓M1内的启门人观看楼前场景、新都画像石上的启门人立于集市门口等。它们的构图与物象虽略异于上述“半启门”图，但仍属表现墓主地下世界生活的范畴，因为启门人所观看的杂技、乐舞、农业生产、集市交易，也是墓主在地下生活不可或缺的组成部分。

五、结　　语

一般而言，启门人有男性门吏和玉女之别，门吏所开启的是死者进入墓葬之门或死者在地下世界的房屋、楼阁、庭院之门，而玉女所开启的则是死者进入西王母神仙世界的门。至于启门人目的，或为迎接死者进入墓葬，或为迎接拜谒之人、观看与墓主生活相关的活动，抑或是迎接死者进入西王母的神仙世界。其中门吏启门自两汉之际便在鲁中南地区出现，并于东汉时期在鲁中南和苏北地区流行。他们或侧重于表现死者安然入葬，或侧重于表现死者在地下世界生活的美好；而玉女启门则在东汉中期才在四川地区开始流行，其表达的是希望死者进入西王母的神仙世界，死后成仙的美好期许。苏鲁和四川地区的这种差异应与两地思想观念、宗教崇拜以及流行风尚有很大关系，苏鲁一带“礼”的氛围及来自古人的影响较其他地区要深，墓主人享受着门吏的服务，更因门吏凸显了自己高贵的身份；四川地区宗教气息浓厚、神仙思想流行，故对神仙世界充满渴望。但无论是对地下世界的想象，还是死后成仙的期许，都表达了古人对身后世界的关切以及对不死的渴望。也正是由于这种信仰，才促生了两汉时期绚丽多彩的丧葬文化和墓葬艺术。

注　释

[1] 宿白：《白沙宋墓》第54、55页，文物出版社，2002年。
[2] 罗二虎：《汉代画像石棺》，巴蜀书社，2002年；《东汉墓“仙人半开门”图像解析》，《考古》2014年第9期。
[3] 盛磊：《四川“半开门中探身人物”题材初步研究》，见《中国汉画研究》第一卷，广西师范大学出版社，2004年。
[4] a.吴雪杉：《汉代启门图像性别含义释读》，《文艺研究》2007年第2期。
b.樊睿：《汉代画像石中的启门图图式浅析》，《中原文物》2012年第6期。
c.吴伟：《“启门”题材汉画像砖石研究》，南京大学硕士学位论文，2012年。
[5] 郑岩：《论“半启门”》，《故宫博物院院刊》2012年第3期。
[6] 邹城市文物管理局：《山东邹城市卧虎山汉画像石墓》，《考古》1999年第6期。
[7] 徐文彬、谭瑶、龚延万、王新南：《四川汉代石阙》第45、46页，文物出版社，1992年。
[8] 四川省文物考古研究院、乐山大佛风景名胜区管理委员会：《四川乐山市柿子湾崖墓B区M1调查简报》，《四川文物》2016年第5期。
[9] 高文：《四川汉代石棺画像集》第32页，人民美术出版社，1997年。
[10] 罗二虎：《汉代画像石棺》第55～61页，巴蜀书社，2002年。
[11] 罗二虎：《西南汉代画像与画像墓研究》第18、19页，四川大学博士学位论文，2001年。
[12] 山东省博物馆、山东省文物考古研究所：《山东汉画像石选集》第45页，齐鲁书社，1982年。
[13] 山东省博物馆、山东省文物考古研究所：《山东汉画像石选集》第49页，齐鲁书社，1982年。
[14] 山东省博物馆、山东省文物考古研究所：《山东汉画像石选集》第43、44页，齐鲁书社，1982年。
[15] 江苏省文物管理委员会：《江苏徐州汉画像石》第11、12页，科学出版社，1959年。
[16] 南京博物院、邳县文化馆：《江苏邳县白山故子两座东汉画像石墓》，《文物》1986年第5期。
[17] 江苏省文物管理委员会：《江苏徐州汉画像石》第12页，科学出版社，1959年。
[18] 南京博物院：《徐州青山泉白集东汉画象石墓》，《考古》1981年第2期。
[19] 罗二虎：《汉代画像石棺》第144～146页，巴蜀书社，2002年。
[20] 高文：《四川汉代石棺画像集》第73页，人民美术出版社，1997年。

[21] 高文：《四川汉代石棺画像集》第75页，人民美术出版社，1997年。

[22] 高文：《四川汉代石棺画像集》第75页，人民美术出版社，1997年。

[23] 李晓鸥：《四川荥经东汉画像石棺》，《文物》1987年第1期。

[24] 成都市文物管理处：《四川成都曾家包东汉画像砖石墓》，《文物》1981年第10期。

[25] 钟坚：《四川芦山出土汉代石刻楼房》，《文物》1987年第10期。

[26] 唐长寿：《乐山崖墓和彭浩崖墓》第107页，电子科技大学出版社，1994年。

[27] 山东省博物馆、山东省文物考古研究所：《山东汉画像石选集》第24、25页，齐鲁书社，1982年。

[28] 罗二虎：《汉代画像石棺》第146～148页，巴蜀书社，2002年。

[29] 中国画像石全集编辑委员会：《中国画像石全集·四川汉画像石》第132、133页，山东美术出版社，2000年。

[30] 四川省文物考古研究院、宜宾市博物馆、屏山县文物管理所：《四川屏山县斑竹林遗址M1汉代画像石棺墓发掘简报》，《四川文物》2012年第5期。

[31] 徐文彬、谭瑶、龚延万、王新南：《四川汉代石阙》第24～26页，文物出版社，1992年。

[32] 徐文彬、谭瑶、龚延万、王新南：《四川汉代石阙》第31～34页，文物出版社，1992年。

[33] 徐文彬、谭瑶、龚延万、王新南：《四川汉代石阙》第44、45页，文物出版社，1992年。

[34] 徐文彬、谭瑶、龚延万、王新南：《四川汉代石阙》第42、43页，文物出版社，1992年。

[35] 徐文彬、谭瑶、龚延万、王新南：《四川汉代石阙》第43、44页，文物出版社，1992年。

[36] 颜灵：《南溪县长顺坡画像石棺清理简报》，《四川文物》1996年第3期。

[37] 范鹏、邹后曦、李大地：《重庆市璧山县汉代石棺的发现与研究》，《四川文物》2012年第6期。

[38] 山东省博物馆、苍山县文化馆：《山东苍山元嘉元年画象石墓》，《考古》1975年第2期。

[39] 南京博物院、邳县文化馆：《东汉彭城相缪宇墓》，《文物》1984年第8期。

[40] 仝泽荣：《江苏睢宁墓山汉画像石墓》，《文物》1997年第9期。

[41] 江苏省文物管理委员会：《江苏徐州汉画像石》第4、5页，科学出版社，1959年。

[42] 龚廷万、龚玉、戴嘉陵：《巴蜀汉代画像集》图29，文物出版社，1998年。

[43] 罗二虎：《汉代画像石棺》第63～65页，巴蜀书社，2002年。

[44] 元嘉元年墓葬内的题记，学界有着不同的释读和断句。本文所引的该段描述为巫鸿先生的观点。[美]巫鸿著，郑岩译：《超越“大限”——苍山石刻与墓葬叙事画像》，见《礼仪中的美术——巫鸿中国古代美术史文编》，生活·读书·新知三联书店，2005年。

[45] 重庆巫山县文物管理所、中国社会科学院考古研究所三峡工作队：《重庆巫山县东汉鎏金铜牌饰的发现与研究》，《考古》1998年第12期。

[46] 内江市文管所、简阳县文化馆：《四川简阳县鬼头山东汉崖墓》，《文物》1991年第3期。

[47] （美）巫鸿著，郑岩译：《超越“大限”——苍山石刻与墓葬叙事画像》，见《礼仪中的美术——巫鸿中国古代美术史文编》，生活·读书·新知三联书店，2005年。

[48] 此段题记同样依巫鸿先生的观点。（美）巫鸿著，郑岩译：《超越“大限”——苍山石刻与墓葬叙事画像》，见《礼仪中的美术——巫鸿中国古代美术史文编》，生活·读书·新知三联书店，2005年。

[49] 《汉书·郊祀志第五下》，中华书局，1962年。

[50] 《汉书·郊祀志第五下》，中华书局，1962年。

附表　　　　　　　　　　　　　　“半启门”图统计表

相关发现	类型	载体	启门人	门之所属	门前世界	门后世界	时代
山东卧虎山汉墓M2南石椁		石椁	门吏	不可知	不可知	不可知	西汉晚期或东汉早期
四川忠县丁房阙左、右阙主阙	Aa型	阙	女子	不可知	不可知	不可知	东汉中、晚期
四川乐山柿子湾崖墓B区M1享堂		崖墓	女子	不可知	不可知	不可知	东汉晚期至蜀汉时期
四川芦山县王晖石棺	Aa型	石棺	女子	不可知	不可知	不可知	东汉末年
四川乐山沱沟嘴崖墓前堂	Ab型	崖墓	女子	象征崖墓侧门	不可知	不可知	东汉中期
四川乐山柿子湾52号崖墓前堂		崖墓	性别不明	象征崖墓侧门	不可知	不可知	东汉晚期
山东沂水后城子画像石		墓葬	女子	房屋	不可知	房屋	
山东历城全福庄画像石			门吏	双重楼阁	不可知	楼阁	
山东费县潘家疃汉墓画像石	Ac型	墓葬	门吏	三重楼阁	不可知	楼阁	
江苏沛县古泗水画像石			性别不明	双重楼阁	不可知	楼阁	
江苏邳县白山故子M1前室		墓葬	门吏	双重楼阁	不可知	楼阁	东汉末年
江苏睢宁双沟地区画像石			门吏	双重楼阁	不可知	楼阁	
江苏徐州白集祠堂东壁		祠堂	门吏	三重楼阁	不可知	楼阁	东汉末年
重庆前中大坟丘墓1号石棺			性别不明	三重楼阁	不可知	楼阁	东汉中期后段
四川合江五号石棺		石棺	女子	双重楼阁	不可知	楼阁	
四川合江六号石棺		石棺	女子	双重楼阁	不可知	楼阁	
四川合江七号石棺	Ac型	石棺	女子	双重楼阁	不可知	楼阁	
四川荥经石棺		石棺	女子	房屋	不可知	房屋	东汉晚期
四川成都曾家包汉墓M1东后室		墓葬	女子	双重楼阁	不可知	楼阁	
四川芦山汉墓石刻楼房		模型明器	女子	双重楼阁	不可知	楼阁	东汉末年
四川乐山麻浩崖墓陶楼		模型明器	女子	双重楼阁	不可知	楼阁	
山东曲阜旧县画像石			门吏	庭院内院	庭院	庭院	
重庆市一中石室墓石棺		石棺	性别不明	不可知	三只鸟	不可知	东汉晚期
四川璧山二号石棺	Ba型	石棺	性别不明	不可知	乐舞表演	不可知	
四川屏山斑竹林M1石棺		石棺	女子	不可知	跪拜、六博	不可知	东汉晚期
四川绵阳杨氏阙左阙主阙		阙	女子	不可知	二人	不可知	东汉晚期
四川雅安高颐阙右阙主阙		阙	女子	不可知	二人	二人	东汉末年
四川渠县王家坪无名阙左阙主阙		阙	女子	不可知	三人	一女子	东汉末年
四川渠县赵家村壹无名阙左阙主阙	Bb型	阙	女子	不可知	一人	一人	东汉末年
四川渠县赵家村贰无名阙右阙主阙		阙	女子	不可知	一人、一怪兽	一人	东汉末年
四川南溪县长顺坡三号石棺		石棺	女子	不可知	一人跪拜男女执手	一女子、西王母	东汉晚期
重庆璧山棺山坡M3石棺		石棺	性别不明	不可知	鸟衔鱼	西王母、日相	
山东苍山元嘉元年画像石墓前室		墓葬	门吏三人	房屋	一亭长、一车马行列	房屋	东汉中晚期
江苏彭城缪宇墓前室		墓葬	门吏	楼阁	二人	楼阁	东汉中晚期
江苏睢宁墓山汉墓M1	Bc型	墓葬	门吏	房屋	一人、轺车	房屋	东汉中晚期
江苏徐州茅村汉墓第三室		墓葬	门吏	庭院	一男子	亭台楼阁及众人	
四川新都画像石			男女各一	房屋	市	不可知	

Also on the “Opening Door Ajar” Scene in the Murals of the Han Dynasty

Wang Chuanming

KEYWORDS: “Opening Door Ajar” Scene (in Murals) Sichuan and Chongqing Areas Pictures of the Han Dynasty Queen Mother of the West Han Dynasty

ABSTRACT: The “opening door ajar” scene is a motif appearing around the late Western Han Dynasty, which is usually seen on the sarcophagi, tomb chambers, shrines, stone *que*-towers, cliff burials or funeral objects. In academic field, there have been disagreements on its nomenclature and connotation. With the identity of the person opening the door, the intention of the person to open the door ajar, and that what the world behind the door was as the starting points, with references to the objects and scene in front of the door and the inscription of the scene, this paper confirmed that in this kind of scene in Jiangsu, Shandong and Sichuan-Chongqing areas, the person opening the door is either male petty official for guarding the door or “jade girl”, the former of whom is the attendant of the tomb occupant when he was alive or in the afterworld, and the “jade girl” was the receiver and guide of the tomb occupant to the immortal world of Queen Mother of the West. The scene showing the former emphasizes the description of the daily lives of the tomb occupant in this world or afterworld to demonstrate the noble status and joyful life of the tomb occupant; the scene showing the latter, on the other hand, directly depicts or implies that the tomb occupant entered the immortal world of Queen Mother of the West and became blissful and carefree immortal.

（特约编辑　新　华）

嘉陵江流域石窟寺分期研究

蒋晓春　雷玉华　聂和平

关键词：四川　嘉陵江流域　石窟寺　南北朝时期　唐宋时期

内容提要：嘉陵江流域石窟寺数量众多，据不完全统计，现存石窟寺地点1702处，龛窟7804个，造像10696身，其中有明确纪年的石窟达239龛窟。通过纪年石窟材料，将嘉陵江流域石窟寺分为四期七段。第一期为南北朝后期，是嘉陵江流域石窟寺的起源和初步发展阶段。形制有三壁三龛式窟、佛殿窟、圆拱形深龛、小型浅龛四种。造像题材以佛教为主，有部分道教石窟。第二期为隋至晚唐，是嘉陵江流域石窟寺发展成熟并形成"唐风"的时期，也是该流域石窟寺发展的第一个高峰期。第三期为唐末、五代至两宋。其中唐末、五代至北宋前期属于石窟寺的转型时期，以中小型龛为主，龛形简单，题材常见各类菩萨和经变，造像组合较为简单。部分造像延续了晚唐时期的颓势，同时出现了新的风貌，表现为造像丰满圆润，婉约细致。北宋中期至南宋末是嘉陵江流域石窟寺艺术发展的第二个高峰时期，在风格上完成了由"唐风"向"宋风"的转型，形成鲜明的宋代风格和地域特征。单层方形平顶龛最为常见，造像题材方面显示出佛、道、儒合一和世俗化特点。题材内容丰富多样，造像组合复杂，造像水平很高，身体修长，比例适当，服饰华美，神态安详。第四期为元、明、清及民国时期，是嘉陵江流域石窟造像的衰落期。窟龛数量极多，但形制趋于简陋，很少装饰，常见观音和各类民间俗神造像。

一、嘉陵江流域石窟寺概况

嘉陵江是长江最大的一级支流之一。一般认为嘉陵江分东、西两源，东源起自陕西省宝鸡市凤县凉水泉沟，西源起自甘肃省天水市秦州区齐寿乡的齐寿山，两源南流至陕西省汉中市略阳县白水江镇相会，再南流经阳平关进入四川省广元市昭化镇并与上游最大支流——白龙江汇流，向南流经南充市，在流入合川左纳渠江、右汇涪江两大支流之后，经北碚到重庆朝天门汇入长江，全长1119公里，流域面积15.98万平方公里。在行政区域上包括甘肃省天水、陇南、甘南3个市（州）11个县（区），陕西省汉中、宝鸡市的3个县，四川省广元、绵阳、遂宁、南充、广安、达州、巴中市的全部以及阿坝、德阳、资阳市的局

作者：蒋晓春，合肥市，230601，安徽大学历史系。

雷玉华，成都市，610041，西南民族大学旅游与历史文化学院。

聂和平，自贡市，610066，四川省交通运输厅高速交通执法一支队四大队。

部，共10个市（州）48个县（市、区），重庆市境内大足、潼南、铜梁、合川、北碚等10个区 。整个流域东北部以秦岭与渭水流域相界，以大巴山与汉水流域为邻，东南以华蓥山与长江流域相隔，西北隔龙门山与岷江流域接壤，西及西南有一低矮的分水岭与沱江流域毗连。在地形上，由北向南可分三大阶梯形区域。广元以北为第一级阶梯，属中、高山地区，有岷山、秦岭及大巴山区，山高地瘠，峡谷幽深。德阳、绵阳以东至达州的四川盆地北部边缘为第二级阶梯，属低山丘陵区，小山、丘陵绵延起伏，河谷较窄，阶地较少。其南为第三级阶梯，属于浅丘地区，处于四川盆地腹地，河谷较宽，阶地发育，泥质砂岩分布广泛，颗粒较细，软硬适中，便于雕凿，为石窟寺开凿提供了地形和材料的便利。

嘉陵江流域石窟寺[1]之所以被作为一个相对独立的区域进行研究，主要基于以下三方面的原因。

第一，地理环境相对封闭。嘉陵江上游支流发源于陇南和陕南，经高山峡谷进入四川盆地，一路向南，最后在重庆汇入长江。流域的北面是岷山和秦岭，与黄河流域相隔离；东面有大巴山、华蓥山阻隔；只有西面和南面相对来说没有大的地理屏障与四川盆地其他地区相连。

第二，有贯通全部流域的交通要道。嘉陵江的各条支流与干流形成树枝状结构，使整个流域紧密地结合在一起。流域内的古代交通道路，在上游主要沿河谷地带进行，沿白龙江有阴平道，西汉水有河南道，嘉陵江上游有嘉陵道（或称故道）和金牛道，渠江流域则有米仓道、洋巴道等。通过这些道路，将嘉陵江流域上游的几个支流流域与中下游地区紧密连接在一起。中下游地区，流域内的交通除陆路（不少陆路也沿江河分布）外，水路仍是十分重要的交通要道，渠江、涪江最终在合川与嘉陵江干流汇合，形成一个地理单元。因此嘉陵江流域就水路交通而言，经历了两次合流的过程，一是在广元，二是在合川。这种交通格局对嘉陵江流域石窟寺文化的传入、流布有重要作用。

第三，嘉陵江流域处于我国南北石窟大区之间，是连接两个区域的纽带和传播通道。将该流域石窟寺视为一个整体研究，可以充实、完善整个中国石窟寺艺术史。中原北方地区石窟寺在晚唐以后明显衰落，石窟寺开凿的重心转移到了南方地区，尤其是大足、安岳、合川一带数量最多、价值最高，是晚唐、五代、两宋时期中国石窟寺的杰出代表。从现有的资料看，嘉陵江流域北部石窟寺（主要是南北朝晚期到隋唐时期）与中原、北方地区石窟寺的关系非常密切，而流域南部石窟寺（主要是晚唐、五代、两宋时期的安岳、大足、合川等地石窟）则自身地域特色十分明显。将嘉陵江流域作为一个整体看待，可以观察中原北方地区石窟艺术在嘉陵江流域北部地区、南部地区的流布及嬗变情况，借以窥知整个中国石窟寺艺术在南北朝晚期以来（尤其是唐宋时期）的发展演变情况，这对充实、完善中国石窟寺艺术史的价值是不言而喻的。

不过，关于嘉陵江流域石窟寺的总量，长期以来没有一个准确数据。为统计出一个较可信的数据，笔者尽量搜集了各种资料，基本摸清了嘉陵江流域石窟寺的情况。本文所收石窟寺资料主要来源有《中国文物地图集》甘肃、陕西、四川和重庆分册，已经发表的调查报告、简报和散见于论著中的相关资料，四川和重庆的“第三次全国不可移动文物普查”资料，政府网站、论坛、博客等网络资料以及笔者实地调查所获资料。

通过细致整理，统计出嘉陵江流域内的72个县、区中，有石窟的县、区共64个，现存石窟造像地点共有1702处，包括龛窟7804个、造像106596身[2]。具体而言，甘肃、陕西境内的嘉陵江上游地区石窟寺分布寥寥，仅在靠近陇东石窟密集区的陇南市有14个地点，包括52龛（窟）、256身造像，不仅地点分散，而且数量、规模普遍不大。流域内的陕西省石窟造像地点数量最少，仅见于凤县、略阳县等地，共有6处，包括造像13龛（窟）、造像14身，几乎可忽略不计。四川境内石窟造像地点共有1345 处，包括5265 龛窟，造像70909身，占绝大多数。重庆市境内石窟造像地点数量也很多，共有 337 处，包括2406龛窟、造像有35417 身，仅次于四川地区。嘉陵江流域内的川渝两地共有石窟造像地点1682处，占整个流域内数量的98.8%；龛窟数7671个，占总数的98.3%，造像身数106326个，占总数的99.7%（附表1）。

嘉陵江流域内石窟寺主要集中在四个区域。一是广元到剑阁、阆中一线的嘉陵江干流沿线，二是绵阳、三台一线的涪江沿线，三是巴中、通江一带的渠江流域，四是以安岳、大足为中心的四川盆地盆中丘陵地区。这四个区域与古代巴蜀地区的水路、陆路交通密切相关（图1）。

就嘉陵江流域内川渝地区县级行政区而言，安岳县以249处居首位，大足区以167处居其次。而以规模和精美闻名的广元利州区仅6处，少于大多数县、区。流域内每个县、区平均拥有石窟点23.7处，有石窟的64个县、区平均拥有石窟26.6处，龛窟12.9个、造像1665.6身。每个石窟点平均约有4.6个龛窟，约62.6身造像，每龛平均约有13.7身造像。数量最多的是广元千佛崖，正壁现存848龛（民国以前曾有上千龛），巴中南龛、营山太蓬山、安岳千佛寨、潼南大佛寺、大足宝顶、北山等处也有上百龛，数十龛则比较常见，最少的仅1龛。

从石窟点的时代[3]分布看，南北朝[4]5处、隋朝9处、唐朝275处、五代10处、宋代175处、元代8处、明代206处、清代999处、民国8处，时代不详者有8处。将石窟点数除以朝代存年得到的“年石窟点数”，可制成曲线图（图2）。

图2清楚地展示了嘉陵江流域各时代石窟寺的数量对比情况，存在时间从南北朝一直到民国时期，延续近1500年。在这个时段内，大体上有三个开凿高峰，一是唐代，二是宋代，三是清代。相对于唐、宋，清朝可谓异峰突起，数量上不单远超唐、宋，也超过其他时期的总和，达到石窟点总数的58.7%。长期以来，学术界因为清代石窟凿建水平较低、地点分散、时代较晚等原因而关注较少，通过本文的统计，发现清代石窟数量是如此巨大，远远超过以往的印象。因此，单从数量考虑，清代石窟就应当引起学术界的关注。

从龛窟形制看，规模不大、深度较浅的龛居多数，而较深的窟则不多见。规模方面，开口在2米以内的小型龛最多，大、中型龛较少。较大的龛一般属于大佛造像，如阆中大像山、南部禹迹山、三台东山、潼南大佛寺等地，龛窟高度可达十余米，甚至数十米。在大足和安岳开凿的龛窟规模也很大，有不少深龛大窟。

目前，关于嘉陵江流域石窟寺的研究成果还不是很多，且多集中于广元、巴中、大

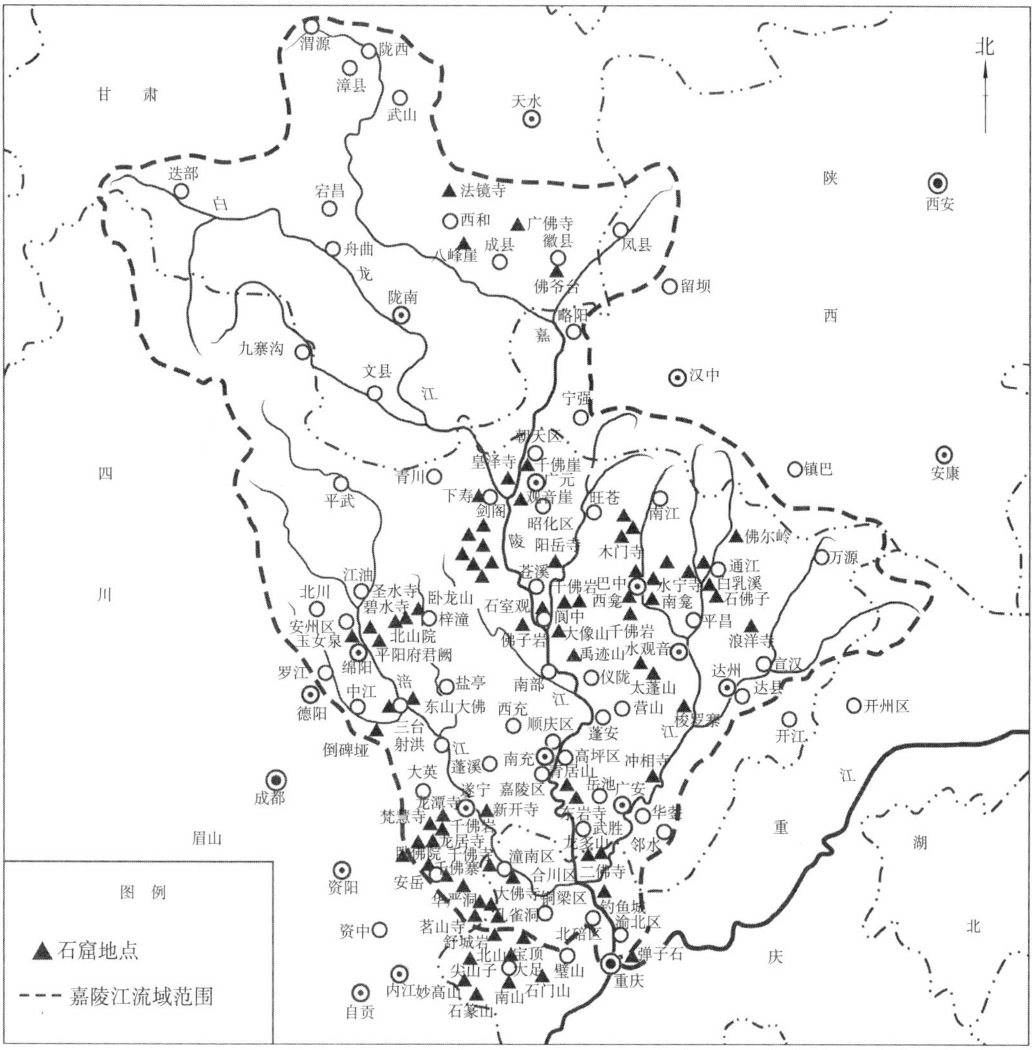

图1　嘉陵江流域石窟寺分布示意图

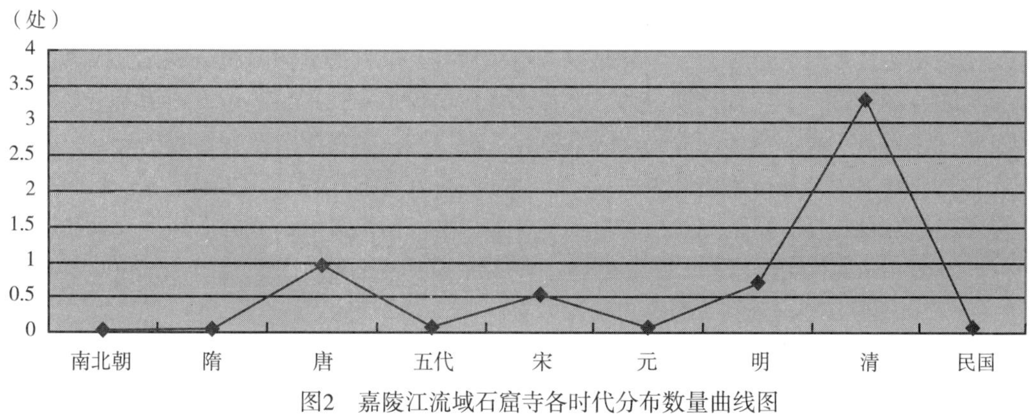

图2　嘉陵江流域石窟寺各时代分布数量曲线图

足、安岳等部分石窟富集区。部分成果涉及嘉陵江流域石窟寺的分期问题，这些成果有较大区域的分期（如整个四川石窟）[5]，也有较小区域的分期（如大足、广元、巴中境内所有石窟）[6]，甚至是某个石窟点（如大足北山佛湾）的分期[7]。虽然未针对整个嘉陵江流域石窟寺进行分期，但前贤的分期方法和结论对本文也颇有教益。

二、石窟寺分期方法

石窟寺研究中，分期（含断代）是基础，只有将研究对象置于一个正确的时间轴上，其他相关研究才有可靠的基础，因此分期研究素为学界重视。纵观学界对石窟寺的分期成果，在分期方法上大体经历了从艺术史到考古类型学两个阶段。

（一）传统分期方法

西北的新疆、甘肃地区是我国早期石窟的主要分布区，同时也是石窟较早被发现和研究的地区。在石窟寺研究初期，考古类型学尚不成熟，石窟研究者又多具美术背景，关注的焦点自然集中于石窟内的雕塑和壁画艺术，以洞窟内壁画的样式、风格为主要参照标准，对石窟造像进行分期，如德国的格伦威德尔和勒柯克对克孜尔石窟的分期。后来，法国、日本和意大利学者再对克孜尔石窟进行分期研究时，使用的方法与德国学者很接近，结论也相差不远。我国学者韩乐然、常书鸿也依据壁画的色调、构图、画风、技法等特征对克孜尔石窟进行了分期[8]。

在早期石窟寺分期研究中，壁画作为一种很重要的参照物，可以借助其题材内容、艺术风格、表现方法以及画底依托层的构成来研究洞窟及其造像。然而，壁画终究与造像还是有一定的区别，不能将它们完全等同，仅仅依靠壁画来进行洞窟造像的分期显得证据不足。正如宿白先生针对上述克孜尔石窟分期成果所说："既未细致地考察新疆各地的历史包括佛教流传的历史背景，又没有参照新疆以东一些主要石窟的情况，其推论之可疑，是毫不足怪的"[9]。

由于大量石窟没有壁画存在，以壁画为主要标准进行分期的方法就失去了用武之地，因此，考古类型学分期方法被逐渐引入石窟寺分期研究之中。

20世纪七八十年代，利用类型学理论进行分期研究的方法已为考古学者所熟悉，于是一批石窟寺考古学者遂将此方法应用到石窟寺分期之中。该方法建立在考古类型学基础上，通过对龛窟形制、造像组合、题材以及造像形制、衣纹等进行分析、对比、排列，找出其阶段性演变过程，实现分期目的，并借助横向比较、文献记载、造像题记及自然科学测年方法中的碳十四、热释光等手段进行断代。由于考古类型学方法在细致的形制分析基础上，同时引入了叠压、打破等考古地层学原理，再结合造像题记、文献记载、自然科学测年等手段，使分期、断代结论更为可信。目前，这种研究方法已成为石窟寺分期的通行做法，涌现出一大批优秀成果，基本建立起了中国石窟寺的分期序列[10]。

（二）嘉陵江流域石窟寺分期方法

用考古类型学方法进行石窟寺分期固然有其科学性，但在具体使用时尚有两个问题需要考虑。

第一，文化因素方面。众所周知，不同类别物质文化遗存在考古类型学分期中的权重是不同的，为此一般要选择形制较复杂、时代变化较快的遗物（如陶器、瓷器等）进行形制分析。对于石窟寺而言，由于涉及宗教信仰，造像和壁画一般有一定的粉本作为规范，不便于掺杂过多的个人特征，导致石窟寺龛窟形制、造像内容及风格等方面的时代性变化并不显著，在一定程度上削弱了其类型学分析价值。

第二，基于第一方面的情况，为增强类型分析的可信度，有必要增加用于分析的文化因素。因此需对龛窟形制、造像组合、造像特点（包括佛、菩萨、弟子、力士、供养人、石狮）、服饰、装饰纹样等诸多文化因素进行综合分析，在对大量符号、表格进行排比之后才能进行分组和分期，由此导致过程繁琐、篇幅较长。

嘉陵江流域面积近16万平方公里，石窟寺地点多至1700余处，龛窟有7800余个，造像达10万余身。面对这样的海量数据，如果仍然采用上述类型学分析方法进行分期，工作量将极其巨大，数据也将极其繁琐。即便是选择代表性石窟或石窟群进行单独分期，再进行综合分析，工作量也仍然太大，繁琐的图表不仅占据大量篇幅，亦会给读者带来很大阅读困难，因此传统分期方法并不适合嘉陵江流域石窟寺的分期。

所幸的是，嘉陵江流域石窟寺造像题记中有较多纪年材料，为解决该流域石窟寺分期问题提供了一条可靠的捷径。如果从时代准确的纪年龛窟入手，分析、总结龛窟形制、造像组合、造像形制、装饰纹样等特点，同样可以把握石窟造像的时代变化，从而达到分期目的。这种分期方法有两个优点。一是可靠，依据大量有准确纪年的材料总结出来的特点可信度是不容置疑的；二是省力，避免了类型学分析法在面对海量材料时的繁琐过程及图表众多、篇幅巨大问题。那么，嘉陵江流域的纪年龛窟是否具备分期所需的典型性要求？据现有资料统计，嘉陵江流域至少保存了300幅以上有纪年的造像题记，其中239幅可对应到相应龛窟，且能对应的龛窟资料基本齐备（附表2）。虽然有的龛窟由于风化、毁坏等因素导致题记的具体年月缺失，但保留了年号或朝代，也可以为分期提供参考。除此之外，一些没有明确纪年的题记中有的保留了人名、事件等信息，这些题记材料同样具有一定的断代价值。就保存状况而言，上述239幅题刻所属的龛窟大多数本身保存较好，龛窟形制清楚，造像内容明确，且多数有较详细的报道，因此，用这些材料进行石窟寺文化因素分析并概括其发展阶段是可行的。

从纪年题刻的时间分布看，南北朝3幅、隋朝5幅、唐朝99幅、五代13幅、宋代54幅、元代1幅、明代13幅、清代43幅、民国8幅，基本覆盖了从南北朝到清代的各个时期，形成了一个完整链条（图3）。如果把每个朝代的纪年材料数除以该朝代存在年数乘以1000，制作成图表（图4），图表显示的兴衰趋势与图2所示实际情况基本吻合，说明纪年材料在时代分布上符合分期要求。

从地域分布看，嘉陵江流域72个县、区中有7个没有石窟寺，65个有多少不等的石窟寺。其中有造像纪年的33个，大致占一半，除甘肃、陕西两省没有分布外，四川、重庆、嘉陵江流域的大多数县、区都有分布，显得比较均衡。

综上所述，搜集到的纪年材料数量较多，窟龛形式及造像保存较好，资料较翔实。从

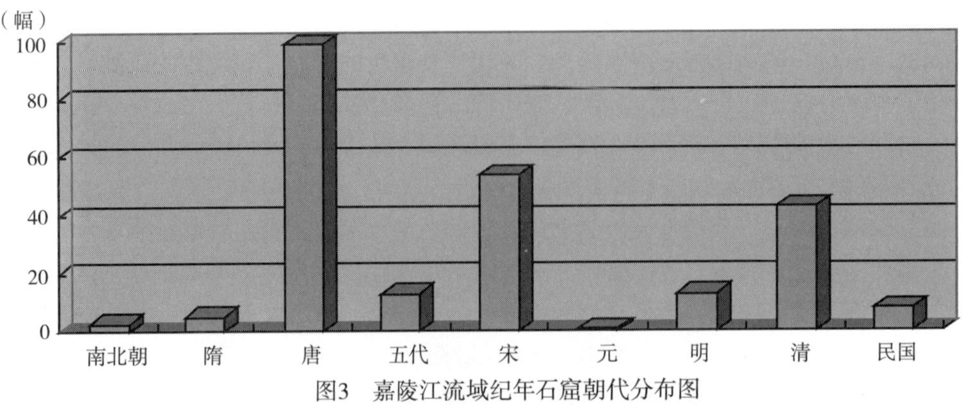

图3　嘉陵江流域纪年石窟朝代分布图

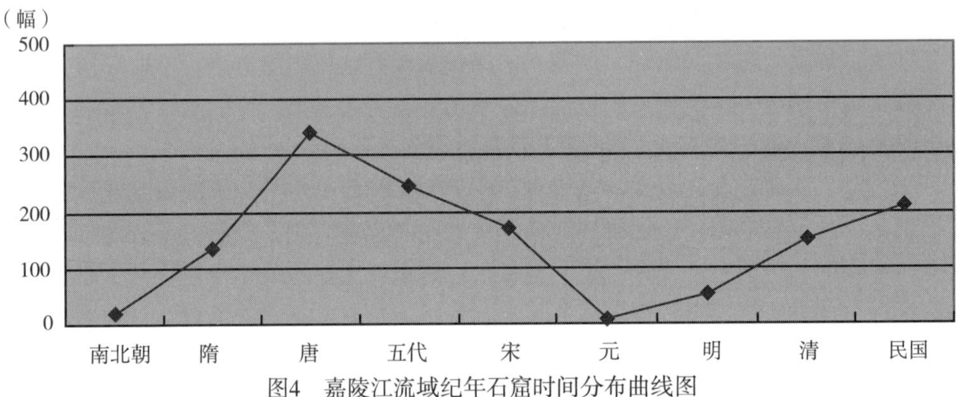

图4　嘉陵江流域纪年石窟时间分布曲线图

时间上看，是该地区历史背景的真实反映，也是实际开龛造像盛衰的真实反映。从空间上看，较均衡地分布在嘉陵江流域的各个区域。这些纪年材料具有相当高的可信度，因此，其所属龛窟基本能代表嘉陵江流域石窟寺的整体情况，也就是说，这些纪年龛窟可以作为分期的典型材料。

三、嘉陵江流域石窟寺分期

（一）分期概述

从图2可以看出，嘉陵江流域石窟寺开凿历史存在三个波段，三个波峰分别出现在唐代、宋代和清代，这种阶段性演变给分期提供了参考。

通过对嘉陵江流域内纪年石窟资料按时间排列，并分别进行龛窟形制、造像内容、造像风格、装饰题材、技法水平等方面的细致排比，可将流域内的纪年石窟寺分为四期七段。第一、四期限于材料暂不分段，第二期分为三段，第三期分为两段。其他非纪年石窟则根据龛窟特征，归入上述相应期段。

第一期为南北朝后期（公元6世纪初至6世纪下半叶）。就嘉陵江流域而言，该期基本属于南北朝时期的北魏中后期（或南朝梁中后期）至北周末，为嘉陵江流域石窟寺的起源和初步发展阶段。

第二期为隋至晚唐（公元6世纪末至9世纪末）。本期是嘉陵江流域石窟寺发展、成熟并形成“唐风”的时期，又可分为三个阶段。第一阶段为隋至初唐贞观年间（公元6世纪末至7世纪中叶），是嘉陵江流域石窟寺初步繁荣时期；第二阶段为高宗永徽初至代宗大历年间（公元7世纪中期至8世纪中叶），是嘉陵江流域石窟寺发展的第一个高峰期；第三阶段为中唐代宗大历以后至宣宗大中年间（公元8世纪下半叶至9世纪末），开龛造像之风虽然仍盛行，但是总体质量有所下降，风格也在转型。

第三期为唐末、五代至两宋（公元9世纪末至13世纪中叶）。本期是嘉陵江流域石窟寺发展的第二个高峰期，石窟寺风格完成了由“唐风”向“宋风”的转型，并形成明显的地域特色。该期又可分为两个阶段。唐末五代至北宋前期（公元9世纪末至11世纪初）为第一阶段，属于嘉陵江流域石窟寺的转型期；北宋中期至南宋末（公元11世纪中叶至13世纪中叶）为第二阶段，是嘉陵江流域石窟寺艺术发展的第二个高峰期，在风格上已经完成由唐代向宋代的转型，形成了鲜明的宋代风格地域特征。此后，由于长期的战争，嘉陵江流域的开龛造像之风在局部极盛之时戛然而止，出现了一百年左右的空白期。

第四期为元、明、清及民国时期（公元14世纪上半叶至20世纪上半叶）。这是嘉陵江流域石窟造像的衰落期，虽然延续时间很长，中间也呈现出一些阶段性特点，但限于材料，暂不分段。本期窟龛数量极多，在造像内容方面出现了一些新现象，个别石窟造像规模大，雕刻精湛。总的来看，龛窟形制趋于简陋，很少装饰，造像水平也较低劣，呈现出式微景象。

（二）各期特征

四期龛窟形制及造像风格总体上一脉相承，展示了同一个区域内文化发展的延续性，但也在不同阶段呈现出较鲜明的区域特点，体现在石窟寺宗教属性、龛窟形制、造像题材及组合、风格、装饰纹样等诸多方面。

1.第一期（南北朝后期，公元6世纪初至6世纪下半叶）

第一期纪年石窟仅有1处[11]，绵阳平杨府君阙（也称平阳府君阙）上有梁大通三年（公元529年）和大宝二年（公元551年）纪年[12]（图5，1～3）。2006年11月，在剑阁新县城（下寺镇）清水河岸边崖壁上发现七龛道教石窟，后回填保护（图版二七，2）[13]。据称有大代纪年，惜未见详细材料和实物，暂存疑。从报道中所附照片看，造像风格属于南北朝晚期，这是目前川渝地区发现的最早道教摩崖石窟，具有重要的学术价值。根据这些纪年龛像的特点，结合其他地区石窟分期成果[14]可知，属于该期的典型石窟寺还有广元千佛崖226、726号窟[15]（图版二七，1、3），广元皇泽寺33～35号龛及38、45号窟[16]（图版二七，4）等，陇南的法镜寺石窟第20、24窟等也属于这一期。

这期窟龛类型主要有四种形制。第一种为三壁三龛式窟（如广元千佛崖226号窟）及中心柱窟与三壁三龛式结合的方形大窟（如广元皇泽寺第45号窟）；第二种为佛殿窟（如广元千佛崖第726号），直接在正壁造像；第三种为圆拱形深龛（如皇泽寺33～35等号龛）；第四种为小型浅龛，有圆拱形、尖拱形、方形等几种形式，如绵阳平杨府君阙上的小龛等。

造像题材和组合方面，本期石窟以佛教为主，也有部分道教石窟。佛教石窟造像内容

图5　第一期典型龛窟

1.平杨府君阙全貌　2.平杨府君阙14号龛　3.平杨府君阙17号龛（采自孙华：《四川绵阳平杨府君阙阙身造像——兼谈四川地区南北朝佛道龛像的几个问题》，见《汉唐之间的宗教艺术与考古》，文物出版社，2000年）

较少，以一佛二弟子三身像为主，也出现不少一佛二弟子二菩萨五身像、七佛等组合。人物多面容清癯，肩削臂瘦，身体修长。主尊多磨光肉髻，颈部细长，内着僧祇支，胸前十字形结带，外为褒衣博带式佛装，下摆呈八字形分开，有圆形头光、桃形身光。胁侍弟子面相方圆，身体比例欠协调，头略大，颈短，部分弟子无头光。胁侍菩萨多面相长圆，有内圆外桃形头光，束发髻，头部比例大，袒裸上身，着帔帛，自两肩披下，交叉于腹际。道教龛窟人物形象与佛教一样显得清癯，服饰为道袍，同样呈褒衣博带式。本期晚些时候，部分龛窟人物造型由瘦骨清像向壮硕健美方向发展，如广元皇泽寺15号窟（北周）正壁大龛内造像。平杨府君阙上多幅线刻礼佛图布局巧妙，中心人物身材高大，周围簇拥侍从身形稍小，显得主次分明，人物多而不乱。雕刻线条流畅，神态生动，实为我国早期石刻艺术精品。

2.第二期（隋至晚唐，公元6世纪末至9世纪末）

第二期是嘉陵江流域石窟造像的一个重要时期，在经过南北朝的起步阶段之后，流域内的石窟造像活动日渐增多，至盛唐达到高峰期。在造像特征、数量以及艺术水准方面都达到顶峰，在地域范围上开始向嘉陵江中下游地区传播，为下一期另一个高峰的出现打下了坚实基础。

根据不同时期龛窟形制及规模、造像内容及风格等方面的差异，将这一期分为隋至初唐、高宗永徽初年至天宝年间、中晚唐三个阶段，每个阶段都有一些变化。

（1）第一阶段（隋至初唐贞观年间，公元6世纪末至7世纪中叶）

首先，该段典型石窟寺较多。隋代有几例，如隋代潼南大佛寺外崖壁上的三个小浅龛（公元592、610年）、阆中石室观的2号龛（公元594年）、3号龛（公元595年），以及广安冲相寺26号龛（定光佛龛，开皇年间；图7，4）。初唐贞观时期的造像龛较多，如皇泽寺13号龛（公元628年）、茂县校场坝点将台的12个贞观四年龛（公元630年；图6，1～3，图7，1）、梓潼卧龙山千佛崖1号龛（公元634年；图7，2）[17]、剑阁老君庙（贞观年间）[18]、阆中千佛岩10–3号龛（公元634年）[19]，以及广元剑阁横梁子2号龛（公元647年）[20]等。此外，剑阁横梁子1号龛（图版二八，2），千佛崖138号窟（北大佛窟），皇泽寺12、28号窟（图版二七，5），55、56号龛及15号窟左、右壁补凿小龛，巴中南龛105、107、149号龛，西龛18、21号龛及东龛1号龛，水宁寺千佛崖（图版二八，1）、绵阳碧水寺（图7，3）以及旺苍木门寺[21]部分造像也具有上述纪年造像龛窟的特征，亦属此阶段。绵阳西山玉女泉原有大业六年（公元610年）纪年造像，惜已毁坏无存，但玉女泉其他龛窟可作典型材料（图6，4）。

规模方面，既有大型石窟群，如广元千佛崖、皇泽寺、巴中南龛，规模稍小的有茂县校场坝点将台、阆中石室观、剑阁横梁子等，也有小规模的石窟点，如阆中雷神洞、佛子岩等地。石窟以中、小型龛为主，大型龛窟十分罕见，皇泽寺的第28号龛是本阶段规模最大的石窟，其余龛窟的窟口长、宽多在1米以内。

龛窟形制方面，以龛为主，窟比较少见。窟龛类型主要有尖拱形单层龛、外方内圆拱形双层龛、内龛很深的外方内圆拱形窟及圆拱形敞口摩崖大龛等，一般有尖顶楣龛[22]。

窟有马蹄形窟和中心柱窟两种，基本延续了第一期的一些特征，如广元皇泽寺第38号窟和第51号窟，平面均为马蹄形，穹隆顶，环壁设坛。剑阁王河锦屏山还有一例道教中心柱窟（图版二七，6），十分难得。

龛以圆拱形浅龛为主，规模都不大，如绵阳玉女泉的道教题材龛像，隋代潼南大佛寺外崖壁上的三个小龛，都是单层圆拱形小浅龛，内有圆拱形龛顶，弧形后壁，外有尖拱形龛楣。龛楣上出现装饰性花纹和图案，如潼南大佛寺东面绝壁上的道教造像龛下沿刻有双狮和卷草装饰；梓潼卧龙山千佛崖第1号龛的龛门为莲瓣形，龛楣和龛额上刻卷草，龛额上还有浅浮雕的七佛；广元剑阁横梁子第2号龛的圆拱形龛的龛楣则饰联珠纹和莲瓣纹。该阶段的龛像有由单层龛向双层龛过渡的趋势，比如潼南大佛寺和绵阳玉女泉的隋、初唐造像均为单层龛，而广元、石室观等地则出现双层龛。双层龛的外龛多为方形，上檐一般深于

图6　第二期第一阶段典型龛窟

1.茂县点将台1号龛　2.茂县点将台4号龛　3.茂县点将台20号龛　4.绵阳玉女泉2号龛（1～3.采自四川省文物考古研究院等：《四川茂县点将台唐代佛教摩崖造像调查报告》,《文物》2006年第2期；4.采自四川省文物考古研究院等：《绵阳龛窟——四川绵阳古代造像调查研究报告集》，文物出版社，2010年）

下檐，龛楣较窄，内龛多为平顶，弧形后壁。广元剑阁横梁子发现的16个龛造像中，也出现有外方内圆拱形双层龛，如题记为“贞观廿一年任玄荣”的第6号龛，其内龛的龛沿上各

图7　第二期第一阶段典型龛窟

1.茂县点将台12号龛　2.梓潼卧龙山1号龛　3.绵阳碧水寺20号龛　4.广安冲相寺26号龛（1.采自四川省文物考古研究院等：《四川茂县点将台唐代佛教摩崖造像调查报告》，《文物》2006年第2期；2、3.采自四川省文物考古研究院等：《绵阳龛窟——四川绵阳古代造像调查研究报告集》，文物出版社，2010年）

饰一周联珠纹和圆形纹，龛基前浅刻三个壶门。阆中石室观的第2、3号龛，与第4号龛并排位于一修凿平整的浅龛内，三龛之间无明显界限。外龛极浅，略呈长方形。外龛为方形浅龛，有尖拱形龛楣，这是三龛的共同特征。不过，第2、3号龛的龛楣上涂蓝、白二色，无图案装饰，而第4号龛的龛楣为众多卷云状纹饰依次排列，龛楣内侧为联珠纹，则与广元剑阁横梁子第6号龛有相似之处。联珠纹普遍使用于龛楣、头光、宝冠、项圈、璎珞、佛座上，是这个时期最流行、最显著的特征。

其次，此时造像题材较前一阶段明显增多，佛教和道教石窟都很兴盛。

佛教造像内容很丰富，有释迦、弥勒、西方三圣、二佛、三佛、双观音、八部众、定光佛等；组合有五身像（一佛二弟子二菩萨）、七身像（由五身加二力士）、九身像（由七身加二天王）等，五十二闻法菩萨、人形化八部众像流行。弥陀佛与五十二闻法菩萨造像在四川最早见于梓潼卧龙山千佛崖1号龛（公元625年），并成为四川地区初、盛唐表现阿弥陀净土信仰的主要形式。人形化天龙八部造像在四川地区最早出现在广元皇泽寺28号窟中，时代约在隋代；贞观以后开凿数大增，盛唐时期最为常见。如皇泽寺贞观二年（公元628年）开凿的13号窟和梓潼卧龙山贞观八年（公元634年）开凿的四面龛（其中两个窟后壁浮雕有八部众）、阆中雷神洞的1号、2号龛以及营山太蓬山的37号龛等。唐末五代以后造天龙八部形象渐少，安岳圆觉洞23号龛右壁所凿之八部众，时间约在五代前蜀时期。遂宁安居区大佛岩4号龛开凿于元至正十五年（1355年），是目前所见嘉陵江流域最晚的八部众造像材料。

造像风格与南北朝时期相比，一方面保留前期特征，表现为身材修长、头部显小，如皇泽寺51号龛中的佛、弟子、菩萨像等。戴珥珰、手执桃形宝珠也是这个时期比较常见的做法[23]。另一方面，面相开始向丰圆发展，不再以清瘦示人，身躯也显得健壮魁伟。佛螺髻细密，往往着双领下垂式袈裟，右肩敷偏衫，内着袒右僧祇支。广元皇泽寺佛像衣纹多以贴泥条形式表现，如皇泽寺38、45号窟内三壁大龛中的佛像。本时期的菩萨像也颇具特点，一般装饰繁复，体形丰满，气质高贵。头戴三珠冠，璎珞遍身，“X”形联珠纹璎珞或穗状的大璎珞交叉于腹前，沿体侧再饰一道U形长璎珞，异常华丽。帔帛饰法多样，既有旧的因素如“X”形帔帛，也出现了如横膝部一道或两道的新做法，显示出过渡时期新、旧因素交织的特征。总之，菩萨的装饰比北周、隋代更为华丽和繁缛，贞观后期逐渐简化，时间越晚，简化趋势越明显[24]。

此时期力士和天王造像还比较少，但很有特色。隋代前后的力士多戴项圈和饰“X”形联珠纹璎珞，装饰较复杂。贞观初年，大多数力士就只戴项圈，没有联珠纹璎络。贞观以后，大多数力士连项圈也不戴了[25]，但力士的肌肉鼓突渐渐明显，显得更加有力。而天王造像数量很少，体形瘦弱，如阆中千佛岩K10–11。

本阶段像座也颇具特色，包括瓶花承托莲座、狮子口衔莲花承托莲座、八角形束腰座基承托莲座等。特别是八角形座基，转角处雕兽头或宝珠，十分华丽。弟子、菩萨立于兽吐莲茎或宝瓶生莲茎承托的莲座上，莲茎很高，基本上接近像高，明显与南北朝时期以低莲座或平座为主的情况有所不同，成为这个时期造像的一个特征[26]。

道教石窟颇值得关注，因为道教造像在数量上本就比佛教造像少得多，在时间上也相对较晚。在剑阁王河锦屏山、绵阳西山玉女泉、潼南大佛寺以及阆中石室观、巴中水宁寺等地都发现有道教造像，成为当时石窟造像中的一道亮丽风景。

本期的道教石窟规模普遍偏小，以龛为主，龛口长、宽多在1米以内。造像数较少，有一铺一身、三身、五身等，组合常见一天尊二真人，有时加上二弟子和侍童。如绵阳西山玉女泉、潼南大佛寺为一天尊二胁侍，阆中石室观的第2、3龛主尊为一天尊，天尊两侧各有一真人、一弟子，须弥座两侧前方各有一侍童。

王河锦屏山中心柱道教石窟颇具特色[27]。该窟分前后室。前室平面大致为长方形，立面为拱顶。后室平面呈长方形，顶上装有天花板，底铺砖。前室开凿较粗糙，后室相当规整，且后室门楣上的莲花形龛楣常见于宋元时期。因此，后室疑为宋元时期补凿。中心柱位于前室中部，上部是方形，正面和左侧面因为风化和长青苔，纹饰不清楚，后面和右侧面纹饰一样，估计其他两面也相同。纹饰从上到下分三栏，均为阴刻的方形、“X”形、菱形等几何纹。中间为须弥座形，四面各开一龛，尖顶龛楣内阴刻火焰纹。每龛造一天尊二真人。天尊结跏趺坐，真人侍立两侧。主尊和真人的衣纹线条用阴线刻表示，非常简洁，显得较原始。这种做法在陕西的北周造像碑中常见，如北周保定元年（公元561年）辅兰德碑主龛、保定二年（公元562年）李昙信佛道教造像碑、北周刘男俗造像碑、隋开皇六年（公元586年）袁神荫造天尊像石等[28]，从造像身形及服饰看，锦屏山中心柱造像更接近于隋代的袁神荫造天尊像石，但造像已经不似北周以前那样清瘦而显得更为匀称，具有承前启后的风格。

（2）第二阶段（高宗永徽初至代宗大历年间，公元7世纪中期至8世纪中叶）

纪年石窟较多，有40余处。典型龛窟有绵阳圣水寺2号龛（公元650年；图8）、大足尖山子7号龛（公元650～655年）、通江千佛崖6号龛（公元665年）、绵阳西山玉女泉16号龛（公元671年）、广元千佛崖493号龛（公元706年；图版二八，3）、营山太蓬山透明岩29号龛（公元713年）、巴中西龛10号龛（公元715年）、冲相寺51号龛（公元718年；图版二九，1）、广元千佛崖211号窟（苏颋窟，公元720年）、安岳玄妙观62号龛（公元730年）、广元千佛崖598号龛（公元734年）、巴中南龛69号龛（公元735年；图9，1）、安岳圆觉洞71号龛（公元736年；图9，2）、旺苍佛子崖1号龛（公元747年）、广元苍溪阳岳寺5号龛（公元752～756年）、广元观音岩101和102号龛（公元755年）、广元观音岩1号龛（公元757年）[29]、广安冲相寺43号窟（公元766年，图10）、安岳卧佛院南崖区62号龛（公元776年）等。具有上述纪年龛窟相同特点的龛窟很多，特别是广安冲相寺、巴中南龛和广元千佛崖。广安冲相寺47号龛（图11）、31号龛（图11）、9号龛（图12）以及巴中南龛的23、33、39、41、45、51、62（图版二八，6）、64号龛等，不胜枚举。广元千佛崖韦抗窟（513号）开凿时间为开元初，也是本期的典型龛窟。根据调查和研究，广元观音岩大部分龛窟集中于天宝年间，是本期典型的石窟点。阆中大像山5号窟（图版二八，5）、巴中水宁寺的8号窟（图版二八，4）等也属本段。

总体来看，石窟形制以摩崖龛像为主，龛形有方形单层龛、圆拱形单层龛；方形双层龛、外方内圆拱形双层龛等。圆拱形单层龛和外方内圆拱形双层龛最为常见。平面有马蹄形和近方形，龛顶或为圆拱形，或为平顶。方形平顶单层龛有绵阳青义千佛崖8号龛、广元观音崖39号龛、苍溪阳岳寺3号龛，其中广元观音崖39号龛后壁凿窄高坛，而苍溪阳岳寺3号龛龛中部雕一圆拱形小龛，龛中造一佛二菩萨三身像。广元千佛崖苏颋窟第32号附龛、安岳玄妙观6、70号龛、广元千佛崖512-35号小龛均为单层圆拱形龛，龛楣尖形，饰有宝珠、莲瓣纹。绵阳西山玉女泉16号龛、巴中南龛89号龛为双层竖长方形龛，

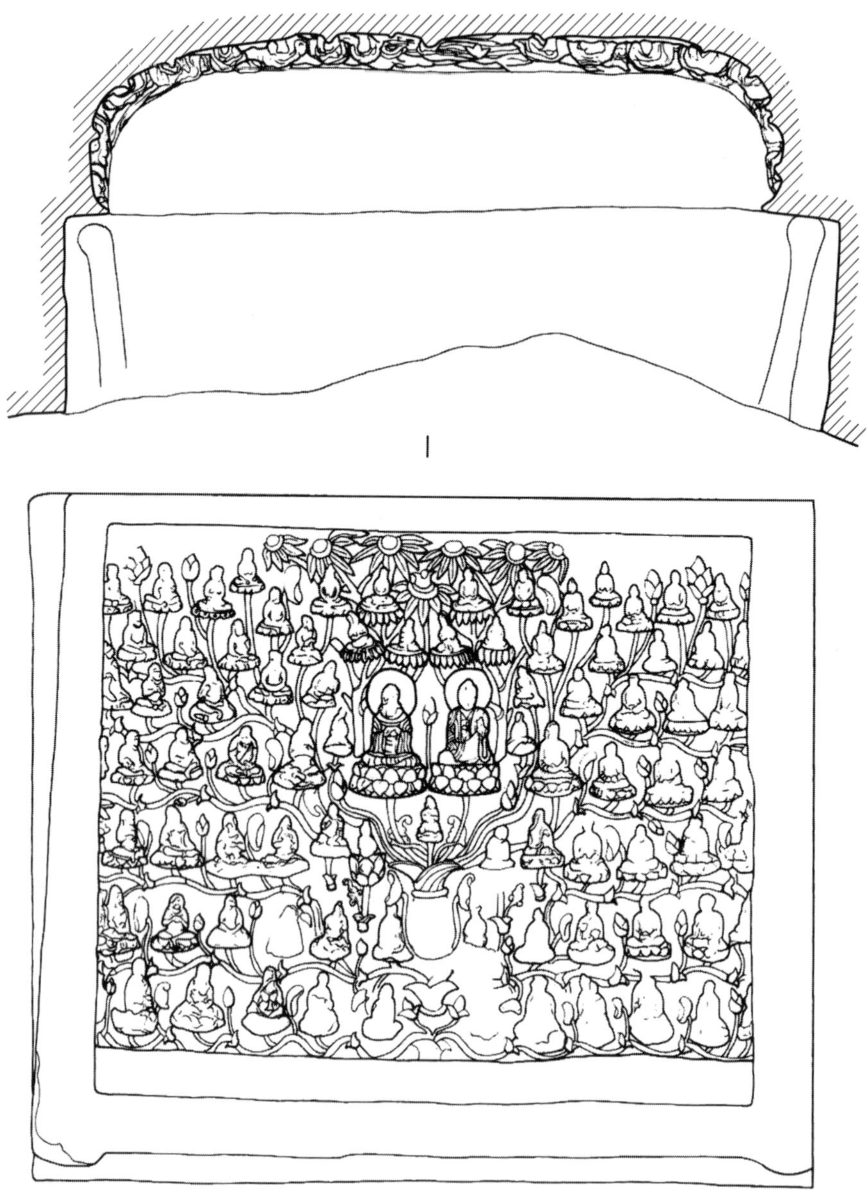

图8　第二期第二段典型龛窟绵阳圣水寺2号龛（采自四川省文物考古研究院等：《绵阳龛窟——四川绵阳古代造像调查研究报告集》，文物出版社，2010年）

玉女泉第16号龛外龛有阴线刻宝珠形龛楣，内龛为圆拱形龛楣。外方内圆拱形双重龛数量居多，如大足尖山子永徽年间（公元650～655年）的第7号龛、营山太蓬山第29号龛、广元千佛崖187龛外龛北侧上方的一小龛等龛像。外龛多为方形平顶，内龛平面为马蹄形或近方形，有内龛桃形龛楣，如安岳千佛寨第40号龛、营山太蓬山第29号龛的内龛用双线勾出桃形龛楣，弧形后壁，顶壁交接处呈弧形。本阶段也开凿有个别洞窟，如广元

1

2

图9　第二期第二阶段典型龛窟
1.巴中南龛69号龛　2.安岳圆觉洞71号天尊（采自雷玉华：《巴中石窟研究》，民族出版社，2011年；成都文物考古研究所等：《四川安岳县圆觉洞摩崖石刻造像调查报告》，见《南方民族考古》第9辑，科学出版社，2013年）

图10　第二期第二阶段典型龛窟
（广安冲相寺43号窟）

1　　2

图11　第二期第二阶段典型龛窟
1.广安冲相寺47号龛　2.广安冲相寺31号龛

千佛崖韦抗窟（513号）、苏颋窟（211号）和神龙窟（493号）。韦抗窟外方内圆双重龛，外龛为方形平顶，顶略弧，后凿马蹄形平顶，环壁造窄坛；神龙窟平面呈马蹄形，有圆弧形顶。在巴中南龛龛像中，有外方内重檐佛帐平顶双层龛，在其他地方是比较少见的。比如有明确造像纪年的69、71号龛，均为外方内重檐佛帐平顶龛，且都开凿于唐开元二十八年（公元740年）。外龛为方形，底部设两层台阶，第一层中部圆雕一圆形香炉，置于覆莲圆座上。香炉正面露三兽足，两侧蹲二狮子，皆侧身而坐，面朝外。内龛为重檐佛帐形，弧壁平顶，上层檐顶有山花蕉叶，檐面饰有方格团花和莲花，下层檐顶同样有山花蕉叶，檐面则为方框卷草、方框宝珠，正中方框雕宝瓶卷草纹。方形龛楣，上饰莲花、蕉叶、忍冬图案，并施以帷帐，下部悬帐，垂铃。方形龛柱，两侧相间饰团花、宝珠和几何纹。龛内三面环壁设坛。与此两龛的龛窟形制、题材内容以及最新特征都相近相似的还有它们之间的70号、附近的74、77号龛。

图12　第二期第二阶段典型龛窟
（广安冲相寺9号龛）

造像题材最为丰富，可识别的佛教题材包括佛、菩萨、弟子、天王、力士、八部众、伎乐天、飞天、供养人、经幢等，道教题材包括天尊、老君、真人、弟子、侍童等。

造像组合有单身造像、二身造像、三身（一佛二菩萨或一佛二弟子）以及一铺五身（一佛二弟子二菩萨）或七身（一佛二弟子二菩萨二力士），以及九身造像（一佛二弟子二菩萨二天王二力士）的组合，有时数量更多，如冲相寺43号窟就有三佛（阿弥陀佛、释迦牟尼佛、药师佛）六菩萨（文殊、普贤及二听法菩萨二坐菩萨）八部众二力士四俗装人物共23身像。其中以多身造像组合为主。单身造像的有绵阳西山玉女泉第16号龛，龛中高浮雕坐像一身，广元千佛崖493号龛中的单身倚坐大佛一身；两身造像的有绵阳西山观唐麟德二年（公元665年）的天尊、老君并坐像和广元千佛崖512附35号龛的观音地藏立像。一佛二菩萨三身像的有广元千佛崖722唐开元十年（公元722年）的34号龛、巴中南龛的第69号龛等。上一阶段一佛二弟子二菩萨二力士一铺七身组合的延续，以及二天王的加入，形成了一佛二弟子二菩萨二力士二天王的一铺九身的组合，如大足尖山子第7号龛、巴中西龛第10号为一佛二弟子二菩萨二力士一铺七身组合，而广元千佛崖韦抗窟、通江千佛崖第35号龛和广元观音崖47号龛则为一佛二弟子二菩萨二力士二天王的一铺九身的组合。不过，造像中天王与力士的位置还是有所不同，如通江千佛崖第35号龛的力士在天王的外侧，在龛的外面，而广元千佛崖韦抗窟和广元观音崖第47号龛的力士则更靠近主尊一些。这也反映出广元等地受北方地区早期造像组合影响，力士先进入龛像组合，天王后来加入，排的位置相对靠外，通江等地随着后期传入，天王的地位提升，越过力士，更加靠近主尊。广元苍溪阳岳寺第3号龛为方形浅龛，龛内分七排雕刻52身小佛结跏趺坐于圆台上，龛中部雕圆拱形小龛，龛中雕一佛二菩萨三身像。

本阶段造像水平很高，比例协调，神态生动，已经完全摆脱了南北朝时期的清瘦模样，在隋至初唐基础上，面目、身体更加丰圆，气势更加逼人，呈现出盛唐气象。佛像身形健壮，通肩袈裟多以泥条式表现衣纹。坐像多披双领下垂式袈裟，袈裟领边在胸下内折后再垂下，多露出内衣领边和袖口。脸形方圆，颈部有三道蚕节纹，双肩和胸部宽厚，胸肌隆起。弟子多以一老一少形象表现，老者常披袒右肩袈裟，少者着交领衣，常常一人持香炉，一人托经盒。菩萨多戴三珠冠，面形丰腴，帛带自双肩下垂横腿上两道后垂于体侧，两串璎珞呈“×”形交叉于腹前，交叉处饰宝相花或圆璧，身体呈“S”形站立，突出腰部曲线。天王均着武士装，与同期唐代墓葬出土的将军俑相似。力士均裸上身，叉腿立于窟龛两侧，作忿怒用力状，肌肉夸张。造像比例适中，菩萨、力士、供养天、一老一少的弟子、供养人多位于龛壁下侧或环壁低坛上。本阶段人物多身肢丰腴，甚至略显胖态，神态虔诚。本阶段晚期造像出现了偏胖的形象，但菩萨腰部仍有曲线。

道教造像也有发展，分布地除传统的剑阁、阆中一带外，向南扩展到了安岳一带，出现了安岳玄妙观这样大型的道教石窟群。本期的道教石窟以龛为主，龛形有所增大，外方内圆拱形的双层龛流行，且龛有加深的趋势，这种趋势在阆中石室观石窟中表现得十分明显。随着时间的推移，造像内容及形象逐渐脱离佛教，自身风格越来越明显，以安岳玄妙观、圆觉洞等地石窟为代表的道教造像已经形成自身特色，预示了嘉陵江流域道教石窟的光辉岁月即将到来。如安岳安岳玄妙观62号龛所造“救苦天尊乘九龙”就是前所未见的题材。圆觉洞第70号龛，主像天尊坐于八角高坛座上，左、右胁侍二童二仙，龛门各刻一力士，形成了一天尊二童子二仙人二力士一铺七身的造像组合。第6号龛中天尊像眉眼平直，头戴莲花冠，有山羊式的胡须，身着交领宽袖大袍，胸前有一三脚夹轼，右手执一宝扇，项后有莲瓣形的背光，结跏趺坐于三层仰莲瓣莲台上，其下为一层覆莲瓣的莲台，再下是一八棱台，正面四棱中部各雕刻一龙头的座基。左、右侧供养人手拿法器，龛下刻九圣像，九像排成一行，头着道冠，身着道服，作朝拜状，与佛教造像判然有别。

佛教造像与道教造像同处一地甚至一龛的情况也时有所见，如冲相寺石窟就是以佛教为主包括少量道教龛窟的地点，除少量纯道教题材外，K42–1更是佛道结合，造一佛一老君二弟子二菩萨二力士。一佛二弟子二菩萨二力士本是佛教造像的典型配置，但此龛中却挤进了老君与佛并肩而坐，显示了道教造像地位升高，在某些时候个别地区已经可以与佛教造像分庭抗礼了。

（3）第三阶段（德宗朝至宣宗朝，公元8世纪下半叶至9世纪末）

本阶段纪年石窟数量较多，典型者有遂宁新开寺4号龛（公元785年）[30]、梓潼西岩寺1号龛（公元804年）、广元观音岩19号龛（公元810年）、绵阳圣水寺5号龛（公元828年；图13，1）、广元观音岩43号和45号龛（公元833年）、巴中南龛93号龛（公元846年）、巴中南龛94号龛（公元846年；图版二九，5）、巴中南龛95号龛（公元846年；图版二九，4）、鹤鸣山2号龛（公元857年）、合川龙多山田湾2–2号龛（公元864年；图版二九，3）、绵阳玉女泉31号龛（公元871年；图13，3）、巴中南龛65号龛（公元877年）、绵阳青义千佛崖8号和16号龛（均公元880年）、绵阳北山院5号龛（公元880年）、绵阳北山院13号龛（公元881年）、巴中南龛137号龛（公元884年）、巴中南龛103号龛（公元887年）、营山太蓬山16号龛（公元895）等龛窟。巴中南龛79号、88号、96号、106号龛以及广安冲相寺57号龛（图版二九，2）、绵阳北山院2号龛（图13，2）、太蓬山透明洞两侧大量小型龛、潼南崇龛千佛寺[31]的大部分龛窟也属此期（图13）。

以中小规模龛形为主，单层龛、双层龛均有开凿，双层龛较多。单层龛多为方形，如蓬溪新开寺4号龛。外方内圆拱形双层龛是本阶段主要流行龛形，广元、巴中、安岳等地均大量存在。外龛呈长方形，敞口，平顶，无装饰，内龛顶部逐渐向平顶过渡，成为平拱顶或圆角平顶，较晚阶段出现平顶。龛内环壁凿方坛，弟子、菩萨、天王等多立于坛上，如广元观音崖5、43号龛、巴中南龛80号龛、梓潼西岩寺1号龛等。双层方龛在这个时期出现，如绵阳圣水寺5号和安岳西禅寺8号[32]。外方内佛帐形龛继续存在，相对于前一阶段的外方内重檐佛帐龛，如巴中南龛第94号龛，本阶段的内龛佛帐装饰有所简化，装饰内容也有所改变，如上层檐面仅饰团花，下层檐面中部有一兽头含草，草蔓延至两端，即完成檐面装饰。龛楣呈连弧状，饰垂帐、风铃、珠链，方形盘龙龛柱，龙四足三爪，龛柱正面饰团花、变形花叶。此种外方内（重檐）佛帐形龛形在本期第一阶段即已出现（还包括外层方形、中层佛帐形、内层圆拱形三层龛），基本贯穿于本期，巴中西龛、北龛、水宁寺、通江等地均有发现，在其他地方则很少见，这应该是巴中地区具有地方特色的龛像，是佛

图13　第二期第三阶段典型龛窟

1.绵阳圣水寺5号龛　2.绵阳北山院2号龛　3.绵阳西山玉女泉31号龛（采自四川省文物考古研究院等：《绵阳龛窟——四川绵阳古代造像调查研究报告集》，文物出版社，2010年）

教石窟造像的地域特征。

在题材方面，经过盛唐的鼎盛期之后，佛教信仰被普遍接受，各种流派都得到传播，西方净土变、密教造像继续发展，东方药师佛等题材也多见。此阶段的造像集显教、密教、佛道合龛于一体，主要有释迦佛坐像龛、弥勒佛、三世佛、千佛、骑狮文殊菩萨、西方净土变、毗沙门天王变相龛、观音地藏立像合龛、药师与地藏和观音三像组合龛、骑狮文殊菩萨、观音地藏像、如意轮菩萨、阿弥陀佛龛、千手千眼观音等。在本阶段，天王信仰尤其流行，毗沙门天王已经由一个护法神上升至主尊，在四川地区出现大量毗沙门天王的单独造像。究其原因，除了密教信仰的流行，跟当时唐朝在西北、西南的战争形势也有较大关系。天宝年间以后，唐王朝战争频繁，因传闻天宝年间毗沙门天王护城平叛有功，于是名声大震，造像随之兴盛。毗沙门天王像一般有威严的面孔，雄伟高大的身躯，魁梧健壮的体魄，显露出一种震慑人心的气概。代表龛像有巴中南龛第65、94号龛、大足北山第5号龛，其中巴中南龛94号龛（公元846年）为天尊变相龛，除了主尊是天王像外，龛内四角各立一身像，有三身天王像和一身俗装男子像，主尊天王脚下有三地鬼。

造像组合趋向简单，以一佛二菩萨、一佛二弟子二菩萨和一佛二弟子二菩萨二力士组合为主，也有一佛二弟子二菩萨二力士二天王组合。单身或两身的佛、菩萨较前段增多。如广元观音崖第5号龛，释迦佛结跏趺坐于仰莲座上，无胁侍等造像。巴中南龛80号龛（公元759年）的内龛为左观音右地藏的立像。巴中南龛94号龛（公元846年）内龛正中立天王像一身，脚下有三地鬼，龛内四角各立一身像，包括三身天王像和一身俗装男子像。凿于同年的巴中南龛93号龛，碑额的龛内雕一佛二菩萨，佛有桃形头光，结跏趺坐于仰莲圆台上，二菩萨立于莲台。还有药师、地藏、观音三像组合，如广元观音崖第43号龛，开凿于唐太和七年（公元833年），龛中主尊药师佛居中，地藏居左，观音居右，皆立于仰莲圆座上。遂宁新开寺第4号龛为三世佛龛，组合为三世佛二弟子二菩萨四天王及两身道教造像。龛正中为释迦牟尼，两侧分别为无量寿佛、药师佛，三佛之间为二弟子，无量寿佛、药师佛外侧有观音、大势至二菩萨，观音及大势至外侧左右各站立二天王，龛门外上方两侧各刻一飞天，飞天下各刻有姿态雄健的狮子一个，二菩萨上方各有一龛单身道教造像。

随着造型艺术的衰落，除大足、安岳等地的造像部分延续了盛唐造像特征外，其余大多较为粗糙，艺术水准下降。主尊佛像一般高发髻，头部偏大，双耳垂肩，颈有三道纹，内着胸衣或僧祇支，外多披通肩式或双领下垂式袈裟，如遂宁新开寺第4号龛主尊三佛。天尊多脸形丰圆，头戴莲花冠，两鬓有髯，颚下有须，宝珠形头光，舟形身光，内着交领短衫，外着对襟长袍或斜领大袖长袍，身前放凭几，双手置凭几上，下着长裙，外罩黄帔，盘腿而坐，长袍覆座。菩萨多面相丰圆，鼓腮，绾高发髻，或耳侧发辫后束，发辫垂肩，戴宝冠，前饰宝珠，颈上有三道蚕纹，戴项圈，有的还饰璎珞，着僧祇支，胸下系带，帔帛绕腹，腰系长裙，长裙外系扎帛，或胸前饰璎珞，并呈三串下坠状相交于腹前，相交处饰宝珠。地藏多弟子装，光头，圆形头光，内着袒右僧祇支，外披双领下垂式袈裟，衣服褶纹偏于一边，立覆莲圆台上。毗沙门天王像多戴高冠，有头光，肩披巾，身着铠甲，腹部饰铺首，腹前系绳或带，侧垂带，腹下横带，铠甲长及膝部，下露百褶战裙下摆，小腿绑腿上系三道绳，左手托塔或叉腰，脚踏地鬼。

道教造像比较兴盛，盛行各类天尊造像，如剑阁鹤鸣山第4号龛内刻一天尊，头戴莲花冠，背光内有“五斗星纹图”，上身内着交领短衫，下着长裙，外罩黄帔，右手下垂握珠，左手施无畏印。绵阳西山观子云亭有一唐咸通十二年（公元871年）的天尊老君并坐龛（31号），主像为天尊（左）和老君（右），结跏趺坐于束腰座上，座两边各刻一蹲狮。还有佛道合龛造像，如遂宁新开寺第4号龛。龛内释迦牟尼居中，结跏趺坐于长方形须弥法座上，赤足分踏于仰莲台上。无量寿佛、药师佛位于主尊两侧，均结跏趺坐于圆形束腰仰莲莲台上。三佛之间有迦叶、阿难二弟子，三佛外侧有观音、大势至二菩萨，均赤足立于圆形莲台上。观音及大势至外侧左右各站立二天王，各执刀、戟，托塔。观音像上方一长须者，为道教老君像，头有高髻，着斜领人袖长袍，结跏趺坐于台上，双手捧物。大势至上方长须者头有高髻、着斜领大袖长袍，结跏趺坐于台上，左手握宝珠，右手于胸前作无畏印，桃形头光[33]。该龛以佛教造像为主，只在龛两侧观音及大势至菩萨的上方出现两个小龛，龛内刻二道教人物，与佛教人物相比，数量及造型都有很大差别。关于佛道合龛的造像，在巴中水宁寺的千佛崖也有发现，它的造像风格近于隋末唐初，属于本期第一阶段的造像。其龛中均是道教造像居左，而且以道教造像为主，与唐初统治者视老子为祖宗，视道教为国教，实行道先佛后政策，规定道教排列于佛教之前的时代背景是相符的。尽管这些佛道合龛的造像有一些区别，但它们与其他早前佛道合龛的造像一样，应该是宋代三教合龛造像之滥觞。

3.第三期（唐末、五代、两宋时期，公元9世纪末至13世纪中叶）

本期分为两个阶段。流域内的造像活动经历了中、晚唐的衰落之后，又经过本期第一阶段的过渡、发展，在题材、特征上形成了新的特色，终于在第二阶段迎来又一个造像活动的高峰期，创造出一批石窟造像的精品，是中国晚期石窟造像的代表，在中国石窟史上占有重要地位。

（1）第一阶段（唐末、五代至北宋初年，公元9世纪末至11世纪初）

本阶段纪年石窟主要集中在大足北山佛湾[34]，如58号和240号龛（均为公元896年）、50号和52号龛（均为公元897年）、51号窟（公元899年；图版三〇，2）、53号龛（公元915年）、39号龛（公元922年）、37号龛（公元940年）、35号龛（公元941年）、281号龛（公元947年）、260号龛（图版三〇，6）和279号龛（均为公元955年；图版三〇，3）等。此外，安岳安岳灵游院1号龛（公元937年）、灵游院5号窟（公元944年；图版三〇，4）、阆中大像山18号龛（公元972年）[35]、宣汉浪泽寺6号龛（广政年间）[36]、大英佛耳岩1号龛（公元1019年）[37]等也是本期的纪年石窟。安岳圆觉洞32号龛有天汉元年（公元917年）纪年，南崖区龛窟多属此时期，有十六罗汉、千佛、地狱变等佛教内容，也有道教的天尊像，还有世俗军官聂公造像。安岳庵堂寺有天复七年（公元907年）、武成二年（公元909年）、天汉元年（公元917年）、咸康六年（公元925年）、天成五年（公元930年）等纪年[38]，造像内容有释迦说法、观无量寿经变、药师佛等。安岳圆觉洞22号窟（图14，1、2）、69号龛（图14，3）、大足北山佛湾245号窟（图版三〇，1）、5号龛（图版三〇，

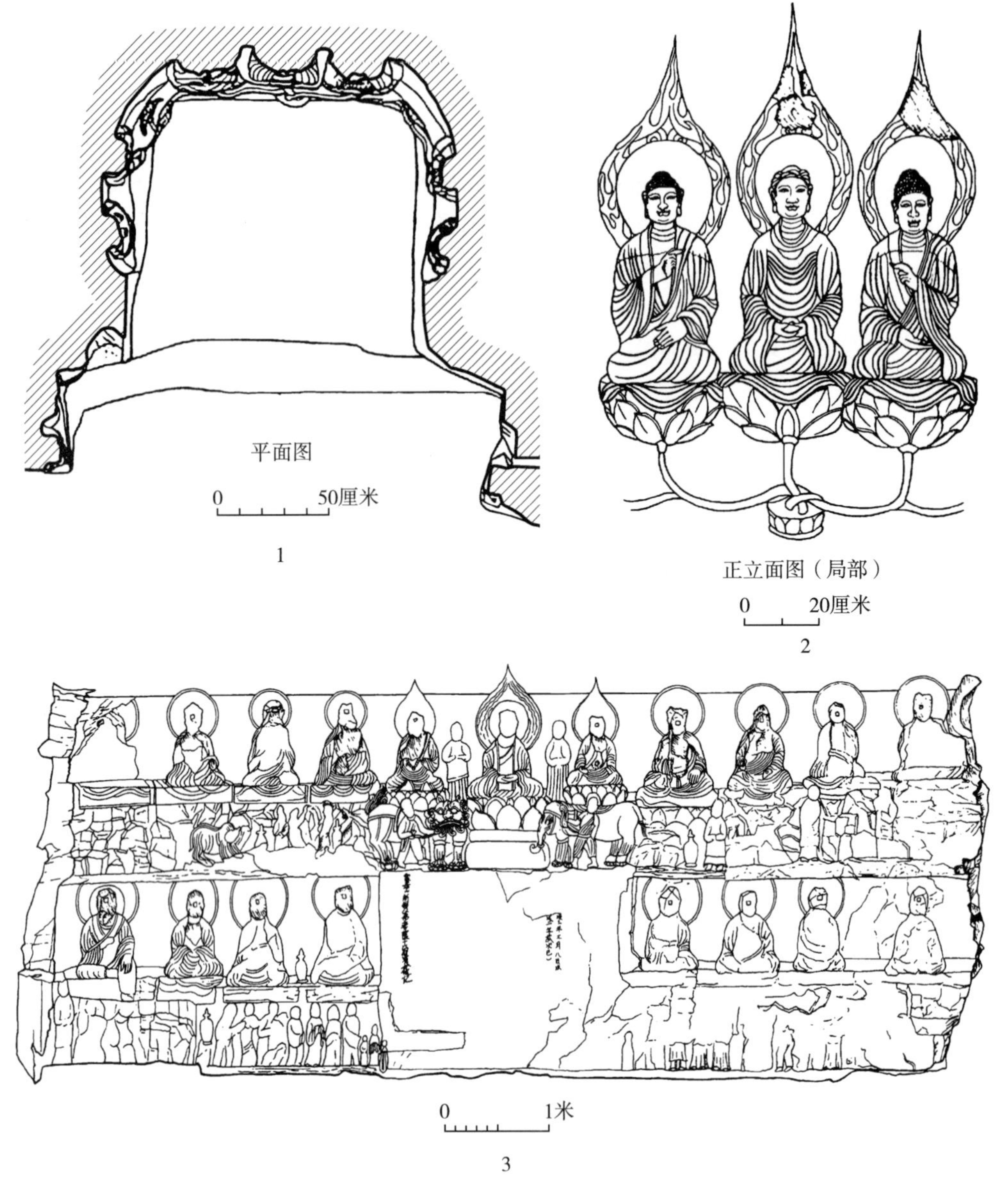

图14　第三期第一阶段典型龛窟

1、2.安岳圆觉洞22号窟　3.安岳圆觉洞69号龛（采自成都文物考古研究所等:《四川安岳县圆觉洞摩崖石刻造像调查报告》，《南方民族考古》第9辑，科学出版社，2013年）

5）均为本阶段典型龛窟。据实地考察，安岳千佛寨、茗山寺等地也有本阶段的石窟。

在龛窟形制方面，少有大窟，基本以中小型龛为主，龛形简单，装饰较少。依旧分为单层龛和双层龛两类，单层龛包括方形龛和圆拱形龛。单层方形平顶龛是本阶段的基本龛形，有横长方形和竖长方形两种。如绵阳西山玉女泉第31号龛（公元871年）、安岳圆觉洞第68号龛（公元909年）为横长方形龛，大足北山佛湾第260号龛（公元955年）则为竖长方形龛。立面呈梯形的代表性龛有绵阳西山观子云亭的天尊老君龛（公元871年）。单层方形龛顶部还有弧形和穹隆形的差别，弧形顶如大足北山佛湾第61号三世佛龛，穹隆形顶如大足北山佛湾第253号地藏、观音合龛。单层龛中还有少量圆拱形龛，如阆中大像山的第18号龛。双层龛又可分为两层均为方形和外方内圆拱形的，以内外皆方形龛为主，如以安岳圆觉洞32号龛等为代表的南崖区龛窟。

题材方面，在中晚唐的基础上有所继承和发展，部分造像延续前一期的题材。常见有日光和月光菩萨、地藏观音合龛、观音、毗沙门天王、地狱变、大威德金轮炽盛光佛、阿弥陀佛、经幢、华严三圣、十六罗汉、东方药师变、观无量寿经变等题材的造像被开凿出来。另外，还出现了一些世俗内容，如安岳圆觉洞的聂公以及一些儿童戏耍、牛耕等形象。

地藏、观音等是前期出现过的题材，只是本阶段有所增多，包括单尊和合龛造像，如大足北山佛湾第37号龛，开凿于后蜀广政三年（公元940年），单尊地藏立于金刚座，左脚屈曲，右脚踏于座前莲花上，而第53号龛则为阿弥陀佛、地藏以及观音的合龛，阿弥陀佛结跏趺坐于莲台上，左侧立地藏，右侧立观音，佛头顶正中有莲瓣状圆形宝盖，两侧各有飞天一身。前蜀永平三年（公元913年）的大足北山佛湾第32号龛，龛中造像为日、月光菩萨的立像。安岳圆觉洞第68号龛为华严三圣像，正壁中央上层刻华严三圣，左右壁分上下层各刻四尊者，合为十六罗汉。东方药师变也广泛流行，在大足北山佛湾有后蜀广政十七年和十八年开凿的第281和279号龛，均为东方药师变，题材、内容、样式都极为相似。观音造像在这一时期成为造像的主体，大有取代佛的趋势。北宋初期，观音造像中，水月观音、千手千眼观音、白衣观音、救苦观音、数珠手观音、解冤结菩萨等大量新形象出现，是本期造像中的精品。安岳卧佛院、阆中大像山和大足北山佛湾等地还开凿有陀罗尼经幢龛。

造像组合较为简单，以单身坐像或立像、两身、一佛二弟子（或二菩萨）一铺三身像等几种组合为主，另有一些经变题材的造像因内容多而较复杂。单身造像中观音比较常见，如绵阳青义千佛崖第8号、16号龛。多身造像仍然常见，并且还新出现了一些内容，如十六罗汉、十殿阎王、药叉大将、雷公、电母、天蓬元帅等。大足北山佛湾第37号龛、安岳圆觉洞第68号龛为一佛二菩萨十六罗汉，大足北山佛湾第53号龛为阿弥陀、观音、地藏合龛。大足北山佛湾第52号龛的阿弥陀佛龛，主像阿弥陀佛结跏趺坐于莲座上，顶有宝盖，盖两旁各有一朵祥云，云中飘一飞天，左侧为地藏，右侧为观音。大足北山佛湾第279、281号龛为东方药师变。龛中主像为药师佛，左边坐日光菩萨，右边坐月光菩萨，三像座下前侧为十二药叉大将，龛左右壁各立四菩萨，主像两侧立二胁侍，龛外左右壁上各有数名供养人。龛外门楣有三龛，龛中各坐小佛，为三世佛，与主像龛之间门楣亦有一小坐佛，为阿弥陀佛，似与主像龛门楣七佛为一字排列，龛左壁转角处有纵向三身地藏坐像，下侧皆有一侍者。大足北山佛湾第39号龛造大威德金轮炽盛光佛和九曜神。

造像特征方面，由于处在晚唐和宋代的过渡阶段，部分造像延续了晚唐时期的颓势，显得头、手比例偏大，躯体矮短，比例失调。衣纹多采用简单的阴刻法表现，线条越来越不畅，简略粗糙，袈裟短小、厚重。但值得注意的是，新的风貌已经初露端倪，表现为造像丰满圆润、婉约细致，服饰雕刻工整、写实，阴刻线衣纹比较细密，人物面部表情生动形象，富有表现力。这种新风尚逐渐改变了晚唐造像中比例失调、身材粗短、表情僵滞等方面的不足，为宋代造像面相温柔典雅、身体修长、纤腰细身的风格奠定基础。

佛的发髻变小，有水波纹、螺髻、高肉髻等几种发髻，有的还头戴披风，如大足北山佛湾第279、281号龛造东方药师变，龛中主尊为药师佛，均头戴披风。佛的脸形不再丰腴鼓腮，有的略微偏瘦，双眼微睁，有圆形火焰状头光、身光，多着通肩圆领佛袍，佛座为八角形束腰须弥座和镂空云层花纹圆基座。菩萨多头戴花冠，面容安详，薄衣贴体，饰带飞舞，胸饰瓔珞。地藏多头戴披风或帽，披袈裟，立或坐于金刚座，一般左手腹前捧珠，右手持锡杖，如大足北山佛湾第279、281号龛。注重对现实生活的表现，更加写实，贴近生活，如南无解冤结大圣菩萨造像龛中放牛牧童的造像，位于主像下部，牧童骑在牛背上，横吹短笛，牛似凝耳静听，牛下有一牛犊，作欲向母牛胯下吸奶状，极富生活气息。安岳圆觉洞40号龛还出现孩童嬉戏的内容。

雕刻技法上多继承前一期的阴刻线纹和圆弧形折叠式衣褶相结合，也多用平直刀法，雕刻精细。衣褶和装饰渐趋繁丽，薄衣贴体的风格正在逐渐消失，注重对华盖、佛座以及莲座的雕刻，飞天多身形优美，帛带飘逸。龛壁常雕有荷叶、莲苞。

佛道合龛现象仍有所见，如安岳灵游院的广政七年（公元944年）年间造像。

（2）第二阶段（北宋中叶至南宋末，公元11世纪中叶至13世纪中叶）

本阶段纪年窟龛数量很多，尤以北宋晚期至南宋时期最为集中，共有40余处龛窟，主要分布在大足、安岳、合川三地。大足石篆山有5处龛窟，分别是7号龛（1082年）、8号龛（1083年）、6号窟（1088年；图版三一，4）、5号龛（1090年）和9号龛（1096年）。大足石门山有5处龛，分别是4号龛（1094年）、13号龛（1095年）、3号龛（1096年）、6号窟（1141年；图版三一，1）和2号龛（1147年）。大足北山佛湾有6处龛，分别为286号龛（1109年）、180号龛（1116年）、176号龛（1126年）、177号龛（1126年）、155号窟（1126年；图版三一，2）和149号龛（1128年）。大足舒城岩有3处龛窟，分别是舒成岩5号窟（1143年；图版三一，6）、2号龛（1152年）和1号龛（1153年）。安岳圆觉洞有3处龛，分别是圆觉洞14号龛、圆觉洞7号龛（1153年）和圆觉洞9号龛（1198年）。此外，还有大足玉滩1号龛（1137年）、大足玉滩11号龛（1148年）、大足陈家岩5号龛（1155年）、巴中南龛10号龛（1174年）、合川涞滩南岩1号龛（1177～1180年）[39]、巴中南龛167号龛（1191年）、合川涞滩西岩9号龛（1201年）及安岳佛爷山4号龛（1234年）等纪年龛窟。大足宝顶山（图版三一，5）、合川涞滩（图版三一，3）大多数摩崖造像属于本阶段。

方形平顶单层龛占本阶段龛形的绝大多数，有少量的圆拱形龛，双层龛也以内外皆方的平顶龛为主，同时出现了一些规模较大的洞窟和摩崖高浮雕。圆拱形龛有北宋元祐五年（1090年）大足石篆山第5号龛、南宋绍熙二年（1191年）巴中南龛第167号塔墓龛等少数几龛。外方内圆双层龛少见，在纪年龛像中，仅巴中南龛第10号龛一例。在大足北山佛湾、舒成岩、石门山、玉滩及安岳圆觉洞等地开凿出部分较大的龛窟，典型代表有大足北山佛湾第155号大佛母孔雀明王窟，为方形平顶窟，是本阶段的主要窟形。舒成岩第5号龛为玉皇大帝龛，龛形较大，人物较多。安岳圆觉洞第15号窟，开凿于北宋元符二年至大观元年（1099～1107年），是方形拱顶窟。大足玉滩第11号窟是一个中心柱式平顶窟，窟中心凿一石柱，柱正面凿毗卢遮那佛，窟后壁及左右遍刻千佛坐像560余身。

造像题材有佛教、道教、儒教以及佛、道合一，佛、道教、儒三教合一等。佛教题材的内容十分丰富，如三身佛、阿弥陀佛、文殊、普贤、水月观音、释迦佛与香花菩萨、观音变相、观自在如意轮菩萨、西方三圣和十圣观音像、大佛母孔雀明王、地藏变相图、“三教”合龛造像、东方药师变、地藏观音合龛、地狱变、华严三圣、日光和月光菩萨、十六罗汉、经幢等。密教题材很常见，故有学者认为大足宝顶山各石窟点构成了一个完备的密宗道场[40]。合川涞滩石窟则是禅宗造像，雕凿了禅宗祖师六祖和大量罗汉，构成了一个繁复的禅宗道场。

道教题材的有玉皇大帝、老君、三清、四御、东岳大帝、淑明皇后、山王、地母等。此外，还包括一些世俗的题材，如大足宝顶山的牧童、吹笛女和养鸡女等形象。地藏、观音、净土变、禅宗故事等开始成为造像的主要题材。其中关于地藏的有地藏与六道轮回，地藏与十王，地藏与观音，以及地藏、阿弥陀佛、观音合龛，地藏与药师、观音合龛。值得注意的是，本期还出现了单纯的儒教题材造像，如大足石篆山6号龛所造规模宏大的孔子及十哲像。

因题材内容丰富多样，造像人物众多，故造像组合变得复杂。佛教造像中，三身造像者一般为一佛二胁侍或三身佛、三圣，如大足石篆山第7号龛，毗卢遮那佛居中，左立阿难，右立迦叶。安岳圆觉洞的15号窟（圆觉洞）则是窟正壁的佛坛上雕刻呈圆雕形三身佛，左右两壁的石质高台上各雕六身菩萨。也有一佛二弟子二菩萨一铺五身的组合，如大足石门山第3号释迦佛与香花菩萨龛，释迦佛结跏趺坐于金刚台上，佛左立阿难，右立迦叶，龛左右壁各有香花菩萨一身。石门山第1号药师琉璃光佛龛则为一佛四菩萨的组合，佛结跏趺坐于莲台之上，左侧立地藏菩萨，右侧立观音菩萨，龛左右壁各立一菩萨，菩萨外侧各立一小供养人，龛外下方台阶上还站立十位药师神将。观音多单身立像或双身并立，文殊、普贤菩萨多为坐像，地藏开始出现二胁侍，构成一铺三身造像。大足北山佛湾第177号地藏变相窟除了二胁侍外，窟左、右壁有地藏化身像四身。大足石门山还有西方三圣和十圣观音像龛，主像为阿弥陀佛，左为观音，右为大势至，窟左右壁下部各有五观音赤足立于双梗莲花座上。道教多三清像、老君像和玉皇大帝像，如大足南山第4号龛、舒成岩第4号龛均为三清像。南山第4号龛三像面南，盘膝坐于一束腰矩形台基上，舒成岩第4号龛正壁为元始天尊，左为灵宝天尊，右为道德天尊。老君像的代表龛有大足石篆山第8号龛，老君盘膝坐一束腰四方形台上，两侧各立像七身，龛外两侧壁各有一护法神将。大足舒成岩第5号玉皇大帝龛，玉皇大帝两侧各立一宫女，宫女两侧各立一妇人，龛左、右壁各坐一尊者。儒家的主要有大足石篆山第6号龛的孔子及十哲像，孔子坐一方台上，两侧各五弟子，龛外左右各立有一半身武士。大足妙高山第2号窟是三教融合的代表性龛窟，组合复杂，正壁为释迦牟尼佛，结跏趺坐于莲座上，左、右侧分别立迦叶、阿难；左壁中坐老君，左、右侧各立一侍者，皆未刻竣；右壁，文宣王孔子端坐于四方台上，左、右侧各立一侍者。

本阶段形成了典型的宋代风格。造像一般为圆雕或近似圆雕。身体修长，比例适当，服饰华美，脸型丰圆，双目微启，神态安详，充满人性光辉，大足、安岳的一些造像堪称精美绝伦。佛像头顶一般为高螺髻，另外有石篆山第7号龛，龛中三身佛中像毗卢佛的头戴高花冠，冠中有一金轮。项后头光、身光多为圆形或莲瓣形，中间增加火焰花纹。有的造像发髻或脑后伸出二道或四道毫光，从头顶上方延伸出龛（窟）外。身着双领下垂式佛袍，“U”字领通肩大衫或褒衣博带式佛袍，胸部多现出内衣结。多数手势为左手抚膝，右手举胸前上举持物或作说法状，也有双手于胸前结印的，如石门山第6号窟主像为阿弥陀佛（图版五，1）。佛座多为莲座，也有一部分金刚座，座下或压蟠龙，或刻二蹲狮举座。代表龛像有石篆山第7号龛（1082年），主像为三身佛，毗卢佛居中，头戴高花冠，冠中有一金轮，身着对襟宽袖僧袍，双手在胸前结印，脑后有二道毫光翻卷如云。卢舍那佛居左，头有高顶螺髻，着“U”字领通肩大衫，胸现内衣结，其左手摊膝上，右手抚膝。释迦牟尼佛居右，头有高顶螺髻，身着袈裟，其左手抚膝，右手举胸前作说法状，二佛脑后均有一卷云，三佛均结跏趺坐于莲座上，座下皆压一蟠龙。迦叶、阿难等弟子多作比丘打扮。观音多头戴高冠，有圆形火焰状头光和圆形或长圆形身光，耳垂珠珰，发丝垂肩，多着天衣，膝部、胸部密饰璎珞。宋绍兴二十五年（1155年）的大足妙高山第5号龛的水月观音是典型代表，水月观音头戴花冠，身后有圆形背光，身后飘带向两侧飞起，发散垂肩上，身着斜襟天衣，裸右臂，胸饰璎珞，身微倾斜，右脚跷于座上，左脚踏于莲花上，座下莲踏旁刻有两片荷叶。这一阶段地藏多面庞圆胖，面容憨厚，头戴披风，身着袈裟或素服，手执锡杖，多为立像，坐像有大足北山佛湾第177号龛，地藏盘膝坐于一高背椅上，双手笼于袖中，拱放于胸前半圆形三足夹轼上，有二飘带及衣衫垂于座椅前，其椅背横栏各向两侧突出，成如意状。老君多头戴莲花束发冠，脸型圆长，身着翻圆领袖宽袖大袍，胸前有一三足夹轼（残），左手扶轼上，右手于胸前持一扇（柄已残），盘膝坐于一束腰四方形台上，台周遍布云彩，中刻一青牛，下为方形台基，前饰云草图案。老君两侧弟子、真人戴莲花束发小冠，着翻领宽袖长袍，腰部有长带垂下，双手于胸前捧笏。天尊均头戴莲花冠，有莲瓣形火焰身光与圆形头光，身着交领宽袖大袍，外罩对襟背子，腰部围玉带，衣袖、裙的下裾垂于宝座上。玉皇大帝头戴冕旒，面容硕胖，微笑，颌下三绺胡须，两侧垂香袋护耳，内着圆领小衫，外着对襟宽袖长袍，两足着云头高靴，端坐于双钩云头靠椅上，踏于方形几上，双手在胸前捧玉圭，有三条饰珠长巾垂于座前。东岳大帝头戴平顶无旒高冠，两侧垂香袋护耳，身着圆领宽袖长袍，颈下系冠带，双手于胸前捧圭，足着山形云头大靴，踏于方形几上。孔子正襟危坐，面方稍长，发向顶拢，头扎束发软巾，脑后有二带向左右飞起，着翻边圆领斜襟宽袖长袍，胸部围带，双足着高云头靴，踏于一双孔四方几上，左手放膝上，右手握羽扇置胸前。两侧各五弟子，俱面庞方正，头戴高冠，着圆领斜襟宽袖长袍，胸部束带，有宽饰带垂于身前，双足着云头靴，双手于胸前捧笏。

此外，还有一些民间信仰的造像，如开凿于宋绍圣二年（1095年）的大足石门山第13号龛为山王、地母龛，龛内左为山王，右为地母，皆面南坐。山王面净无须，头戴瓦楞形方冠，着斜襟大翻领宽袖长袍，足着圆头靴，双手笼于袖中并放于左膝上。地母面貌俊秀，凤冠霞帔，身着圆领宽袖长袍，胸围玉带，脚着云头靴踏于一几上，双手合袖内置于腹部，有结花饰带从胸部垂足下，旁有双饰带垂座前。龛外山王下方及左壁阴刻有二只猛虎，虎头刻有“王”字，作咆哮状。

4.第四期（元代至民国，公元14世纪上半叶至20世纪上半叶）

本期纪年石窟数量很多，共有70余处。其中元代纪年材料仅1例（遂宁安居区大佛岩4号龛，1355年）[41]。明代纪年材料有17处，典型材料包括大足宝顶山高观音1号龛（1397年）、大足佛会村千佛崖7号龛（1410～1412年；图版三二，1）、南充高坪灵迹寺2号龛（1545年）[42]、大足南山1号窟（1521年）、巴中大罗冯家洞1号龛（1637年）等。清代纪年材料尤多，达40余处。典型材料有大足南山5号窟（1785年）、巴中上八庙千佛岩5号龛（1792年）、巴中大罗观音岩1号龛（1802年）、巴中乐丰朝阳硐7号龛（1802年）、巴中玉井青竹岩6号龛（1802年）、巴中乐丰朝阳硐9号龛（1818年）、巴中中心老爷岩1号龛（1834年）、合川龙多山东岩下1号（1834年）[43]、合川钓鱼城钓鱼台区13号龛（1843年）[44]、巴中西龛70号龛（1850年）、巴中店子观音硐1号（1862年）、巴中玉井观音岩3号龛（1877年）、合川花朝村1号龛（1888年）[45]等。民国时期纪年材料也有数则，典型的包括大足宝顶山大佛湾25号龛（1915年；图版三二，4）、潼南马龙山卧佛窟（1930年）[46]、巴中南龛26号龛（1937年；图版三二，6）、巴中南龛9号龛（1947年）、巴中南龛11号（1948年）等。合川钓鱼城钓鱼台区的千手观音造像也应为元代凿造，可视为本阶段的典型石窟。蓬安运山城老观音龛（图版三二，3）、大足石门山5号龛（图版三二，5）、大足宝顶山大佛湾24号龛（图版三二，2）等龛窟也是本期典型材料。

本期石窟数量巨大，从宋代以前主要集中分布在几个区域扩大至全区域。根据笔者的统计，全流域本期的石窟点（不含由前期延续至本期的，下同）多达1221处，占总数1701处的71.1%，可见嘉陵江流域石窟寺中绝大部分为第四期石窟，尤其是清代石窟。

本期石窟分布的区域十分广泛，超过以前任何时代，几乎分布于流域内每一个县区。早期石窟寺集中分布的巴中市巴州区、安岳县和大足区也存在本期石窟数量超过前三期的情况。巴州区的石窟点共有74处，本期占50处；安岳县的石窟点共有249处，本期占141处；大足区的石窟点共有167处，本期占94处，均超过前三期的石窟数量。不仅如此，部分没有元代以前石窟点的地区，在元明清时期也出现了较多石窟，如达州通川区13处、开江县9处、万源市14处、华蓥市 8处、璧山区7处、渝北区25处均为明清时期，反映出石窟分布地由相对集中到扩散分布的事实。

本期石窟也有一些精品，如合川钓鱼城的元代千手观音龛（钓K16）、清代华严三圣龛（钓K13），营山县的清代西月台石窟、蓬安县小乐山明清石窟、南充青居山大佛洞明代三身佛窟、安岳华严洞的清代玉皇窟、巴州明清朝阳洞石窟、巴州清代清江观音寨石窟，安岳三仙洞明万历年间的十王地狱龛、潼南民国马龙山卧佛、大足千佛崖明代石窟（如第7号观无量寿经变）。总的来看，本期石窟式微之态明显，主要表现在三个方面。一是成规模的造像比较少见，多数地点的龛窟数量减少，且零星分布；二是龛窟规模普遍偏小，龛窟形制单一，缺少装饰；三是艺术水准下降，粗制滥造者居多，造像身体比例失调、线条生硬、表情呆滞。

本期龛形简单，以小型龛为主，龛楣和龛门基本无装饰。方形平顶单层龛较多，也有一些圆拱形单层龛，如巴中北龛第11号龛（咸丰五年，1855年）、西龛第70 号龛（道光十三年，1850年）。方形双层龛仍见，如巴中南龛第11号龛。除龛以外，窟也有少量存在，如大足南山1号窟（1521年）、广元千佛崖223号平顶窟（1842年）、大足北塔15号覆斗形窟（1573年）。另外，还有少数摩崖浮雕或线刻形象，如合川花朝村1号龛浅浮雕一男一女骑龙形象。

本期造像题材十分丰富，有佛教、道教、儒教、世俗人物等。佛教的有各类单身佛、三身佛、千佛、弥勒、华严三圣、弟子、罗汉、十王、观音（送子观音尤多）、力士、诃利帝母、明王等，道教的有太上老君、玉皇大帝、真武大帝、三清、雷公、电母、山王、财神、灵官、刘备、关羽、地母、川主、牛王菩萨、猪王菩萨、土地、山神、鲁班等，儒教的有孔子、弟子、文官等。此外，还有不少世俗人像，如大足北山佛湾288号龛造明代四川总制林俊像，巴中玉井青竹岩6号龛的石纯一夫妇像等，还有一些不知名的官员形象造像。

本阶段造像人物少，组合简单，除大足佛会村千佛崖第7号龛的西方三圣像龛人物稍多以外，其他龛像一般为单身、两身和一主尊二胁侍一铺三身像，其中单身和一铺三身较多，占本期造像的绝大多数。单身像又分立像和坐像。立像有巴中北龛第11号龛中立于芦苇上的达摩祖师和巴中南龛第9号龛立于莲台上的观音等。坐像有大足宝顶山佛祖寺的圆雕弥勒佛造像和巴中南龛第7号龛坐于仰覆莲圆座上的六臂如意观音等。两身组合的龛像有巴中龙门山第5号龛的文昌关帝二圣并坐像，以及大足宝顶山大佛湾25号龛的地母玉皇合龛等。一铺三身的组合有真武大帝像两侧各站立一男女胁侍，实例如大足南山第1号龛；玉皇大帝两侧胁侍童男童女，如巴中南龛第104号龛；其余则多以观音为主像，旁边胁侍善财龙女、一妇女和一儿童、一菩萨一童子、一老者一童子等，如巴中南龛第26号龛，龛内雕三身像，主尊观音立于莲台，左侧雕一妇女和一儿童。

本期造像呈现出两个比较突出的特点。

一是造像宗教纯洁性减弱，融合性和民间性增强。除沿袭前期纯粹的佛教、道教造像外，三教或两教合龛造像更加常见，甚至出现“杂凑”现象。如大足火烧坝1号窟（1857年）造释迦牟尼、孔子、老子三尊，巴中中心老爷岩1号窟（1834年）造像内容更是眼花缭乱，包括玉皇大帝、孔子、老君、佛祖、日光、月光、文殊、普贤、护法神等。巴中乐丰朝阳硐7号窟（1802年）也颇有意思，该窟为方形平顶，窟内开四龛，分别供奉药王与华佗，关圣帝君与周仓、关平，观音、文殊、普贤三菩萨，佛、孔子、老君三教教主。甚至出现造像内容似佛非佛、似道非道的佛道不分情况。比如观音、善财、龙女本是佛教造像组合，但题刻表明所造像为慈航真人，又属道教题材。还有一些行业神造像，如鲁班也被造入石窟之中。

二是部分神阶较低的神获得功德主青睐，地位有拔高的现象。这种现象以观音和土地最为突出。观音是本期最流行的造像题材，据统计，流域内本期纪年石窟（65处）中，以观音为主尊的有29龛窟，占44.6%。这些主尊为观音的造像包括观音单一题材和观音与其他人物的组合。其中单一观音以立像为主，旁边多有善财龙女。观音又分为净瓶观音、送子观音、千手观音、六臂观音、千手观音等。观音与其他人物的组合有观音与佛、菩萨，与十八罗汉，与弟子或童子，与土地，与川主、牛王菩萨等。同期以佛为主尊的有21龛，占32.3%，说明在本期内，观音的地位上升，成为社会各个层面信众心中主要的信仰对象，已完全取代佛的地位。

神阶最低的土地神在本期也受到莫大的重视，本期纪年石窟中土地龛共有4龛，占6.2%。据笔者接触的资料，土地神造像龛窟的数量较多，实际所占比例当不止此。多数情况下，为土地公与土地婆并坐，偶尔也与观音等造像构成组合。

上述两方面的特点表明，石窟造像的经典性已经让位于现实的功利性，即无论是佛教、道教还是其他，只要其“神通”能解决信徒的现实问题，就是信徒心目中的“菩萨”（此时信徒所称的“菩萨”已不局限于佛教经典中的概念，而是包括一切宗教、具备神通的一切神格），就可以为其造像。观音菩萨因其神通广大、大慈大悲而被广为崇奉。土地则因为是本地的守护神，距离百姓最近，本着“县官不如现管”的心态，百姓也修建了大量土地庙以求得土地神的庇佑。

四、嘉陵江流域石窟寺阶段性演变的社会背景

嘉陵江流域石窟寺在发展过程中呈现出明显的阶段性特点，据此可分为四期七段，这种阶段性变化与当时的社会背景息息相关。

嘉陵江流域上游的陇南和广元、绵阳位于由甘、陕入川的古蜀道——阴平道和金牛道上，自古为文化交流的孔道。陇南法镜寺石窟以及广元千佛崖、皇泽寺、剑阁下寺、绵阳平杨府君阙均有南北朝时期造像就是这种情况的反映。

在从嘉陵江上游到广元、绵阳、成都一线除发现上述南北朝时期石窟外，还发现了一些单体造像，主要集中在嘉陵江流域的广元城区、岷江流域的茂县及成都，主要有汶川县文物管理所藏南朝造像等[47]、四川省博物院藏成都市万佛寺石刻造像[48]、北周天和四年（公元569年）释迦造像[49]、成都商业街石刻造像[50]、成都彭州市龙兴寺造像[51]、成都市西安南路石刻造像[52]、四川大学博物馆馆藏南朝造像[53]等。另外，在成都宽巷子基建施工中曾发现3件大型佛头像[54]。广元、绵阳、成都一线以及茂县、成都这两条线上南北朝时期石窟寺及造像的大量发现，说明当时该区域是川渝地区石窟寺的发祥地和早期传播路线。

第二期第一阶段为隋代至唐初贞观年间，是中国石窟寺造像从南北朝到唐代的过渡阶段，也是嘉陵江流域石窟寺初步繁荣的时期。从目前掌握的资料看，主要有嘉陵江及其支流沿线的广元千佛崖、皇泽寺，剑阁鹤鸣山、王河镇锦屏山、武连镇横梁子，涪江及其支流沿线的梓潼卧龙山、绵阳碧水寺、绵阳西山观。从广元东行，同是川北区域的主要有嘉陵江流域的旺苍普济镇古田坝、木门镇木门寺、阆中石室观，渠江及其支流沿线的巴中西龛、南龛、水宁寺千佛崖，通江千佛崖；巴中以南的广安冲相寺、潼南大佛寺等地。其中

剑阁鹤鸣山、绵阳玉女泉和潼南大佛寺、阆中石室观有集中的道教造像。这些造像点或处在金牛道、米仓道与中原和成都相通的古道上，或处在嘉陵江、渠江干流或支流边，交通方便。由此可见，石窟寺文化从兴起和传播与古代交通道路有着十分密切的关系。

第二期第二阶段，经过南北朝的萌芽，隋至初唐的酝酿和发展，统治者的扶持和民众的参与，石窟造像数量大增，整个流域大多数县、区均有开窟或开龛造像，在广元、巴中、南充、广安等地表现尤其明显。这些龛像分布地点多，规模不大，龛像不多，一般为中下层官员和民众捐资开凿。本阶段不论龛窟数量、龛窟形制、题材内容，还是造像水平诸方面都有了新的发展。开元时期还出现几处集中的道教造像。因此，本阶段是嘉陵江流域石窟造像发展的第一个高峰期，就分布范围及影响而言，甚至超过第二个高峰期——宋代，故本阶段亦可被视为嘉陵江流域石窟造像的鼎盛期。

“安史之乱”使唐朝由盛转衰，加之唐武宗又发动了声势浩大的“毁佛”活动，致使晚唐以后中原北方地区造像活动衰落，广元、巴中等流域内北部地区也深受影响，所以第二期第三阶段石窟以中小规模为主，与盛唐时期相比，在龛像发展的数量、规模及艺术水准上都显著下降。

第三期第一阶段，流域内北部地区石窟造像之风显著衰落，但流域南部的大足、安岳等地则异军突起，使得流域内的造像活动继续延伸，并实现分布重心的转移。从中晚唐开始，一批密教的高僧在四川地区弘扬密教，尤其是五代前、后蜀时期柳本尊、北宋赵智凤在安岳、大足一带影响极大，加之大足、安岳社会安定，经济富足，信徒众多，地方军政长官的推动，安岳和大足一带成为全国一个极其重要的造像中心，并在题材上有所突破，密教特点突出，逐步形成了自身造像风格，为下一阶段石窟造像发展的另一个高峰期到来奠定了基础。

魏晋南北朝以来的佛道、儒佛之间的争论、攻击，至宋代基本平息，佛教内部诸宗派相互融合，儒佛道三教相互影响，相互吸收，趋向合一，因此也出现了佛道、儒佛甚至儒佛道三教融合的题材造像。第三期第二阶段的造像主要分布于大足、安岳等地，其他地区较为零星。其中，大足有北山佛湾、宝顶山、石门山、石篆山等几个造像集中分布区，安岳造像主要分布在卧佛沟、千佛寨、圆觉洞等地。大足、安岳在地理上毗邻，地形地貌、文化习俗大体一致，因此石窟造像的特征、风格很相近。

第三期第二段的造像内容丰富，体态多样，比例匀称，身形优美，服饰艳丽，注重装饰，尤以观音造像婉约优雅、风姿绰约，具有极高的艺术价值，从造像水平和规模而言，均达到了嘉陵江流域石窟造像发展的第二个高峰。

宋元战争中巴蜀战场的开辟终止了方兴未艾的造像之风。长达半世纪的鏖战导致嘉陵江流域人口锐减，田园荒芜，南宋晚期和元代，嘉陵江流域都处于残破状态，少有石窟被开凿。此期纪年石窟材料仅有1处，石窟点仅有8处（个别尚有可疑），可谓衰之极也。明代以来嘉陵江流域社会经济渐渐复苏，可惜好景不长，明末清初时期再次遭遇更为严重的兵燹、瘟疫、虎患，以致包括嘉陵江在内的四川陷于空前的凋敝之中，清政府不得不向四川大规模移民。清中期以后，随着社会经济的逐步恢复，嘉陵江流域的石窟造像又如同星星之火在各地燃烧起来，并在分布的广度和数量方面超越了过去。此期石窟寺的建造已经从官员和富商大贾等上层信徒为主转向普通百姓，成为社会各阶层的共同信仰。由于普通民众财力有限，地方匠人宗教认识能力以及艺术水平较低，因此本期的石窟寺从艺术水平方面下降了不少，但从社会信仰方面看，则实现了普及。从这个意义上论，本期石窟仍应受到研究者的重视。

综上所述，嘉陵江流域石窟寺的历史起自南北朝时期的公元6世纪初，延续至民国时期，历时近1500年。在这么长的时间里，有唐代和两宋的发展高峰期，也有元代这样极度衰落的时期，反映出该流域千年宗教信仰的流变，完善了我国石窟寺的发展序列，绘制了一幅内容纷繁的艺术长卷，也留下了数不胜数的石窟艺术精品。

附记：本文得到国家社科基金项目“嘉陵江流域石窟寺研究”（11XK003）的资助。本文部分照片由武文丰老师拍摄，线图由唐霖老师、刘超同学绘制，一并致谢。

注　释

[1] 嘉陵江流域的石窟寺由石窟寺和摩崖造像组成，其中摩崖造像更多，真正的洞窟较少，为行文方便，沿用学术界习称，统一用“石窟寺”指称。

[2] 对嘉陵江流域石窟寺的统计结果有几点需要说明。第一，本文虽然汇集了多种资料来源，但必定还有部分石窟点未被发现和登录。第二，由于部分材料（尤其是四川省的“三普”资料目录）记载太简略，没有龛窟数量和造像身数的记录。所以统计时自然有大量遗漏。第三，由于个别地点称呼不一，所以统计数据中可能有少量重复统计的情况。第四，因为资料来源不同，统计标准不一，多年来石窟点有所损坏等原因，各不同来源资料的数据有不尽一致的地方，本文尽量采信近些年详细调查或笔者实地调查的结果。综合来看，本文的数据是当前关于嘉陵江流域及其所含区县较翔实、准确的数据，但在统计数字上应当远远小于实际数据，比如多种资料均称大足石窟共有造像5万余身，安岳大小造像10万余身，本文统计数字均约2万身。因此，相对于龛窟数量和造像身数而言，龛窟地点数更接近真实情况。第五，本文造像数所用的“身”系立体人形造像，包含浮雕天龙八部、飞天、供养人、小千佛等，但不包括鸟兽、植物类。

[3] 时代判断来源于不同资料，部分依据笔者的研究做了修正，若我们没有实地调查过，也无法从现有的资料作判断，则完全采用已发表资料的断代。

[4] 一个地点有多个朝代的造像，按最早的朝代统计，如一个石窟点的时代是隋至清，计入隋代。

[5] a.胡文和：《四川道教、佛教石窟艺术》，四川人民出版社，1994年。

b.刘长久：《中国西南石窟艺术》，四川人民出版社，1998年。

[6] a.程崇勋：《巴中石窟分期初探》，见《大足石刻研究文集》第3集，中国文联出版社，2002年。

b.雷玉华:《巴中石窟研究》，民族出版社，2011年。

c.姚崇新:《巴蜀地区佛教石窟造像初步研究——以川北地区为中心》，中华书局，2011年。

d.宋朗秋：《大足石刻分期述论》，《敦煌研究》1996年第3期。

e.曾德仁：《四川安岳石窟的年代与分期》，见《大足石刻研究文集》第3集，中国文联出版社，2002年。

[7] a.黎方银、王熙祥：《大足北山佛湾石窟的分期》，见《中国西南文献丛书·西南石窟文献》第四卷，兰州大学出版社，2003年。

b.笔者也对阆中石室观石窟进行了初步分期，见蒋晓春、郑勇德、刘富立：《四川阆中石室观隋唐摩崖造像》，《文物》2013年第7期。

[8] a.赵莉：《克孜尔石窟分期年代研究综述》，《敦煌学辑刊》2002年第1期。
b.樊锦诗：《敦煌石窟研究百年回顾与瞻望（之一）》，《敦煌研究》2000年第2期。

[9] a.宿白：《克孜尔部分洞窟阶段划分与年代等问题的初步探索》，见《中国石窟·克孜尔石窟》第一卷，文物出版社，1997年。
b.近年，廖旸对克孜尔石窟的分期、断代研究已经对过于偏重壁画的倾向进行了纠正，参见廖旸:《克孜尔石窟壁画年代学研究》，社会科学文献出版社，2012年。

[10] a.丁明夷：《龙门石窟唐代造像的分期与类型》，《考古学报》1979年第4期。
b.宿白：《云冈石窟分期试论》，《考古学报》1978年第1期；《克孜尔部分洞窟阶段划分与年代等问题的初步探索》，见《中国石窟·克孜尔石窟》第一卷，文物出版社，1997年。
c.董玉祥：《麦积山石窟的分期》，《文物》1983年第6期。
d.温玉成：《龙门石窟的创建年代》，《文博》1985年第2期。
e.李裕群：《天龙山石窟分期研究》，《考古学报》1992年第1期。
f.刘东光：《响堂山石窟的凿建年代及分期》，《华夏考古》1994年第2期。
g.暨远志：《张掖地区早期石窟分期试论》，《敦煌研究》1996年第4期。
h.李瑞哲、李海波：《克孜尔中心柱石窟分期的再研究》，《西北大学学报（哲学社会科学版）》 2006年第2期。
i.达微佳：《麦积山石窟北朝洞窟分期研究》，见《石窟寺研究》第二辑，文物出版社，2011年。
j.李崇峰：《龙门石窟唐代龛窟分期试论——以大型龛窟为例》，见《石窟寺研究》第四辑，文物出版社，2013年。

[11] 除此以外，本期发现了一批单体纪年造像。如四川茂汶县发现的南齐永明元年（公元483年）造像（存四川博物院）、广元老城区豫剧团工地内出土北魏、北周时期石刻佛造像等，其中一件为北魏延昌三年（公元524年）释迦像，一件为北周刘约造像（盛涛、吴春丽：《广元新发现的佛教造像》，《文物》1990年第6期）。

[12] 孙华：《四川绵阳平杨府君阙阙身造像——兼谈四川地区南北朝佛道龛像的几个问题》，见《汉唐之间的宗教艺术与考古》，文物出版社，2000年。

[13] 青兴海：《剑阁发现北魏道教摩崖遗迹》，《华西都市报》2006年11月10日。

[14] a.雷玉华：《四川石窟分区与分期初论》，《南方民族考古》第十辑，科学出版社，2014年。
b.姚崇新：《巴蜀佛教石窟造像初步研究——以川北地区为中心》，中华书局，2011年。

[15] a.本文所用广元千佛崖材料除注明出处外，均引自本书，后文不再一一加注。
b.四川省文物局、成都文物考古研究所、北京大学中国考古学研究中心等：《广元石窟内容总录》（千佛崖卷），巴蜀书社，2014年。本文所用广元千佛崖材料除注明出处外，均引自本书，后文不再一一加注。

[16] 四川省文物管理局、成都文物考古研究所、北京大学中国考古学研究中心等：《广元石窟内容总录》（皇泽寺卷），巴蜀书社，2008年。本文所引皇泽寺材料除注明外均引自此书，后文不再一一加注。

[17] 四川省文物考古研究院等：《绵阳龛窟——四川绵阳古代造像调查研究报告集》，文物出版社，2010年。

[18] 蒋晓春、符永利、杨洋：《四川剑阁老君庙石窟及题记时代考辩》，《考古与文物》2015年第3期。

[19] 笔者调查资料，报告待刊。

[20] 广元皇泽寺博物馆、成都市文物考古研究所：《广元剑阁横梁子摩崖石刻造像调查简报》，见《成都考古发现（2001）》，科学出版社，2003年。

[21] 广元皇泽寺博物馆、成都市文物考古研究所:《旺苍县木门寺摩崖石刻造像调查简报》,《四川文物》2004年第1期。
[22] 王剑平、雷玉华:《6世纪末至7世纪初的四川造像》,《成都考古研究(二)》,科学出版社,2013年。
[23] 王剑平、雷玉华:《6世纪末至7世纪初的四川造像》,《成都考古研究(二)》,科学出版社,2013年。
[24] 王剑平、雷玉华:《6世纪末至7世纪初的四川造像》,《成都考古研究(二)》,科学出版社,2013年。
[25] 王剑平、雷玉华:《6世纪末至7世纪初的四川造像》,《成都考古研究(二)》,科学出版社,2013年。
[26] 王剑平、雷玉华:《6世纪末至7世纪初的四川造像》,《成都考古研究(二)》,科学出版社,2013年。
[27] 蒋晓春、王励:《剑阁剑阁隋唐石窟考察纪要》,《中国人文田野》第5辑,巴蜀书社,2012年。
[28] 胡文和:《北朝至隋唐的道教造像碑、石》,见《中国道教石刻艺术史》第一卷,高等教育出版社,2004年。
[29] 罗宗勇、王剑平、盛涛:《广元观音岩石窟调查记》,《四川文物》2002年第3期。
[30] 邓鸿钧:《新开寺唐代摩崖造像初探》,《四川文物》1989年第5期。
[31] 重庆市文化遗产研究院:《重庆潼南县千佛寺摩崖造像清理简报》,《考古》2013年第12期。
[32] 国家文物局:《中国文物地图集·四川分册(中)》第504页,文物出版社,2009年。
[33] 邓鸿钧:《新开寺唐代摩崖造像初探》,《四川文物》1989年第5期。
[34] a.重庆大足石刻艺术博物馆、重庆出版社:《大足石刻雕塑全集》,重庆出版社,1999年。
b.刘长久、胡文和、李永翘:《大足石刻内容总录》,四川省社会科学院出版社,1985年。
[35] 笔者调查资料,报告待刊。
[36] 国家文物局:《中国文物地图集·四川分册(下)》第870页,文物出版社,2009年。
[37] 国家文物局:《中国文物地图集·四川分册(中)》第439页,文物出版社,2009年。
[38] 唐承义、王平中:《普州揽胜》第84～86页,大众文艺出版社,2011年。
[39] 黄理:《涞滩石刻》,重庆出版社,2012年。
[40] 郭相颖:《宝顶山摩崖造像是完备而有特色的佛教密宗道场》,《四川文物》1986年增刊。
[41] 国家文物局:《中国文物地图集·四川分册(中)》第419页,文物出版社,2009年。
[42] 符永利、罗洪彬:《南充青居山佛教文化遗存初探》,《乐山师范学院学报》2015年第1期。
[43] 西华师范大学历史文化学院、重庆市合川区文物管理所:《重庆龙多山石窟调查简报》,见《石窟寺研究》第五辑,文物出版社,2014年。
[44] 笔者与符永利博士调查资料,报告待刊。
[45] 国家文物局:《中国文物地图集·重庆分册(下)》第183页,文物出版社,2010年。
[46] 国家文物局:《中国文物地图集·重庆分册(下)》第259页,文物出版社,2010年。
[47] 雷玉华、李裕群、罗进勇:《四川汶川出土的南朝佛教石造像》,《文物》2007年第6期。
[48] 大部分资料现存四川省博物院,参看以下材料。
a.刘志远:《成都万佛寺石刻艺术》,中国古典艺术出版社,1958年。
b.袁曙光:《成都万佛寺出土的梁代石刻造像》,《四川文物》1991年第3期。
c.四川博物院、成都市文物考古研究所、四川大学博物馆:《四川出土南朝佛教造像》,中华书局,2013年。
[49] 袁曙光:《北周天和释迦造像与题记》,《四川文物》1999年第1期。
[50] 四川博物院、成都市文物考古研究所、四川大学博物馆:《四川出土南朝佛教造像》第122～143页,中华书局,2013年。
[51] 此像现已佚失,仅存图片。

[52] 成都市文物考古工作队:《成都市西安路南朝石刻造像清理简报》,《文物》1998年第11期。

[53] 四川博物院、成都市文物考古研究所、四川大学博物馆:《四川出土南朝佛教造像》第176～182页,中华书局,2013年。

[54] 3件佛头像据鉴定为南朝作品,均螺髻,嘴角有胡须,颈下有插孔,复原高度当在5米以上。其中1件现藏杜甫草堂博物馆,2件藏成都博物院。参见四川博物院、成都市文物考古研究所、四川大学博物馆:《四川出土南朝佛教造像》第173页,中华书局,2013年。

附表1　　嘉陵江流域石窟寺数量统计表

省、直辖市	地级市、州	区、县	龛窟地点数	龛窟数	造像身数
甘肃省	陇南市	西和县	3	58	81
		成县	2	2	9
		武都区	1	22	89
		两当县	3	8	7
		徽县	5	30	70
		文县	0	0	0
		宕昌县	0	0	0
		礼县	0	0	0
		康县	0	0	0
	陇南市小计	9	14	120	256
	甘南州	迭部	0	0	0
		舟曲	0	0	0
	甘南州小计	2	0	0	0
甘肃省合计		11	14	120	256
陕西省	宝鸡市	凤县	2	7	3
	宝鸡市小计	1	2	7	3
	汉中市	略阳县	1	1	1
		宁强县	3	5	10
	汉中市小计	2	4	6	11
陕西省合计		3	6	13	14
四川省	广元市	利州区	6	1039	6915
		元坝区	1	1	3
		朝天区	1	0	5
		剑阁县	15	122	376
		旺苍县	10	71	350
		苍溪县	16	8	107
		青川县	0	0	0
	广元市小计	7	49	1241	7756
	巴中市	巴州区	74	647	9194
		通江县	96	176	4437
		南江县	64	72	214
		平昌县	28	39	349
	巴中市小计	4	262	934	14194
	达州市	通川区	13	1	5
		万源市	14	7	30
		达县	11	21	302
		宣汉县	13	47	188
		开江县	9	4	10
		大竹县	25	38	113
		渠县	21	42	2417
	达州市小计	7	108	161	3065

续附表1

省、直辖市	地级市、州	区、县	龛窟地点数	龛窟数	造像身数
四川省	南充市	阆中市	45	118	4288
		南部县	34	38	226
		蓬安县	52	135	5217
		仪陇县	55	150	699
		营山县	23	125	1627
		西充县	14	23	230
		顺庆区	11	7	22
		高坪区	37	27	152
		嘉陵区	16	21	2138
	南充市小计	9	287	644	14599
	广安市	岳池县	36	41	1085
		武胜县	29	36	222
		邻水县	35	36	627
		广安区	59	80	1126
		华蓥市	8	9	12
	广安市小计	5	167	202	3072
	阿坝州	茂县	3	23	77
	阿坝州小计	1	3	23	77
	德阳市	中江县	31	57	218
		罗江县	4	68	671
	德阳市小计	2	35	125	889
	绵阳市	涪城区	8	96	186
		游仙区	11	94	610
		江油市	10	28	90
		三台县	21	32	188
		盐亭县	18	119	1633
		梓潼县	17	37	485
		平武县	0	0	0
	绵阳市小计	7	85	406	3192
	遂宁市	安居区	44	125	1443
		船山区	6	0	0
		射洪县	4	7	3
		大英县	19	26	129
		蓬溪县	27	37	162
	遂宁市小计	5	100	195	1737
	资阳市	安岳县	249	1334	22328
	资阳市小计	1	249	1334	22328
四川省合计		48	1345	5265	70909
重庆市		潼南县	51	650	3828
		大足区	167	1131	21327
		合川区	34	307	7667
		铜梁县	25	154	1962
		北碚区	10	33	74
		璧山县	7	19	140
		渝北区	25	53	98
		江北区	4	8	11
		沙坪坝区	12	31	35
		渝中区	2	20	275
重庆市合计		10	337	2406	35417
嘉陵江流域总计		72	1702	7804	106596

说明：表中甘肃、陕西两省不含第三次全国文物普查数据，四川、重庆含第三次全国文物普查数据。

附表2　　嘉陵江流域纪年石窟一览表

序号	龛窟名、编号	纪年	龛窟形制	造像内容	资料来源	期段
1	绵阳平杨府君阙17号	大通三年（公元529年）	尖圆拱形单层浅龛	一佛二弟子	《四川绵阳平杨府君阙阙身造像——兼谈四川地区南北朝佛道龛像的几个问题》	第一期
2	绵阳平杨府君阙14号	大通三年（公元529年）	尖圆拱形单层浅龛	一佛二菩萨二力士	《四川绵阳平杨府君阙阙身造像——兼谈四川地区南北朝佛道龛像的几个问题》	
3	绵阳平杨府君阙15号	大宝二年（公元551年）	尖圆拱形单层浅龛	残存佛、力士	《四川绵阳平杨府君阙阙身造像——兼谈四川地区南北朝佛道龛像的几个问题》	
4	广安冲相寺26号	开皇年间（公元581～600年）	外方内圆拱形双层龛	定光佛	实地调查	第二期第一段
5	潼南大佛寺（未编号）	开皇十一年（公元592年）	圆拱形单层浅龛	一天尊（？）二弟子二真人二神将	实地调查	
6	阆中石室观2号	开皇十四年（公元594年）	外方内圆拱形双层龛	一天尊二弟子二真人二侍童	《四川阆中石室观隋唐摩崖造像》	
7	阆中石室观3号	开皇十五年（公元595年）	外方内圆拱形双层龛	一天尊二弟子二真人二侍童	《四川阆中石室观隋唐摩崖造像》	
8	潼南大佛寺（未编号）	大业六年（公元610年）	圆拱形单层浅龛	一天尊二弟子	实地调查	
9	剑阁老君庙（未编号）	贞观年（公元627～649年）	圆拱形单层浅龛	原造像不存	《四川剑阁老君庙石窟及题记时代考辩》	
10	皇泽寺13号	贞观二年（公元628年）	外方内圆拱形敞口双层窟	一佛二弟子二菩萨二天王二力士八部众	《皇泽寺卷》	
11	茂县点将台1号	贞观四年（公元630年）	外方内圆拱形双层龛	一佛二弟子二菩萨	《四川茂县点将台唐代佛教摩崖造像调查简报》	
12	茂县点将台2号	贞观四年（公元630年）	外方内圆拱形双层龛	一佛二弟子二菩萨	《四川茂县点将台唐代佛教摩崖造像调查简报》	
13	茂县点将台3号	贞观四年（公元630年）	外方内圆拱形双层龛	一佛二弟子二菩萨	《四川茂县点将台唐代佛教摩崖造像调查简报》	
14	茂县点将台4号	贞观四年（公元630年）	外方内圆拱形双层龛	二佛一弟子二菩萨	《四川茂县点将台唐代佛教摩崖造像调查简报》	
15	茂县点将台5号	贞观四年（公元630年）	外方内圆拱形双层龛	一佛二弟子二菩萨	《四川茂县点将台唐代佛教摩崖造像调查简报》	
16	茂县点将台6号	贞观四年（公元630年）	外方内圆拱形双层龛	一佛二弟子二菩萨二力士	《四川茂县点将台唐代佛教摩崖造像调查简报》	
17	茂县点将台9号	贞观四年（公元630年）	外方内圆拱形双层龛	一观音	《四川茂县点将台唐代佛教摩崖造像调查简报》	
18	茂县点将台10号	贞观四年（公元630年）	圆拱形单层龛	一坐佛	《四川茂县点将台唐代佛教摩崖造像调查简报》	
19	茂县点将台12号	贞观四年（公元630年）	外方内圆拱形双层龛	二佛并坐	《四川茂县点将台唐代佛教摩崖造像调查简报》	
20	茂县点将台13号	贞观四年（公元630年）	外方内圆拱形双层龛	一观音	《四川茂县点将台唐代佛教摩崖造像调查简报》	

续附表2

序号	龛窟名、编号	纪年	龛窟形制	造像内容	资料来源	期段
21	茂县点将台17号	贞观四年（公元630年）	外方内圆拱形双层龛	一观音	《四川茂县点将台唐代佛教摩崖造像调查简报》	第二期第一段
22	茂县点将台20号	贞观四年（公元630年）	外方内圆拱形双层龛	一佛二菩萨	《四川茂县点将台唐代佛教摩崖造像调查简报》	
23	梓潼卧龙山千佛崖1号	贞观八年（公元634年）	外方内圆拱形双层龛	阿弥陀佛与五十二听法菩萨	《绵阳龛窟》	
24	阆中千佛岩10-3号	贞观九年（公元635年）	圆拱形单层浅龛	一佛二弟子	实地调查	
25	广元剑阁横梁子2号	贞观廿一年（公元647年）	圆拱形单层小龛	一佛二菩萨二弟子	《广元剑阁横梁子摩崖石刻造像调查简报》	
26	绵阳圣水寺2号	永徽元年（公元650年）	方形双层龛	西方净土变	《绵阳龛窟》	第二期第二段
27	大足尖山子7号	永徽年（公元650～655年）	外方内圆拱形双层龛	弥勒说法	《重庆分册》	
28	通江千佛崖6号	麟德二年（公元665年）	外方内圆拱形双层龛	一佛二菩萨	实地调查	
29	绵阳西山玉女泉16号	咸亨二年（公元671年）	单层圆拱形龛	一天尊	《绵阳龛窟》	
30	广元千佛崖535-10号	万岁通天某年（公元696～697年）	外方内圆拱形双层浅龛	一佛二弟子二菩萨二力士二蹲狮	《广元石窟内容总录》（千佛崖卷）	
31	广元千佛崖493号	神龙二年（公元706年）	圆拱形敞口单层龛	一倚坐弥勒二地神	《广元石窟内容总录》（千佛崖卷）	
32	营山太蓬山29号	先天二年（公元713年）	外方内圆拱形双层龛	一佛二弟子二菩萨	《营山县太蓬山石窟内容总录》	
33	广元千佛崖187号	先天二年（公元713年）	外方内圆拱形双层龛	一佛二弟子二菩萨二力士	《广元石窟内容总录》（千佛崖卷）	
34	绵阳青义千佛崖8号	开元□年（公元713～721年）	圆拱形单层龛	一主尊二胁侍	《绵阳龛窟》，原报告称竖长方形龛，主尊疑为地藏	
35	巴中西龛10号	开元三年（公元715年）	外方内尖顶龛楣圆拱形双层龛	一佛二弟子二菩萨二力士八部众	《巴中石窟内容总录》	
36	广安冲相寺51号	开元六年（公元718年）	横长方形单层龛	七佛	实地调查	
37	通江千佛岩31号	开元七年（公元719年）	外方内圆拱形双层龛	一佛二弟子二菩萨八部众	《四川分册》、实地调查	
38	阆中石室观9号	开元七年（公元719年）	外方内尖拱形龛	一天尊二真人	《四川阆中石室观隋唐摩崖造像》	
39	南充青居灵迹寺3号	开元八年（公元720年）	方形单层大龛	横三世佛	《南充青居山佛教文化遗存初探》	
40	广元千佛崖211号	开元八年（公元720年）	圆拱形单层龛	一佛二菩萨	《广元石窟内容总录》（千佛崖卷）	
41	广元千佛崖150号	开元十年（公元722年）	方形平顶单层龛	一佛二菩萨	《广元石窟内容总录》（千佛崖卷）	

续附表2

序号	龛窟名、编号	纪年	龛窟形制	造像内容	资料来源	期段
42	广元千佛崖513号	开元十年（公元722年）	外方内圆拱形尖楣双层龛	一佛二弟子二菩萨二力士	《广元石窟内容总录》（千佛崖卷）	第二期第二段
43	巴中南龛083号	开元□□年（公元723～741年）	外方内佛帐形双层龛	三佛（主尊为双头瑞像）	《巴中石窟内容总录》	
44	安岳卧佛院南崖区50号	开元十一年（公元723年）	摩崖小龛	千佛	《安岳卧佛院考古调查与研究》	
45	剑阁王家坡6号	开元十五年（公元727年）	长方形拱顶龛	三天尊	《四川分册》	
46	安岳玄妙观62号	开元十八年（公元730年）	平顶龛	救苦天尊乘九龙	《中国道教石刻艺术史》	
47	安岳千佛寨38号	唐开元廿年（公元732年）	不详	三世佛三观音	《四川安岳石刻普查简报》	
48	通江白乳溪7号	开元二十一年（公元733年）	方形龛	一佛二弟子二菩萨二力士	《四川分册》	
49	广元千佛崖598号	开元二十二年（公元734年）	外方内圆拱形双层龛	一佛二弟子二菩萨二力士	《广元石窟内容总录》（千佛崖卷）	
50	安岳卧佛院南崖区51号	开元二十二年（公元734年）	方形单层龛	刻经	《安岳卧佛院考古调查与研究》	
51	巴中南龛069号	开元二十三年（公元735年）	外方内佛帐形双层龛	一佛二弟子二菩萨二天王力士	《巴中石窟内容总录》，该书记为开元二十八年（公元740年）	
52	安岳圆觉洞71号	开元二十四年（公元736年）	外方内圆拱形双层龛	一天尊二真人二弟子二力士	《四川安岳县圆觉洞摩崖石刻造像调查报告》	
53	巴中南龛071号	开元二十八年（公元735年）	外方内佛帐形双层龛	一佛二弟子二菩萨二天王力士七供养人	《巴中石窟内容总录》	
54	巴中麻石佛儿崖04号	开元二十八年（公元740年）	外方内佛帐形双层龛	一佛二弟子二菩萨二天王二力士	《巴中石窟内容总录》	
55	宣汉石峰岩2号	天宝五年（公元746年）	拱顶龛	一佛二弟子二菩萨二力士	《四川分册》	
56	巴中玉井佛儿崖03	天宝六年（公元747年）	方形单层龛	一坐佛	《巴中石窟内容总录》	
57	巴中玉井佛儿崖07号	天宝六年（公元747年）	外方内圆拱形双层龛	一佛二菩萨	《巴中石窟内容总录》	
58	旺苍佛子崖1号	天宝六年（公元747年）	外方内佛帐形双层龛	一佛二弟子二供养人	《旺苍县佛子崖摩崖石刻造像调查简报》，或为3号龛	
59	巴中南龛089号	天宝十年（公元751年）	竖长方形双层龛	一六菱形经幢	《巴中石窟内容总录》	
60	苍溪阳岳寺5号	天宝十□年（公元752～756年）	摩崖小龛群，中间正龛有尖拱形龛楣	一佛二菩萨及千佛	《苍溪县阳岳寺摩崖石刻造像调查简报》，《四川分册》记为天宝十五年（公元756年）	
61	广元观音岩101号	天宝十四年（公元755年）	外方内圆拱形双层龛	一佛二弟子二菩萨二力士	《广元观音岩石窟调查记》	
62	广元观音岩102号	天宝十四年（公元755年）	外方内圆拱形双层龛	一佛二弟子二菩萨二力士	《广元观音岩石窟调查记》	

续附表2

序号	龛窟名、编号	纪年	龛窟形制	造像内容	资料来源	期段
63	安岳舍身岩16号	天宝十四年（公元755年）	矩形平顶龛	释迦多宝二菩萨二力士一供养人	《四川分册》	第二期第二段
64	广元千佛崖512–35号	天宝十五年（公元756年）	圆拱形双层龛	地藏、观音并立	《广元石窟内容总录》（千佛崖卷）	
65	广元观音岩1号	至德二年（公元757年）	外方内圆拱形双层龛	一坐佛	《广元观音岩石窟调查记》	
66	广元观音岩6号	至德二年（公元757年）	外方内圆拱形双层龛	一观音二胁侍菩萨	《广元观音岩石窟调查记》	
67	巴中南龛080号	乾元二年（公元759年）	外方内圆角方形龛	一弟子一菩萨	《巴中石窟内容总录》	
68	巴中南龛087号	乾元二年（公元759年）	外方内圆角方形龛	一观音	《巴中石窟内容总录》	
69	广安冲相寺43号	永泰二年（公元766年）	横长方形单层龛	三佛二弟子四菩萨二力士及八部众	实地调查	
70	安岳卧佛院南崖区62号	大历十一年（公元776年）	外方内圆拱形双层龛	一佛二弟子二菩萨二力士	《安岳卧佛院考古调查与研究》	
71	蓬溪新开寺4号	贞元元年（公元785年）	长方形平顶龛	三世佛、二弟子、二菩萨、四天王及两道教造像	《新开寺唐代摩崖造像初探》	
72	梓潼西岩寺1号	贞元二十年（公元804年）	外方内圆拱形双层龛	西方净土变	《绵阳龛窟》	第二期第三段
73	广元千佛崖512–19号	元和二年（公元807年）	不详	二菩萨并立	《广元石窟内容总录》（千佛崖卷）	
74	广元观音岩19号	元和五年（公元810年）	外方内圆拱形双层龛	一佛二弟子二菩萨二力士	《广元观音岩石窟调查记》	
75	安岳西禅寺8号	元和十三年（公元818年）	双层方形龛	十六经变相	《四川分册》	
76	绵阳圣水寺5号	太和二年（公元828年）	竖长方形双层龛	一主尊二胁侍	《绵阳龛窟》	
77	广元观音岩43号	太和七年（公元833年）	外方内圆拱形双层龛	药师地藏观音	《广元观音岩石窟调查记》	
78	广元观音岩45号	太和七年（公元833年）	方形龛	文殊骑狮	《广元观音岩石窟调查记》	
79	潼南五硐岩2号	太和九年（公元835年）	弧顶龛	一佛二十二菩萨九弟子二力士二十三供养人	《重庆分册》	
80	遂宁安居龙潭寺5号	开成二年（公元837年）	矩形拱顶龛	华严三圣及一佛二弟子二菩萨二力士四供养人	《四川分册》	
81	巴中南龛093号	会昌六年（公元846年）	竖长方形单层龛	一魑首碑	《巴中石窟内容总录》	

续附表2

序号	龛窟名、编号	纪年	龛窟形制	造像内容	资料来源	期段
82	巴中南龛094号	会昌六年（公元846年）	外方内佛帐形双层龛	四天王（主尊为毗沙门天王）三地鬼	《巴中石窟内容总录》	第二期第三段
83	巴中南龛095号	会昌六年（公元846年）	外方内圆拱形双层竖龛	一观音	《巴中石窟内容总录》	
84	剑阁鹤鸣山2号	大中十一年（公元857年）	圆拱形竖龛	长生保命天尊	《中国道教石刻艺术史》	
85	巴中南龛016号	咸通年间（公元860～874年）	外方内圆拱形双层龛	一如意轮观音二天王	《巴中石窟内容总录》	
86	蓬溪新开寺1号	咸通元年（公元860年）	长方形平顶龛	千手观音	《新开寺唐代摩崖造像初探》	
87	合川龙多山田湾2-1号	咸通五年（公元864年）	圆拱形单层龛	一佛二弟子二菩萨	《重庆龙多山石窟调查简报》	
88	合川龙多山田湾2-2号	咸通五年（公元864年）	圆拱形单层龛	一佛二弟子二菩萨二力士	《重庆龙多山石窟调查简报》	
89	三台文才寺1号	咸通八年（公元867年）	长方形平顶龛	七佛二十五菩萨	《四川分册》	
90	绵阳西山玉女泉31号	咸通十二年（公元871年）	单层横长方形龛	二主尊二胁侍三道士四十八供养人	《绵阳龛窟》	
91	广元千佛崖512-9号	咸通十四年（公元873年）	圆拱形单层龛	一菩萨	《广元石窟内容总录》（千佛崖卷）	
92	巴中南龛065号	乾符四年（公元877年）	竖长方形双层龛	一毗沙门天王一地鬼二怪兽	《巴中石窟内容总录》	
93	绵阳北山院2号	乾符四年（公元877年）	外方内圆拱形双层龛	一菩萨	《绵阳龛窟》	
94	通江赵巧岩5号	乾符五年（公元878年）	不详	一佛二弟子二菩萨二力士	《四川分册》	
95	绵阳北山院5号	乾符七年（公元880年）	外方内圆拱形双层龛	三主尊、供养菩萨、供养人	《绵阳龛窟》	
96	绵阳青义千佛崖16号	广明元年（公元880年）	圆拱形单层竖龛	一观音	《绵阳龛窟》	
97	绵阳北山院13号	中和元年（公元881年）	长方形单层竖龛	一坐菩萨	《绵阳龛窟》	
98	巴中南龛137号	中和四年（公元884年）	外方内佛帐形双层龛	一佛二弟子二舒相坐菩萨一立菩萨一坐像二力士八部众	《巴中石窟内容总录》	
99	巴中南龛103号	乾符四年（公元887年）	外方内佛帐形双层龛	一菩提瑞像二力士	《巴中石窟内容总录》	
100	通江赵巧岩8号	景福元年（公元892年）	长方形平顶龛	毗沙门天王	《四川分册》	
101	营山太蓬山16号	乾宁二年（公元895年）	平顶双层龛	千手观音、善财、龙女、乞讨人及一佛二弟子二菩萨二力士四天王	《营山县太蓬山石窟内容总录》	
102	大足北山佛湾240号	乾宁三年（公元896年）	平顶龛	二观音三供养人	《大足石刻铭文录》	

续附表2

序号	龛窟名、编号	纪年	龛窟形制	造像内容	资料来源	期段
103	大足北山佛湾58号	乾宁三年（公元896年）	平顶龛	观音地藏	《大足石刻铭文录》	第三期第一段
104	大足北山佛湾50号	乾宁四年（公元897年）	不详	如意轮菩萨	《大足石刻内容总录》	
105	大足北山佛湾52号	乾宁四年（公元897年）	平顶龛	阿弥陀佛观音地藏	《大足石刻内容总录》	
106	大足北山佛湾51号	光化二年（公元899年）	平顶龛	三世佛文殊普贤弟子明王天王力士	《大足石刻内容总录》	
107	遂宁安居龙居寺4号	光化二年（公元899年）	长方形平顶龛	释迦佛及千佛	《四川分册》	
108	安岳圆觉洞69号	武成二年（公元909年）	长方形敞口平顶龛	一佛二菩萨十六罗汉	《四川安岳县圆觉洞摩崖石刻造像调查报告》	
109	大足北山佛湾53号	永平五年（公元915年）	平顶龛	阿弥陀佛观音地藏	《大足石刻内容总录》	
110	安岳圆觉洞22号	天汉元年（公元917年）	平顶双层龛	三佛、七佛、观音文殊大势至	《四川安岳县圆觉洞摩崖石刻造像调查报告》	
111	大足北山佛湾39号	乾德四年（公元922年）	平顶龛	一大威德金轮炽盛光佛九曜神二飞天	《大足石刻内容总录》	
112	安岳灵游院1号	明德四年（公元937年）	平顶单层龛	一佛二弟子四菩萨	《普州揽胜》、实地调查	
113	安岳吉光寺2号	广政纪年（公元938～965年）	矩形平顶窟	释迦佛、道德天尊、二弟子二菩萨二力士十四天王	《四川分册》	
114	安岳卧佛院南段68号	广政二年（公元939年）	外方内圆双层龛	一佛二弟子二菩萨二力士天龙八部	《安岳卧佛院考古调查及研究》	
115	大足北山佛湾37号	广政三年（公元940年）	平顶龛	一地藏二飞天一供养人	《大足石刻内容总录》	
116	大足北山佛湾35号	广政四年（公元941年）	平顶龛	阿弥陀佛、迦叶、阿难、观音、大势至	《大足石刻内容总录》	
117	安岳灵游院5号	广政七年（公元944年）	平顶单层龛	佛老君比丘真人八部众力士	《普州揽胜》、实地调查	
118	大足北山佛湾281号	广政十七年（公元954年）	平顶龛	东方药师净土变	《大足石刻铭文录》	
119	大足北山佛湾260号	广政十八年（公元955年）	平顶龛	经幢	《大足石刻铭文录》	
120	大足北山佛湾279号	广政十八年（公元955年）	平顶龛	东方药师净土变	《大足石刻铭文录》	
121	阆中大像山18号	开宝五年（公元972年）	单层圆拱形龛	舍利塔	实地调查	
122	宣汉浪洋寺6号	雍熙四年（公元987年）	矩形平顶龛	一佛二弟子二菩萨	《四川分册》误为浪泽寺	

续附表2

序号	龛窟名、编号	纪年	龛窟形制	造像内容	资料来源	期段
123	大足北山佛湾249号	至道□年（公元995～997年）	平顶龛	观音、地藏、供养人	《大足石刻铭文录》	第三期第一段
124	大英佛耳岩1号	天禧三年（1019年）	长方形拱顶龛	一佛二弟子二菩萨	《四川分册》	
125	大足石篆山7号	元丰五年（1082年）	平顶横长方形龛	三佛六弟子四菩萨力士二供养人二力士	《大足石刻铭文录》	
126	大足石篆山8号	元丰六年（1083年）	平顶横长方形龛	一老君七真人二神将	《大足石刻铭文录》	第三期第二段
127	大足石篆山6号	元祐三年（1088年）	平顶横长方形龛	孔子、十哲、武士	《大足石刻铭文录》	
128	大足石篆山5号	元祐五年（1090年）	圆拱顶龛	文殊、普贤	《大足石刻铭文录》	
129	大足石门山4号	绍圣元年（1094年）	平顶双层龛	水月观音	《大足石刻铭文录》	
130	大足石门山13号	绍圣二年（1095年）	上下两平顶龛	山王、地母、龙王	《大足石刻铭文录》	
131	大足石门山3号	绍圣三年（1096年）	平顶双层龛	一佛二弟子二香花菩萨	《大足石刻铭文录》	
132	大足石篆山9号	绍圣三年（1096年）	平顶横长方形龛	一地藏十阎王二力士七侍者二司官	《大足石刻铭文录》	
133	安岳圆觉洞14号	大观元年（1107年）	拱形单层竖龛	莲花手观音	《四川安岳县圆觉洞摩崖石刻造像调查报告》	
134	遂宁安居观音岩3号	崇宁四年（1105年）	矩形拱顶龛	佛、弟子、菩萨、天王、力士、神将	《四川分册》	
135	大足北山佛湾286号	大观三年（1109年）	平顶龛	一观音二飞天	《大足石刻铭文录》	
136	大足北山佛湾180号	政和六年（1116年）	平顶窟	十三观音变相	《大足石刻铭文录》称多宝塔	
137	大足北山佛湾176号	靖康元年（1126年）	平顶窟	弥勒下生经变	《大足石刻内容总录》	
138	大足北山佛湾177号	靖康元年（1126年）	平顶窟	宝志和尚	《大足石刻内容总录》误记为地藏经变	
139	大足北山佛湾155号	靖康元年（1126年）	平顶窟	大孔雀明王菩萨千佛	《大足石刻内容总录》	
140	大足北山佛湾149号	建炎二年（1128年）	平顶窟	如意轮观音神将供养人	《大足石刻铭文录》	
141	大足佛安桥1号	绍兴年间（11311162年）	穹顶窟	毗卢遮那佛文殊普贤七菩萨	《大足石刻铭文录》	
142	大足佛安桥8号	绍兴年间（11311162年）	方形龛	引路王菩萨	《大足石刻铭文录》	
143	大足张家庙3号	绍兴三年（1133年）	弧形顶龛	西方三圣及小像	《重庆分册》	
144	大足北山佛湾137号	绍兴四年（1134年）	摩崖线刻	维摩诘经变	《大足石刻铭文录》	

续附表2

序号	龛窟名、编号	纪年	龛窟形制	造像内容	资料来源	期段
145	大足兴隆庵8号	绍兴六年（1136年）	平顶龛	西方三圣	《重庆分册》	第三期第二段
146	大足玉滩1号	绍兴七年（1137年）	方形竖龛	一地藏二弟子二观音二菩萨十供养人	《大足石刻铭文录》	
147	大足石门山6号	绍兴十一年（1141年）	平顶窟	一阿弥陀佛十圣观音四天王二供养人	《大足石刻铭文录》	
148	大足北山佛湾136号	绍兴十二至十五年（1142～1146年）	平顶窟	转轮经藏	《大足石刻铭文录》	
149	大足舒城岩5号	绍兴十三年（1143年）	平顶龛	一玉皇大帝二尊者二侍者二妇人	《大足石刻铭文录》	
150	大足石门山2号	绍兴十七年（1147年）	圆拱形顶龛	一玉皇大帝二侍者二神将（顺风耳千里眼）	《大足石刻铭文录》	
151	大足玉滩11号	绍兴十八年（1148年）	中心柱式平顶窟	一毗卢遮那佛五百六十余千佛	《大足石刻铭文录》	
152	大足北塔8号	绍兴十八年（1148年）	方龛	观音龙女	《大足石刻铭文录》	
153	大足石门山1号	绍兴二十一年（1151年）	平顶龛	一药师琉璃光佛一地藏一弟子二菩萨四供养人十神将	《大足石刻铭文录》	
154	大足北塔7号	绍兴二十□年（1151～1161年）	覆斗形窟	一如意轮观音四供养人	《大足石刻铭文录》称多宝塔	
155	大足舒城岩2号	绍兴二十二年（1152年）	平顶龛	一东岳大帝三侍者一官员三供养人	《大足石刻铭文录》	
156	大足北塔50号	绍兴二十二年（1152年）	覆斗形窟	冯楫、僧人、女尼	《大足石刻铭文录》	
157	大足北塔54号	绍兴二十三年（1153年）	覆斗形窟	一佛	《大足石刻铭文录》	
158	大足北塔57号	绍兴二十三年（1153年）	覆斗形窟	一阿弥陀佛二观音	《大足石刻铭文录》	
159	大足舒城岩1号	绍兴二十三年（1153年）	平顶龛	一淑明皇后三侍者一武将	《大足石刻铭文录》	
160	圆觉洞7号	绍兴二十三年（1153年）	拱顶单层大龛	净瓶观音、供养人、飞天	《四川安岳县圆觉洞摩崖石刻造像调查报告》	
161	大足观音坡1号	绍兴二十四年（1154年）	平顶龛	地藏、引路王	《大足石刻铭文录》	
162	大足陈家岩5号	绍兴二十五年（1155年）	平顶窟	水月观音、善财、龙女	《大足石刻铭文录》	
163	大足北塔58号	绍兴二十五年（1155年）	方龛	观音	《大足石刻铭文录》	

续附表2

序号	龛窟名、编号	纪年	龛窟形制	造像内容	资料来源	期段
164	大足石佛寺3号	绍兴二十九年（1159年）	平顶龛	老君、灵宝天尊、川主、童子	《重庆分册》	第三期第二段
165	巴中南龛010号	淳熙元年（1174年）	外方内圆角方形双层竖龛	一观音	《巴中石窟内容总录》	
166	合川涞滩南岩1–1号	淳熙四年（1177年）	无	达摩	《涞滩石刻》	
167	合川涞滩南岩1–2号	淳熙七年（1180年）	无	须菩提	《涞滩石刻》	
168	合川涞滩南岩1–3号	淳熙七年（1180年）	无	布袋和尚	《涞滩石刻》	
169	合川涞滩西岩1号	淳熙十三年（1186年）	无	释迦牟尼、禅宗六祖	《涞滩石刻》	
170	巴中南龛167号	绍熙二年（1191年）	拱形单层龛	舍利塔	《巴中石窟内容总录》	
171	安岳圆觉洞9号	庆元四年（1198年）	平顶单层窟	三佛十二圆觉菩萨	《四川安岳县圆觉洞摩崖石刻造像调查报告》，旧说庆历四年（1044）	
172	合川涞滩西岩9号	嘉泰元年（1201年）	方形龛	西方三圣	《涞滩石刻》	
173	大竹观音井1号	开禧三年（1207年）	长方形龛	一佛二菩萨	《四川分册》	
174	安岳佛爷山4号	端平元年（1234年）	长方形平顶窟	横三世佛	《四川分册》	
175	遂宁安居区大佛岩4号	至正十五年（1355年）	平顶窟	释迦、八部众、诸天、大势至、罗汉等70余尊	《四川分册》	
176	大足高观音1号	洪武三十年（1397年）	平顶圆形龛	观音、老者、童子	《大足石刻铭文录》	第四期
177	大足千佛崖7号	永乐八年十年（1410～1412年）	平顶龛	观无量寿经变	《大足石刻铭文录》	
178	大足七佛岩5号	永乐辛卯（1411年）	高浮雕	地藏	《重庆分册》	
179	大足七佛岩7号	永乐辛卯（1411年）	高浮雕	三世佛	《重庆分册》	
180	大足石佛寺7号	永乐十四年（1416年）	不详	地藏	《重庆分册》	
181	邻水圣水寺1号	洪熙元年（1425年）	长方形平顶	一主尊佛三小佛	《四川分册》	
182	安岳白岩脚1号	弘治六年（1493年）	长方形拱顶	阿弥陀佛	《四川分册》	
183	大足南山1号	正德十六年（1521年）	平顶窟	一真武大帝二侍者	《大足石刻铭文录》	
184	南充高坪灵迹寺2号	嘉靖二十四年（1545年）	平弧顶单层窟	药师佛及日、月光菩萨	《南充青居山佛教文化遗存初探》	
185	大足北塔15号	万历元年（1573年）	覆斗形窟	水月观音、善财、龙女	《大足石刻铭文录》	

续附表2

序号	龛窟名、编号	纪年	龛窟形制	造像内容	资料来源	期段
186	大足惜字阁小佛湾2号	万历十六年（1588年）	方形平顶龛	佛、供养人	《重庆分册》	第四期
187	邻水大佛寺1号	万历四十八年（1620年）	不详	佛	《四川分册》	
188	巴中大罗冯家洞1号	崇祯十年（1637年）	外圆拱形内三个半圆形顶双层龛	观音、善财、龙女	《巴中石窟》	
189	铜梁凉风佛尔岩4号	乾隆五十六年（1731年）	不详	药师佛	《重庆分册》	
190	合川象鼻寺4号	乾隆八年（1743年）	平顶龛	弥勒、三佛并坐	《重庆分册》	
191	遂宁蓬溪乡鹤鸣村	乾隆二十九年（1764年）	方形平顶龛	观音、弟子	《遂宁摩崖造像艺术简述》	
192	大竹文星阁2号	乾隆五十年（1785年）	拱顶龛	一观音二弟子三飞天	《四川分册》	
193	大足石门山5号	乾隆五十年（1785年）	圆拱形单层龛	阿弥陀佛	《大足石刻铭文录》	
194	巴中上八庙千佛岩5号	乾隆五十七年（1792年）	圆拱形	慈航道人	《巴中石窟》	
195	大足圣水沟1号	乾隆六十年（1795年）	长方形龛	佛祖、观音、文殊、灶王	《重庆分册》	
196	巴中清宁洞	嘉庆五年（1800年）		慈航	《巴中石窟》	
197	通江水帘洞3号	嘉庆六年（1801年）	不详	关羽	《四川分册》	
198	巴中大罗观音岩1号	嘉庆七年（1802年）	外方内连弧形双层龛	观音、善财、龙女、哼哈二将	《巴中石窟》	
199	巴中乐丰朝阳硐7号	嘉庆七年（1802年）	方形平顶窟	药王、华佗；关圣帝君、周仓、关平；观音、文殊、普贤；佛、孔子、老君	《巴中石窟》窟内凿4龛	
200	巴中玉井青竹岩6号	嘉庆七年（1802年）	方形龛	石纯一夫妇及菩萨21身	《巴中石窟》	
201	通江育林观音崖1号	嘉庆十四年（1809年）	平顶龛	观音	《四川分册》	
202	北碚那伽窟1号	嘉庆二十一年（1816年）	弧顶龛	坐佛	《重庆分册》	
203	通江刘家土扁1号	嘉庆二十二年（1817年）	圆拱形龛	净瓶观音	《四川分册》	
204	巴中乐丰朝阳硐9号	嘉庆二十三年（1818年）	方形斜顶龛	文昌帝君、天聋、地哑	《巴中石窟》	
205	铜梁仙隐山7号	道光十二年（1832年）	不详	佛	《重庆分册》	
206	巴中白云石笋沟1号	道光十二年（1832年）	连弧形顶龛	观音、善财、龙女	《巴中石窟》	

续附表2

序号	龛窟名、编号	纪年	龛窟形制	造像内容	资料来源	期段
207	西充石宝山1号	道光十三年（1833年）	长方形拱顶龛	上老神	《四川分册》	第四期
208	巴中中心老爷岩1号	道光十四年（1834年）	方形龛	玉皇大帝、日光、月光、文殊、普贤、孔子、老君、佛祖、护法神	《巴中石窟》	
209	巴中奇章龙潭子3号	道光十五年（1835年）	方形龛	观音、善财、龙女	《巴中石窟》	
210	巴中果敢观音岩1号	道光十八年（1838年）	方形龛	观音、善财、龙女	《巴中石窟》	
211	合川太和观音岩1号	道光二十一年（1841年）	平顶龛	观音、三大土地	《重庆分册》	
212	广元千佛崖223号	道光二十二年（1842年）	方形平顶窟	一祖师	《广元石窟内容总录》（千佛崖卷）	
213	合川钓鱼城钓鱼台区13号	道光二十三年（1843年）	横长方形龛	西方三圣	实地调查	
214	华蓥观音沟1号	道光二十八年（1848年）	长方形拱顶龛	净瓶观音	《四川分册》	
215	大英罗家沟3号	道光二十八年（1848年）	梯形龛	观音、善财、龙女	《四川分册》	
216	仪陇观音滩1号	道光三十年（1850年）	矩形龛	观音	《四川分册》	
217	巴中西龛70号	道光三十年（1850年）	圆拱形单层龛	观音、善财、龙女	《巴中石窟内容总录》	
218	巴中龙门山05号	咸丰元年（1851年）	方形佛帐形单层龛	文昌关帝并坐	《巴中石窟内容总录》	
219	巴中北龛11号	咸丰五年（1856年）	圆拱形单层龛	一达摩	《巴中石窟内容总录》	
220	巴中南龛173号	咸丰六年（1857年）	圆拱形单层龛	二菩萨十三俗神	《巴中石窟内容总录》	
221	巴中店子观音硐1号	同治元年（1862年）	方形龛	观音、善财、龙女及观音救难经变	《巴中石窟》	
222	平昌锅厂沟1号	同治八年（1869年）	不详	观音	《四川分册》	
223	仪陇茶房洞	同治元年（1872年）	矩形龛	结跏趺坐像	《四川分册》	
224	巴中恩阳玉皇庙1号	同治十三年（1874年）	方形龛	二神像	《巴中石窟》	
225	巴中玉井观音岩3号	光绪三年（1877年）	方形平顶龛	鲁班	《巴中石窟》	
226	开江观音阁1号	光绪十二年（1886年）	长方形龛	观音	《四川分册》	
227	合川花朝村1号	光绪十四年（1888年）	浅浮雕	一男一女骑龙	《重庆分册》	
228	通江睡佛寺	光绪二十年（1894年）	圆拱形横长方形龛	卧佛	《四川分册》	

续附表2

序号	龛窟名、编号	纪年	龛窟形制	造像内容	资料来源	期段
229	巴中大罗盐井岩1号	光绪二十三年（1897年）	方形龛	观音、善财、龙女	《巴中石窟》	第四期
230	大英福禄岩2号	光绪二十四年（1898年）	长方形平顶龛	一佛二弟子	《四川分册》	
231	通江观音洞1号	光绪二十五年（1899年）	长方形龛	观音及二弟子	《四川分册》	
232	大足宝顶25号	民国四年（1915年）	斜顶龛	地母玉皇	《大足石刻铭文录》	
233	巴中南龛104号	民国五年（1916年）	方形单层龛	玉皇大帝、童男、童女	《巴中石窟内容总录》	
234	潼南马龙山卧佛	民国十九年（1930年）	高浮雕	大型卧佛	《重庆分册》	
235	巴中南龛026号	民国二十六年（1937年）	竖方形单层龛	观音、妇女、小童	《巴中石窟内容总录》	
236	巴中南龛008号	民国三十六年（1947年）	竖长方形单层龛	观音、胁侍、童子	《巴中石窟内容总录》	
237	巴中南龛009号	民国三十六年（1947年）	竖长方形单层龛	一观音	《巴中石窟内容总录》	
238	巴中南龛007号	民国三十七年（1948年）	方形单层龛	六臂如意轮观音	《巴中石窟内容总录》	
239	巴中南龛011号	民国三十七年（1948年）	方形双层龛	观音、小童	《巴中石窟内容总录》	

The Periodization of the Cave Temples in the Jialing River Valley

Jiang Xiaochun, Lei Yuhua and Nie Heping

KEYWORDS: Sichusn Jialing River Valley Cave Temples Northern-and-Southern Dynasties Period Tang and Song Dynasties

ABSTRACT: There are large amounts of stone cave temples and shrines in the Jialing River valley; an incomplete statistics showed that there are 1702 localities of stone cave temples in this area, including 7804 caves and shrines and 10696 statues, in which 239 caves and shrines have exact dates. Based on the data of the dated caves and shrines, the cave temples and shrines in the Jialing River valley are divided into four phases and seven stages. Phase I is the later stage of the Northern-and-Southern Dynasties Period which is the originating and preliminary developing period of the cave temples; the cave temple types of this phase included caves with three shrines on three walls, Buddha hall caves (chaitya), arch-shaped deep shrines and small-sized shallow shrines, four types in total. The motifs of the sculptures of these caves and shrines are mainly that of Buddhism, plus some Taoist motifs. Phase II is from the Sui to the late Tang Dynasties which is the fully developed period and the first climax of the cave temples in this area. Phase III is from the end of the Tang Dynasty via the Five-Dynasties Period to the end of the Song Dynasty which is the second climax of the cave temples in this area. During this phase, the cave temples completed the change from the "Tang Style" to the "Song Style" and formed clear local features. From the end of the Tang Dynasty to the early Northern Song Dynasty is the transitional period of the cave temples in this area; the main forms of the cave temples are medium-and small-sized shrines in simple shapes, the motifs of the sculptures in which are bodhisattvas of various types and sutra narrative illustrations, the assemblages are simple. Some sculptures succeed the declining trend of the late Tang Dynasty, but new styles and features also appear; the statues are plump and fleshy and carved finely. From the mid Northern Song Dynasty to the end of the Southern Song Dynasty which is the second climax of the cave temple art, and the transformation from the Tang Style to the Song Style is completed in this stage, while distinct local features are formed. The most popular cave temple type of this stage is square single-storied shrine with flat roof, and the sculpture themes show the confluence of Buddhism, Taoism and Confucianism, as well as the trend of secularization: the motifs are rich and diversified, the statue assemblages are complicated and the sculpturing skills are superb: the statues have slender bodies, suitable proportions, elaborately decorated costumes and calm miens. Phase IV is the period including the Yuan, Ming and Qing Dynasties and the Minguo (Republic) Era which is the declining phase of the cave temple sculpturing. Caves and shrines of this phase have very huge number, but the structures are simple and coarse, barely decorated, the most common motifs are Guanyin (secularized Avalokiteśvara Bodhisattva) and the figures of other folk deities, the making of which are rather poor.

（特约编辑　新　华）

西周中央王朝的金属控制策略

——以雒邑地区出土西周铜器金属资源研究为中心

袁晓红

关键词：雒邑　西周　铜器　铅同位素　金属资源

内容提要：洛邑为西周时期成周的所在地，是研究西周时期铜器制作技术、合金技术、矿料来源等问题的重点地区。如洛阳唐城花园西周贵族墓葬群、洛阳北窑机瓦厂墓葬、洛阳林校车马坑及洛阳银河小区西周贵族墓葬等出土了大量铜器。从这批铜器中选取近60件典型器物，对其中45件代表性标本进行成分分析和金相分析，对59件标本进行铅同位素分析，结果显示，制作铜器的矿料可能来自三个不同地区。其中一处为殷墟第四期以来一直开采、利用的金属资源产地，另外两处为西周时期新开发的金属资源产地。洛阳地区制作铜器使用的铜料大多来自中条山铜矿区，部分铜矿料、铅矿料来自东秦岭和铜绿山金属矿。对洛邑出土铜器与周原及其他西周诸侯国的铜器进行比较研究可知，洛邑铜器与各诸侯国铜器在金属资源来源、制作技术、合金技术、器形、纹饰等方面都有一定的相似性，并与周原地区出土铜器十分接近，由此推测周初各诸侯国的典型铜礼器是在洛阳北窑铸造。从西周青铜产业格局来看，西周中央王朝在政治上采取了一系列策略，使姬周文化向周边地区强势扩张，并与地方诸侯国文化融合，其根本动因在于西周中央王朝对金属等重要资源及技术地控制与占有。

洛阳是西周时期成周所在地，当时称为雒邑，一直是学界研究西周政治、经济、文化所关注的重点地区。这里发现有高等级贵族墓葬、大型祭祀遗址、车马坑等，出土大量精美的铜器，是研究西周时期铜器制作技术、合金技术、金属资源来源及相关问题的重点地区。张光直先生曾经提出两个视角，一是克商以前周文化遗物与同时期的殷商文化有何异同？二是周灭商以后中原文化遗物有多少是继承殷商遗留下来的，其间有多少损益变化？损益变化之处，是由于年代较晚所致，还是反映克商以前周人的文化特质[1]？西周青铜产业发达，镐京宗周、雒邑成周地区以及重要封国墓地均出土大量青铜器。这些铜器的金属资源来源，商末周初铸铜产业发展，周人的铸铜技术，西周青铜资源的获取、供给、分配、流动，以及西周青铜生产组织等学术问题，一直是学界关注的热点和难点。雒邑成周地区既有强大的周人势力，也有被迫迁移的殷遗民，必然成为两种文化相互碰撞、融合的前沿

作者：袁晓红，洛阳市，471000，洛阳市文物考古研究院。

地区。因此，要解决这一系列问题，雒邑成周之地出土的铜器就具有无可比拟的价值。

一、雒邑成周的出现

李伯谦指出夏商周文明的核心在中原，但中原不是孤立的，它与周边地区互动发展，关系密切，应该把夏商周时期中原与周边关系研究纳入到夏商周考古学时空框架体系中去考虑，这样才有助于研究以中原为核心的国家形成、中华文明形成和发展[2]。而雒邑成周作为西周王都所在地，其形成必然与政治、军事环境等多种因素息息相关。

洛阳盆地位于黄河流域中游的伊洛平原，属中原腹地，有着优越的自然环境，其四面环山，盆地内有伊、洛、瀍、涧四条河流纵横其间，洛河和伊河在盆地东部汇合成伊洛河，最终注入黄河。其地理位置优越，既相对独立，又四通八达。盆地内是广袤的平原，气候温暖，物产丰富。相对封闭的自然环境有利于军事防卫，洛阳地处核心，有利于从政治、军事、经济等方面控制全国。《史记·周本纪》记周公云："此天下之中，四方入贡道里均"。夏商周三代皆在河洛地区"中土建都"。因此，洛阳历来是兵家必争之地，帝王建都之所，为十三朝古都所在地，这也折射出古人对国家政治与地理环境的深刻思考。

武王克商后，出于对政治和疆土的控制，一直考虑将政治中心东移，还曾对洛阳的山川形貌进行过考察。西周初年，周王朝的最高统治者成王和周、召二公继承武王遗志，营建东都成周，与宗周并立，史称雒邑。西周初年的青铜器"何尊"的铭文明确提及，周武王在灭商之后就有营建东都的重大决策，铭文把"中国"最早明确地指为雒邑所在地，即洛阳盆地及以其为中心的中原地区。这些决策对于巩固西周政权起到了至关重要的作用。当时的西周统治者采取"封建亲戚，以蕃屏周"的策略，使西周中央王朝与各封国建立牢固的血缘纽带，并通过营建东都成周等一系列措施，使雒邑成周与宗周处于同等重要的地位。雒邑成周的建立，不仅有利于西周统一局面的形成和巩固，还促进了西周社会政治、经济、文化的交流和发展，对于奠定此后中原王朝疆域版图的基础，加速古代民族的政治融合进程都起到了重要作用。陈星灿和刘莉认为中国早期国家的发展与某些独特的地理结构、重要资源的分布和运输、政治和经济组织及信仰系统有密切关系，并从考古学聚落形态和自然资源的获取、供应、分配角度对伊洛河盆地夏商时期自然资源进行了细致、深入、有意义的分析和讨论，对二里头和二里冈时期中心与边缘之间的关系进行了多角度、全方位深入分析，得出很多精辟结论[3]。受诸多学者研究成果的启发，笔者提出两个问题。第一，西周中央王朝的统治阶层如何经营西周王朝东都——雒邑成周，才能达到控制天下的目的。第二，其间对金属资源、青铜冶炼、制作技术采取了什么样的控制策略。

洛阳地区西周墓葬出土青铜器之初，就引起了学界的关注，很多青铜器被作为标准器起着分期断代的作用。洛阳地区特殊的地理位置、政治、历史、军事的重要作用以及出土铜器丰富的文化内涵，使得洛阳西周青铜器成为历史界、考古界、科技史界等关注的焦点。纵观以往的相关研究，都侧重于对铜器的分期断代、文化属性与族属等问题的讨论[4]。本文利用现代科技检测手段，对洛阳地区西周时期出土青铜器进行系统研究，将雒邑王都青铜器的技术信息与考古类型学研究成果相结合，探索西周中央王朝对成周地区青铜器生产、西周青铜资源流动的态势和内因，以及在整个西周社会中所扮演的角色和作用。

二、洛阳出土西周青铜器概况

本文研究的青铜标本全部出自雒邑成周地区，但也涉及其他地区的西周遗址，包括陕西周原遗址、北京琉璃河燕国墓地、陕西天马-曲村遗址、山西横水墓地、湖北叶家山曾国墓地、湖南炭河里墓地等西周遗址、墓葬。另外，在时间坐标轴上，由于殷墟出土的青铜器的制作技术、合金技术、矿料来源都与雒邑成周出土青铜器相关，因此也纳入讨论范围（图1）。

雒邑成周地区出土的大批西周青铜器，对研究洛阳地区西周考古很重要。洛阳地区西周青铜器主要出于墓葬，包括不同器类和不同器形的青铜礼器，对于研究我国西周考古的分期、断代等问题具有重要价值。

洛阳北窑西周墓地位于洛阳东北郊北窑村瀍河西岸，是一处王畿地区内的重要贵族墓地，发现近600座西周墓葬，经发掘的有348座墓和7座马坑，出土铜器、陶器、玉器等各类遗物一万余件[5]，其中包括大量高等级的铜礼器及兵器[6]。机车厂M13[7]出土的铜礼器有鼎、甗、簋、尊、爵等，铜器的形制与安阳殷墟出土的商代晚期铜器比较接近，铜器上的铭文为研究洛阳地区殷遗民提供了具有族徽标志的实物资料，铜鼎与陕西宝鸡西周早期墓出土的铜鼎（MB3：10312）相同[8]，出土的侈口、斜平肩、弦纹陶罐与北窑西周早期墓葬出土的陶罐形制基本相同[9]，此墓的年代为西周初年，墓主人当是营建成周城的殷遗民。郑洛钢厂M1位于洛阳东郊塔湾村东北，出土了精美的青铜礼器、玉器及铜戈、铜斧等[10]。此墓出土的铜器中鼎、甗、簋、尊、觚均与商代同类铜器接近，分裆鼎与张家坡西周第一期墓出土分裆鼎相同；同出的陶罐与张家坡西周第一期陶罐相似[11]，此墓时代被定为西周初年。林校西周车马坑[12]出土铜器共52件（类）、兵器共13件（类），值得注意的是，首次发现了洛阳地区西周时期的铜铠甲。唐城花园C3M417[13]出土铜器5件，是一组保存较完好、纹饰精美并带铭文的铜器，为研究殷遗民的生活习俗、埋葬制度以及相关器形的相对年代等提供了新资料。铁二中M20[14]出土了较高等级的铜礼器，这组礼器的形制、纹饰等具有殷末周初的特点。除此之外，西周时期洛阳地区还有许多较为重要的

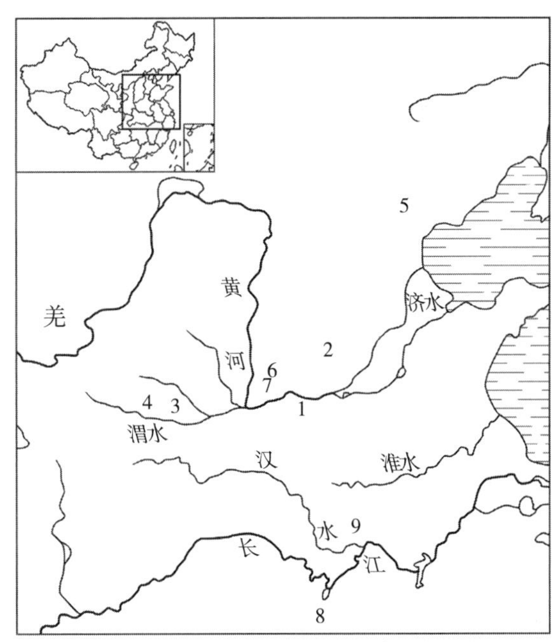

图1　出土西周青铜器遗址和墓葬分布示意图
1.雒邑成周　2.安阳殷墟　3.周原遗址　4.强国墓地　5.燕国琉璃河墓地　6.天马-曲村晋国墓地　7.横水墓地　8.炭河里墓地　9.叶家山墓地

墓葬中也出土有大量的铜器[15]。

上述重要遗址和墓葬的发掘，为铜器研究提供了许多新材料。现选择其中四处典型的墓葬和遗址，分别为洛阳唐城花园西周贵族墓葬群（多为殷移民墓）、洛阳北窑机瓦厂墓葬（西周王室成员及高级官员墓，西周早期）、洛阳林校车马坑（邻近北窑铸铜遗址，西周早期）、洛阳银河小区西周贵族墓葬（邻近西周林校祭祀遗址，西周晚期）等。研究对象为代表性铜器标本，器类包括礼器、兵器和车马器。通过对上述典型墓葬、遗址出土铜器的科学分析，获得一批有价值的新数据，并结合现有的研究成果（殷墟与西周周原遗址及其西周其他封国出土铜器的研究数据），再与雒邑成周地区出土铜器的科学数据进行比较，然后根据这些科学数据，在考古学研究成果的基础上，尝试对铜器制造技术、合金技术与器物类型、地域、文化因素之间的联系进行讨论，并最大限度地解释其科学内涵及考古学意义，为相关问题的研究提供重要的参考资料。

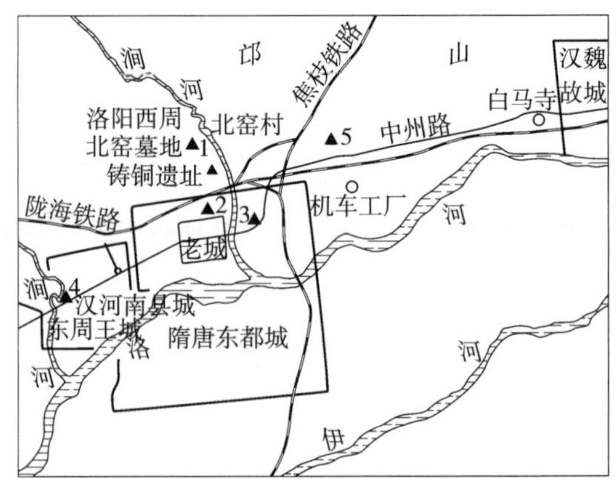

图2　洛阳地区出土青铜器遗址和墓葬分布示意图
1.北窑西周墓（北窑机瓦厂）　2.唐城花园西周贵族墓葬　3.洛阳林校车马坑　4.银河小区M1629贵族大墓　5.帽郭村西南西周墓（改引自洛阳文物工作队：《洛阳北窑西周墓》，文物出版社，1999年）

另外，选取的标本，还涉及部分馆藏青铜器（进行了铅同位素比值分析），其中帽郭村西南西周墓样品比较多，其他就不一一列出。文中涉及的雒邑成周地区出土铜器的遗址和墓葬的分布情况如图（图2）所示。

三、铅同位素方法应用于青铜器示踪研究原理与数据解读

自然界的铅由^{204}Pb、^{206}Pb、^{207}Pb、^{208}Pb四种稳定同位素组成，只有^{204}Pb的总量不随时间变化，属于非放射性成因铅。地球上各地区的金属矿体所含的铅由两部分组成。一部分是地球刚形成时就存在的始源铅，另一部分是在地球形成之后到矿山形成这一地质年代区间，由铀和钍放射增加的铅，被称为放射性成因铅。由于地球上的矿山成矿地质年代不同，而且成矿时环境物质中U、Th浓度有差异，使得各矿山中所含铅中的放射性成因铅的数量就有差异，所以铅同位素的组成就不同。有研究证明，铅的重金属同位素，在采矿、冶金或腐蚀过程中，铅同位素组成是不会产生可测变化的[16]。

铅锡青铜、铅青铜和铅器的铅同位素数据指征铅料来源，锡器的铅同位素数据指征锡料的来源，红铜器的铅同位素数据指征铜矿来源。锡青铜的铅同位素是铜矿石和锡矿石中杂质铅的混合结果，一般来说，锡矿中的铅含量较低，而且在铜器中锡的含量也远低于铜，锡矿石中的杂质铅根本不会扰乱铜矿石所含的铅同位素组成[17]，数据结果多指征铜料中杂质铅的同位素组成。锡青铜样品数据究竟更多地指征了铜料还是锡料的产地信息，要结合同时期的红铜器或锡器的数据结果才能加以确定[18]。

关于铜器的铅同位素的重叠、重熔问题，有多位学者进行过有益的讨论[19]。需要说明的是，铅同位素方法应用于青铜器考古研究存在一定的局限性，但都有一定的规律可循，通过分析和讨论，不会影响结论的成立。朱炳泉先生发展了地球化学板块划分的同位素地球化学指标和填图方法，并确定中国大陆主要地球化学省[20]。铅同位素分析时，除古代青铜制品的数据外，还应配合各金属矿山的数据进行产源研究。两周时期青铜器主要使用的是主体矿，对其产源的研究，运用铅同位素地球化学省理论[21]探源是可行的，并且这个时期落在“普通铅”范围内的青铜器铅同位素数据较多，具体矿山的辨识有一定难度，更加适合从大板块角度探寻铜器的金属资源产地问题。即使在不同来源的铅发生混合的情况下，其铅同位素发生变化也有一定的规律可循。对不同地区青铜器的铅同位素数据进行比较分析，可以全面地揭示金属矿料的开采、利用、流动及当时的青铜生产组织等问题[22]。

铅同位素分析在解决考古学问题上得到诸多应用。比尔（R. H. Brill）开创了将铅同位素示踪技术应用于考古学研究的先河[23]。此后，日本学者[24]、欧洲学者[25]、中国学者金正耀[26]将此项技术用于古代铜器的产源分析。铅同位素分析技术引入考古学标志着铜器的产源分析进入了新纪元，其准确的指征性及采矿、冶金、铸造过程不受影响的稳定性是微量元素探源方法无法比拟的[27]。铅同位素分析可以厘清早期青铜时代的贸易状况[28]，解决人类学中早期开采和冶炼的问题[29]。通过对金属铸币进行铅同位素分析，可以更一步加深对铸造技术、贸易路线、外交政策的理解[30]。

笔者对洛阳地区出土的西周时期59件铜器进行了铅同位素分析，取样器物均为科学发掘，墓葬形制、年代、分期清晰，出土层位明确。同时，取样及各个实验环节均由笔者独立完成，因此数据质量是有保证的。另外，雒邑成周地区为西周王室所在地，本研究标本皆出于王室、贵族墓葬或祭祀车马坑，因此这些数据更能代表西周成周中央王朝的青铜矿料来源情况。

四、分析方法与结果

取适量样品经标本清洗干燥后，加数滴硝酸溶解后经去离子水稀释，在弱酸性条件下采用电解沉积法提纯铅，然后利用ICP-MS测量提纯铅溶液的浓度并稀释到合适的浓度。实验前处理工作完成于中国科学技术大学科技考古实验室，上机测试工作完成于中国科学技术大学地球空间学院。测试仪器为德国Thermo Scientific公司的多接收电感耦合等离子质谱仪（Neptuneplus MC-ICP-MS），型号ISOPROBE-T。测试过程中，间隔几个样品测量一次200ppb NBS-981标准铅溶液，以矫正仪器质量分馏。对标样和样品的重复测量表明，仪器的2σ标准误差小于±0.001。铜器的铅同位素比值分析结果见表1。

为了全面理解西周洛阳地区铜器成分和铅同位素数据所能揭示的意义，将59件铜器的铅同位素数据（见表1）与考古分期相结合进行讨论。

经检测，洛阳地区出土铜器处于普通铅区域的有57件，$^{206}Pb/^{204}Pb$、$^{207}Pb/^{204}Pb$、$^{208}Pb/^{204}Pb$值变化范围分别为17.4628～18.587、15.511～15.691、37.8417～38.904，且普通铅的数据较为集中，占洛阳西周青铜器的96.6%。其中有洛阳北窑西周墓出土铜器样品为高放射成因铅，位于A区。$^{206}Pb/^{204}Pb$、$^{207}Pb/^{204}Pb$、$^{208}Pb/^{204}Pb$值变化范围分别21.323～22.023、15.965～16.047和41.485～42.152，属于高放射性成因铅[31]。

表 1　　洛阳地区出土铜器铅同位素比值分析结果

实验室编号	铜器	$^{206}Pb/^{204}Pb$	$^{207}Pb/^{204}Pb$	$^{208}Pb/^{204}Pb$	$^{208}Pb/^{206}Pb$	$^{207}Pb/^{206}Pb$
ZY2633	軎	18.076	15.571	38.204	2.114	0.861
ZY2634	鼓顶軎	17.675	15.554	38.016	2.151	0.880
ZY2635	鼓顶軎	21.323	15.965	41.485	1.946	0.749
ZY2636	鼓顶軎	17.588	15.548	37.971	2.159	0.884
ZY2637	车軎	22.023	16.047	42.152	1.914	0.729
ZY2638	车軎	17.623	15.527	38.326	2.175	0.881
ZY2639	车軎	18.015	15.570	38.268	2.124	0.864
ZY2640	车軎	18.317	15.598	38.464	2.000	0.852
ZY2674	马衔	18.175	15.596	38.437	2.115	0.858
ZY2675	当卢	17.612	15.555	37.976	2.156	0.883
ZY2676	铜泡	18.406	15.690	38.787	2.107	0.852
ZY2677	车轭	17.583	15.549	37.952	2.158	0.884
ZY2678	戈	18.246	15.623	38.501	2.110	0.856
ZY2679	饰品	17.613	15.519	37.845	2.149	0.881
ZY2680	叉状饰	17.463	15.532	37.842	2.167	0.889
ZY2681	马冠饰	17.575	15.553	37.958	2.160	0.885
ZY2682	銮铃	17.519	15.532	37.871	2.162	0.887
ZY2683	軕	17.763	15.539	38.000	2.139	0.875
ZY2684	钺	17.749	15.553	38.052	2.144	0.876
ZY2685	镞	18.241	15.612	38.533	2.112	0.856
ZY2686	鱼	18.235	15.599	38.073	2.088	0.855
ZY1630	瓶（壶）	18.58	15.680	38.843	2.091	0.844
ZY1631	尊	18.174	15.616	38.485	2.118	0.859
ZY1632	鼎	17.512	15.511	37.812	2.159	0.886
ZY1633	簋	17.950	15.584	38.589	2.150	0.868
ZY1634	尊（大口）	18.020	15.552	38.176	2.119	0.863
ZY1635	尊(小口)	18.487	15.656	38.730	2.095	0.847
ZY1636	觚	17.540	15.515	37.835	2.157	0.885
ZY1637	器（残片）	18.587	15.691	38.877	2.092	0.844
ZY1638	鼎（中号）	18.116	15.591	38.394	2.119	0.861
ZY1639	鼎（小号）	17.535	15.558	37.953	2.164	0.887
ZY1640	簋	17.548	15.518	37.875	2.158	0.884
ZY1641	鱼	18.107	15.585	38.389	2.120	0.861
ZY1642	箔残片	18.307	15.593	38.394	2.097	0.852
ZY1643	残片	18.298	15.581	38.409	2.099	0.852
ZY1644	?	18.041	15.635	38.512	2.135	0.867
ZY1645	筒状车马器	18.338	15.606	38.471	2.098	0.851
ZY1646	车马器	18.460	15.611	38.522	2.087	0.846
ZY1647	筒状车马器	18.260	15.605	38.472	2.107	0.855
ZY1648	车马器	18.409	15.608	38.512	2.092	0.848
ZY1649	车马器	18.376	15.565	38.364	2.088	0.847
ZY1650	铜片	18.012	15.590	38.364	2.130	0.866
ZY1651	盖弓帽	18.245	15.713	38.710	2.122	0.861
ZY1652	车辔	18.010	15.660	38.426	2.134	0.87
ZY1653	车辔	18.197	15.612	38.459	2.113	0.858
ZY1654	车辔	17.991	15.634	38.345	2.131	0.869

续表1

实验室编号	铜器	$^{206}Pb/^{204}Pb$	$^{207}Pb/^{204}Pb$	$^{208}Pb/^{204}Pb$	$^{208}Pb/^{206}Pb$	$^{207}Pb/^{206}Pb$
ZY1655	车辔	18.008	15.659	38.421	2.134	0.870
ZY1656	车马器	18.192	15.613	38.425	2.112	0.858
ZY1657	筒状车马器	18.343	15.607	38.477	2.098	0.851
ZY1658	铜片	17.862	15.568	38.273	2.143	0.872
ZY1659	车马器残件	18.178	15.606	38.450	2.115	0.859
ZY1660	筒状车马器	18.297	15.605	38.457	2.102	0.853
ZY1661	车马器残件	18.179	15.599	38.365	2.110	0.858

图3是59件洛阳地区出土铜器以墓葬区域分类的铀铅—铀铅和钍铅—铀铅关系图，其中洛阳北窑机瓦厂墓葬出土的2件青铜器为高放射成因铅，其余都在普通铅范围内，铅同位素数据相对集中于A、B、C三个区域。由图3可知，唐城花园C3M417出土的青铜礼器和ZY2642、ZY2646弦纹铜鼎相对集中于A区，北窑机瓦厂墓葬（西周王室墓葬）、林校车马坑（祭祀车马坑）、银河小区M1629（西周晚期贵族大墓）出土的车马器的铀铅图、钍铅图都相对集中于B区，说明这些车马器的铅同位素比值特征比较明显。由于这三处遗址、墓葬都邻近北窑西周铸铜遗址，这些铜器应为北窑西周铸铜作坊所制作。其中，洛阳北窑机瓦厂墓葬出土铜戟ZY2633年代为西周早期，车軎ZY2639、ZY2640年代为西周晚期。林校车马坑出土铜器（西周早期）均集中于B区，这说明B区洛阳地区出土的铜器在西周各个时期可能都使用了相同的金属资源。A、C区为普通铅范围内的另外两处金属资源产地，A区多为青铜礼器所使用的金属矿料。

（一）洛阳地区与殷墟出土铜器的铅同位素比值的比较

将雒邑成周与安阳殷墟妇好墓出土铜器的铅同位素比值检测结果[32]进行比较，如图4所示，洛阳北窑出土部分铜器与殷墟妇好墓出土部分铜器处于A区，属于高放射性成因铅范围，铅同位素组成相似，所使用的矿料可能来源于相同的金属资源产地。其余大部分数据点都处于普通铅B区内，并具有比较明确的铅同位素比值范围，将对其单独讨论。

为便于解析铅同位素数据，将雒邑成周地区铜器与殷墟出土普通铅铜器的铅同位素比值[33]进行比较，如图5所示，这些铜器铅同位素比值大致可分为三个区域。A区内洛阳地区铜器的铅同位素单独存在，显示其铜料来自不同金属矿源，B区铜器的铅同位素组成与殷墟第二、三期的相近，属于一个团组分布。B区洛阳地区铜器基本为锡青铜和红铜器，殷墟第二、三期铜器也以高锡低铅为特征，两者都指征的是铜矿来源，这表明洛阳地区铜器可能使用了与殷墟第二、三期相同或相近的铜料来源，或使用了新开发的矿料来源。C区洛阳地区出土铜器与殷墟出土第四期铜器的铅同位素比值都在同一区域，且有部分数据重叠，表明它们具有相似或相近的铅同位素组成特征，C区洛阳地区出土铜器基本为锡青铜，但有3件为铅锡青铜，说明C区铜器采用的铜料、铅料有相近的铅同位素组成。该区域铅同位素组成指征的金属矿床多见于华北台地[34]，是供应殷墟晚期至西周早期中原地区铜器生产的主要矿源[35]。洛阳地区出土的C区铜器可能采用了殷墟第四期使用过的矿山。为了更好地探索各个重要遗址单位出土铜器与殷墟使用矿产资源的关系，将各墓葬、遗址单位的铜器与殷墟普通铅青铜器铅同位素比值进行对比，尝试进行讨论。

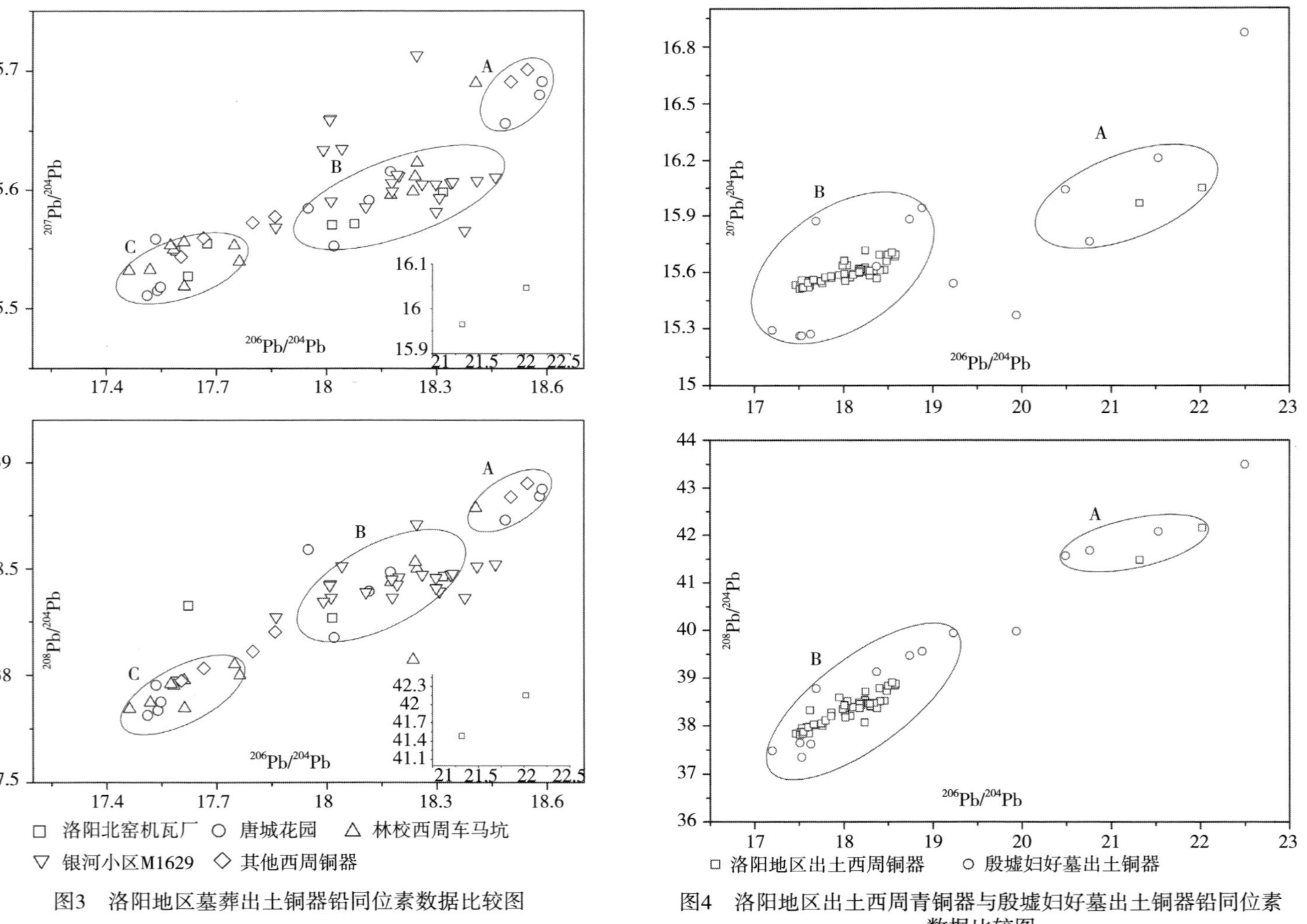

图3 洛阳地区墓葬出土铜器铅同位素数据比较图

图4 洛阳地区出土西周青铜器与殷墟妇好墓出土铜器铅同位素数据比较图

将洛阳林校西周车马坑出土与殷墟出土铜器普通铅的铅同位素比值[36]进行比较（图6），铅同位素数据结果表明，洛阳林校车马坑出土铜器的铅同位素数据都为普通铅。A区铜器的铅同位素数据与殷墟普通铅第二、三期的铅同位素数据相近，其金属资源应存在较密切的关系。B区洛阳林校车马坑部分铜器与殷墟第四期青铜器的铅同位素比值相对集中，部分数据点基本重叠，说明两处的铅同位素比值组成相似，金属资源可能来自相同或相近的产地。由于洛阳林校车马坑出土铜器基本为高锡青铜，更多地指征铜料来源。

将洛阳银河小区M1629出土铜器与殷墟墓葬出土普通铅铜器的铅同位素比值[37]进行比较，如图7所示，数据点分布较为分散，矿料来源可能较为复杂，根据相当数量的数据点，推测矿源已大规模开采。其中，A区铜器的铅同位素组成与殷墟第二、三期的相近，属一个团组分布，表明它们具有相似或相近的铅同位素组成特征，洛阳银河小区M1629基本为锡青铜，铅同位素数据应反映铜料的产地。值得一提的是，洛阳银河小区M1629为西周晚期贵族墓葬，可能是新开发的矿源，其背后矿料来源开采利用情况值得进一步研究。

综上所述，无论是雒邑成周地区铜器与殷墟普通铅铜器的铅同位素数据比较图，还是以单个墓葬、遗址为单位的青铜器的铅同位素数据比较图（见图5；图6；图7），都反映车马器的矿料来源较为复杂，说明洛阳地区出土车马器较多地使用殷墟第二、三期开采过的矿源，或已开发新的金属资源。

（二）洛阳地区与周原、強国、琉璃河出土铜器的铅同位素比值的比较

周原遗址位于陕西关中西部岐山和扶风两县的北部。在周原，周族大力发展生产力，势力向东扩展。武王灭商后，建立西周王朝，定都于镐。西周初年，周统治者营建雒邑成周，确立了宗周、成周二都并立的局面。強国墓地位于陕西省宝鸡市茹家庄，为西周中期強国的家族墓地，由茹家庄、竹园沟和纸坊头三个墓地组成。琉璃河是一个既有城址又有诸侯墓葬的周初封国遗址。对西周时期中央王朝和封国出土青铜器的铅同位素比值进行对比研究，对于了解当时的金属资源来源、青铜物品的流通、青铜产业结构等问题具有重要价值。

由洛阳地区出土青铜器与周原遗址出土青铜器的铅同位素数据[38]比较可知（图8），在普通铅区域内，铅同位素比值相对集中于A、B、C三个区域，并且各个区域洛阳地区出土铜器与周原出土铜器的铅同位素数据点密集度较高，部分数据相互重叠，表明它们具有相似或相近的铅同位素组成特征。洛阳地区出土铜器基本为锡青铜，也有少量铅锡青铜，这与周原遗址合金类型有一定的相似性，周原也以锡青铜为主，还有部分为铅锡青铜。锡青铜铅同位素数据表征的是铜料的来源，铅锡青铜铅同位素数据表征的是铅料的来源，由此推测上述两处的铜器制作可能使用了相同或相近的铜料资源和铅料资源。

虚点线为強国墓地铅同位素比值数据[39]范围显示（图9），在高放射成因铅区域内，洛阳北窑西周晚期墓葬的1件铜车軎M519：2，与強国西周墓地出土青铜器基本重叠。在普通铅区域内，铅同位素数据分为三个区域。洛阳地区与強国西周墓地出土青铜器铅同位素数据在A、B、C三个区域有交叉，部分数据重叠，两处出土的青铜器铅同位素比值数据无论是铀铅图，还是钍铅图都在同一斜率上，两地铅同位素组成相近，这说明制作铜器可能采

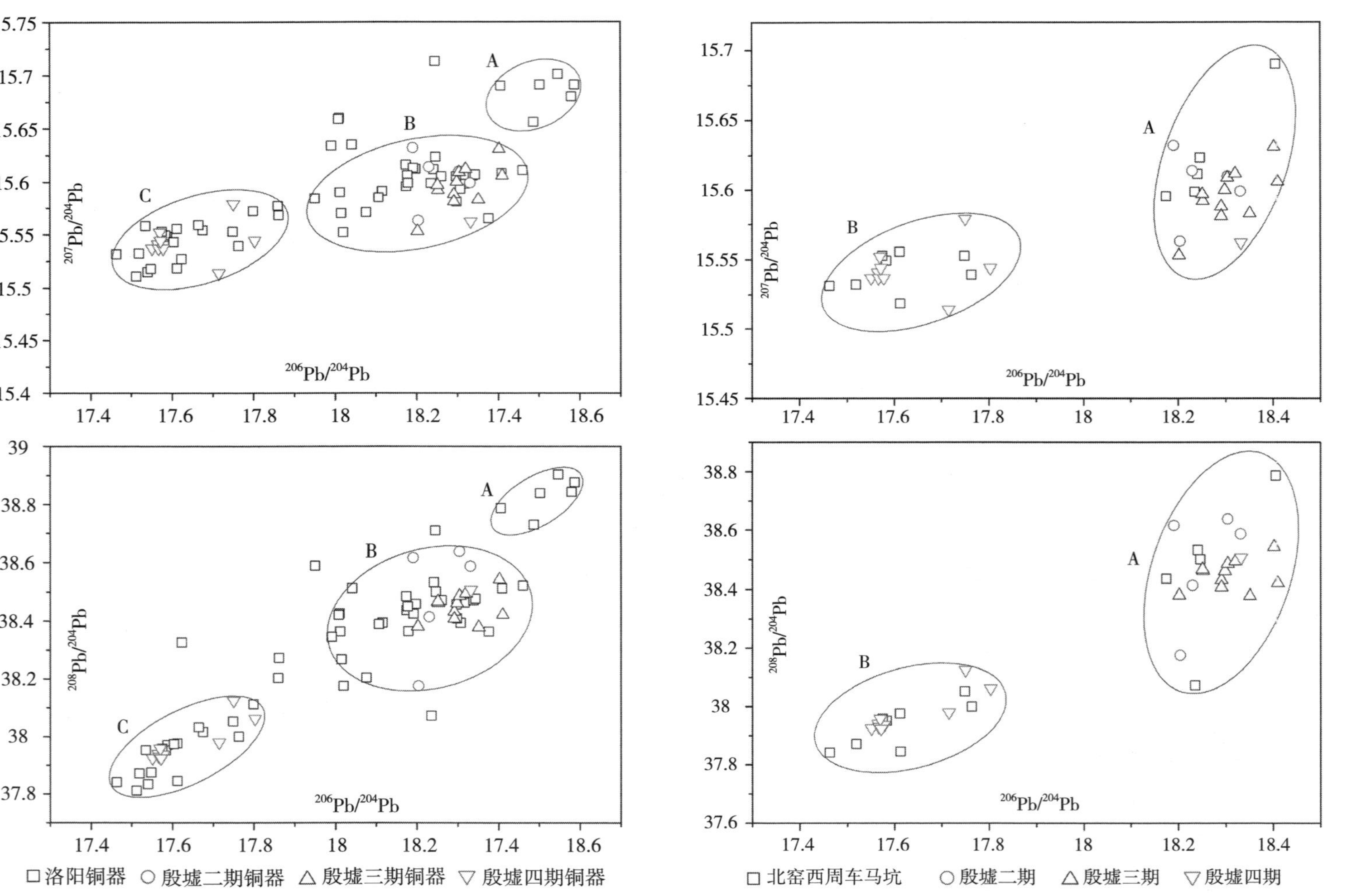

□ 洛阳铜器 ○ 殷墟二期铜器 △ 殷墟三期铜器 ▽ 殷墟四期铜器

图5 洛阳地区出土青铜器与殷墟普通铅青铜器铅同位素数据比较图

□ 北窑西周车马坑 ○ 殷墟二期 △ 殷墟三期 ▽ 殷墟四期

图6 洛阳林校车马坑出土铜器与殷墟青铜器铅同位素数据比较图

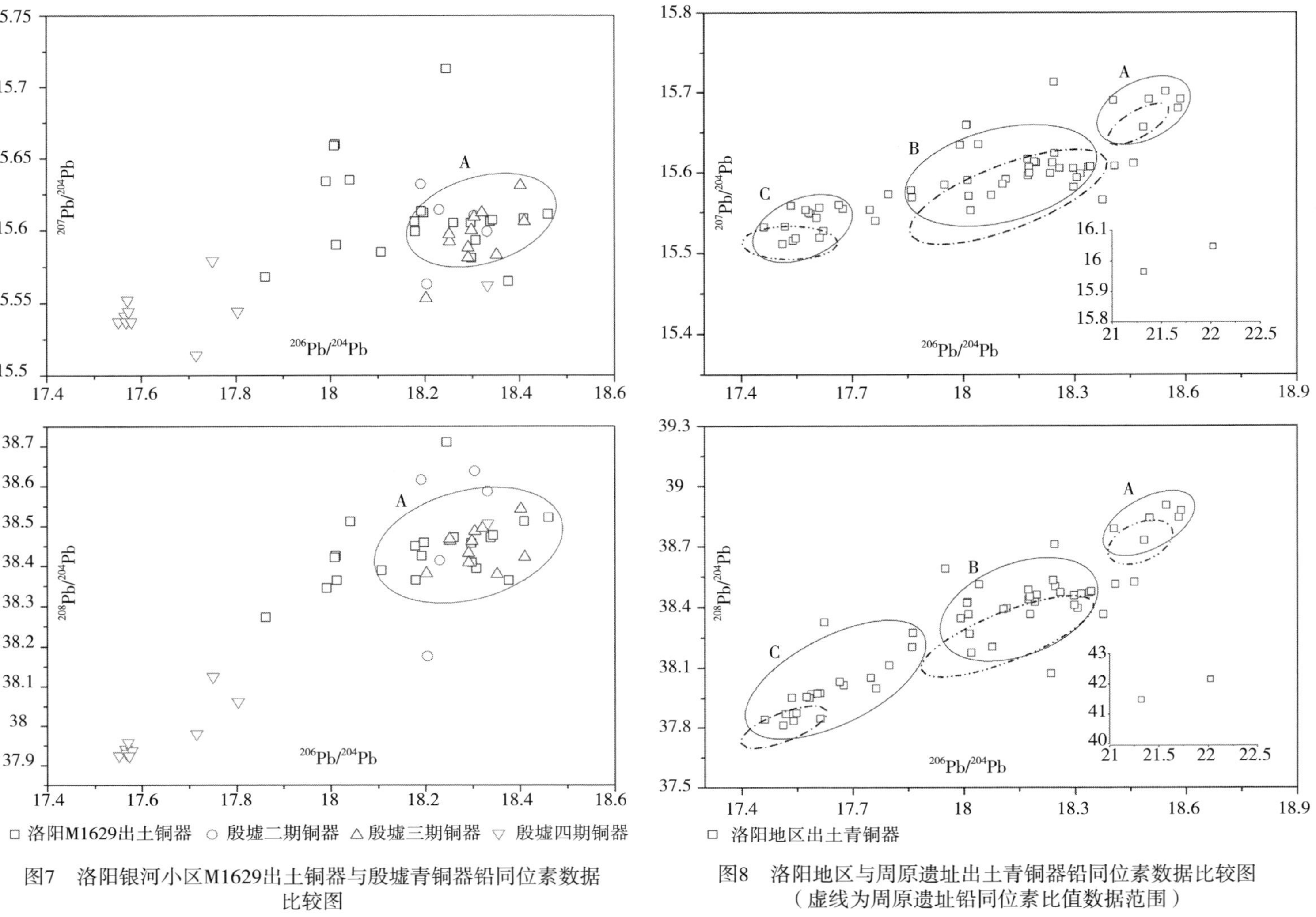

图7 洛阳银河小区M1629出土铜器与殷墟青铜器铅同位素数据比较图

图8 洛阳地区与周原遗址出土青铜器铅同位素数据比较图（虚线为周原遗址铅同位素比值数据范围）

用了相同或相似的金属资源。另外，在小范围内強国墓地青铜礼器仅两个数据点在洛阳唐城花园C3M417出土青铜礼器B区范围内，洛阳唐城花园青铜礼器A、C区金属资源来源单独存在，B区青铜礼器的金属资源来源可能存在一定的差别[40]。

由图10洛阳地区青铜器与琉璃河墓地青铜器的铅同位素数据[41]比较可知，除高放射性成因铅外，铅同位素数据明显集中于A、B、C三个区域。A区域内洛阳地区出土铜器的铅同位素比值单独存在，显示其铜料有不同金属来源。在B、C区内，铜器的铅同位素组成与琉璃河墓地青铜器的铅同位素组成相近，属一个团组分布，且部分数据交叉重叠。洛阳出土铜器基本为锡青铜，也有少量铅锡青铜，琉璃河墓地出土铜器则以铅锡青铜为主，这说明两处铜器在B、C区采用的铜料、铅料具有相近的铅同位素组成。

（三）洛阳地区与晋国墓地、横水墓地出土铜器的铅同位素比值的比较

有学者对天马–曲村晋国墓地出土铜器的铅同位素比值进行过分析[42]，图11是洛阳出土西周铜器与天马–曲村遗址出土铜器的铅同位素比较图。如图所示，3件天马–曲村青铜器和2件洛阳地区铜器在高放射成因铅区域内，且数据点相对集中，说明它们有相同或相似的铅同位素组成。在普通铅范围内，铅同位素数据明显集中于A、B、C三个区域，其中B、C区占较大比例。洛阳地区铜器与天马–曲村铜器的铅同位素比值在B、C区域相对集中，且部分数据点基本重叠，铅同位素比值相近，说明这两处铜器采用的铜料、铅料有相近的铅同位素组成。另外，金正耀认为，西周青铜礼器的铅同位素组成有着相当复杂的面貌。天马–曲村大多数西周早期青铜礼器所使用的金属铅料，与山西侯马东周铸铜遗址出土铅锭的铅同位素分析数据十分相近，推测其产地可能直到东周时期仍在开采利用[43]。

由图12洛阳地区与横水墓地出土青铜器的铅同位素数据比较可知，横水墓地有1件青铜器和洛阳北窑机瓦厂出土2件铜器在高放射性成因铅区域内，说明两处墓葬出土青铜器的铅同位素组成相近，两处合金类型都以锡青铜为主，指征铜料来源，说明两处可能使用了相同的铜料来源。在普通铅范围内，铅同位素数据明显集中于A、B、C三个区域。在A区内，洛阳出土铜器铅同位素比值单独存在，显示其铜料来自不同的金属矿源。在B、C区内，洛阳地区与横水墓地出土青铜器的铅同位素组成相近，并且部分数据有重叠，这说明两处铜器有相同或相近的铅同位素组成。洛阳地区出土铜器主体为锡青铜，也有少量铅锡青铜，这与横水墓地出土铜器的合金类型相似，说明它们可能采用相同的铜料或铅料来源，两处在高放射成因铅区域和普通铅区域的B、C区铜器可能分别具有相同的金属资源来源。这一结果与两处铜器合金成分分析所得结果一致[44]，说明横水墓地金属资源的来源和合金技术都与雒邑成周地区呈现出高度的一致性。

（四）洛阳地区与炭河里遗址、叶家山墓地出土铜器的铅同位素比值的比较

图13是洛阳出土西周铜器和湖南炭河里遗址出土铜器的铅同位素比值[45]比较图。如图所示，2件洛阳出土青铜器与1件湖南炭河里遗址出土的青铜器在高放射成因铅区域内。在普通铅范围内，铅同位素数据明显集中于A、B、C三个区域。在A区内，洛阳出土铜器的铅同位素比值单独存在，显示其铜料来自不同金属矿源。在B、C区内，湖南炭河里遗址出土的青铜器靠近或在洛阳地区出土青铜器的铅同位素数据区域的较少，这说明两处金属资源

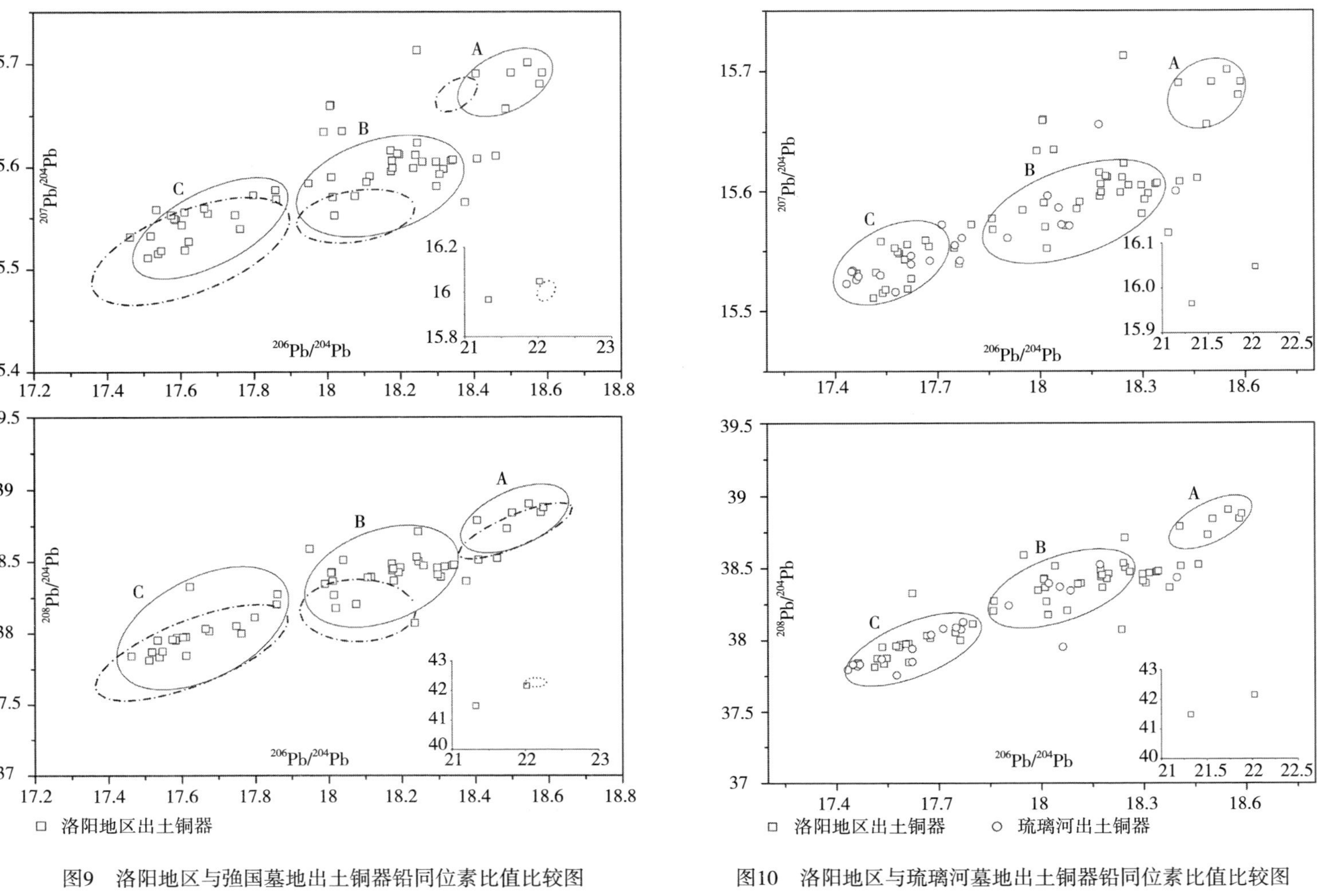

图9 洛阳地区与弜国墓地出土铜器铅同位素比值比较图

图10 洛阳地区与琉璃河墓地出土铜器铅同位素比值比较图

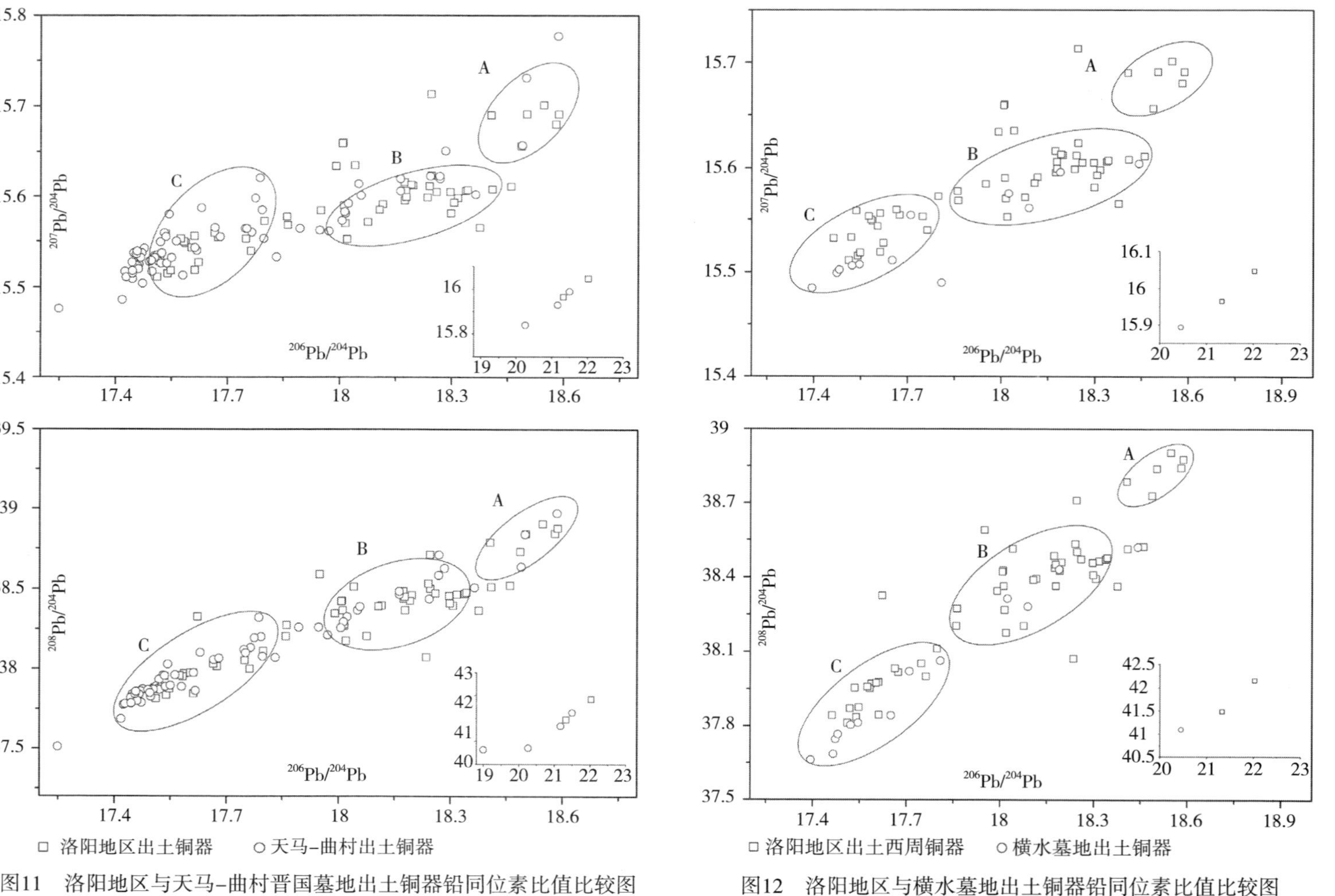

图11　洛阳地区与天马-曲村晋国墓地出土铜器铅同位素比值比较图

图12　洛阳地区与横水墓地出土铜器铅同位素比值比较图

来源存在着很大的差别。

最近，北京科技大学研究团队对叶家山曾国墓地出土铜器进行铅同位素比值[46]研究（图14），认为制作叶家山曾国青铜器和部分北窑铜器所使用的矿料是相同的。洛阳北窑铜器铅同位素比值较叶家山曾国铜器的分布宽泛，这说明北窑铸铜作坊不仅使用与叶家山曾国铜器相同的矿料，而且还使用了其他地区的矿料[47]。这一结论与本文的铅同位素数据结果一致。

（五）洛阳地区与同时期其他地区出土铜器的铅同位素比值的比较

将洛阳地区与西周其他地区出土铜器铅同位素比值进行比较，如周原遗址[48]和強国墓地[49]由图15可以看出，洛阳地区出土青铜器铅同位素比值数据大体集中在A、B、C三个区域。在A区高放射成因铅区域内，洛阳北窑墓地出土铜器与強国墓地、天马–曲村晋国墓地、横水墓地、炭河里遗址出土铜器的铅同位素比值数据点比较接近，其中2件強国墓地、1件炭河里遗址、1件横水墓地出土青铜器与洛阳北窑铜器铅同位素数据基本重叠。在已做过科学分析的商周铜器中，含高放射成因铅的铜器最早出现在二里冈下层，到殷墟第四期已不多见，西周及以后比较少见或不见[50]。后来出现的少量高放射成因铅的铜器，原因有以下三种。一是旧器重熔，二是商代遗物，三是开采了新矿源。洛阳北窑墓地出土1件西周早期车軎和1件晚期车軎的铅同位素数据属于高放射成因铅，目前洛阳地区还没有发现西周时期大量的高放射性成因铅器物，这2件器物有可能属于旧器重熔新铸的个别现象。

为便于讨论，将成周地区普通铅铜器铅同位素数据与西周其他地区普通铅铜器铅同位素数据放在一张图中进行比较（图16），如图7至图16所示，以及上述分析讨论可知，在普通铅范围内，洛阳地区铜器与陕西周原遗址、燕国琉璃河墓地、山西横水倗国墓地、宝鸡強国墓地、山西天马–曲村晋国墓地、湖北叶家山曾国墓地、湖南炭河里遗址出土的西周铜器，在普通铅同位素比值范围内都有一定程度的重叠，特别是成周地区与各封国铜器铅同位素组成数据点相对集中于C区，这说明C区金属资源在西周早中晚各期一直开采利用，说明雒邑成周地区与周原、晋南、北方和南土多处遗址、墓地出土青铜器中的部分器物所制作使用的矿料是相同的。这也为下文探讨西周时期青铜矿料流通，以及青铜器生产、使用、分配等方面的问题提供了科学依据。

另外，根据朱炳泉铅同位素省板块的铅同位素数值范围划分，由图17可知，雒邑成周地区出土青铜器铅同位素比值大部分为扬子板块范围$17.8<{}^{206}Pb/{}^{204}Pb<18.4$，$37.9<{}^{208}Pb/{}^{204}Pb<38.4$；一部分为华北板块${}^{206}Pb/{}^{204}Pb<17.8$，${}^{208}Pb/{}^{204}Pb<37.9$；还有一部分落入华夏板块区域${}^{206}Pb/{}^{204}Pb>18.4$，${}^{208}Pb/{}^{204}Pb>38.4$，也是说洛阳地区出土铜器与周原遗址、燕国琉璃河、宝鸡強国、山西横水、山西天马–曲村晋国墓地出土青铜器铅同位素比值数据点在各个板块区域都有重合，说明新的金属资源产地已经得到开发利用。崔剑锋通过对已发表的西周青铜器铅同位素比值V矢量填图，指出晋国和燕国"在西周时期，两国曾经共同开发过同一处矿山"[51]，进一步说明了西周时期大多数遗址或墓地出土的金属器所使用的矿料有一部分与中原地区出土的金属器使用了相同的金属资源。这有可能和西周时期中央王

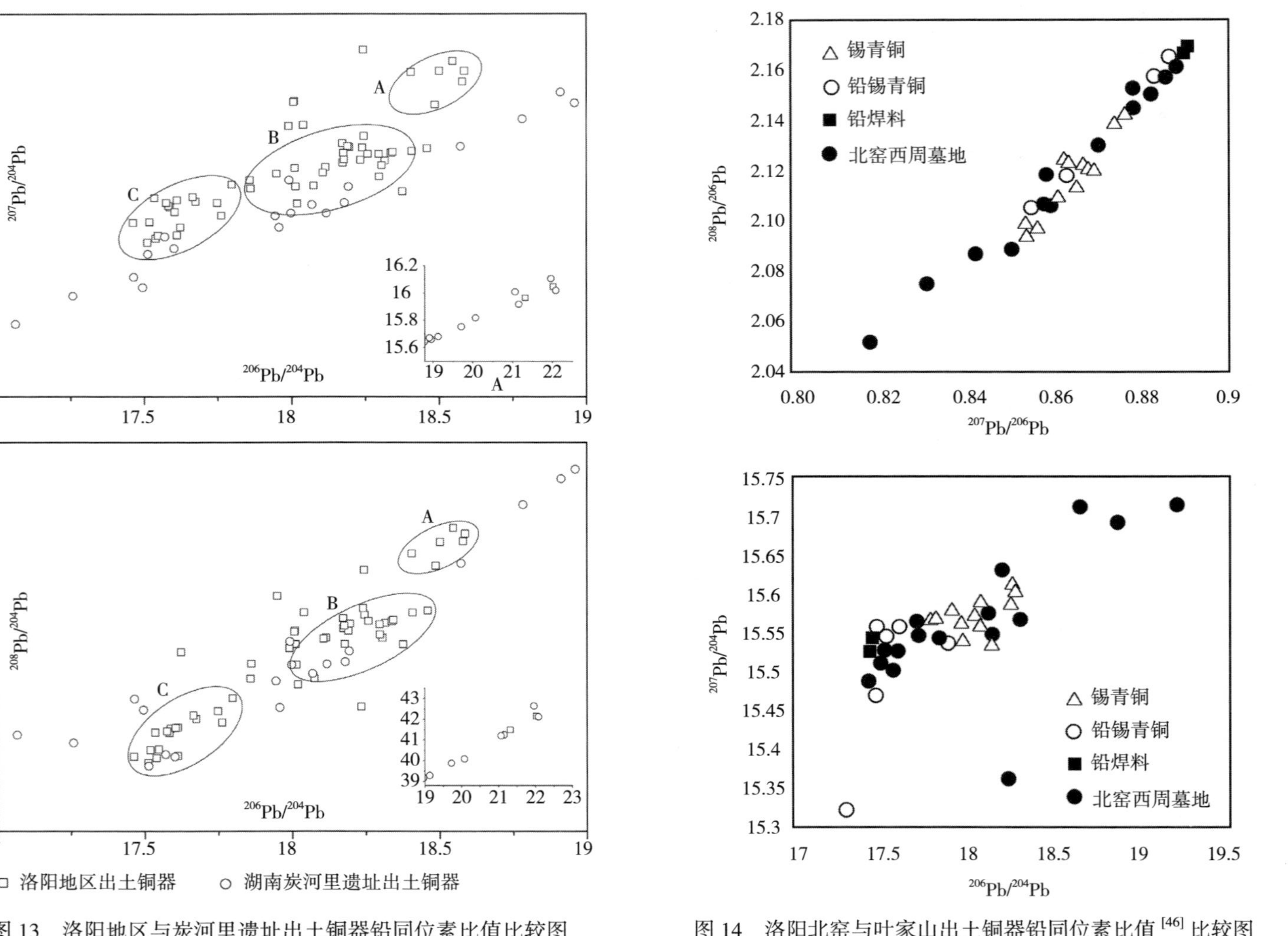

图13 洛阳地区与炭河里遗址出土铜器铅同位素比值比较图

图14 洛阳北窑与叶家山出土铜器铅同位素比值[46]比较图

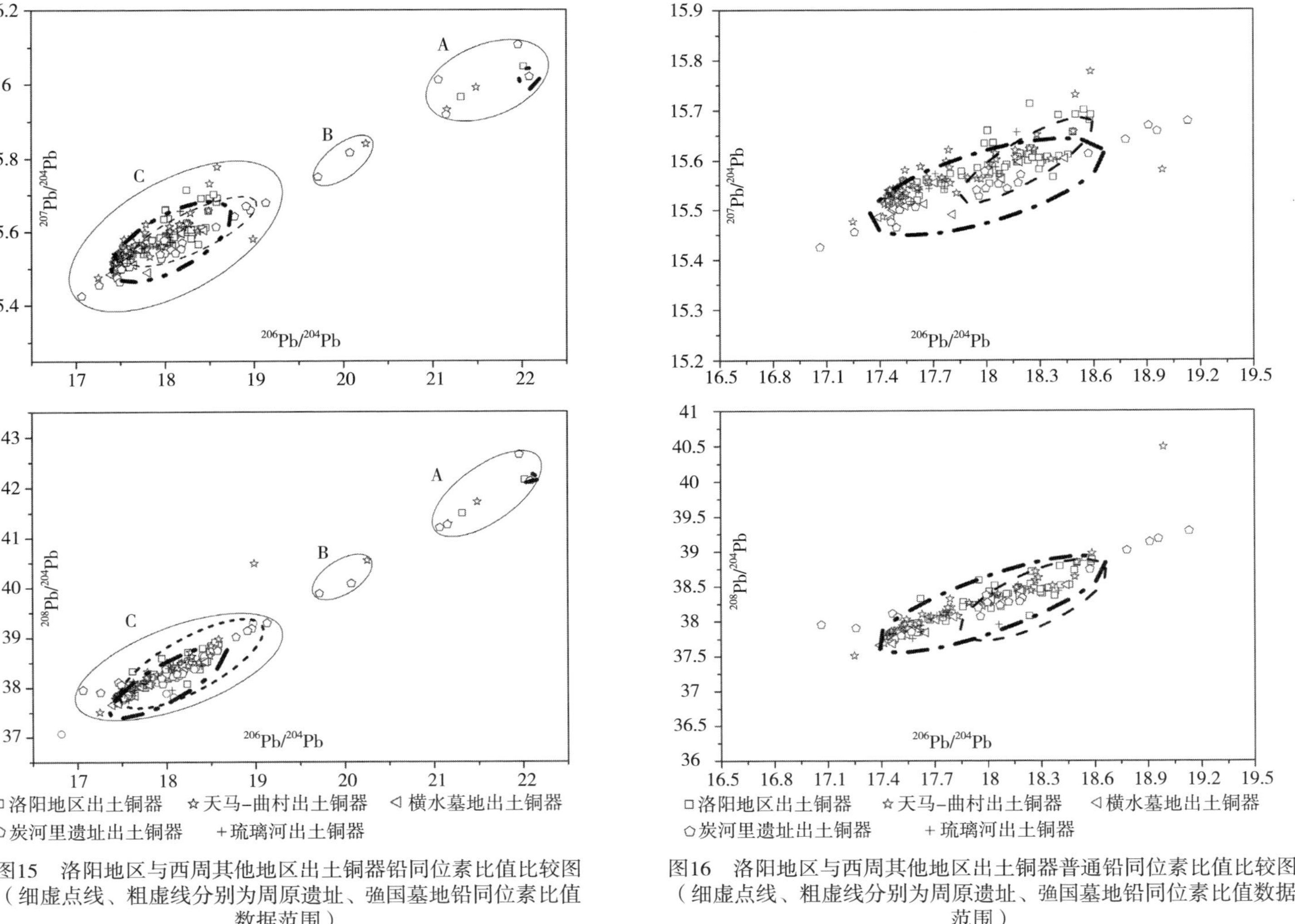

图15 洛阳地区与西周其他地区出土铜器铅同位素比值比较图（细虚点线、粗虚线分别为周原遗址、強国墓地铅同位素比值数据范围）

图16 洛阳地区与西周其他地区出土铜器普通铅同位素比值比较图（细虚点线、粗虚线分别为周原遗址、強国墓地铅同位素比值数据范围）

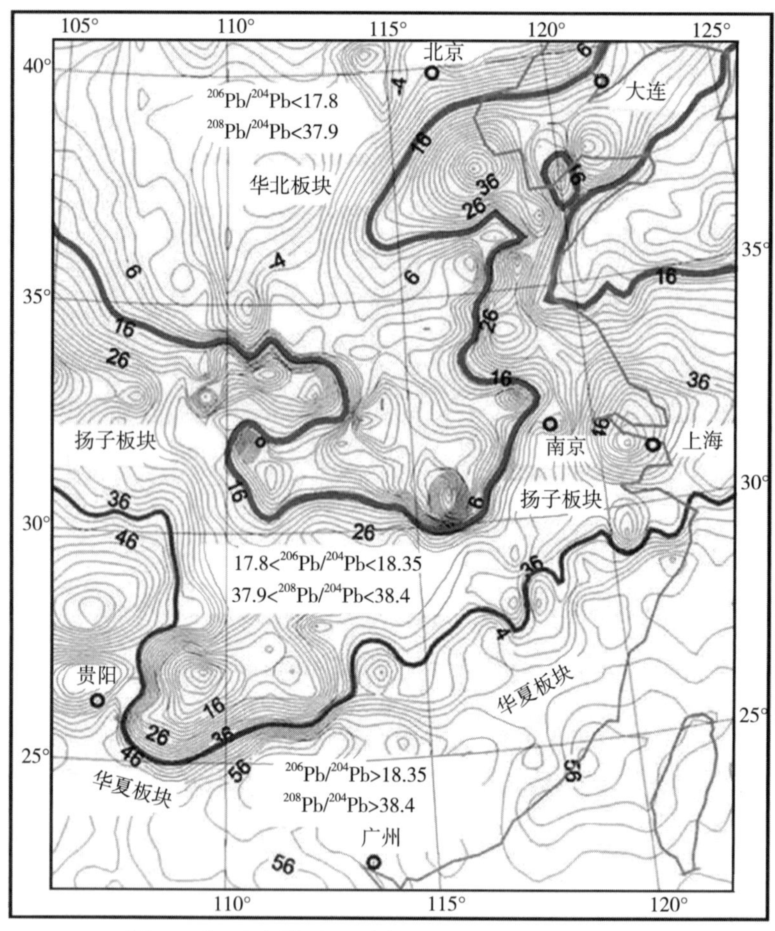

图17　东亚铅同位素地球化学省划分（改自朱炳泉：《地球化学省与地球化学急变带》，科学出版社，2001年）

朝的政治、军事的影响力有关。

五、雒邑成周地区铜器矿料来源研究

（一）洛阳地区铜器与西周矿山铜器比较

今河南郑州、安阳、洛阳等地区、湖北大冶地区、山西侯马地区、安徽铜陵地区在商殷、西周、春秋时期就已是主要的冶铜中心[52]。在内蒙古林西大井也发现了西周时期大规模的采铜、炼铜遗址[53]。此外，距洛阳不远地处晋南豫北中条山铜矿区是商周时期距离中原最近的铜矿产地。

为探索洛阳地区出土铜器的矿料来源，将59件铜器的铅同位素比值数据与江西瑞昌[54]、湖北铜绿山[55]、中条山地区铜矿石[56]、林西大井矿冶遗址[57]、湘南锡多金属矿[58]等黄铜矿、铜锭、孔雀石、方铅矿和炼渣等的铅同位素比值数据作比较。

秦岭地处中国扬子板块与华北板块的结合部位，其西端位于甘肃省境内，东段至河南省西部，主体位于陕西省南部与四川省的交界处，蕴藏着丰富的矿产资源，是中国重要的铅、锌、镍等金属的矿产地。矿床成因复杂。秦岭分为由北至南的三支，依次为崤山、熊耳山和伏牛山，其中北秦岭金属矿位于陕西境内，东秦岭金属矿位于豫西，属洛阳地区，紧邻宗周和成周地区，蕴藏有较丰富的铅矿资源和一定的铜矿资源。故笔者列出北秦岭金属矿[59]、东秦岭金属矿的铅同位素比值数据[60]进行讨论。

西周洛阳地区出土的59件铜器中，合金类型有三类：锡青铜、红铜和铅锡青铜，以锡青铜为主体。洛阳地区出土锡青铜、红铜反映的是铜料来源、铅锡青铜反映的是铅料来源。如图18、图19所示，洛阳地区出土铜器与江西瑞昌、林西县大井矿冶遗址出土的矿石和炼渣等的铅同位素比值数据有较大差异，斜率明显不同，应不会是其来源。根据洛阳地区出土西周铜器与湘南锡多金属矿铅同位素比值的比较图及其与北秦岭金属矿铅同位素比值的比较图（图20；图21）可知，在普通铅范围内，数据点比较离散，有较少数据点重合，且斜率明显不同，两处应该不是洛阳地区出土铜器的金属资源产地。由洛阳地区出土西周铜器与东秦岭金属矿铅同位素比值的比较图（图22）可知，东秦岭金属矿铅同位素以富铀铅为主要特征。在高放射性成因铅区域内，东秦岭金属矿铅同位素有1个数据与洛阳地区出土西周铜器2个数据落于同一区域。在普通铅范围内，在铀铅图中，东秦岭金属矿铅同位素有1个数据与洛阳地区出土西周铜器几个数据部分重叠，在钍铅图中，东秦岭金属矿铅同位素有4个数据与洛阳地区出土西周铜器几个数据部分重叠。这说明洛阳地区出土铜器的金属资源产地也有来源于东秦岭金属矿的可能性。另外，根据湖北铜绿山矿石的铅同位素数据（图23）可知，在钍铅图中，数据点较为集中，有6个数据与洛阳地区出土西周铜器几个数据部分重叠。铀铅图中数据比较分散，有1个数据点与洛阳地区出土西周铜器2个数据部分重叠，另有1个数据点落入洛阳地区出土西周铜器数据点区域内，非常接近。因此，湖北铜绿山铜矿也有可能是洛阳地区出土铜器的金属资源产地。

中条山铜矿区为较大的矿区，由铜矿峪、横岭关、落家河及胡家峪—蓖子沟等小铜矿组成。为了便于对比，笔者将洛阳地区出土铜器铅同位素比值数据（表1）与已发表的中条山铜矿石的铅同位素比值数据[61]进行比较（图24）。

铅同位素分析结果显示，经检测洛阳地区出土铜器铅同位素比值变化范围比较大，绝大多数处于普通铅区域，$^{206}Pb/^{204}Pb$、$^{207}Pb/^{204}Pb$、$^{208}Pb/^{204}Pb$值变化范围分别为17.4628～18.587、15.511～15.691、37.8417～38.904。由图24可知，无论在铀铅图还是钍铅图中洛阳地区出土铜器铅同位素比值数据与中条山落家河、铜矿峪铜矿铅同位素比值数据相对更加聚集，落家河铜矿的3个数据与洛阳地区出土铜器ZY1630、ZY1635、ZY1637、ZY1646（其中ZY1630、ZY1635、ZY1637为唐城花园C3M417出土青铜礼器）的铅同位素比值数据近乎重合，说明它们可能具有相同的矿料来源。其中铜矿峪铜矿的5个数据与洛阳地区出土铜器（ZY2684、ZY2685、ZY1638、ZY1641、ZY1642、ZY1643、ZY1647、ZY1657、ZY1660、ZY1661）的铅同位素比值数据几近重叠，并且洛阳地区出土铜器数据与中条山铜矿铅同位素比值数据在铀铅图中斜率一致，这说明洛阳地区出土部分铜器样品的铅同位素数据与中条山铜矿峪铜矿数据比较接近，可能具有相同的矿料来源。其中横岭关铜矿2个数据与洛阳地区出土铜器（ZY2633、ZY2639、ZY2674、ZY2676、ZY2678、ZY1634、ZY1635、ZY1637、ZY1649、ZY1650）的铅同位素数据近乎重叠，其中ZY1649铅含量约为9.9%，系铅锡青铜，这说明洛阳地区出土部分铜器样品的铅同位素数据与中条山横岭关铜矿数据比较接近。由于洛阳地区出土铜器合金类型以锡青铜为主体，2件红铜器，指征的是铜料的产地，也有3件铅锡青铜器物ZY1639、ZY1640、ZY1649（铅含量10%～12%左右），指征的是铅料的产地。这3件铜器的铅同位素比值落在中条山矿区分布范围内，说明洛阳地区出土铜器采用的铜料和铅料与中条山铜矿和铅矿具有相近的铅同位素组成。中条山铜矿的铅同位素比值的分布范围基本覆盖了雒邑成周地区铜器铅同

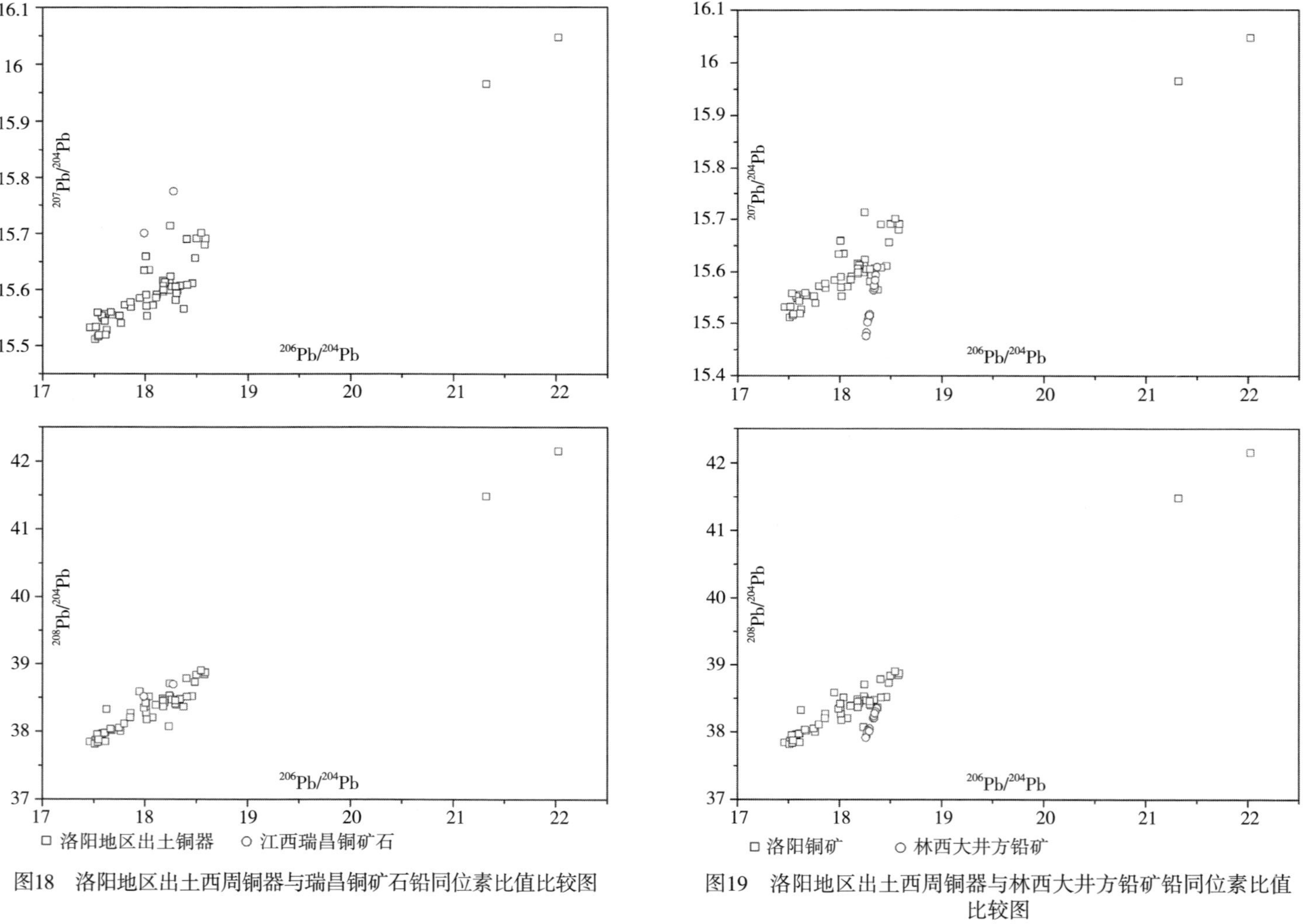

图18 洛阳地区出土西周铜器与瑞昌铜矿石铅同位素比值比较图

图19 洛阳地区出土西周铜器与林西大井方铅矿铅同位素比值比较图

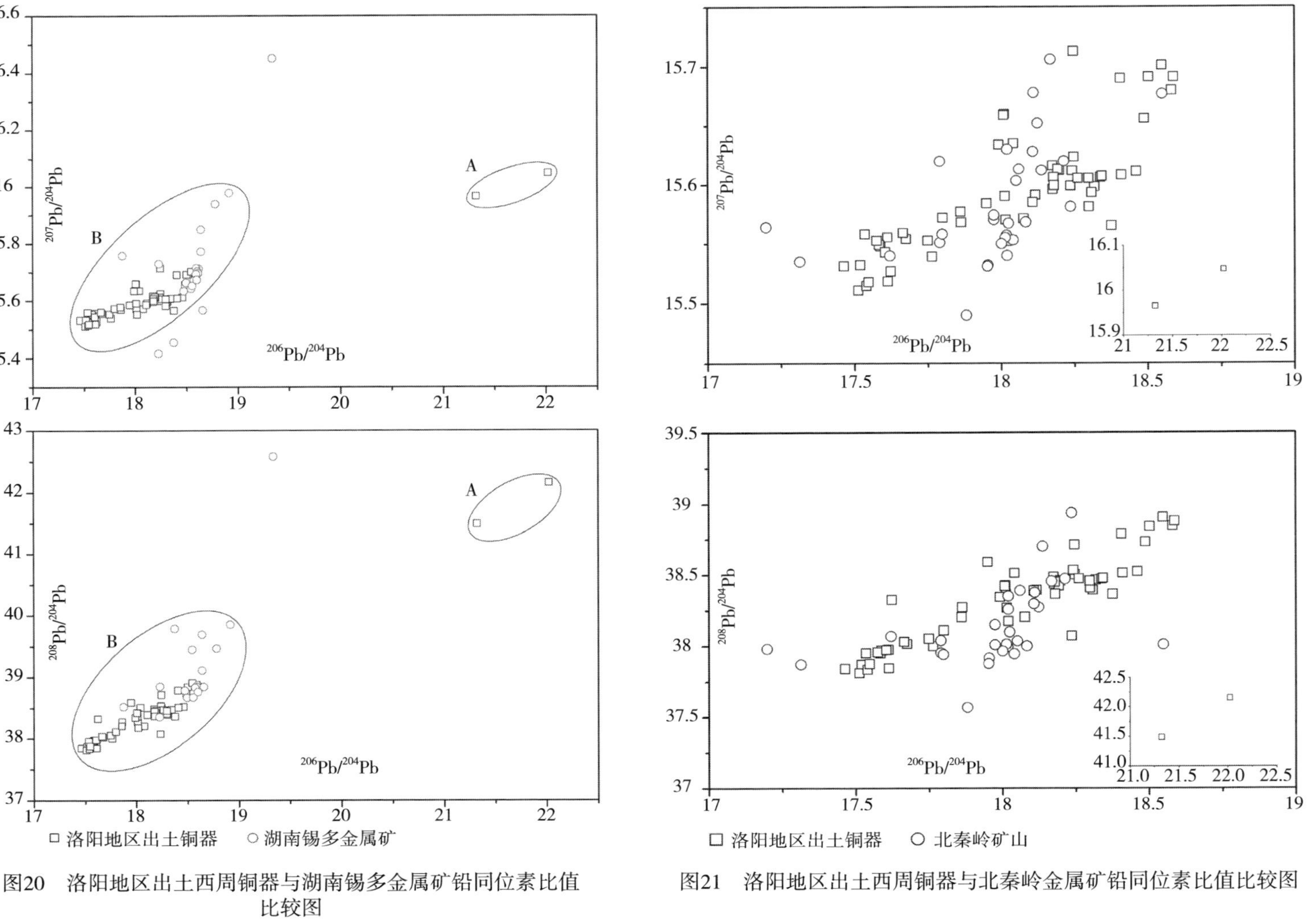

图20 洛阳地区出土西周铜器与湖南锡多金属矿铅同位素比值比较图

图21 洛阳地区出土西周铜器与北秦岭金属矿铅同位素比值比较图

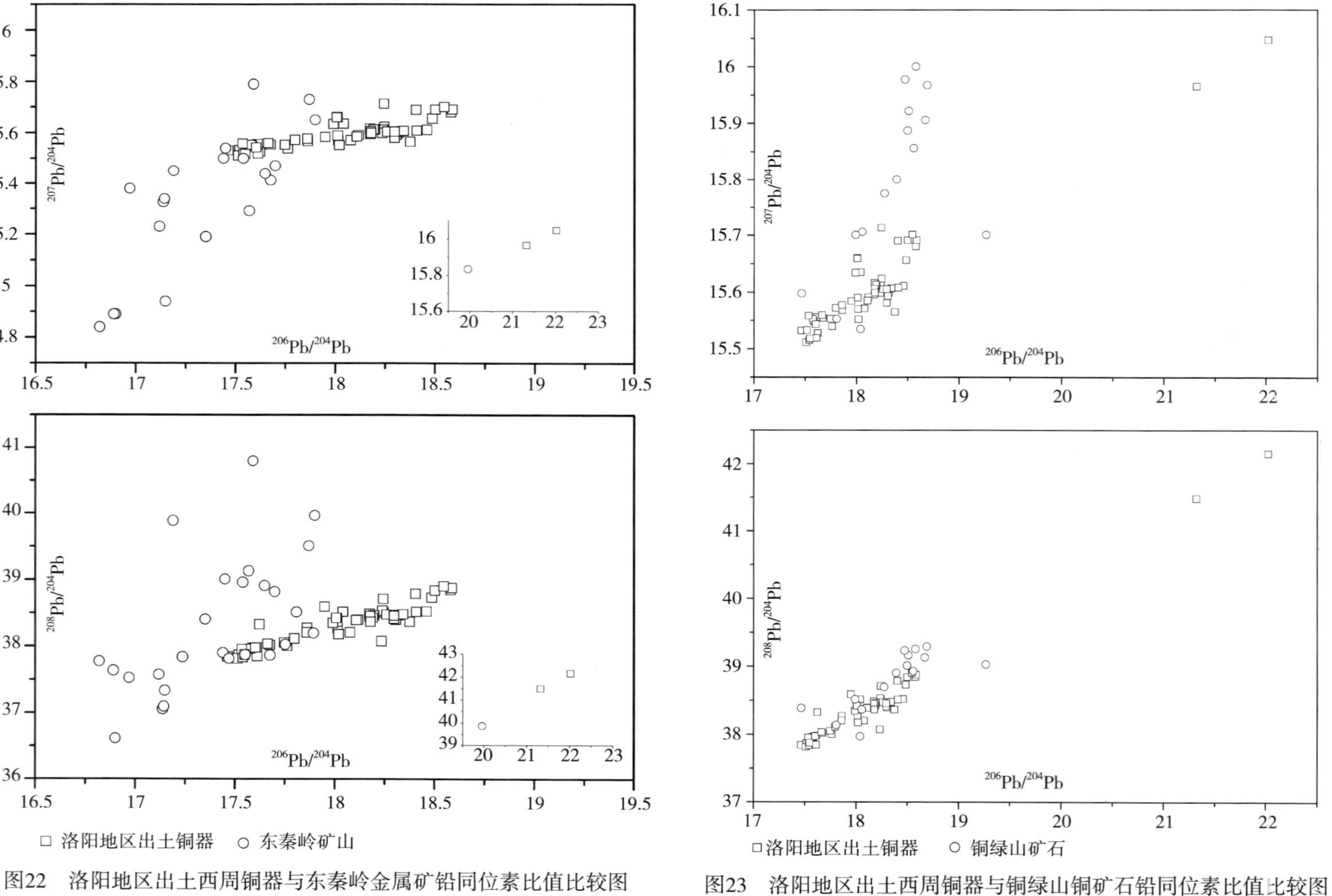

图22　洛阳地区出土西周铜器与东秦岭金属矿铅同位素比值比较图

图23　洛阳地区出土西周铜器与铜绿山铜矿石铅同位素比值比较图

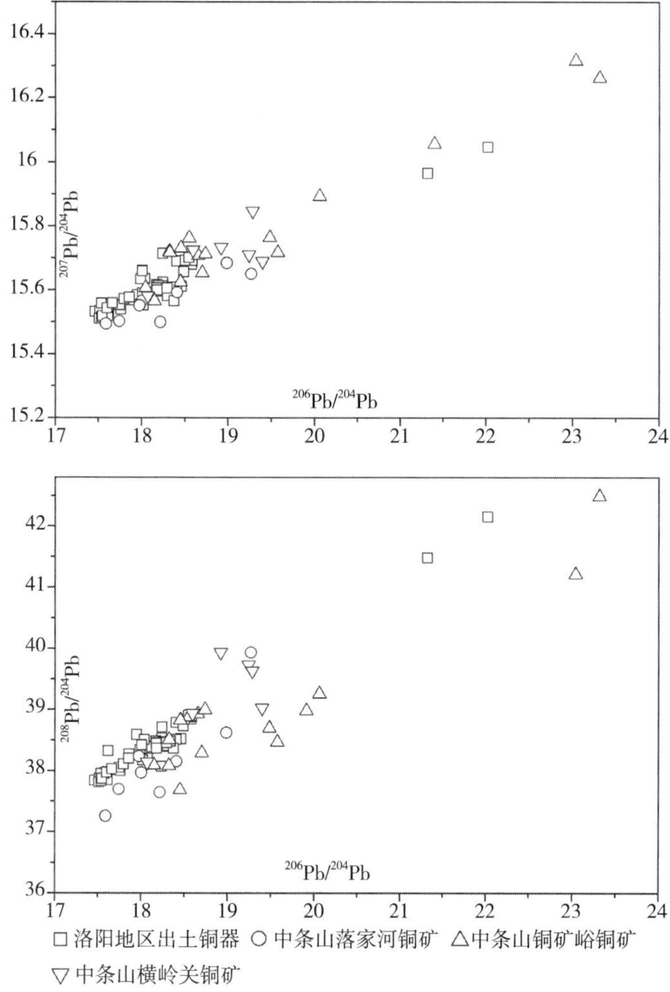

图24 洛阳地区出土西周铜器与中条山矿铅同位素比值比较图

位素比值的分布范围。另外2件洛阳北窑机瓦厂西周墓出土铜器样品为高放射成因铅。$^{206}Pb/^{204}Pb$、$^{207}Pb/^{204}Pb$、$^{208}Pb/^{204}Pb$值变化范围分别21.323～22.023、15.965～16.047和41.485～42.152。根据学者们已有的研究，北窑西周墓出土铜器多为锡青铜[62]，指征的是铜料的产地，这与中条山矿区存在高放射成因铅铜矿十分吻合。

根据上述分析讨论，洛阳地区出土铜器铅同位素比值具有较大的变化范围，但所有铜器样品的铅同位素数据落入了中条山铜矿的铅同位素比值范围内。根据目前已公布的西周矿山铅同位素比值数据结果及对比研究可知，雒邑成周地区出土铜器样品的铅同位素数据与中条山铜矿铅同位素数据最为接近。由于古代黄铜矿、黄铁矿、方铅矿在外观上不易辨别，我们无法知道当时古人的冶炼过程，究竟用的哪种矿料，因此，只能根据科学数据说洛阳地区铜器使用的铜料、铅料很可能来自中条山铜矿区。因此，有必要对中条山矿区进行相关考古学调查。另外，东秦岭和铜绿山金属矿也有可能是其金属资源产地。

（二）根据文献及考古发掘资料探索矿料来源

由图25可知，在富含金属矿藏的主要矿带，晋南的中条山在二里头和早商的文化分布范围内，中条山的金属矿藏应该是最早被开发利用的。陈星灿、刘莉等先生根据聚落形态和资源分布的综合研究，认为中条山矿区有可能是二里头国家最早期青铜铸造所需合金的产地[63]。最近，北京科技大学研究团队对晋南早期铜矿冶遗址考察研究表明，中条山地区矿冶业产生的主要是红铜，地区中心聚落或王都的铸铜遗物的研究说明合金元素锡和铅也有相对独立的来源[64]。在对矿冶遗址调查中，在垣曲、闻喜等地也发现了大量古代矿冶遗

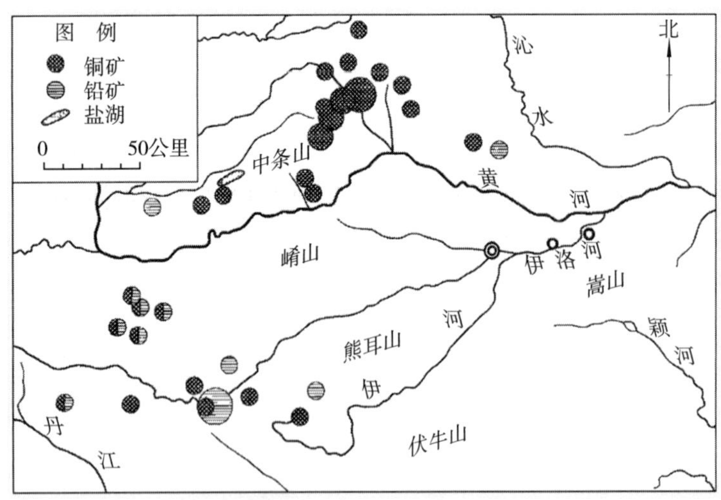

图25 伊洛河盆地的地理特征及周围地区重要资源（采自陈星灿、刘莉等：《中国文明腹地的社会复杂化进程——伊洛河地区的聚落形态研究》，《考古学报》2003年第2期）

址，中条山铜矿产地是离洛阳北窑西周铸铜遗址最近的铜矿产地[65]，这也和洛阳地区出土铜器合金类型以及铅同位素数据指征的金属资源产地十分吻合。

西周时期的古铜矿冶遗址数量比商代有所增多，从这些古矿遗址的开采遗迹及炼渣遗物来看，西周时期的矿料开采和冶炼技术可能已经出现了硫化铜矿的冶炼技术[66]。张世贤也认为我国可能在西周中期甚至商末就已经开始掌握了硫化铜矿的冶炼技术[67]。西周时期中原地区中条山铜矿区的某些高品位的铜矿仍被开发并为周王朝提供铜料。经检测的早期冶炼遗址大多是冶炼铜氧化矿石的遗址，冶炼产物为纯铜，目的是为更高等级的遗址提供铜原料[68]。李延祥指出，中条山地区在战国时期可能已经使用“硫化矿－铜”工艺来炼铜[69]，不同于长江中游地区在古代长期使用“硫化矿－冰铜－铜”工艺来炼铜。由扫描电镜微区观察和金相组织观察表明，洛阳地区铜器的显微组织中存在大量硫化夹杂物，而且硫化夹杂物基本夹杂硫化亚铜，铁少量或未检出，这说明在冶炼矿石中存在着铜的硫化矿物。

结合考古学、冶金学和铅同位素比值研究，笔者认为洛阳地区铜料、铅料最有可能来自于中条山铜矿区，早期可能使用了高品位的氧化矿，西周时期可能已经开始使用“硫化矿—铜”工艺来炼铜，很可能“氧化矿—铜”和“硫化矿—铜”两种冶炼工艺同时使用。西周时期洛阳地区铜料来源应为中条山矿区。另外，崔剑锋等学者根据铅同位素矢量填图也认为，商周王朝铜器大量铜料可能来自中条山铜矿区[70]。

六、西周时期雒邑地区与周边地区的青铜文化比较

西周是中国古代青铜技术发展鼎盛的时期，洛阳地区出土西周青铜器与安阳殷墟、宗周及其他封国地区青铜文化有着密切的联系，通过对西周早期中央王朝与各封国出土铜器的对比研究，可以为我们解析其技术来源、传播、西周青铜文化之间的关系及青铜器在政治、经济、军事及各社会阶层中所起到的重要作用。作为西周国家级的洛阳北窑西周铸铜作坊，其遗址出土陶范的纹饰，如饕餮纹、云雷纹、四瓣目纹、鸟凤纹、夔纹、圆涡纹等在家族墓、贵族采邑及其他各个封国都有反映。这说明无论是技术层面，还是青铜器的器形、纹饰，中原青铜文化的强势扩张在地方各分封诸侯国的礼容器上得到了很好的体现。

周原遗址为周人宗庙所在地。周人夺取政权后，为巩固其统治建立东都雒邑成周，并分封大批姬姓与姜姓诸侯，使之融合在一起，为西周王朝的统治与融合打下了稳固的基础。西周统治者通过雒邑成周与整个国家的其他区域紧密地联系在一起。将洛阳地区出土的青铜器及洛阳北窑铸铜遗址出土的陶范与周原地区及周边地区出土的青铜器进行对比研究，以期梳理出雒邑成周与周边地区青铜文化的联系，并对其青铜文化进行初步的探讨。

以典型器物方鼎、方座簋为例，进行探讨。

首先，对代表性器物方鼎进行初步讨论。本文只讨论有明确出土地层的科学发掘器物，传世和馆藏器物不在讨论之列。最早，杨宝成等学者对方鼎的研究，初步理清了方鼎的发展脉络[71]。张国硕对商代和西周早期青铜方鼎的研究，发现方鼎流行于商代和西周早期，西周中期以后罕见，而且不同时期方鼎的器形和纹饰也各具风格，并结合其出土背景认为，方鼎主要用于王室与贵族的祭祀[72]。高西省也对关中地区出土的西周方鼎进行了考察[73]。朱亮、高西省对出土及传世带铭文的60余件西周方鼎进行分型、分式，进一步论证商、西周方鼎的关系及各自的特殊作用，认为周人并非全盘接受商人的方鼎制度，并不像商人那样将方鼎视为等级高低的象征，但不否认方鼎为西周青铜礼器的重器，其墓主人的身份是不言而喻的[74]。张懋镕对商周方鼎衰落的时间及其原因、方鼎在青铜礼器中的位置及其作用等问题进行了探讨[75]。陈士松通过对传世和出土青铜方鼎资料的整理，弄清了青铜方鼎的类型、分期、起源、发展演变过程等问题，进而解读了青铜方鼎的实用功能和象征功能[76]。综上所述，方鼎主要用于王室与贵族的祭祀活动，是商王或大贵族之重器。目前发现的大型方鼎多出土于商王朝都城地区的墓葬中，方鼎的使用者皆为商王及其王室成员、一方大小诸侯或方国统治者及其夫人、高级将领、高级职官以及其他不明身份的贵族。

西周早期，方鼎分布区域进一步扩展，分布范围达到鼎盛时期。西周早期还出现附耳、蹄足、象鼻足等新特征。本文列出的图26，1～8这类方鼎明显不同于其他商代方鼎，腹饰兽面连体、有首无身、左右两侧各有一倒立状直体夔龙纹或直立状鸟纹附饰。多数腹部四角、中间均有F形扉棱，四足有条形扉棱，足饰兽面纹、两道弦纹。其中，洛阳北窑出土西周早期铜方鼎M686：1（图26，1）与灵台白草坡1号墓出土2号方鼎（图26，2），兽面双角呈牛角状，形制与纹饰基本相似，纸坊头1号墓出土的伯方鼎BZFM1：4（图26，4）、灵台白草坡M2：2方鼎（图26，3）及叶家山出土师方鼎M1：12[77]，兽面双角呈两端内卷下扣状，其上满布犄角，它们的器形与纹饰风格均有相似之处。此种类型为具有时代特征的新型方鼎，腹饰兽面并带有夸张扉棱的铜鼎。除传统的分布区（安阳殷墟已不见西周早期方鼎）外，在关中东部地区、陕北绥德、西北到达甘肃灵台白草坡、南方的湖北随州叶家山都有相同或相似形制的方鼎发现，这说明他们与西周中央王朝有着相同的青铜文化因素。

根据石鼓山户氏家族出土资料[78]及其青铜器相关研究，可将户氏家族青铜器分为殷商文化青铜器、先周文化相关青铜器和具有时代特征的青铜器三类[79]。戴家湾的地方特色类型青铜器与石鼓山具有时代特征的青铜器相似，其中方座簋为新型器物，从未见出土于商

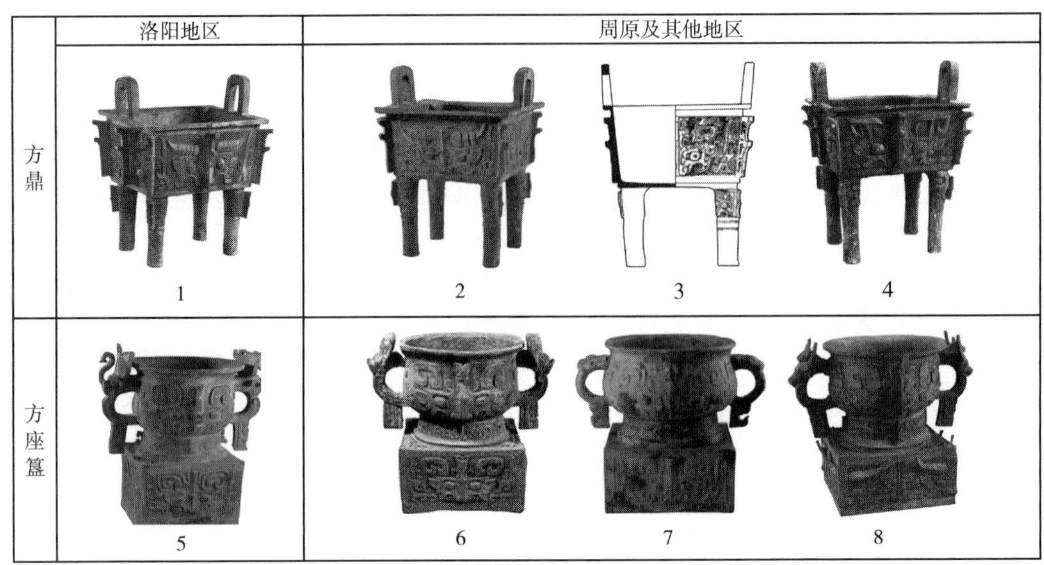

图26　洛阳地区与周原及其他地区出土铜器比较图

1～4.方鼎（洛阳北窑M686：1、灵台白草坡M1：2、灵台白草坡M2：2、纸坊头1号墓BZFM1：4）　5、7、8.方座簋（洛阳北窑M686：2、叶家山M50：14、纸坊头1号墓BZFM1：7）　6.利簋（陕西临潼县出土）

墓，为关中地方的新生文化因素。就造型、纹饰及铸造工艺而言，这些青铜礼器的制作工艺水准远远超过宝鸡本土器物（与先周文化相关的），反映了殷商系统的精湛工艺，但在器形、纹饰等方面却不同于殷商系统，出现多种新因素[80]。学界一般认为方座簋是周文化的产物，到目前为止还没有一件方座簋可以确定为商代铜器[81]。张懋镕先生通过对传世与出土方座簋做不完全统计证实了上述观点的科学性[82]。先周文化铜器体现了商代晚期宝鸡地区的青铜器发展情况，其铸造不及殷商器物厚重，工艺水平较差。石鼓山二期铜器年代为西周早期，个别铜器年代上限至商末。殷商铜器和先周铜器数量减少，周人铜器数量激增。特别是在铜器造型、纹饰等方面出现了创新。例如铜禁、方座簋、四耳簋、带夸张扉棱的铜鼎等。石鼓山出土的随葬青铜礼器以当地文化因素为主，而鼎、簋的组合，已经明显表现出西周用鼎、用簋制度的雏形，表明了这些器物制造的时间应在商末或西周早期。洛阳北窑铸铜遗址北边的西周贵族墓出土大量的青铜礼器、兵器、车马器等，其造型、纹饰同遗址中的陶范十分相符[83]，徐治亚认为附近西周贵族墓出土的铜器是北窑西周铸铜作坊的产品，而且作坊是在西周王朝直接控制之下的[84]，由图26，4、6、8及宝鸡石鼓山出土方座簋M4：314[85]可知，石鼓山、纸坊头、戴家湾出土的这种新式具有时代特征的铜礼器及周原地区的标准器利簋（图26，6）和洛阳北窑西周墓出土的标准器方鼎（图26，1）、方座簋（图26，5）形制与纹饰风格极其相似，并且大量青铜礼器带有铭文，特别是在铜器造型、纹饰等方面出现了创新，出现了方座簋、带夸张扉棱的铜方鼎等，这些都是西周青铜器的新特征。以上证据表明石鼓山、纸坊头、戴家湾出土的方鼎、方座簋的年代为西周早期，有可能为西周早期偏早阶段。这个时期周原地区出土铜器不仅器物的种类、数量大幅度增加，而且铸造技术也有了很大提高。殷商铜器中所用的分铸法、复合陶范法等工艺在宝鸡戴家湾、纸坊头、石鼓山及洛阳北窑、洛阳唐城花园贵族墓出土青铜礼器（部分礼器带有铭文）及其他洛阳西周墓出土青铜礼器上均得以体现。雒邑成周地区的铸铜技术与安阳殷墟铸铜技术更为接近。特别是发达的扉棱，其陶范在安阳铸铜作坊里出土，但这种特殊扉棱并没有在殷墟地区流行，考古发现也印证了其并不存在。那么殷墟孝民屯铸铜作坊的年代下限是否进入西周？商末周初陕西地区这种高规格的青铜器到底是在洛阳北窑集中铸造之后运回来？还是在陕西地区直接铸造？毕竟陕西地区较大规模的铸铜作坊尚未发现。

李永迪发现孝民屯东南地出土陶范及其所反映的铜器，不见于以往安阳殷墟出土的发掘品，而与宝鸡戴家湾、纸坊头出土的青铜器比较接近[86]。笔者发现孝民屯东南地出土的陶范与刚公布的石鼓山出土青铜器也比较接近，而东南地铸铜作坊的使用时间还不能确定延续到西周初年。路国权对殷墟孝民屯东南地出土陶范年代及相关问题提出新的看法，根据2000～2001年孝民屯东南地铸铜作坊遗址出土一些陶范与石鼓山墓地、宝鸡戴家湾墓地出土部分铜器纹饰相近或相似，2000AGH31：11与石鼓山M3方座簋口沿纹饰近同，涡纹旁边是夔龙纹，其下饰直棱纹，认为该铸铜作坊的时代应当进入了西周[87]。同样与其邻近的强国墓地，其铸造工艺也是以殷商铸造工艺为基础的。从地理位置考虑，戴家湾、纸坊头、石鼓山和强国墓地这些墓地都处于周原地区，具有相似的文化属性。周原遗址出土铜器与洛阳地区出土铜器的合金技术比较接近，表现为以锡青铜为主体[88]。而強国墓地出土青铜器合金规律有较大变化，苏荣誉先生认为強国墓地这种年代清楚且联系紧密的墓葬群中，合金规律有了较大变化，很可能是原料供给发生了较大的变化所引起的[89]。根据本文洛阳地区出土青铜器铅同位素比值与強国墓地（纸坊头、竹园沟、茹家庄）出土部分铜器的铅同位素数据显示，无论是铀铅图还是钍铅图，在普通铅范围及高放射性成因铅范围内，数据点都有较高程度的重叠，说明強国墓地出土部分铜器使用了和雒邑中央王朝同样的矿料来源。在已公布的数据中，宝鸡強国墓地出土的24件铜器属普通铅，其中变化范围$^{207}Pb/^{206}Pb$在0.858～0.91，$^{208}Pb/^{206}Pb$在2.05～2.2，最大偏离度为6～7%[90]，其铅同位素比值相对比较宽泛，这也和样品数量有关。需要说明的是，洛阳唐城花园出土青铜礼器与強国墓地出土铜器的金属资源来源存在着一定的差别[91]，洛阳地区铅同位素比值相对更加宽泛，说明作为王都所在的雒邑成周地区存在更多的金属资源来源。综上所述，说明处于同一区域文化的戴家湾、纸坊头、石鼓山等周原遗址出土的部分青铜器很可能使用了和雒邑中央王朝相同的金属资源。

另外，根据郁永斌博士论文公布的铅同位素数据，叶家山曾国青铜器的铅同位素比值与石鼓山墓地出土铜器的铅同位素比值有较高程度的重叠，制作叶家山曾国青铜器和石鼓山青铜器所使用的部分矿料相同，叶家山曾国青铜器和部分洛阳北窑西周墓出土铜器所使用的矿料相同，洛阳北窑使用的金属矿料更加宽泛[92]。这在另一方面说明北窑铸铜作坊很可能使用了与石鼓山墓地出土铜器相同的金属资源，另外还使用其他地区的金属资源来源，这在一定程度也支持了笔者的结论。

上文提到的师方鼎（M1：12）[93]，长方形口，外折沿，方唇，立耳，四柱实足，足部饰兽面纹，器腹四隅和四壁中部各有一“F”形扉棱，器口沿下各饰一组以云雷纹为地的浮雕兽面纹。西周成王时期德方鼎（《中国青铜器全集》第5集，第2、3页），器体方正，立耳，折沿浅腹，柱足细长。四角和每侧面中部都有扉棱。腹饰为兽面纹，两侧的龙形纹以细雷纹为地，足上端饰牛首纹。德方鼎的腹内底部铸有铭文，记周成王在成周雒邑祭祀武王，德参与其事，受到成王赏赐，作器以记之。根据二者形制、纹饰等判断应属于同一类型。另外，洛阳北窑出土方鼎（M686：1）及纸坊头1号墓出土的伯方鼎（BZFM1：4）[94]（图26，4）的形制、纹饰也与师方鼎、德方鼎颇为相似。这表明随州叶家山、周原遗址与雒邑成周地区出土方鼎存在着一致性。

雒邑成周地区出土青铜器和周原遗址出土青铜器均以锡青铜为主导[95]，这是两地在合金技术方面的显著特点。综合洛阳地区出土西周铜器和周原遗址出土铜器在器形、纹饰、铸造工艺、合金成分、铅同位素比值矿料来源等种种因素，我们不能排除这种新式具有时代特征的铜礼器是在洛阳北窑铸铜作坊铸造的可能性。况且灭商之后，大批殷遗民被迫迁到雒邑为西周王室工作。此种新风格的青铜器，很可能是在灭商之后，周人获取了充足的青铜原料，利用殷墟工匠的技术在洛阳北窑铸造的。

根据可确定年代墓葬出土器物，笔者对洛阳地区出土西周青铜礼器与各封国青铜礼器的形制、纹饰进行比较。洛阳北窑铸铜遗址地处西周王畿之内，遗址中出土的陶范等铸铜遗物反映着西周早期王畿地区的铸造技术，其T3灰坑中出土的鼎外范（T3H84：1）上腹部饰一周云雷纹、涡纹和龙纹组成的纹饰带，与叶家山曾侯谏圆鼎上腹部所饰纹饰带相似[96]，叶家山墓地出土方鼎腹部凤鸟纹、铜甗足上部兽面纹、圆鼎领部四目瓣纹、涡纹及尊、簋腹部兽面纹、饕餮纹等，在北窑铸铜遗址出土陶范上都能找到相应纹饰[97]，戴家湾墓地出现了长冠凤鸟纹和石鼓山方座簋（M4：314）上的象鼻状勾喙鸟纹[98]，改造的纹饰主要是小鸟纹，凤鸟纹开始占有更多的比重（图27），洛阳北窑出土陶范及洛阳地区西周墓出土青铜器上出现了小鸟纹、凤鸟纹（图28，11、图29，1），装饰主题饕餮纹独尊的局面也有所改观，商代的狞厉之美向西周时期的富丽祥和的审美慢慢过渡。

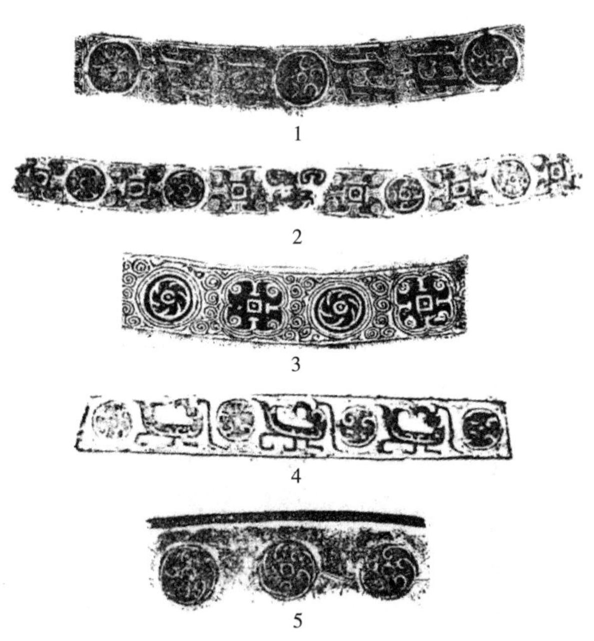

图27　強国墓地出土商周青铜容器拓本

1.作父辛鼎颈部　2.簋（BZM3：2）颈部　3.鼎（BZM9：1）腹部　4.伯矩方鼎腹部　5.史乙豆腹部（采自李鹏飞：《宝鸡強国墓地出土商周青铜容器研究》，陕西师范大学硕士学位论文，2017年）

图28　洛阳地区与周原及其他地区铜器比较图

1.圆鼎陶范（洛阳北窑铸铜遗址出土）　2.父丁鼎（石鼓山M4：305）　3.丰公鼎（竹园沟BZM7：3）　4.曾侯谏圆鼎（叶家山M65：44）　5、6.圆涡纹鼎（天马–曲村M6081、琉璃河M251：22）　7.陶范（洛阳北窑铸铜遗址出土）　8.涡龙纹圆鼎（叶家山M65：45）　9.白懋父簋（洛阳北窑M37：2）拓本　10.涡龙纹圆鼎（叶家山M65：45）上腹部纹饰拓本　11.圆鼎外范（洛阳北窑H84：1）拓本　12.曾侯谏圆鼎（叶家山M65：44）上腹部纹饰拓本　13.曾侯谏圆鼎（叶家山M3：8）颈部纹饰拓本　14～17.圆鼎（洛阳唐城花园C3M433：12、叶家山M27：25、洛阳唐城花园C3M521：22、天马–曲村M6195：33）

石鼓山、竹园沟、纸坊头、琉璃河燕国遗址、湖北叶家山、雒邑成周地区等出土的青铜礼器的形制特点和纹饰均存在着诸多相似之处。其中湖北叶家山出土的涡纹圆鼎（图28，4、8、10、12）与洛阳北窑铸铜作坊及北窑西周墓出土的涡纹圆鼎陶范（图1、7、9、11）极其相似，兽面纹圆鼎M27：25[99]（图28，15）与唐城花园兽面纹圆鼎纹饰相似。天马-曲村晋国是西周早期重要的姬姓封国之一，M6195：33[100]（图28，17）与唐城花园青铜圆鼎器形、纹饰基本一致。根据图28，5与北窑陶范图28，1、图29，4、5、8、11、13与图29，1～3、6、7、10、12，笔者发现西周早期晋国青铜器的面貌与雒邑成周地区青铜器比较接近，这说明姬姓的封国晋国与周王室联系紧密。由图26～29可知，洛阳地区出土铜器及北窑铸铜遗址出土容器陶范纹饰在多个封国或贵族采邑的青铜礼器上均有相同或相近的纹饰与之对应。这反映出，这些相距千里之遥的各封国的上层社会与西周中央王朝确实存在着紧密的联系。最近，向桃初、吴小燕对商周青铜方罍的形制、纹饰演变序列进行了细致、深入的讨论和梳理[101]，认为皿方罍的年代为西周早期，有可能为西周早期偏早阶段。根据铜方罍的演变，也证明了各个地区的青铜文化都受到中原青铜文化的影响。

另外，在琉璃河遗址出土的卜甲中有3片带有文字，其中96G11H108①：4上刻有“成周”两字[102]。燕国作为西周早期重要的姬姓封国之一，与姬姓周王室的关系不言而喻，其对促进中原与北方游牧民族地区之间的经济、文化交流具有重要作用。目前发现各封国记载有“王在成周”的青铜器已有30多件，这说明这些青铜制品由西周王室分配给各封国，也意味西周成周王室通过青铜器的分配对各封国进行直接控制和政治统治。

值得注意的是墓葬中的“毁器”随葬现象。在洛阳北窑墓中，西周早期墓葬出土兵器318件，西周中期墓葬出土兵器112件，西周晚期墓葬出土兵器7件，这些兵器绝大多数已受到当时人为的破坏。另外，洛阳老城西周车马坑[103]中的兵器（7件）全部被损坏，丰镐、沣西西周墓[104]中的兵器大部分被毁坏。井中伟对西周墓中“毁兵”葬俗进行了考古学观察，他认为周人在西周立国之初，将随葬的兵器人为地加以毁坏，表明与商人暴力行为的不同，以示“禁暴”。“毁兵”葬俗是西周初期进行整合的产物，反映了西周统治者的“礼治”思想[105]。具有“毁兵”葬俗的西周墓葬主要见于陕西、河南、山西、北京、甘肃等地区，其中最为突出的是洛阳北窑西周墓，这从另一个侧面体现了西周王室在礼治和军事方面的思想，同时也有效地加强了西周中央王朝对兵器的管理。

通过对洛阳地区和各封国出土西周铜器的金属技术和金属资源来源的研究，再结合以上综合分析，发现西周早期各封国青铜矿料使用、制作技术、合金技术、器形、纹饰、器用制度、随葬习俗等文化特征均与雒邑成周地区表现出高度的一致性，反映这一时期西周王室对青铜文化的发展起主导作用，这种主导集中体现在其对青铜矿料资源的配置和对青铜器制作技术的控制方面。

值得注意的是，雒邑地区出土西周青铜器在合金成分方面与殷墟铜器有相似之处，无论是礼容器还是车马器都以锡青铜为主。这说明西周时期雒邑成周地区青铜工业的矿料来源，即铜料和锡料的原料供应确实有充分的保障，说明周贵族能够控制和使用稳定的锡料矿源。殷墟第四期铜器出现“锡料来源紧缺”的现象[106]，究竟是商代晚期政治势力范围缩

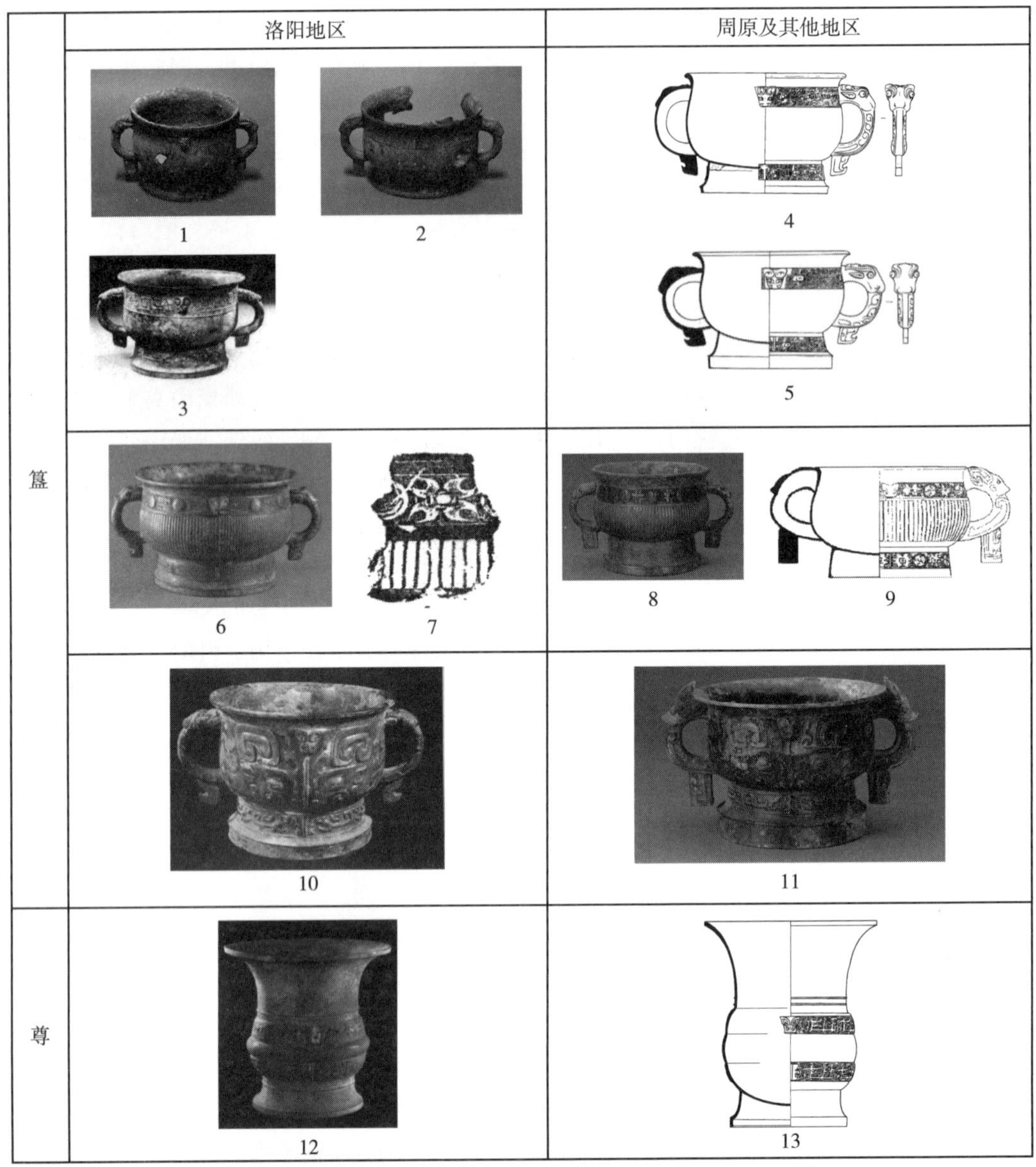

图29　洛阳地区与周原及其他地区出土铜器比较图

1～6、8～11.簋（洛阳唐城花园C3M511：12、洛阳唐城花园C3M521：23、洛阳北窑采集012、天马-曲村M6210、天马-曲村出M6069、洛阳北窑M37：2、天马-曲村M7161、石鼓山M2：3、洛阳北窑M1：2、天马-曲村M6054：7）　7.陶范纹饰拓本（洛阳北窑T81⑥：1）　12、13.尊（洛阳北窑M347：6、天马-曲村M6214）

小，对锡矿料来源掌控有限，还是“殷人对随葬礼器的态度有所变化”[107]，需要进一步讨论。根据最近发表的石鼓山遗址的资料及对其中出土的青铜器的相关研究，了解到石鼓山与先周文化相关的青铜器制作技术水平较差，青铜器的铜胎较薄，张天恩先生认为这与青铜原料的供给不足有关[108]。笔者认为商末出现粗糙、铅含量高、明器化的青铜器，应与商王朝政治势力的衰退和对金属资源的控制有关。石鼓山户氏家族墓出土的大量具有时代特征的青铜器，与戴家湾出土的具有地方特色的青铜器相似，生产了以夸张、浪费铜料、彰显胜利与喜悦为特色的青铜器。西周早期多种青铜器的扉棱增大、加宽、增高，且许多青铜器呈现出奢华、豪放、张扬的特点。这些青铜器折射出积极强势的文化和时代精神，与西周早期国力强盛的时代背景相吻合，说明在这个时期周人已经控制了金属资源。值得注意的是，雒邑成周地区西周各个时期青铜器都以锡青铜为主，礼器、兵器、车马器等铜器制作精良且合金配比稳定，随葬品以实用器和祭器为主，说明西周时期周人很可能已开发出新的金属资源，这也与笔者的铅同位素数据结果一致。

商周时期，青铜礼器成为当时社会政治秩序乃至王权的象征。周初青铜文化重构的动力来源于王朝政治中心的转移与地方统治策略的创新。前者表现为以殷墟为核心的政治中心西移，西部周原–丰镐–雒邑由西向东横向统治中心的形成；后者表现为周初分封制度的实施，姬周文化迅速向周边地区扩张。以新型的西周早期方鼎为例，安阳殷墟已不见西周早期方鼎，而此类方鼎的势力范围由关中、洛邑、西北到达甘肃灵台白草坡、南方到达湖北随州叶家山。从天马–曲村晋侯墓地、琉璃河燕国墓地、叶家山曾国墓地的发现来看，虽然陶器等普通日用品保留了强烈的地方文化特色，但是贵重青铜礼器在器形、纹饰和使用制度上呈现出惊人的一致性。显然，相对于陶器等日用品，作为身份地位象征的青铜礼器更能揭示和彰显西周中央王朝统治阶层的政治意图。这种新的青铜文化结构不仅仅来源于周初牢固的血缘纽带，最根本的动因是西周统治中心在金属等重要资源上对地方封国的控制与分配。在普通铅范围内，洛阳地区青铜器与周原及西周多个封国遗址或墓地出土青铜器中部分器物制作使用的矿料是相同的。这表明新的青铜文化结构的根本动因在于对青铜资源的获取与分配，这在雒邑成周地区出土铜器的铅同位素分析数据与各封国出土铜器的铅同位素比值数据上得到了充分的体现。

七、西周青铜工业生产组织

本研究引入资源考古学理念，以技术为背景，尝试从矿料来源、铸铜技术、铸铜遗址、陶范、青铜器成品，以及青铜器的铸造技术、加工工艺、产品分配及流通等方面，将西周青铜工业生产组织体系作为一个整体加以讨论。

铅同位素分析数据表明，在普通铅范围内，洛阳地区出土青铜器中的部分器物的制作所使用的矿料与周原及西周多个封国遗址或墓地出土的青铜器的矿料是相同的，结合雒邑成周地区青铜器材质及制作工艺与同时期各个封国青铜器材质及制作工艺的横向比较，发现西周时期（特别是在早期）从矿料的开采到青铜器的制作过程各个环节，都可能受到西周王室的严格控制[109]。

北窑西周铸铜遗址紧邻北窑西周墓葬，二者的紧密联系是不言而喻的。北窑遗址出土大量包括陶范、陶模、坩埚、炉壁在内的冶铸遗物，其中仅出土的陶范就数以万计，经初步粘对，可辨器形且有比较清晰花纹的有五百块，以礼器范最多，为探讨西周时期王室青铜器生产技术水平以及冶铸业的管理模式等，提供了丰富的实物资料[110]。根据该遗址出土的种类繁多的陶范，可以确定洛阳北窑铸铜作坊各个生产环节都有明确的分工，这一时期周人已经对礼器、兵器、工具的生产实行统一管理和内部分工的新模式。从生产产品的数量和种类看，生产方式是高度复杂化的规模化生产。另外，根据发掘报告除铸造铜器的数以万计的陶范碎块外，还发现制作陶范的骨制和铜制工具以及浇铸时作祭祀用的卜骨、卜甲等。遗址中出土的卜甲（骨）以及许多非正常死亡的人的墓葬和兽坑，表明在每逢开炉浇铸之前很可能进行占卜和人祭、牲祭之类的宗教祭祀活动。这说明北窑铸铜作坊等级非常高，并且有一套很严格的规章制度、组织管理和祭祀礼仪。洛阳北窑铸铜作坊虽然经过发掘的面积较小，却已经获得数以万计的残范块、数以千计的熔炉壁残块，特别是礼器范纹饰精美，炉型种类多，范料的改良，等等，铜器的制作规模远远超出西周王室对青铜器的需求，这些足以说明洛阳北窑遗址是我国迄今发现的一处规模最大、包含物最丰富的西周最高等级的青铜器作坊遗址[111]，是由国家控制的大规模生产青铜器的国有铸铜作坊，这也和本文的铅同位素数据极其吻合。

西周王室出于政治统治需要，对作为核心资源的金属资源，从矿料的开采到青铜器的制作，各个环节都受到国家的严格控制。青铜礼器继续使用了殷商时期块范铸造的工艺，以锡为主要合金元素的锡青铜和铅锡青铜为西周时期合金技术的主体。因此在王权控制下的青铜礼器，其风格呈现出高度的一致性。松丸道雄对西周时期部分带有铭文的青铜器进行了研究，他认为西周铜器中大多数为王室工房所作，也存在若干诸侯的青铜铸造工房或作坊[112]。考古工作者在周原发现的铸铜作坊有李家、齐家北和齐镇三处，这些小型铸铜作坊没有明显的分工，应不是国有铸铜作坊。近年来，随着考古发掘工作的深入开展，周公庙、孔头沟等商周时期聚落性质是贵族采邑的确认[113]，可知高级贵族采邑中也有铸铜业。其中孔头沟遗址商周时期聚落的性质为一非姬姓贵族的采邑，出土陶范纹饰者较少，与周原遗址李家铸铜作坊同期陶范相比，整体显得纹饰种类极单调[114]。这说明在中央政权的许可下，一些诸侯国和贵族采邑可以生产一些有区域特色的青铜器。

根据对雒邑成周地区出土铜器的铸造技术、合金成分的科学分析、铅同位素比值研究，对北窑西周铸铜遗址各个环节的分析[115]，对西周时期雒邑地区的金属技术与周边金属技术的关系的对比研究，以及对青铜器铭文的释读等，明确了青铜矿料资源是由西周王室控制的，国家级铸铜作坊是为周王室服务的，也就是说，在周王室的直接掌控下才能进行青铜器的制作生产，而且生产出来的青铜制品也是由王室分配给各诸侯国，但一些诸侯国和高级贵族采邑可以有自己的铸铜作坊。最近，夏玉婷（MariaKhayutina）通过对西周青铜器铭文的整理发现，西周王室把他们的政令（用极委婉的措辞）传达至“四方”，周王室迁址洛阳，可能对接下来几个世纪的政治融合进程起到了一定的作用[116]。虽然学者们的研究角度、研究材料可能各不相同，但是殊途同归，以上论述和本文的研究数据表明西周王室对金属资源、铸造技术、合金技术和青铜制品的控制与分配，以及当时雒邑成周特殊的政治地位，使其在文化融合中起到了重要的作用。

洛阳北窑铸铜遗址出土的礼容器陶范纹饰，在多个诸侯国铜器上均发现相同或相近的形制和纹饰，不论在北方抑或南方诸侯国，中原强势的青铜文化都得以体现，特别是在出土的西周某些重要封国的青铜器上出现“王在成周”的铭文，不能排除洛阳北窑国家级铸铜作坊铸造的铜器输送、分配到各诸侯国的可能性。这主要是因为夺取政权的周人随着政治、军事力量的加强，西周王朝不仅控制金属资源、冶炼技术、铸造技术、合金技术等，而且建立了一套复杂的生产管理系统和一整套祭祀礼仪，牢牢控制了金属资源和产品的分配与流通。铅同位素分析和制作技术等方面的研究都证明了这一观点。特别是在周初相当长的时间内，雒邑成周成为周王朝的重中之重。西周中央王朝在政治上采取一系列的策略，使姬周文化向周边地区强势扩张，并与地方诸侯国文化相融合，其最根本动因就在于西周王朝对金属等重要资源及技术的控制与占有，这是笔者对西周青铜产业格局的一个新认识。

八、结　　论

本文选取洛阳西周各时期具有代表性的出土铜器标本进行研究，在西周考古学的框架下，以金属资源和技术为主线，深入探讨西周青铜资源获取、供给、分配、流动等学术问题。从铜器的制作技术、合金成分、金属资源来源及铜礼器的器形、纹饰等多方面入手，揭示器物背后的青铜技术与文化之间的联系，弄清了西周雒邑成周地区青铜文化与周原地区及各封国青铜文化的关系，并对西周时期青铜工业生产组织进行初步探讨，从一个新的视角解读西周金属资源与西周文明之间的关系，主要认识如下。

第一，铅同位素的研究表明，59件器物样品数据有57件分布在普通铅区域，基本可以分为三个数据群落，可能分别代表三处不同的金属资源产地。其中一处为殷墟第四期以来一直开采利用的金属资源产地，另外两处为西周时期新开发的金属资源产地，这说明当时存在多处金属资源产地，这也与王都的性质相符。在普通铅范围内，雒邑地区青铜器制作所使用的矿料，与周原及西周多个诸侯国遗址或墓地出土青铜器中的部分器物所使用的矿料是相同的。而洛阳北窑墓地出土的1件西周早期车軎和1件晚期车軎的铅同位素数据属于高放射成因铅，可能属于旧器重熔新铸的个别现象。

第二，西周王室根据雒邑地区青铜器种类的不同，在矿料使用上具有一定的选择性，比如青铜礼器与车马器的铅同位素比值相对集中，但他们的分布区域却明显不同。

第三，本文数据表明，西周中央王朝的铜料、锡料来源比较充足。根据与目前发表的矿山铅同位素数据资料的比较分析，雒邑地区出土铜器使用的铜矿料、铅矿料很可能来自中条山古铜矿区，部分铜器的铜矿料、铅矿料也有来自东秦岭和铜绿山金属矿的可能性。

第四，雒邑地区西周时期青铜器金相组织显示多有硫化亚铜夹杂物应属于使用“硫化矿–铜”工艺炼铜的痕迹，说明在冶炼矿石中存在着铜的硫化矿物。

第五，西周早期周原地区及各封国青铜矿料的使用、制作技术、合金技术、器形、纹饰、器用制度、随葬习俗等方面，都与雒邑成周地区存在诸多相似之处，而且与周原地区出土的铜器在上述各方面比较接近，周初各封国的典型铜礼器不排除在洛阳北窑铸造的可能性。

第六，成周地区与周边许多地区在金属资源的来源及制作技术等方面的相似性表明，西周中央王朝控制着各封国金属等重要资源的生产和流通等。

附记：本文核心内容及观点来自笔者于2016年9月完成的博士学位论文，是在导师金正耀教授的指导下完成。中国科学技术大学地球空间学院陈福坤、黄方、杨晓勇及物理化学学院闫立峰教授，中国社科院考古研究所陈星灿研究员，北京科技大学科技史与文化遗产研究学院李延祥、潜伟和西北工业大学材料学院杨军昌教授对本项研究提供了帮助和宝贵建议，洛阳市文物考古研究院提供宝贵的考古样品与实物资料，在此一并谨致谢忱。

注　释

[1] 张光直：《中国青铜时代》第57页，生活·读书·新知三联书店，1990年。

[2]《夏商周时期的中原与周边——纪念郑州商城发现60周年暨韩维周、安金槐、邹衡先生学术成就研讨会》，《光明日报》2015年11月3日。

[3] a.陈星灿、刘莉等：《中国文明腹地的社会复杂化进程——伊洛河地区的聚落形态研究》，《考古学报》2003年第2期。

b.刘莉、陈星灿：《城：夏商时期对自然资源的控制问题》，《东南文化》2003年第3期。

c.刘莉、陈星灿：《中国早期国家的形成——从二里头和二里冈时期的中心和边缘之间的关系谈起》，见《古代文明》第1卷，文物出版社，2002年。

[4] 张剑：《洛阳西周青铜器研究》，见《四川大学考古专业创建三十五周年纪年文集》，四川大学出版社，1998年。

[5] 洛阳文物工作队：《洛阳北窑西周墓》，文物出版社，1999年。

[6] 洛阳文物工作队：《洛阳北窑西周墓》，文物出版社，1999年。

[7] 张剑、蔡运章：《洛阳东郊13号墓的发掘》，《文物》1998年第10期。

[8] 宝鸡市博物馆：《宝鸡竹园沟西周墓地发掘简报》，《文物》1983年第2期。

[9] 张剑：《河南洛阳西周墓葬陶器初探》，《中原文物》1993年第1期。

[10] 傅永魁：《洛阳东部西周墓发掘简报》，《考古》1959年第4期。

[11] 中国社会科学院考古研究所沣西发掘队：《1967年长安张家坡西周墓的发掘》，《考古学报》1980年第4期。

[12] 洛阳市文物工作队：《洛阳林校西周车马坑》，《文物》1999年第3期。

[13] 洛阳市文物工作队：《洛阳唐城花园C3M417西周墓发掘简报》，《文物》2004年第7期。

[14] 洛阳博物馆：《洛阳北窑西周墓清理记》，《考古》1972年第2期。

[15] a.洛阳市第二文物工作队：《洛阳五女冢西周早期墓葬发掘简报》，《文物》2000年第10期。

b.洛阳市文物工作队：《洛阳东车站两周墓发掘简报》，《文物》2003年第12期。

c.洛阳博物馆：《洛阳北窑西周墓清理记》，《考古》1972年第2期。

d.梁小景、马三鸿：《洛阳涧滨AM21西周墓》，《文物》1999年第9期。

e.中国科学院考古研究所：《洛阳中州路（西工段）》，科学出版社，1956年。

f.张剑、蔡运章：《洛阳白马寺三座西周晚期墓》，《文物》1998年第10期。

g.洛阳市文物工作队：《洛阳东郊C5M906西周墓》，《考古》1995年第5期。

h.洛阳文物工作队：《洛阳东郊西周墓》，《文物》1999年第9期。

[16] Gale, N.H., Zofia Stos-Gale. 2000. *Lead isotope analyses applied to provenance studies*, in *Modern analytical methods in art and archaeology*, Chicago, 503－584.

[17] a.Gale N.H. 1997. The isotopic composition of tin in some ancient metals and the recycling problem in metal provening, *Archaeometry*, 39（1）, 71–82.

b.Pernicka, E. 1992. Comments III, Evaluating lead isotope data:comments on E.V.Sayre, K.A.Yener, E.C.Joel and I.L.Barnes, Statistical evaluation of the presently accumulated lead isotope data from Anatolia and Surrounding regions, and reply, *Archaeometry*, 34（2）: 322.

[18] 金正耀：《商代高放射性成因铅原料的产地问题》，《中国文物报》 2003年4月22日。

[19] a.崔剑锋、吴小红：《铅同位素考古研究——以中国云南和越南出土青铜器为例》，文物出版社，2008年。

b. Gale, N.H., Zofia Stos-Gale. 2000. Lead isotope analyses applied to provenance studies, in *Modern analytical methods in art and archaeology*, Chicago, 503 - 584.

c. 田建花:《郑州地区出土二里冈期铜器研究》，中国科学技术大学博士学位论文，2016年。

[20] 朱炳泉：《地球化学省与地球化学急变带》，科学出版社，2001年。

[21] 朱炳泉：《地球化学省与地球化学急变带》，科学出版社，2001年。

[22] 金正耀：《铅同位素示踪方法应用于考古研究的进展》，《地球学报》2003年第24（6）期。

[23] Brill, R. H., and Wampler, J. M.Isotope studies in ancient lead, *American Journal of Archaeology*, 1967, 71, 63–77.

[24] 马渊久夫：《铅同位素比值推定青铜器原料的产地》，西北大学出版社，1992年。

[25] Gale NH, Stos–Gale ZA. Bronze Age copper sources in the Mediterranean: a new approach, *Science*, 1982, 216: 11–19.

[26] 金正耀：《晚商中原青铜的矿料来源研究》，见《科技史论集》，中国科学技术大学出版社，1987年。

[27] Gale NH, Stos–Gale ZA. Lead isotope analyses applied to provenance studies *Modern analytical methods in art and archaeology*. Chicago, 2000.

[28] Mabuchi, H., Hirao, Y., and Nishida, M. Lead isotope approach to the understanding of early Japanese bronzeculture, Archaeometry, 1985, 27, 131–159.

[29] Monna, F., Hamer, K., Leveque, J., and Sauer, M. Pbisotope as a reliable marker of early mining and smelting inthe Northern Harz province （Lower Saxony, Germany）, *Journal of Geochemical Exploration*, 2000, 68, 201–210.

[30] M. Ponting and J. A. Evans and V. Pashley. Fingerprinting of Romints UsingLaser–ablation MC - ICP - MS Lead Isotope Analysis. *Archaeamemy* 45, 4 （2003） 591–597.

[31] a.Doe, B. R., and Zartman, R. E. Plumbotectonics,the Phanerozoic, in Geochemistry of hydrothermal ore deposits （ed. H. R. Barnes）, 22–70, *Wiley–Interscience*, New York,1979.

b. Heyl, A. V., Delevaux, M. H., Zartman, R. E., and Brock, M. R., Isotopic study of galenas from the Upper Mis–sissippi Valley, the Illinois–Kentucky, and some Appalachian Valley mineral districts, *Economic Geology,* 1966,61,933–961.

[32] 金正耀：《中国两大流域青铜文明之间的关系》，见《中国铅同位素考古》，中国科学技术大学出版社，2008年。

[33] 金正耀：《中国两大流域青铜文明之间的关系》，见《中国铅同位素考古》，中国科学技术大学出版社，2008年。

[34] 朱炳泉：《地球化学省与地球化学急变带》，科学出版社，2001年。

[35] 金正耀：《中国铅同位素考古》，中国科学技术大学出版社，2008年。

[36] 金正耀：《中国两大流域青铜文明之间的关系》，见《中国铅同位素考古》，中国科学技术大学出版社，2008年。

[37] 金正耀：《中国两大流域青铜文明之间的关系》，见《中国铅同位素考古》，中国科学技术大学出版

社，2008年。
[38] 汪海港：《宝鸡地区西周铜器生产和资源流通研究——以周原和強国为例》，中国科学技术大学博士学位论文，2017年。
[39] 汪海港：《宝鸡地区西周铜器生产和资源流通研究——以周原和強国为例》，中国科学技术大学博士学位论文，2017年。
[40] 袁晓红：《成周地区出土西周铜器的合金技术和金属资源研究》，中国科学技术大学博士学位论文，2016年。
[41] 张利洁、孙淑云、殷玮璋等：《北京琉璃河燕国墓地出土铜器的成分和金相研究》，《文物》2005年第6期。
[42] 金正耀：《山西曲沃曲村晋国墓地青铜器的铅同位素比值研究》，见《中国铅同位素考古》，中国科学技术大学出版社，2008年。
[43] 金正耀等：《妇丁尊与西周早期青铜礼器的铅同位素研究》，《文物》2004年第7期。
[44] 袁晓红：《成周地区出土西周铜器的合金技术和金属资源研究》，中国科学技术大学博士学位论文，2016年。
[45] 马江波：《湖南出土商周青铜器的科学分析与研究》，中国科学技术大学大学博士学位论文，2015年。
[46] 郁永彬：《湖北随州叶家山墓地出土西周青铜器的科学分析研究》，北京科技大学博士学位论文，2015年。
[47] 郁永彬：《湖北随州叶家山墓地出土西周青铜器的科学分析研究》，北京科技大学博士学位论文，2015年。
[48] 汪海港：《宝鸡地区西周铜器生产和资源流通研究——以周原和強国为例》，中国科学技术大学博士学位论文， 2017年。
[49] 汪海港：《宝鸡地区西周铜器生产和资源流通研究——以周原和強国为例》，中国科学技术大学博士学位论文，2017年。
[50] a.金正耀：《论商代青铜器中的高放射成因铅》，见《中国铅同位素考古》，中国科学技术大学出版社，2008年。
b. 田建花：《郑州地区出土二里冈期铜器的研究》，中国科学技术大学博士学位论文，2013年。
[51] 崔剑锋、吴小红：《铅同位素考古研究——以中国云南和越南出土青铜器为例》，文物出版社，2008年。
[52] 田长浒：《中国金属技术史》第48页，四川科技出版社，1987年。
[53] 韩汝玢、柯俊：《中国科学技术史（矿冶卷）》，科学出版社，2007年。
[54] 彭子成、王兆荣、孙卫东等：《盘龙城商代青铜器铅同位素示踪研究》，见《盘龙城—— 一九六三年至一九九四年考古发掘报告》，文物出版社，2001年。
[55] 马光：《鄂东南铜绿山铜铁金矿床地质特征、成因模式及找矿方向》，中南大学博士学位论文，2005年。
[56] 徐文忻、汪礼明、李蘅等：《中条山铜矿床同位素地球化学研究》，《地球学报》2005年第26期。
[57] 储雪蕾、霍卫国、张巽：《内蒙古林西县大井铜多金属矿床的硫、碳和铅同位素及矿物来源》，《岩石学报》2002年第04期。
[58] a.徐文忻：《我国锡矿床的同位素地球化学的研究》，《矿产与地质》1995年第1期。
b. 周涛、刘悟辉、李蘅等：《湖南香花岭锡多金属矿床同位素地球化学研究》，《地球学报》2008年第6期。
[59] 任鹏、梁婷、牛亮等：《陕西秦岭铅锌矿床的地质特征及成矿动力学过程》，《地球科学与环境学报》 2013年第35卷第1期。

[60] 马振东：《从铅同位素组成特征初步探讨豫西东秦岭相矿带的成因和构造环境》，《地球科学武汉地质学院学报》1984年第4期。
[61] a.徐文忻、汪礼明、李蘅等：《中条山铜矿床同位素地球化学研究》，《地球学报》2005年第26期。
b. 崔剑锋、吴小红：《铅同位素考古研究——以中国云南和越南出土青铜器为例》，文物出版社，2008年。
[62] a.何堂坤：《洛阳北窑青铜器合金成分分析》，见《黄盛璋先生八秩华诞纪念文集》，中国教育文化出版社，2005年。
b. 洛阳文物工作队：《洛阳北窑西周墓》，文物出版社，1999年。
[63] a.陈星灿、刘莉等：《中国文明腹地的社会复杂化进程——伊洛河地区的聚落形态研究》，《考古学报》2003年第2期。
b.刘莉、陈星灿：《城：夏商时期对自然资源的控制问题》，《东南文化》2003年第3期；《中国早期国家的形成——从二里头和二里冈时期的中心和边缘之间的关系谈起》，见《古代文明》第1卷，2002年。
[64] 李建西：《晋南早期铜矿冶遗址考察研究》，北京科技大学博士学位论文，2011年。
[65] a.李延祥：《中条山古铜矿遗址初步考察研究》，《文物季刊》1993年第2期。
b.洛阳博物馆：《洛阳北窑村西周遗址1974年度发掘简报》，《文物》1981年第7期。
c.洛阳市文物工作队：《1975～1979年洛阳北窑西周铸铜遗址的发掘》，《考古》1983年第5期。
[66] Liu L., Chen X.C., *State formation in Early China*, London : Duckworth, - Duckworth debates in Archaeology Typeset by Ray DaviesPrinted in Great Britain by Biddles Ltd 2003:150-151.
[67] 张世贤：《试论西周政治社会的演变对中国用铜文化的影响》，见《中国科技史论文集》，联经出版公司，1995年。
[68] 李延祥：《中原与北方地区早期青铜产业格局的初步探索》，《中国文物报》2014年2月28日。
[69] a.李延祥：《中条山古铜矿遗址初步考察研究》，《文物季刊》1993年第2期。
b.洛阳博物馆：《洛阳北窑村西周遗址1974年度发掘简报》，《文物》1981年第7期。
c.洛阳市文物工作队：《1975～1979年洛阳北窑西周铸铜遗址的发掘》，《考古》1983年第5期。
[70] 崔剑锋：《铅同位素考古与云南青铜器金属资源研究》，北京大学博士学位论文，2008年。
[71] 杨宝成、刘森淼：《商周方鼎初论》，《考古》1991年第6期。
[72] 张国硕：《青铜方鼎研究——兼谈乳钉纹与玄鸟崇拜之关系》，《中原文物》1994年第2期。
[73] 高西省：《论关中出土的西周青铜方鼎》，《故宫文物月刊》1997年第15期。
[74] 朱亮、高西省:《西周青铜方鼎初论》，见《西周文明论集》，朝华出版社，2004年。
[75] 张懋镕：《商周方鼎谈论》，见《古文字与青铜器论集》，科学出版社，2002年。
[76] 陈士松：《商周青铜方鼎研究》，湖南大学硕士学位论文，2014年。
[77] 湖北省文物考古研究所、随州市博物馆：《湖北随州叶家山西周墓地发掘简报》，《文物》2011年第11期。
[78] a.石鼓山考古队：《陕西宝鸡石鼓山西周墓葬发掘简报》，《文物》2013 年第2期。
b.石鼓山考古队：《陕西省宝鸡市石鼓山西周墓》，《考古与文物》2013 年第1期。
c.陕西省考古研究院、宝鸡市考古研究所、宝鸡市渭滨区博物馆：《陕西宝鸡石鼓山商周墓地M4发掘简报》，《文物》2016年第1期。
d.丁岩、王占奎：《石鼓山商周墓地M4 再识》，《文物》2016年第1期。
[79] 张天恩：《石鼓山户氏青铜器相关问题简论》，《文物》2015年第1期。
[80] 张天恩：《商周之际青铜制造重心徙移的观察》，见《金玉交辉——商周考古、艺术与文化论文集》，历史语言研究所，2013年。

[81] 卢连成、胡智生：《宝鸡弜国墓地》，文物出版社，1988年。
[82] 张懋镕：《西周方座簋研究》，《考古》1990年第12期。
[83] a.洛阳文物工作队：《洛阳北窑西周墓》，文物出版社，1999年。
b.洛阳博物馆：《洛阳北窑村西周遗址1974年度发掘简报》，《文物》1981年第7期。
c.洛阳市文物工作队：《1975-1979年洛阳北窑西周铸铜遗址的发掘》，《考古》1983年第5期。
[84] 洛阳博物馆：《洛阳北窑村西周遗址1974年度发掘简报》，《文物》1981年第7期。
[85] 陕西省考古研究院、宝鸡市考古研究所：《宝鸡市渭滨区博物馆陕西宝鸡石鼓山商周墓地M4发掘简报》，《文物》2016年第1期。
[86] 李永迪、岳占伟、刘煜：《从孝民屯东南地出土陶范谈对殷墟青铜器的几点新认识》，《考古》2007年第3期。
[87] 路国权：《殷墟孝民屯东南地出土陶范年代的再认识及相关问题》，《考古》2011年第8期。
[88] a.杨军昌：《陕西关中地区先周和西周早期铜器的技术分析与比较研究》，北京科技大学博士学位论文，2002年。
b.张晓梅：《周原遗址及鱼国墓地出土青铜器锈蚀研究》，北京大学硕士学位论文，1997年。
c.周文丽：《周原地区西周时期铸铜遗物的初步研究》，北京大学硕士学位论文，2008年。
d.袁晓红：《成周地区出土西周铜器的合金技术和金属资源研究》，中国科学技术大学博士学位论文，2016年。
[89] 苏荣誉：《弜国墓地青铜器铸造工艺考察和金属器物检测》，见《宝鸡弜国墓地》，文物出版社，1988年。
[90] 彭子成等：《弜国墓地金属器物铅同位素比值测定》，见《宝鸡弜国墓地》，文物出版社，1988年。
[91] 袁晓红：《洛阳唐城花园西周贵族墓出土部分青铜礼器的铅同位素比值分析》，待刊。
[92] 郁永彬：《湖北随州叶家山墓地出土西周青铜器的科学分析研究》，北京科技大学博士学位论文，2015年。
[93] 湖北省文物考古研究所、随州市博物馆：《湖北随州叶家山西周墓地发掘简报》，《文物》2011年第11期。
[94] 卢连成、胡智生：《宝鸡弜国墓地》彩图七，文物出版社，1988年。
[95] 袁晓红：《成周地区出土西周铜器的合金技术和金属资源研究》，中国科学技术大学博士学位论文，2016年。
[96] 湖北省考古研究所等：《湖北随州叶家山M65发掘简报》，《江汉考古》2011年第3期。
[97] a.叶万松：《我国西周前期青铜铸造工艺之研究》，《考古》1984年第7期。
b.洛阳博物馆：《洛阳北窑村西周遗址1974年度发掘简报》，《文物》1981年第7期。
c.洛阳市文物工作队：《1975～1979年洛阳北窑西周铸铜遗址的发掘》，《考古》1983年第5期。
[98] 陕西省考古研究院等：《陕西宝鸡石鼓山商周墓地M4发掘简报》，《文物》2016年第1期。
[99] 湖北省文物考古研究所、随州市博物馆：《湖北随州叶家山西周墓地发掘简报》，《文物》2011年第11期。
[100] 北京大学考古学系商组、山西省考古研究所：《天马—曲村（1980-1989）》第4册彩版捌，科学出版社，2000年。
[101] 向桃初、吴小燕：《商周青铜方罍序列及皿方罍的年代问题》，《文物》2016年第2期。
[102] 北京市文物研究所：《琉璃河西周燕国墓地》，文物出版社，1995年。
[103] 中国社会科学院考古研究所洛阳唐城队：《洛阳老城发现四座西周车马坑》，《考古》1988年第1期。
[104] 中国科学院考古研究所：《沣西发掘报告》第138～140页，文物出版社，1962年。
[105] 井中伟：《西周墓中"毁兵"葬俗的考古学观察》，《考古与文物》2006年第4期。
[106] a.李敏生等：《殷墟金属器物成分的测定报告（二）——殷墟西区铜器和铅器测定》，见《考古学集

刊》第4集，科学出版社，1984年。

b.季连琪：《河南安阳郭家庄160号墓出土铜器的成分分析研究》，《考古》1997年第2期。

[107] 刘一曼：《安阳殷墓青铜礼器组合的几个问题》，《考古学报》1995年第4期。

[108] 张天恩：《石鼓山户氏青铜器相关问题简论》，《文物》2015年第1期。

[109] 袁晓红：《成周地区出土西周铜器的合金技术和金属资源研究》，中国科学技术大学博士学位论文，2016年。

[110] a.洛阳博物馆：《洛阳北窑村西周遗址1974年度发掘简报》，《文物》1981年第7期。

b.洛阳市文物工作队：《1975～1979年洛阳北窑西周铸铜遗址的发掘》，《考古》1983年第5期。

[111] a.李德方等：《洛阳大面积发掘西周冶铜遗址》，《中国文物报》1989年2月24日。

b.叶万松：《我国西周前期青铜铸造工艺之研究》，《考古》1984年第7期。

[112] 松丸道雄：《西周青铜器制作的背景——周金文研究序章》，见《日本考古学研究者·中国考古学研究论文集》，株式会社东方书店，1990年。

[113] a.雷兴山：《先周文化探索》，科学出版社，2009年。

b.种建荣、张敏、雷兴山：《岐山孔头沟遗址商周时期聚落性质初探》，《文博》2007年第10期。

[114] 种建荣、张敏、雷兴山：《岐山孔头沟遗址商周时期聚落性质初探》，《文博》2007年第10期。

[115] 袁晓红：《成周地区出土西周铜器的合金技术和金属资源研究》，中国科学技术大学博士学位论文，2016年。

[116] 马黛梅：《从考古发掘透视西周社会变迁——哈佛大学举办“交融和互动西周国家政治和文化的碰撞”国际研讨会》，《中国社会科学报》2016年5月27日。

The Metal-controlling Strategy of the Western Zhou Central Government ——Focused on the Metal Resource of the Bronzes of the Western Zhou Dynasty Unearthed in the Luoyi Area

Yuan Xiaohong

KEYWORDS: Luoyi (Luoyang) Western Zhou Dynasty Bronzes Lead Isotope Metal Resources

ABSTRACT: Luoyi (Luoyang) is the location of Chengzhou in the Western Zhou Dynasty, and the key area for the researches on the bronze-making and alloying techniques and ore resources of the Western Zhou Dynasty. From the burials of the Western Zhou aristocrats at Tang City Garden, burials of the Western Zhou Dynasty at Beiyao Tile Factory, chariot-and-horse pits at Luoyang Forestry School and burials of the Western Zhou aristocrats at Milky Way Community in Luoyang, large amounts of bronzes of the Western Zhou Dynasty unearthed. From these bronzes, 60 samples were chosen, 45 typical ones of which were subject to chemical composition and metallographic analyses and 59 to lead isotope analysis. The results showed that the materials for making these bronzes might be from three different sources, one of which was the metal resource having been mined and utilized since Phase IV of the Yinxu Period and the other two were new sources developed in the Western Zhou Dynasty. The materials for making bronzes in Luoyang area were mostly from the copper mine area in Zhongtiao Mountains, and some copper ores and lead ores were from eastern Qinling Mountains and Tonglüshan metal mines. Then, comparative studies were done to the bronzes unearthed in Luoyi area and that unearthed in the territories of feudal states, and revealed that the bronzes made in Luoyi area and the feudal states had some similarities in source origins, making and alloying techniques, forms and decors, and they again all resembled the bronzes unearthed in Zhouyuan area; by these phenomena, this paper suggests that the typical bronze ritual vessels of the feudal states in the early Western Zhou Dynasty were cast in Beiyao, Luoyang. Seen from the bronze industry pattern of the Western Zhou Dynasty, the central government of the Western Zhou Dynasty applied a series of strategies to powerfully expand the Zhou Culture of the Ji Family as the royal genealogy, and converge with the cultures of the local feudal states, and the fundamental causes of these strategies were the central government's control and occupation of the important resources and technologies including metals.

（特约编辑 新 华）

黑曜石生产与奥尔梅克“母文化”和“姊妹文化”假说

——中美洲圣何塞摩哥提和圣劳伦佐遗址黑曜石工业与社会复杂化模式

冯　玥

关键词：奥尔梅克文化　圣何塞摩哥提　圣劳伦佐　黑曜石工业　社会复杂化模式

内容提要：奥尔梅克文化是中美洲形成期的“母文化”，还是仅仅为中美洲形成期诸多“姊妹文化”之一，是中美洲考古研究长期争论的重要话题。以往的研究较少从石器生产的角度进行讨论。在分析圣何塞摩哥提和圣劳伦佐两处遗址的黑曜石生产操作链基础上，可总结其石器工业的四项主要区别：原料来源、剥片的规划性、生产的专业化程度及分配的组织性、使用功能差异，并认为上述差异并不应当被视为衡量社会复杂化程度的指标，而是中美洲高地与低地不同发展模式的反映。

一、研究背景

（一）奥尔梅克“母文化”与“姊妹文化”假说

奥尔梅克文化（Olmec）在中美洲形成期（Formative Period）社会复杂化进程中的地位和作用是学者们长期争论的焦点。在早年的研究中，位于墨西哥湾海岸的奥尔梅克文化区发现了大型中心聚落和集中分布的石刻雕塑，很多广布于中美洲各地区的典型文化因素在其中均有体现，年代也较早，因此一些学者认为奥尔梅克人创造出了中美洲史前文化共享的精神文化与象征符号系统，由此将其称为中美洲地区的“母文化（Mother Culture）”[1]。但随着材料的积累和其他地区考古工作的开展，学者逐渐注意到早期研究重点过于关注低地雨林地区，阐释模型具有比较强的导向性[2]，许多最初被视为由奥尔梅克创造的文化因素可能最早出现在墨西哥湾以外的其他地区，还有一些在奥尔梅克文化中体现得不够充分但在中美洲史前文化中非常重要的因素被陆续揭露，由此与“母文化”学说针锋相对的观点被提出，认为不同的文化区域亦都对中美洲独特文化传统、信仰体系与价值观念的形成做出了各自

作者：冯玥，北京市，100871，北京大学考古文博学院。

的贡献，它们之间的关系是彼此平等的“姊妹文化（Sister Cultures）”[3]。

在形成期的诸文化中，奥尔梅克的一个重要竞争者是位于瓦哈卡河谷（the Valley of Oaxaca）的萨波特克文化（Zapotec）。瓦哈卡河谷与奥尔梅克文化腹地几乎同时出现了较为复杂的三层级聚落结构和布局合理的公共建筑空间，二者的人口规模都相当可观，也均发现有与泛中美洲文化信仰体系相关的关键因素。圣劳伦佐（San Lorenzo）是奥尔梅克文化最大的城市，而圣何塞摩哥提（San José Mogote）是瓦哈卡河谷的中心，但前者对后者的影响可以忽略不计[4]。因此，这两座遗址的材料经常被拿来比较，用以探讨奥尔梅克和萨波特克文化的地位与影响。

在以往的著作中，学者们倾向于使用经过长途运输和复杂加工过程、与精神文化信仰体系有比较密切联系的遗物、遗迹来比较和衡量社会发展程度，比如城市的空间布局、公共建筑、公共墓地、祭祀场所、玉器、石刻、贝壳饰品、刻有火龙和美洲虎等复杂纹饰的陶器等。但黑曜石同样作为一种长途贸易而来、生产加工过程也相对比较复杂的器物，在针对“母文化”和“姊妹文化”学说的研究中涉及得比较有限。克拉克（Clark, John）[5]曾指出圣劳伦佐可能控制了周围区域的黑曜石原料及其生产，而马库斯（Marcus, Joyce）[6]则通过分析圣何塞摩哥提遗址内黑曜石的空间分布指出，瓦哈卡河谷的手工业生产专门化已经达到了相当高的程度。这些证据来自石器生产过程中的不同环节，缺乏可比性，故本文试图以上述两处遗址形成期早中段黑曜石生产的完整操作链为切入点，全面比较其原料开采、剥片、工具修理、分配流通直到废弃的各个环节，以期对“母文化”和“姊妹文化”的争论进行进一步的探讨。

（二）圣何塞摩哥提与圣劳伦佐

在阿尔班山（Monte Albán）于公元前500年突然崛起之前，圣何塞摩哥提一直是瓦哈卡河谷地区最重要的遗址之一。形成期之初，圣何塞摩哥提仅仅是平等酋邦社会中的一个规模相对较大的村落，至形成期中段这里已经成为瓦哈卡河谷最大的中心城市之一（图1）。由于城市坐落在降水不稳定的墨西哥高地，圣何塞摩哥提居民的生业经济高度依赖灌溉农业，并由此发展出了一整套与祈求降水和农业丰产相关的技术体系与宗教系统[7]。该遗址有着一系列生产专门化程度相当高的手工业门类，发现有较早使用刻画有火龙和美洲虎形象的陶器、利用赤铁

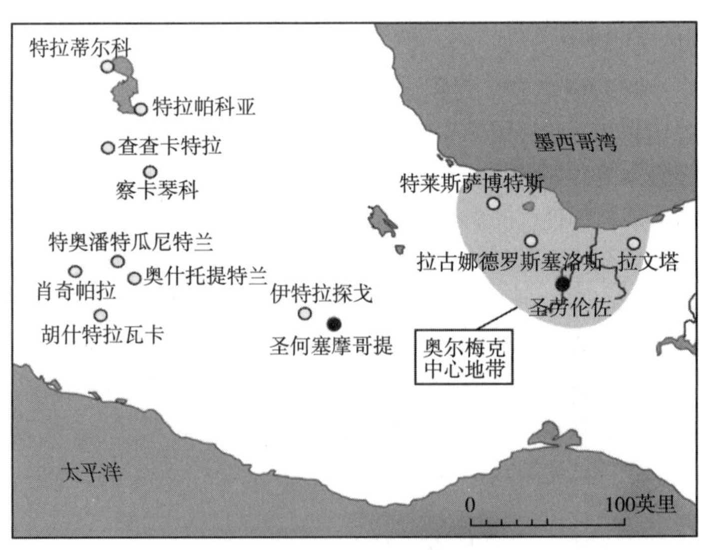

图1　圣何塞摩哥提和圣劳伦佐位置示意图

矿打磨的小镜子和将石灰粉用于祭祀仪式的现象。墨西哥高地最早的文字也发现于这处遗址，为3号纪念碑上刻画的一个战俘的名字[8]。

从公元前1500～前900年，圣劳伦佐一直是墨西哥湾沿岸地区交流网络的中心，在奢侈品和贵重原料的交换与贸易过程中发挥着举足轻重的作用。早年的发掘工作发现了大量的石刻石雕、大型公共建筑，并有证据显示城市的布局和景观均经过精心的人为营造。这些费时耗力的工程不仅仅是社会上层对财富和权力的炫耀，也是对本地信仰体系的重要宣传手段[9]。许多在圣何塞摩哥提遗址呈现出的观念，如玉米崇拜、牺牲献祭、仪式性球赛、萨满教、对玉器的使用、石刻、圣山圣泉崇拜等，在形成期之后的中美洲地区得到了很重要的继承和发扬[10]。

这两处遗址的年代框架和文化序列如表1所示[11]。

（三）黑曜石与锥形石核石叶

黑曜石在中美洲考古中有很长的研究历史，早在20世纪之初，研究者已经注意到这种原料经常会出现在祭祀仪式相关的场景中，但许多同样材料的日用器则被忽略。随着新考古学的发展，一系列新兴的科学技术被用于黑曜石的分析，为研究带来了许多新的定量和定性数据。近年来注意力则转向了这种材料的象征意义和观念价值[12]。

黑曜石是一种火山玻璃，性脆而质地均一，具有各向同性，是制作打制石器最好的原料[13]。其分布仅局限于火山区内，可以通过微量元素分析得知其产地[14]。由于中美洲一直没有冶金技术，这种优质石料在这一地区显得尤为重要，很早就成为研究社会经济与贸易网络的重要材料。

表1　　圣何塞摩哥提与圣劳伦佐年代框架和文化序列表

<table>
<tr><th rowspan="2">年代（公元前）</th><th colspan="2">圣何塞摩哥提</th><th colspan="2">圣劳伦佐</th></tr>
<tr><th>文化期</th><th>基本情况</th><th>文化期</th><th>基本情况</th></tr>
<tr><td rowspan="3">1500～1350</td><td rowspan="8">提艾拉斯·拉各斯期（Tierras Largas）</td><td rowspan="2">平等社会</td><td rowspan="3">欧霍奇期（Ojochi）</td><td>主要村落已有三级聚落体系</td></tr>
<tr><td>从其他更小的村落获得食物和贡赋</td></tr>
<tr><td>居住区有公共建筑</td><td>祭祀仪式使用了大量奢侈品，并由精英阶层控制</td></tr>
<tr><td rowspan="4">1350～1250</td><td rowspan="5">公共议事建筑“男性的房屋”（Men's House）出现，比其他建筑面积更大，且方向均为东偏北8度</td><td rowspan="4">巴奇欧期（Bajío）</td><td>人口迅速增加</td></tr>
<tr><td>聚落内的差异性增加</td></tr>
<tr><td>大型土质建筑开始建设</td></tr>
<tr><td>一些奥尔梅克艺术的因素开始萌芽</td></tr>
<tr><td>1250～1150</td><td>奇察拉斯期（Chicharras）</td><td>材料有限</td></tr>
<tr><td rowspan="5">1150～1000</td><td rowspan="7">圣何塞期（San José）</td><td rowspan="2">人口和城市规模迅速增加</td><td rowspan="5">圣劳伦佐A期（San Lorenzo A）</td><td>城市规模超过690公顷</td></tr>
<tr><td>区域行政和贸易的中心</td></tr>
<tr><td rowspan="2">财富和地位的继承性出现</td><td>大量纪念碑和公共设施</td></tr>
<tr><td>精英阶层控制的石刻手工业</td></tr>
<tr><td rowspan="3">形成控制周边村落和卫星城的网络结构</td><td>社会分层化显著</td></tr>
<tr><td rowspan="2">1000～850</td><td rowspan="2">圣劳伦佐B期（San Lorenzo B）</td><td>区域内部的竞争加强</td></tr>
<tr><td>更广阔的贸易网络</td></tr>
<tr><td rowspan="2">850～700</td><td rowspan="2">瓜达卢佩期（Guadalupe）</td><td>社会分层化日益显著</td><td rowspan="2">那卡斯特期（Nacaste）</td><td>人口和文化繁荣程度显著衰落</td></tr>
<tr><td>对周边村落和卫星城的控制力削弱</td><td>仅有很少量的纪念碑，基本不见新的大型公共建筑</td></tr>
</table>

在各类黑曜石工具中，锥形石叶（Prismatic Blade）因其复杂的生产技术而备受关注。克拉克提出该类石叶的生产需要一整套完整复杂的工具组合、长期稳定的高质量原料供给、合适的场地、一群经验丰富的工匠及能够稳定完成代际传承的技术体系。此类生产活动只有在产量足够大的情况下才能够最大程度地发挥功效，是衡量社会复杂程度的很好的指标[15]。而这类石叶的基本用途是作为献祭仪式中的放血工具，与精神生活亦有密切的联系[16]。

综上所述，黑曜石能够成为了解中美洲政治、经济和文化状况的一把钥匙，在全面梳理其生产过程的基础上对两个重点遗址的材料进行比较，可能会为理解“母文化”与“姊妹文化”的争论提供新的线索。

二、操作链与石器分析

“操作链”这一概念是法国学者勒鲁瓦·古汗（Leroi-Gourhan）于19世纪60年代提出的[17]，对石器研究产生了革命性的影响。这一研究方式揭示出石器生产是一个连续的离心过程，通过重建石器生命史可以更细致地研究资源、人类行为与社会组织之间的互动关系。一般认为，“操作链”概念在理论上包括三个层面：一是以器物和副产品为对象的基本层面；二是以行为或技术程序为对象的中间层面，主要指剥片方法；三是以工匠拥有的专门技术知识为对象的抽象层面[18]。整体上看石器生产操作链分析可分为以下六个部分[19]。

（一）原料采备

原材料产源及其进入生产地之前的粗加工，可通过中子活化和X射线荧光光谱分析等微量元素分析手段和毛坯形态（砾石、岩块、粗坯、半成品）等了解。

（二）剥片

包括石核预制、石片剥取及石核的再修理与再利用，其间产生的各种副产品如修理核身石片、更新台面和剥片面石片、形态不甚规则的初期剥片等通常会被保留在加工场内，对于判断是否有本地生产和复原剥坯序列有着非常重要的作用。

（三）工具的生产与维护

对毛坯（如石片、石叶）的进一步修理，将其加工为承担特定功能用途的工具，还包括对工具的再修锐和改制，这些过程中的痕迹会在石制品上保留下来。

（四）运输与分配

指从采石场到生产地的运输过程和原料到达消费地之后的分配方式，需结合石制品的空间分布进行分析。

（五）使用

即石器的功能，可以通过石器的形状、刃缘形态、使用痕迹、残留物分析等方法了解，同时与石器共存的其他器物和埋藏单位也能提供相关信息。

（六）废弃

石器退出日常生活后被埋藏的过程，其原因往往是多样的，既有因为磨耗过度或折损而无法再使用被废弃的，也有处于特殊的目的（如陪葬、祭祀）而刻意使其脱离日用领域的情况，使用程度的考察和埋藏单元的分析是了解其废弃原因的关键。

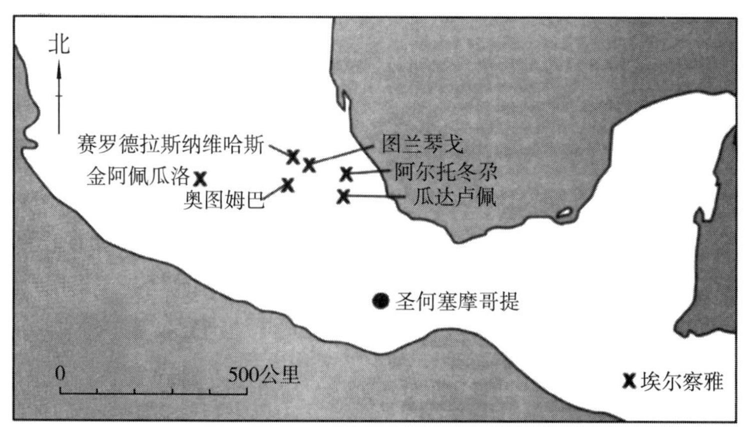

图2　圣何塞摩哥提主要石料来源（Andrefsky, W. Lithics: Macroscopic Approaches to Analysis (2nd edition). Cambridge University Press. 2005）

本文将以上述环节作为分析圣何塞摩哥提和圣劳伦佐黑曜石的主要方法，对圣何塞摩哥提与圣劳伦佐两处遗址的材料进行比较。

三、圣何塞摩哥提与圣劳伦佐的黑曜石工业

（一）原料采备

圣何塞摩哥提的打制石器主要以本地产的燧石为原料，质量较高，但形成的切割刃缘往往不如黑曜石锋利。瓦哈卡河谷内并没有黑曜石产地，所以出现在遗址内的黑曜石均为长途运输的结果。中子活化分析的结果显示，当地形成期早段黑曜石的来源主要有四处（图2）：一是墨西哥高地的巴兰卡德罗斯埃斯特特斯（Barranca de los Estetes）；二是墨西哥湾沿岸的瓜达卢佩维多利亚（Guadalupe Victoria）；三是危地马拉高地的埃尔察雅（El Chayal），距离较远，原料可能经由恰帕斯（Chiapas）地区到达瓦哈卡；四是米楚阿坎（Michoacan）地区的金阿佩瓜洛（Zinapecuaro）。到了形成期中段，来自墨西哥和危地马拉高地的原料更加丰富，而墨西哥湾地区的原料则很少再见到[20]。

与圣何塞摩哥提不同，黑曜石是圣劳伦佐打制石器的主要原料，此外还发现有极少量的燧石、硅质岩和玉髓[21]。产源分析[22]显示，在圣何塞摩哥提A期之前，当地的黑曜石主要依赖距离最近、同在墨西哥湾沿岸的瓜达卢佩维多利亚和皮蔻德欧利扎巴（Pico de Orizaba）两处产地，还有少量来自危地马拉高地埃尔察雅和其他未知产地的原料。从奇察拉斯期开始，墨西哥高地的原料开始进入这一地区，并且在圣何塞摩哥提A期成为锥形石叶的主要进口地。圣何塞摩哥提A到B期原料产地的数量显著增加，且石片和石叶的产源是不一样的。石叶主要来自墨西哥高地，而普通石片主要来自危地马拉高地。整体上看，由于石片数量远超于石叶，来自危地马拉的原料在较晚阶段占到了更大的比重。

（二）剥片

中美洲的石片生产方式主要包括锤击法、压制法和砸击法，而石叶生产则主要使用锥形石核技法。自20世纪晚期以来已有大量针对这种复杂技术的实验考古研究[23]，较为详细地复原了生产流程[24]。首先，选用较厚的岩块或砾石作为毛坯，通过锤击法打下较大的、含有较多砾石面或节理面的大石片修出台面并制成粗坯；之后进入整形阶段，从台面端剥取一些背脊较不规则、两侧缘对称性不佳、宽度和厚度都相对较大的初级石叶，直至形成形态稳定、台面角合适、剥片面整齐的锥形石核。然后进入主要剥片阶段，采用压制法顺背脊剥下形态规整的石叶，并随着剥片过程中台面角和背脊形态的变化进行调整，产生更新台面、更新剥

片面石片，直至石核过小无法进一步生产石叶。一些小石核会被直接废弃，但对于黑曜石这种远距离运输的优质原料，有时还会使用砸击法进行进一步的开发利用。这一过程中产生的大量特征明显的不规则石叶、修理核身石片、更新台面或剥片面石片以及生产所需要的软锤等复合工具套等将成为判定遗址是否有原地生产石叶的最重要依据。

圣何塞摩哥提的打制石器以石片石器工业为主，剥片方法主要为硬锤直接打击，兼有少量砸击法[25]。石核以多台面者居多，转向打法普遍存在，有部分剥坯序列相对更有规划一些的盘状石核，总体上剥片比较随意，规划性较差，没有刻意预制石核生产特定类型石片的明确证据，技术也比较简单。石核整体利用程度较高，多数已处在台面角过陡无法继续剥片的阶段才被废弃。整体上看，本地燧石和进口黑曜石的剥片方式没有太大区别，黑曜石仅较多见进一步利用砸击技术进行进一步开发的现象，砸击石核和两极石片的比例相对燧石较高。

石叶从圣何塞摩哥提期开始在遗址出现，原料全部为黑曜石，多数形态窄长而规整，为合格的剥片产品，但整个遗址几乎不见修理核身石片、不规则石叶、更新台面或剥片面石片等生产阶段的副产品[26]。虽然有极少量的冠状石叶和属于剥片较早阶段、背脊形态略不规整、平行程度稍差的石叶，但其中不少都有使用或进一步修理的痕迹，显示这些石制品更可能是作为成型工具或工具毛坯进入遗址的，而并非生产过程中的废弃品。这样的组合显示圣何塞摩哥提并没有生产石叶的加工场，一直出现的这类产品都是贸易的结果。阿贝尔（Appel）关于瓦哈卡河谷黑曜石加工场的研究也证实了这一点，在整个河谷地区石叶的生产直到后古典时期才出现[27]。

圣劳伦佐在形成期有石片和石叶两种不同类型的技术体系，以前者为主，后者仅有少量证据[28]。与圣何塞摩哥提相比，圣劳伦佐同样以锤击法和砸击法作为最主要的剥片方法，且石制品组合同样以形态不规则的简单剥片产品为主，但也有相当数量的修理台面证据，对背脊形态的规划、控制和利用也更明确，存在一些更新剥片面和修理台面石片（图3），整体上剥片的程序性更强，生产者能够更灵活地对剥片失败后的石核进行调整和再利用。砸击技术也比较普遍，甚至在原料处理的初期阶段就已经开始使用，可能有针对小块结核而开发的专门利用方式而并非仅仅是在大块原料耗竭后才采取的措施，整体石核的利用程度很高。

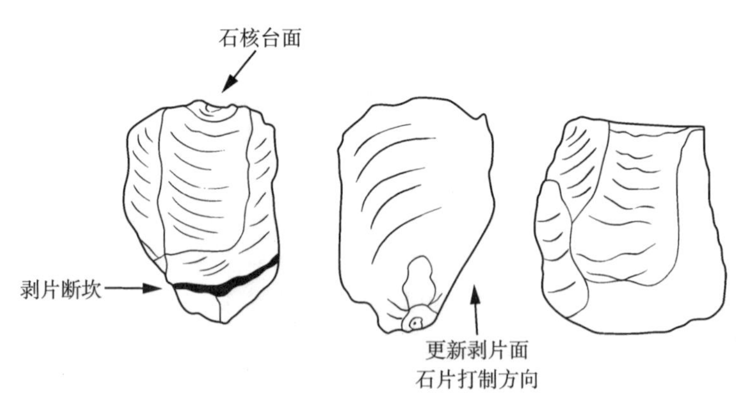

图3　圣劳伦佐的更新剥片面石片（Parry, W. Chipped Stone Tools in Formative Oaxaca, Mexico: Their Procurement, Production, and Use. University of Michigan, Museum of Anthropology. 1987）

石叶在奇察拉斯期首次在遗址出现，数量很少，到圣劳伦佐A期也才仅仅占到石器组合的4%。本地生产石叶则要等到圣劳伦佐B期，此类产品的总数有了非常显著的提升，可以占到石器组合的28%，并有17件生产过程中的副产品。由于石叶生产的副产品比较有限且没有发现石核，德里昂（De León）认为可能是途经此地的外地商人携带石核在此临时加工少量石叶、之后又将石核带走的结果[29]。

（三）工具生产与维护

圣何塞摩哥提的工具主要以石片和石叶为毛坯。石叶自身形态规整，多数不加修理便直接使用，即使有修理痕迹的也多仅在两侧刃缘处轻轻蹭击，不见侵入程度很高的修疤。石片虽在剥片阶段对形态的控制程度不高，且有很多未经进一步修理就直接使用的石片，但石片石器的形态却是相对比较稳定的，并且在空间分布上存在一定的规律，整体在同一居住区内的器形更为接近，不同居住区之间则区别较大[30]。整体上看，石器加工并不太精细，但有一类器物例外，即两面修理的投掷尖状器。此类器物的生产对燧石和黑曜石均有使用，但这两种原料的生产区域在空间上有明显的区隔，生产技术也略有区别，燧石两面器多采用锤击法，而黑曜石两面器则使用了压制法。此类工具的生产有着非常明显的专业化特征，在发掘区B的16号房址中出土了大量的黑曜石两面器、两面器毛坯和两面去薄石片，据估计其产品数量已经足够整个遗址内的人使用[31]。

圣劳伦佐的石片石器工具主要有雕刻器、刮削器、刻刀和投掷尖状器[32]。前三者较为常见，整体形态较不规则，修理程度也比较低，刃缘平直程度差，多呈扭曲的“S”形，修疤侵入程度也很有限，应为硬锤直接打击的结果。以石叶为毛坯的石刀多采用压制法修理，并有一些刻意修理为整齐的锯齿刃，可能有特殊功能。与圣何塞摩哥提大量的两面投掷尖状器形成鲜明对比的是，圣劳伦佐此类工具的数量非常有限，虽同样是采用了比较细致的压制或软锤修理，但未发现本地生产的证据，可能是以成品的形式从别处进口的。

（四）运输与分配

在地势复杂又一直没有车轮和畜力的中美洲地区，黑曜石这种山地产矿物的长途运输几乎完全依靠人力。缺少黑曜石的地区早期以进口成品石片石器为主，之后石叶加入了工具组合并成为贸易大宗，最后阶段才是这种独特的石叶生产技术的传播[33]。针对石叶的贸易，又可以进一步细分为以下三种类型[34]。

第一，完整石叶作为进一步加工工具的毛坯进口。

第二，石叶略有弯曲的尾部被有意截断，方便包装并避免运输时损坏。

第三，运输修整好的锥形石叶石核，在进口地生产石叶。

这些不同的运输模式提供了有关贸易策略和本地石器技术的许多信息，而不同类型产品在遗址内、特别是不同家户之间的空间分布则提供了探讨交换与再分配方式的可能[35]。

圣何塞摩哥提的石叶尾端缺失者比例较高，也几乎不见石叶远端断片，应当是有意截去尾端后运输至此的[36]。针对黑曜石在遗址内的分布，沃伦（Whalen）根据黑曜石的数量在高等级居住区更多的现象认为在形成期早期已经存在分配不平等的情况[37]，但派瑞（Parry）则指出，绝对数量的多少更可能是由于发掘面积和规模、房屋的居住使用时间、堆积形成过程等因素造成的[38]。他改用黑曜石与陶片的相对比例作为指标，研究了等级较低的C区和等级较高的A区与B区之间的黑曜石分布情况，认为并没有显著的差异。从产源分析的结果看，不同村落的不同家户使用的黑曜石来源都是非常多样的，表明其在进入家户前首先经过了集中和再分配，应当有一定的上层管控[39]。此外，有两类石器的分布仅限于高等级居住区[40]：两面修理的投掷尖状器和桂叶形器，均由黑曜石制成。对圣何塞摩哥提出土的动物骨骼研究显示，不同等级的房屋内获得的鹿肉数量大致相同[41]，表明局限于高等级居住区的黑曜石尖状器并不是用来狩猎的，而更可能是一种身份地位的象征。桂叶形器是以大型黑曜石石叶为毛坯、压制修理的一类器物，刃缘平直，有平行且侵入程度很高的片疤。在圣何塞摩哥提，此类器物只在等级最高的一号土墩有发现，仅有4件属于形成期。其中尺寸最大的1件发现于形成期中段最重要的神庙中，两侧均有一排修理细致、凹陷较深的凹缺，被认为是对鱼中脊骨的模仿，在祭祀时用来放血[42]。其他3件均呈尖锥状，其中2件是由高质量的墨绿色黑曜石制成的。这种原料在古典期（Classic Period）新大陆最大的城市特奥提瓦坎（Teotihuacán）非常重要。

圣劳伦佐的黑曜石原料多数是以小块结合的形式进入遗址的，而石叶则是作为工具成品从墨西哥高地进口的。黑曜石结核的分布非常广泛，但不同家户之间的原料来源和生产方式存在比较大的差异，家户内则比较稳定，显示了基于个体家庭的贸易和石器生产模式[43]。直到圣劳伦佐B期之前，石叶的数量都非常有限，分配也存在不均衡的现象，但多数石叶均发现于日常生活的工具组合中，并不与祭祀活动或特定的加工生产活动相关联，显示其虽具备一定的阶层指示意义，但整体上仍属于日用工具范畴[44]。

（五）使用和再修锐

派瑞研究了圣何塞摩哥提石器的刃角、刃缘形态、刃缘修理和损坏情况[45]，指出该遗址形成期早中段最主要的工具为未经进一步加工的石片，许多与贝壳加工等专门化的手工业生产关系密切，分布呈聚集状的房屋内也往往拥有相似的石器组合，而不同居住区的组合则差异较大。在上述工具中，黑曜石所占的比例不高，并且主要是承担一些相对简单的切、锯、刮等任务，特殊之处是多数黑曜石石叶经过了比较多的再修锐过程，甚至采用砸击的方式对一些尺寸过小的碎片进行修锐，足见其珍贵。

在圣劳伦佐，尽管石片石器的数量远远多于石叶、并且有相当一部分未经加工的石片也被直接使用过[46]，但是微痕观察仍然显示石叶承担了更多切割坚硬物体的任务，多数有非常严重的磨损痕迹[47]，再次证实石叶为重要的日用工具而非仪式性物品。

（六）废弃与埋藏

圣何塞摩哥提多数黑曜石工具均在经历多次修锐并严重磨耗之后才被废弃，除上文提到的分布局限于高等级居住区的投掷尖状器和桂叶形器外，还有一些黑曜石工具出土于较为特殊的非日用情境中，比如公共建筑的庭院和墓葬。值得注意的是，除了一件燧石制的投掷尖状器外，黑曜石工具是唯一一类被用作随葬品的打制石器[48]，尽管一些墓葬出土的黑曜石仍有较重的使用痕迹，但是其地位仍与其他工具有较大不同。

圣劳伦佐的黑曜石石叶往往在磨耗严重的情况下才会被废弃，而同样原料的石片工具的废弃阶段则随意得多，许多使用痕迹尚不太明显，显示尽管这一原料是经长途远距离贸易到达遗址的，其加工形式要比原料本身重要得多。从出土背景看，虽然黑曜石工具在一些高等级建筑、仪式性神庙和手工业生产作坊中均有发现，但这些特殊类型建筑物中的石器工具组合与普通家户中的发现并没有显著区别，仅仅是作为日常生产工具被带入这些区域的。值得注意的是，一些石叶发现于独立的仪式性埋藏单元中，比如建筑物下方的祭祀坑、墓葬等等，与承接血液的陶器共存，显示其为祭祀仪式中放血工具组合的一部分[49]。

四、小结与讨论

通过上述比较可以看出，圣何塞摩哥提和圣劳伦佐的黑曜石生产主要有如下区别。

第一，原料来源。圣何塞摩哥提以本地所产的燧石为主要石料，黑曜石数量和比例都很有限，仅仅是一种补充，而圣劳伦佐则完全依赖进口的黑曜石生产打制石器。两者黑曜石的来源也略有不同，圣何塞摩哥提更多地依赖距离较近的墨西哥高地，危地马拉的原料直到较晚阶段才成为相对重要的辅助性资源；而同一时期圣劳伦佐的原料则完全从北部的墨西哥高地转向了南部的危地马拉。

第二，从石器技术的角度看，两地均以锤击法生产的简单石片石器为大宗，也都有很多未经进一步修理直接投入使用的石片，但圣劳伦佐的剥坯序列更具程式化和规范化，生产的石片稳定性和规整程度较圣何塞摩哥提而言更高。两地均不具备独立生产锥形石核石叶的技术，但圣劳伦佐可能有少量利用别处修理好的石核在本地进行生产的证据。

第三，石器的生产和分配。圣何塞摩哥提的石器在聚居区内共性更强的特征显示了较高的专业化倾向，同时原料进入遗址后先统一聚集再进一步分配的现象也显示了社会上层对黑曜石存在一定程度的控制。而圣劳伦佐的石器生产和分配则具有更明显的以个体家庭为单位自由贸易和生产的特征。

第四，石器的功能。整体上看，黑曜石石片工具在两处遗址均为日用品而非奢侈品，但似乎在圣何塞摩哥提受到的重视程度要更高，仪式性场景中发现的打制石器只有黑曜石，且经过比较复杂加工过程的两面投掷尖状器和桂叶形器具有鲜明的等级身份意义。而在圣何塞摩哥提，除了用于放血祭祀的石叶，基本没有出现在非日用场景中的黑曜石石片石器。

结合两处遗址所处的生态文化背景，可以看出圣何塞摩哥提和圣劳伦佐黑曜石利用方式的差异与遗址所处的地理位置和环境密切相关，其中原料的可获性是一个尤为重要的因素。圣何塞摩哥提位于墨西哥高地，本地有充足的优质燧石原料，邻近的墨西哥盆地盛产黑曜石，导致该区域直到较晚阶段才开始从危地马拉地区进口原料。根据安德沃夫斯基（Andrefsky）的“原料决定论”，优质原料充足的地区在对石核的处理上较为随意，剥片程式化程度比较低，工具修理精致者数量比较少[50]。圣何塞摩哥提基本符合上述情况，对本地大量的优质燧石的利用方式可能影响到了对进口黑曜石结核和岩块的处理，但从其生产的集中程度、再分配经过上层统一控制的情况以及用砸击技术充分利用剩余的小石核的现象看，对进口原料的珍视程度还是要高于本地燧石。从使用上看，绝大多数黑曜石石片石器都是日用生产工具，并大量用于贝壳加工等手工业生产活动，与瓦哈卡河谷形成期以来手工业高度发达、专门化程度高的情况相符。用黑曜石制成的两面修理的投掷尖状器出土背景均比较特殊，显示其可能已经脱离了日用器的范畴，结合瓦哈卡谷地诸多战争文化的遗迹、遗物推测，此类器物很可能是脱胎于实战工具的一类与军权和身份相关的标志物[51]。石叶及以其为毛坯生产的桂叶形器则反复出现在祭祀坑和墓葬等仪式性场景中，应当是用来放血的工具。根据弗兰纳瑞（Flannery）等的研究[52]，瓦哈卡谷地的血祭仪式与许多奢侈品的进口和生产都是围绕祈雨的宗教仪式展开的，凸显了农业生产在维持生计和人口规模上的重要意义。从这一层面上说，圣何塞摩哥提的黑曜石工业是为农业生产服务的一个重要环节。

墨西哥湾沿岸低地缺少山地矿物资源是制约该区域发展的一大瓶颈，只能完全依赖从他处进口的黑曜石。石料短缺的现状迫使当地居民采用了更为系统有效的剥片方式，并开发出比较成熟的一套两极技术操作流程，专门用来处理小块原料。原料来源从早期的墨西哥高地转向中晚期的危地马拉也显示了这一区域处在中央过渡带的区位优势，可以灵活地综合利用高地和低地的资源来满足自身的需要。与圣何塞摩哥提重视农业和手工业等生产活动不同，贸易与交换在圣劳伦佐有着更重要的地位，该城市的布局和大量仪式性建筑充分显示了“威望”的获取对于当地人口聚集和贸易网络的构建的重要意义，与作为日常工具的黑曜石相比，仪式性用途的玉器、羽毛、大型石刻等更具有奢侈品的意味，显示长距离运输并不构成商品价值的最重要组成部分，在其上投入的大量人力资源才是彰显其地位的关键[53]。

从更广阔的层面看，圣何塞摩哥提与圣劳伦佐代表了中美洲高地和低地两种不同的发展模式，二者大致以特旺特佩克地峡（Isthmus of Tehuantepec）为界[54]，西北部多山地，海拔高，降水不稳定，气候比较干旱，较早驯化了玉米等粮食作物[55]，农业成为促进区域人口增长的关键因素。由于灌溉的需要，大型城镇多集中在河谷地区，人口密度大，区域竞争激烈，加上有充足的优质石料可作为武器，该地区战争冲突频繁，成为推进社会复杂化进程出现的重要因素[56]。地峡东南侧的低地地区的模式则完全不同，湿热的雨林环境和海岸地区丰富的食物资源使得该地区的居民长期将狩猎采集作为最主要的生计方式，在农业开始之前已经出现了定居社会，当地最早的玉米驯化可能也是为了利用其茎秆酿酒，用于满足宴飨活动，而并非为了生计[57]。茂密的雨林使得村落和城市的分布呈现较为分散的面貌，区域之间的直接交流更为困难，贸易就成为影响人口与物资流通的关键，中心城市的确立更依赖吸纳迁徙人口而非自然繁殖增长，故展示性、炫耀性的宴飨活动、球赛、大型公共建筑和纪念碑等在这一区域更为重要[58]。

相较于奥尔梅克文化是否“社会更复杂”、“发展更早”、是“母文化”还是“姊妹文化”，圣何塞摩哥提和圣劳伦佐的黑曜石材料更多地彰显了高地和低地文明不同的发展模式。因此，单纯根据人口规模或高等级建筑的数量或复杂程度等指标来评判何者更为先进或纯粹，根据年代判断何者更早，是不尽合理的。尽管圣何塞摩哥提缺少富丽堂皇的公共建筑和雕刻精细的纪念碑，其手工业的专业化程度和社会对物资流通的控制和影响力已经达到了相当高的程度，并创造了用赤铁矿小镜反射阳光点燃石灰粉进行祭祀活动等在中美洲其他地区流行开来的文化活动；而圣何塞摩哥提虽然没有创造中美洲文化信仰体系的全部成分，但是其对不同地区的文化因素的整合与重构作用同样应受到足够重视。从整体上看，高地文明更重视经济基础与社会制度的建设，整体文化风格朴素，以精细的农业作为人口增长的推动力，高度发达的手工业成为了跨区域贸易中稳定的供货端，又利用控制性较强的社会组织为日后建设更大规模的复杂社会奠定了制度基础；而低地文明则更强调贸易交流与观念架构，充分发挥了滨海雨林地区丰富的食物资源和位于贸易网络中心节点的区位优势，创造了以炫耀性、展示性为突出特点的文化风格，在兼收并蓄的基础上不断整合重构，有效地促进了中美洲不同区域的文化交流和此区域独特价值体系与文化逻辑的最终形成。因此，在中美洲社会复杂化进程中，二者并非有先后关系的“母子”，也不是作用完全相同的“姊妹”，而是互为表里、相辅相成，共同为中美洲文明下一阶段的辉煌打下了基础。

注　释

[1] Diehl, R. Coe, M. Olmec Archaeology. In: *Coe, Michael. The Olmec World: Ritual and Rulership*. New York Art Museum, Princeton University. 1996, pp.10–25.

[2] Groove, D. Stirrup–Spout Bottles and Carved Stone Monuments: The Many Faces of Interregional Interactions in Formative Period Morelos. In: *Archaeology, Art, and Ethnogenesis in Mesoamerican Prehistory: Papers in Honor of Gareth W. Lowe*. New World Archaeological Foundation. Brigham Young University. 2007, pp.209–227.

[3] Flannery, K. Marcus, J. Formative Mexican Chiefdoms and the Myth of the “Mother Culture”. *Journal of Anthropological Archaeology*. 2000, 19(1): pp.1–37.

[4] Flannery, K. Marcus, J. Formative Mexican Chiefdoms and the Myth of the “Mother Culture”. *Journal of Anthropological Archaeology*. 2000, 19(1): pp.1–37.

[5] Clark, J. Formative Mexican Politics, Prismatic Blades, and Mesoamerican Civilization. In: *The Organization of Core Technology*. Westview Press. 1987, pp.259–284.

[6] Marcus, J. Zapotec Chiefdoms and the Nature of Formative Religions. In: *Regional Perspectives on the Olmec*, Cambridge University Press. 1989, pp.148–197.

[7] Flannery, K. Marcus, J. Formative Oaxaca and the Zapotec Cosmos: The Interactions of Ritual and Human Ecology are Traced in This Interpretation of a Prehistoric Settlement in Highland Mexico. *American Scientist*. 1976, 64(4): pp.374–383.

[8] Marcus, J. Flannery, K. Zapotec Civilization: *How Urban Society Evolved in Mexico's Oaxaca Valley*. Thames and Hudson. 1996.

[9] Pool, C. *Olmec archaeology and Early Mesoamerica*. Cambridge University Press. 2007.

[10] Estrada–Belli, F. *The First Maya Civilization: Ritual and Power before the Classic Period*. Routledge. 2011.

[11] a.Marcus, J. Flannery, K. *Zapotec Civilization: How Urban Society Evolved in Mexico's Oaxaca Valley*. Thames and Hudson. 1996.

b.Flannery, K. Marcus, J. The Origin of War: New ^{14}C Dates from Ancient Mexico. *Proceedings of the National Academy of Sciences of the United States of America*. 2003, 100(20): pp.11801–11805.

c.Flannery, K. Marcus, J. *Excavations at San José Mogote 1: The Household Archaeology*. Museum of Anthropology, University of Michigan. 2005.

d.Symonds, S. Cyphers, A. Lunagomez, R. *Asentamiento Prehispánico en San Lorenzo Tenochtitlán*.

Universidad Nacional Autónoma de Mexico, Instituto de Investigaciones Antropológicas, Mexico. 2002.

e.Diehl, R. *The Olmecs: America's First Civilization*. Thames & Hudson. 2004.

f.Cyphers, A. Reconstructing Olmec Life at San Lorenzo. In: *Olmec Art of Ancient Mexico*. National Gallery of Art. 1996, pp.61–71.

g.Cyphers, A. Beautiful Theories and Ugly Facts: The Early Preclassic Olmec. In: *The Origins of Maya States.* University of Pennsylvania Press. 2008, pp.268–271.

h.Evans, S. *Ancient Mexico & Central America: Archaeology and Culture History (2nd ed.)*. Thames & Hudson. 2008.

[12] Levine, M. Reflections on Obsidian Studies in Mesoamerica: Past, Present, and Future. In: *Obsidian reflections: Symbolic Dimensions of Obsidian in Mesoamerica*. University Press of Colorado. 2014, pp.3–44.

[13] Andrefsky, W. *Lithics: Macroscopic Approaches to Analysis (2nd ed.).* Cambridge University Press. 2005.

[14] Nelson, F. Analysis of Obsidian Artifacts in Southern Mesoamerica Using X–Ray Fluorescence. *Transactions of the American Nuclear Society*. 1996, (74), 126.

[15] Diehl, R. *The Olmecs: America's first civilization*. Thames & Hudson. 2004.

[16] Evans, S. *Ancient Mexico & Central America: Archaeology and Culture History (2nd ed.).* Thames & Hudson. 2008.

[17] Leroi–Gourhan, A. *Le Geste et la Parole: Technique et Langage*. Albin Michel. 1996.

[18] 陈虹、沈辰：《石器研究中"操作链"的概念、内涵及应用》，《人类学学报》，2009年第28期.

[19] Sellet, F. Chaîne Opératoire: The Concept and Its Applications. *Lithic Technology*, 1993,18(1/2), 106–112.

[20] Pires–Ferreira, J. *Formative Mesoamerican Exchange Networks with Special Reference to the Valley of Oaxaca*. Museum of Anthropology, University of Michigan. 1975.

[21] Coe, M. Diehl, R. *In the Land of the Olmec*. Austin: University of Texas Press. 1971.

[22] Cobean, R. C4oe, M. Perry, E. Turekian, K. Kharkar, D. Obsidian Trade at San Lorenzo Tenochtitlan, Mexico. *Science*. 1971, 174(4010), 666–671.

[23] Crabtree, D. Mesoamerican Polyhedral Cores and Prismatic Blades. *American Antiquity.* 1968, 33(4), 446–478.

[24] Hirth, K. Andrews, B. Pathways to Prismatic Blades: Sources of Variation in Mesoamerican Lithic Technology. In: *Pathways to Prismatic Blades: A Study in Mesoamerican Obsidian Core–Blade Technology.* Los Angeles: Cotsen Institute of Archaeology, University of California.2002. pp.1–14.

[25] Parry, W. *Chipped stone tools in Formative Oaxaca, Mexico: Their Procurement, Production, and Use.* University of Michigan, Museum of Anthropology. 1987.

[26] Parry, W. *Chipped stone tools in Formative Oaxaca, Mexico: Their Procurement, Production, and Use.* University of Michigan, Museum of Anthropology. 1987.

[27] Appel, J. *Political and Economic Organization in the Late Postclassic Valley of Oaxaca, Mexico: An Evolutionary Perspective.* Ph.D. Dissertation, Department of Sociology and Anthropology, Purdue University. 1984.

[28] De León, J. *The Lithic Industries of San Lorenzo–Tenochtitlán: An Economic and Technological Study of Olmec Obsidian,* Ph.D. Dissertation, Department of Anthropology, Pennsylvania State University. 2008.

[29] De León, J. *The Lithic Industries of San Lorenzo–Tenochtitlán: An Economic and Technological Study of Olmec Obsidian,* Ph.D. Dissertation, Department of Anthropology, Pennsylvania State University. 2008.

[30] Parry, W. *Chipped Stone Tools in Formative Oaxaca, Mexico: Their Procurement, Production, and Use.*

University of Michigan, Museum of Anthropology. 1987.

[31] Marcus, J. Zapotec Chiefdoms and the Nature of Formative Religions. In: *Regional Perspectives on the Olmec*, Cambridge University Press. 1989, pp.148–197.

[32] Coe, M. Diehl, R. *In the Land of the Olmec*. Austin: University of Texas Press. 1971.

[33] Jackson T. Love M. Blade Running: Middle Preclassic Obsidian Exchange and the Introduction of Prismatic Blades at la Blanca, Guatemala. *Ancient Mesoamerica.*1991. 2(1), pp.47–59.

[34] De León, J. Hirth, K. Carballo, D. Exploring Formative Period Obsidian Blade Trade: Three Distribution Models. *Ancient Mesoamerica*. 2009, 20(1), pp.113–128.

[35] Pires–Ferreira, J. *Formative Mesoamerican Exchange Networks with Special Reference to the Valley of Oaxaca*. Museum of Anthropology, University of Michigan. 1975.

[36] De León, J. Hirth, K. Carballo, D. Exploring Formative Period Obsidian Blade Trade: Three Distribution Models. *Ancient Mesoamerica*. 2009, 20(1), pp.113–128.

[37] Whalen, Michael. *Excavations at Santo Domingo Tomaltepec: Evolution of a Formative Community in the Valley of Oaxaca*, Mexico. University of Michigan, Museum of Anthropology. 1981.

[38] Parry, W. *Chipped Stone Tools in Formative Oaxaca, Mexico: Their Procurement, Production, and Use.* University of Michigan, Museum of Anthropology. 1987.

[39] Pires–Ferreira, J. *Formative Mesoamerican Exchange Networks with Special Reference to the Valley of Oaxaca*. Museum of Anthropology, University of Michigan. 1975.

[40] Parry, W. *Chipped Stone Tools in Formative Oaxaca, Mexico: Their Procurement, Production, and Use.* University of Michigan, Museum of Anthropology. 1987.

[41] Flannery, K. Marcus, J. Stephen K. The Preceramic and Formative of the Valley of Oaxaca. In: *Supplement to the Handbook of Middle American Indians (1st ed.)*, Austin: University of Texas Press. 1981, pp.48–93.

[42] Flannery, K. Marcus, J. *Excavations at San José Mogote 2: The Cognitive Archaeology.* Museum of Anthropology, University of Michigan. 2015.

[43] Cobean, R. C4oe, M. Perry, E. Turekian, K. Kharkar, D. Obsidian Trade at San Lorenzo Tenochtitlan, Mexico. *Science*. 1971, 174(4010), pp.666–671.

[44] De León, J. *The Lithic Industries of San Lorenzo–Tenochtitlán: An Economic and Technological Study of Olmec Obsidian*, Ph.D. Dissertation, Department of Anthropology, Pennsylvania State University. 2008.

[45] Parry, W. *Chipped Stone Tools in Formative Oaxaca, Mexico: Their Procurement, Production, and Use.* University of Michigan, Museum of Anthropology. 1987.

[46] Coe, M. Diehl, R. *In the Land of the Olmec*. Austin: University of Texas Press. 1971.

[47] De León, J. *The Lithic Industries of San Lorenzo–Tenochtitlán: An Economic and Technological Study of Olmec Obsidian*, Ph.D. Dissertation, Department of Anthropology, Pennsylvania State University. 2008.

[48] Parry, W. *Chipped Stone Tools in Formative Oaxaca, Mexico: Their Procurement, Production, and Use.* University of Michigan, Museum of Anthropology. 1987.

[49] De León, J. *The Lithic Industries of San Lorenzo–Tenochtitlán: An Economic and Technological Study of Olmec Obsidian, Ph.D. Dissertation, Department of Anthropology*, Pennsylvania State University. 2008.

[50] Andrefsky, W. Raw–Material Availability and the Organization of Technology. *American Antiquity*. 1994, 59(1), pp.21–34.

[51] Marcus, J. Flannery, K. *Zapotec Civilization: How Urban Society Evolved in Mexico's Oaxaca Valley.*

Thames and Hudson. 1996.

[52] Flannery, K. Marcus, J. Formative Mexican Chiefdoms and the Myth of the "Mother Culture". *Journal of Anthropological Archaeology*. 2000, 19(1), pp.1–37.

[53] Estrada–Belli, F. *The First Maya Civilization: Ritual and Power before the Classic Period*. Routledge. 2011.

[54] Evans, S. *Ancient Mexico & Central America: Archaeology and Culture History (2nd ed.)*. Thames & Hudson. 2008.

[55] Piperno, D. Ranere, A. Holst, I. Iriarte, J. Dickau, R. Starch Grain and Phytolith Evidence for Early Ninth Millennium B.P. Maize from the Central Balsas River Valley, Mexico. *Proceedings of the National Academy of Sciences*. 2009, 106(13), pp.5019–5024.

[56] Marcus, J. Flannery, K. *Zapotec Civilization: How Urban Society Evolved in Mexico's Oaxaca Valley*. Thames and Hudson. 1996.

[57] Smalley, J. Blake, M. Sweet Beginnings: Stalk Sugar and the Domestication of Maize. *Current Anthropology*. 2003, 44(5), pp.675–703.

[58]Clark, J. Blake, M. The Power of Prestige Competitive Generosity and Emergence of Rank Societies in Lowland Mesoamerica. In: *The Ancient Civilizations of Mesoamerica*. Blackwell. 2000, pp.17–30.

The Obsidian Production and the "Mother or Sister Culture" Hypothesis of Olmec Culture ——the Obsidian Industry and Social Complexity of San Jose Mogote and San Lorenzo Sites in Mesoamerica

Feng Yue

KEYWORDS: Olmec Culture San Jose Mogote Site San Lorenzo Site Obsidian Industry Social Complexity Modes

ABSTRACT: Is Olmec Culture the "Mother Culture" in the Formative Period of Mesoamerica, or just one of the numerous "Sister Cultures" during this period? This is an important research topic of Mesoamerica Archaeology subjected to long-lasting disputes. The researches in the past seldom discuss this issue in the angle of lithic industry. This paper analyzes the *chaînes opératoires* of the obsidian industry in San Jose Mogote and San Lorenzo Sites, based on which this paper summarizes four main differences between the lithic industry of these two sites: origins of material resources, flaking plannedness, production specialization and organized distribution levels, and the using functions. Meanwhile, this paper points out that these differences cannot be seen as the standards to judge the social complexity level, but the reflections of the different development modes in the highlands and lowlands of Mesoamerica.

（特约编辑　新　华）

《考古学集刊》征稿启事

《考古学集刊》创刊于1981年，由中国社会科学院考古研究所主办、考古杂志社编辑，面向海内外征稿，每年出版一集，刊载考古调查与发掘报告及相关学术论文，常设栏目有“调查与发掘”、“研究与探索”、“考古与科技”、“考古学家与考古学史”、“实验考古”、“国外考古”、“学术动态”。欢迎海内外作者投稿。投稿时请注意如下事项。

（一）请登录“考古杂志社”网站（http://www.kgzzs.com），点击“作者投稿”进行投稿。

1. 投稿方法：注册→登录→选择所投刊物→填写稿件标题→点击“添加附件”→点击“发送”。

2. 注册信息必须真实有效。请按要求填写相关信息，以便联系。

3. 请在文章正文后面附作者姓名、学位、职称、工作单位、联系电话、电子邮箱、通讯地址及邮政编码等基本信息。

4. 稿件状态分为四种：“已投稿”、“审核中”、“退稿”、“拟刊用”。

（二）所投稿件须为作者独立研究完成的作品，充分尊重他人知识产权，无任何违法、违纪和违反学术道德的内容；文中引文、注释和其他资料，应逐一核对原文，确保准确无误；如使用了转引资料，应注明转引出处。

（三）投给本刊的稿件，应确保未一稿两投或多投，包括未局部改动后投寄其他报刊，且稿件主要观点或基本内容不得先于本刊在其他公开出版物（包括期刊、报纸、专著、论文集等）上发表。

（四）本刊实行双向匿名专家审稿制度。稿件正文中请勿出现作者个人信息，行文也请避免可能透露作者身份的信息。

（五）来稿审理期限一般不少于90个法定工作日。通过初审的稿件，本刊将在此期限内向作者寄送“拟用稿通知”或通过电话、电子邮件等通知作者。本刊有权对来稿做文字表述及其他技术性修改。

（六）稿件一经刊发，编辑部即会向作者支付稿酬，寄送样刊。出刊后还会将其编入《中国学术期刊网络出版总库》、CNKI系列数据库及国家哲学社会科学学术期刊数据平台等数据库，编入数据库的著作权使用费包含在编辑部所付稿酬之中。

（七）本刊对所刊发稿件拥有长期专有使用权。作者如需将在本刊所刊发的文章收入其他公开出版物中发表，须事先征得本刊同意，并详细注明该文在本刊的原载刊期。

（八）本刊单篇稿件字数一般以1～3万字为宜。请提供500字以内的中文摘要和3～5个关键词。有条件的作者请提供中文摘要和关键词的英文译稿，供编辑参考。

《考古学集刊》编辑部

1.M9（南→北）

2.M10（南→北）

3.M7（北→南）

河北容城县沙河遗址汉墓

1.B型大口罐（M3：1）

2.B型大口罐（M11：36）

3.A型仓（M10：1）

4.A型盆（M9：2）

5.Bb型盘口罐（M9：4）

6.A型大口罐（M9：3）

河北容城县沙河遗址汉墓出土陶器

1.M1（北→南）

2.M3（东南→西北）

3.M2（北→南）

广东韶关市浈江区东晋南朝墓

图版六

1.碟（M1b：5）

2.碟（M1b：6）

3.A型碗（M1a：1）

4.A型碗（M1b：8）

5.六耳罐（M1b：1）

6.四耳罐（M1b：2）

广东韶关市浈江区M1出土青瓷器

1.A型碟（M2：3）

2.A型碟（M2：4）

3.B型碟（M2：5）

4.碗（M2：9）

5.碗（M2：7）

6.碗（M2：1）

7.盆（M2：8）

广东韶关市浈江区M2出土青瓷器

图版八

1.青瓷钵（M3：7）

2.青瓷钵（M3：12）

3.青瓷盆（M3：8）

4.A型青瓷四耳罐（M3：6）

5.B型青瓷四耳罐（M3：11）

6.铜镜（M3：1）

广东韶关市浈江区M3出土遗物

1.A型小碗（M3：3）

4.A型小碗（M3：14）

2.A型小碗（M3：4）

5.B型小碗（M3：13）

3.B型小碗（M3：10）

6.碟（M3：5）

广东韶关市浈江区M3出土青瓷器

图版一六

1.故秦国长公主墓志（PBM2：14）

2.萧绍宗墓志（PBM2：13）

河北平泉市八王沟村辽代萧绍宗夫妻合葬墓出土墓志

1.推磨图　2.奔马画像砖

3.狮子画像砖　4.拴马图

甘肃会宁县祁家湾金墓

1.缠枝牡丹画像砖

2.郭巨埋儿图

3.丁兰刻木图

4.墓室南壁东侧壁画

甘肃会宁县祁家湾金墓

1.折枝牡丹画像砖

2.缠枝牡丹画像砖

3.元觉劝父图

4.鹿画像砖

5.盆花牡丹画像砖

甘肃会宁县祁家湾金墓

1.M2墓门（南→北）

2.M2墓门顶部

3.M2墓门上部

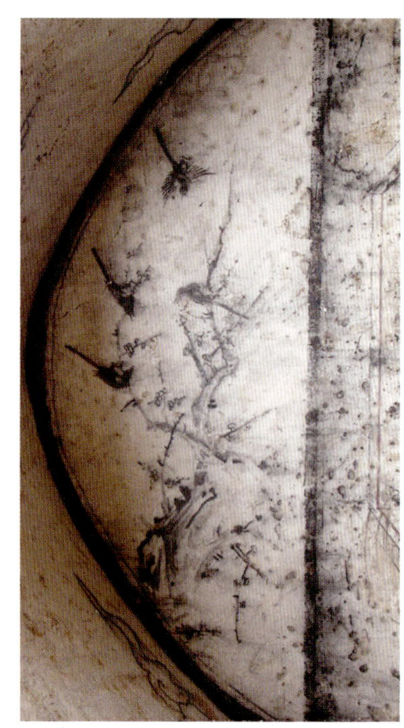
4.M2北壁上部

山东淄博市大邢村清代壁画墓

山东淄博市大邢村清代壁画墓

1.M2墓门东部

2.M2墓门西部

1.M2北壁全景

2.M2北壁局部

山东淄博市大邢村清代壁画墓

山东淄博市大邢村清代壁画墓

1.M2北壁西部

2.M2北壁东部

1.M2东壁北部

山东淄博市大邢村清代壁画墓

2.M2东壁中部

1.M2东壁南部

山东淄博市大邢村清代壁画墓

2.M2东壁南部

图版二六

1.M2西壁北部

2.M2西壁南部

山东淄博市大邢村清代壁画墓

1.广元千佛崖226号窟

2.剑阁下寺道教石窟局部

3.广元千佛崖726号窟内菩萨像

4.广元皇泽寺45号窟局部

5.广元皇泽寺28号窟

6.剑阁王河锦屏山中心柱窟

嘉陵江流域石窟寺第一期、第二期第一阶段典型龛窟

图版二八

1.巴中水宁寺千佛崖19号龛

4.巴中水宁寺8号窟

2.剑阁横梁子1号龛

5.阆中大像山5号窟主尊

3.广元千佛崖493号窟主尊

6.巴中南龛62号龛

嘉陵江流域石窟寺第二期第一、二阶段典型龛窟

1.广安冲相寺50（上）、51（下）号窟

4.巴中南龛95号龛

2.广安冲相寺57号龛

5.巴中南龛94号龛

3.合川龙多山田湾2–2号龛

嘉陵江流域石窟寺第二期第二、三阶段典型龛窟

图版三〇

1.大足北山佛湾245号窟

2.大足北山佛湾51号窟

3.大足北山佛湾279号龛

4.安岳灵游院5号窟

5.大足北山佛湾5号龛

6.大足北山佛湾260号龛

嘉陵江流域石窟寺第三期第一阶段典型龛窟

1.大足石门山6号窟

2.大足北山佛湾155号窟

3.合川涞滩罗汉群雕局部

4.大足石篆山6号窟

5.大足宝顶山大佛湾摩崖造像局部

6.大足舒城岩5号窟

嘉陵江流域石窟寺第三期第二阶段典型龛窟

图版三二

1.大足佛会村千佛岩7号龛

2.大足宝顶山大佛湾24号龛

3.蓬安运山城老观音龛

4.大足宝顶山大佛湾25号龛

5.大足石门山5号龛

6.巴中南龛26号龛

嘉陵江流域石窟寺第四期典型龛窟